dtv

Marcel Reich-Ranickis Autobiographie ›Mein Leben‹ ist mehr als ein Bestseller, wie die überwältigende Resonanz auf dieses Buch beweist. Die Vielzahl von Stimmen, Reaktionen, Rezensionen im In- und Ausland, Kommentaren und Interviews, die dieser Bericht eines Zeitzeugen hervorgerufen hat, sind Gegenstand des vorliegenden Bandes. Er soll dokumentieren, was im flüchtigen Medium der Tagespresse aufschien, und allen, die sich mit dem Phänomen dieses Erfolgs weiter auseinandersetzen möchten, Material an die Hand geben. Schriftsteller, Prominente und Weggefährten schildern in zwei Dutzend Originalbeiträgen ihre ganz persönlichen Leseerlebnisse und geben damit Antworten auf die Frage, die diesem Buch zugrunde liegt: Wie ist der gewaltige Erfolg dieser Autobiographie zu erklären?

Hubert Spiegel, Jahrgang 1962, Literaturwissenschaftler, ist seit 1993 Literaturredakteur bei der ›Frankfurter Allgemeinen Zeitung‹.

Welch ein Leben

Marcel Reich-Ranickis Erinnerungen
Stimmen, Kritiken, Dokumente

Herausgegeben von Hubert Spiegel

Deutscher Taschenbuch Verlag

Wir danken allen Autorinnen und Autoren dieses Bandes,
dass sie ihre Beiträge zur Verfügung gestellt haben.
Die Honorare werden dem Writers-in-Prison-Committee
des P.E.N. gestiftet.

Originalausgabe
November 2000

www.dtv.de

Umschlagkonzept: Balk & Brumshagen
Umschlagfoto: © ZDF, Mainz
Satz und Gestaltung: Design-Typo-Print GmbH, Ismaning
Gesetzt aus der Times 10/11 Punkt (QuarkXPress 3.32 Mac)
Druck und Bindung: C. H. Beck'sche Buchdruckerei, Nördlingen
Gedruckt auf säurefreiem, chlorfrei gebleichtem Papier
Printed in Germany · ISBN 3-423-30807-9

Inhalt

Marcel Reich-Ranicki
Verworfenes Vorwort zu ›Mein Leben‹

A.: Jetzt reicht es mir: Wann werden Sie endlich Ihre Autobiographie schreiben?

B.: Niemals.

A.: Was soll das?

B.: Ich habe nicht die geringste Lust, ein Buch auch nur zu beginnen, das schief gehen muss.

A.: Dass es schief geht, ist schon möglich, aber sicher ist es nicht.

B.: Doch. Denn eine Autobiographie ähnelt der Quadratur des Kreises. Wer die Geschichte eines Lebens erzählen will, verpflichtet sich zur Lüge, zur Verheimlichung, Heuchelei, Schönfärberei und selbst zur Verhehlung seines Unverständnisses. Das steht bei Freud.

A.: Na und? Bei Goethe habe ich gelesen, ein Mensch sei geradezu verpflichtet, über seine Person Bericht zu erstatten. Aber mit den Zitaten kommen wir hier nicht weiter. Erklären Sie mir lieber …

B.: Ich kann Ihnen nichts erklären. Ich will es nicht. Denn ich bin niemandem Rechenschaft schuldig. Und niemand wird mich dazu bringen, ohne Not ein vermintes Gelände zu betreten. Der Autobiograph soll aufrichtig schreiben, aber nicht exhibitionistisch, feinfühlig und empfindsam, aber nicht sentimental. Bescheiden hat er zu sein, aber nicht mit seiner Bescheidenheit zu kokettieren oder gar protzen. Diskretion wird erwartet, aber Geheimniskrämerei soll unbedingt vermieden werden. Reden wir offen …

A.: Endlich.

B.: Die Eitelkeit hindert mich, eine Autobiographie zu schreiben, das Schamgefühl, der Stolz.

A.: Nein, das stimmt nicht. Gewiss, etwas lähmt Ihre Hand, nur ist es nichts anderes als Angst. Früher waren Sie nicht feige. Sie hatten Mut, solange Sie über andere schrieben, jetzt aber …

B.: Ersparen Sie mir diese Predigt. Noch einmal: Ich bin niemandem Rechenschaft schuldig.

A.: Vielleicht sind Sie doch einem Menschen Rechenschaft schuldig, wenn auch nur einem einzigen …

B.: Sie reden von meinem Sohn?

A.: Nein, ich meine Sie selber. Wenn kein Leser auf Erden dieses Buch brauchen sollte, Sie brauchen es mit Sicherheit. Mehr noch: Sie sind in der Tat verpflichtet, es zu schreiben.

B.: Wem verpflichtet?

A.: Dem Gesetz, wonach Sie angetreten.

B.: Halt, um Gottes willen, nur nicht dieses Pathos.

A.: Aha, jetzt stört es Sie. Noch unlängst war es ganz anders: Da erinnerten Sie sich so gern an den guten Menschen in seinem dunklen Drange, an jenen, der immer strebend sich bemüht, da zitierten Sie: »Alle menschlichen Gebrechen sühnet reine Menschlichkeit.« So geht das, mein Freund, nun doch nicht: Wenn man ein Leben lang an die Weimarer Klassik geglaubt und sich immer wieder auf ihre Ideale berufen hat – wogegen ich nichts einzuwenden habe –, dann sollte man daraus auch persönliche Konsequenzen ziehen.

B.: Also sich auf ein Terrain begeben, das von allen Seiten mit Fallen umstellt ist?

A.: Nein, erst einmal den inneren Schweinehund besiegen.

B.: Und dann?

A.: Was für eine törichte Frage: Der Rest ist Schreiben.

Einleitung

Elf Monate nach ihrem Erscheinen am 15. August 1999 hat sich Marcel Reich-Ranickis Autobiographie ›Mein Leben‹ über sechshunderttausend Mal verkauft. Die ersten Kritiken erschienen noch vor dem Erstverkaufstag, keine vier Wochen später hatte der Verlag 160 000 Exemplare an den Buchhandel ausgeliefert und ließ weitere 60 000 Bände drucken. Bis Weihnachten, so hoffte die Deutsche Verlags-Anstalt Mitte September vorigen Jahres, würde man drei-, womöglich sogar vierhunderttausend Exemplare im Buchhandel absetzen können. Dass der ungewöhnliche, selbst die optimistischsten Erwartungen noch weit übertreffende Erfolg dieses Buches nicht nur die Branche, also Verlage, Buchhändler, Kritiker und natürlich auch die Schriftsteller beschäftigte, offenbart einen Blick in die Presse. Selbst kleine und kleinste Regionalzeitungen ließen das Buch nicht nur ausführlich besprechen, sondern glaubten, ihre Leser kontinuierlich über die Auflagenentwicklung dieses Buches informieren zu müssen: In regelmäßigen Abständen erschienen Meldungen mit den neuesten Verkaufszahlen. Spätestens die Buchmesse und die mit ihr verbundene rituelle Frage nach dem wichtigsten Titel des Bücherherbstes umgab die Autobiographie des bedeutendsten deutschen Kritikers mit der Aura des Rekordverdächtigen. Und in der Tat war wohl nie zuvor dem Buch eines Kritikers ein solcher Erfolg beschieden.

Es ist nicht Sache der Literaturkritik, Zahlen übermäßige Aufmerksamkeit zu schenken. Die Auflagenhöhe, so bedeutsam sie für Verlage und Autor zweifellos ist, verrät nichts über die literarische Bedeutung des Werkes. Das ist auch im Falle der Autobiographie von Marcel Reich-Ranicki nicht anders. Nicht die zweifellos imposante Auflage, nicht der Umstand, dass dieses Buch seit Monaten die Bestsellerlisten beherrscht, weist ihm seinen Rang zu, sondern seine literarische Qualität und seine Bedeutung als zeitgeschichtliches Dokument. ›Mein Leben‹ ist als Bericht eines Zeitzeugen von größter Intensität, und es ist vielleicht nicht der kleinste Triumph des Verfassers, dass die ungeheure Wirkung seiner Lebensgeschichte all jene widerlegt, die mit Martin Walser meinen oder befürchten, die Deutschen wollten von den dunklen Kapiteln ihrer Geschichte nicht mehr viel wissen.

Das gewaltige Echo, die Vielzahl von Stimmen, Reaktionen, Rezensionen, Kommentaren und Interviews, die ›Mein Leben‹ hervorgerufen hat, sind der Gegenstand dieses Bandes. Er soll festhalten und dokumentieren, was im flüchtigen Medium der Tagespresse aufschien, und er soll demjenigen, der sich mit dem Phänomen dieses ungewöhnlichen Erfolges auseinandersetzen möchte, Material an die Hand geben. Mit seiner Autobiographie ist Marcel Reich-Ranicki vollends und unwiderruflich zu einer bedeutenden Gestalt der deutschen Literaturgeschichte geworden, und wie alle Gegenstände und Gestalten dieser Literaturgeschichte sind auch der Kritiker und sein Werk der Kritik und der Interpretation unterworfen. Dieser Band will beides ermöglichen und versammelt, was dem Herausgeber als zu diesem Zwecke hilfreich erschien. Ob sein Interesse allein dem Phänomen Reich-Ranicki oder auch seinen Beobachtern und Exegeten, also den Rezensenten, Gratulanten und anderen Beiträgen dieses Bandes gilt, mag jeder Leser selbst entscheiden. Aber zweifellos verrät dieser Band nicht viel weniger über Literaturkritik als über ihren bedeutendsten Repräsentanten.

Marcel Reich-Ranickis Erinnerungen haben in Tages- und Wochenzeitungen, Magazinen, Literaturzeitschriften und Periodika jeglicher Art unzählige Rezensionen erfahren. Kaum eine deutsche Tageszeitung mochte auf eine Besprechung verzichten. Deshalb musste eine Auswahl getroffen werden, auch war die zum Teil erhebliche Kürzung einzelner Texte oft nicht zu umgehen. Der vollständige Abdruck des vorhandenen Materials hätte den Umfang dieses Buches mehr als verdoppelt. Sehr bald kamen erste Reaktionen aus dem Ausland hinzu, Rezensionen, die nicht selten mit der Forderung nach einer raschen Übersetzung des Buches enden. In England, Frankreich, Holland, Italien, Spanien, Polen, Japan und Finnland wird diese Forderung demnächst erfüllt sein. Den deutschsprachigen Kritiken und Berichten und jenen aus England, den Vereinigten Staaten, Spanien, Frankreich, Schweden, Polen und Israel ist jeweils ein eigenes Kapitel dieses Bandes gewidmet, ebenso den Interviews, die Marcel Reich-Ranicki im Zusammenhang mit dem Erscheinen seiner Erinnerungen oder aus Anlass seines achtzigsten Geburtstags am 2. Juni 2000 gegeben hat. Aus der Vielzahl der Würdigungen und Geburtstagsgrüße wurde ebenso eine Auswahl getroffen wie aus den Briefen und Zuschriften, die Reich-Ranicki nach dem Erscheinen seiner Erinnerungen erhalten hat. Insgesamt sind es wohl an die tausend Leserbriefe, die bei Marcel Reich-Ranicki eingegangen sind, vielfach schlichte Glückwünsche oder Danksagungen, oft verbunden mit einem Hinweis auf Lebensalter und persönliches Schicksal des Verfassers. Aus vielen dieser Briefe spricht vor allem der Wunsch, dem Verfasser dieser Lebenserinnerungen zu danken oder ihm Respekt zu zollen, aber oft geht der Schreibimpuls auch einen anderen Weg. Dann zeigt sich, welche inneren Bewegungen die Lektüre dieses Buches auszulösen vermag. Marcel Reich-Ranickis Erlebnisse in der Endphase der Weimarer Republik, im Warschauer Ghetto sowie im Versteck bei dem polnischen Setzer Bolek haben das deutsche Publikum, aber auch Leser in Israel, Südamerika oder auf Sri Lanka wohl kaum weniger fasziniert, entsetzt und beschäftigt als die Fernsehserie ›Holocaust‹ und Stephen Spielbergs Kinofilm ›Schindlers Liste‹. Diese Briefe, private Dokumente der Anteilnahme und der Auseinandersetzung prominenter Zeitgenossen und gewöhnlicher Leser, sind oft überaus aufschlussreich, denn sie erlauben Einblicke in die Leserseele. Aber sehr viele dieser Schreiben sind zu persönlich, zu intim, als dass sie Aufnahme in diesen Band hätten finden können.

Nicht zuletzt aus diesem Grund hat der Herausgeber dieses Bandes Schriftsteller, Politiker, Prominente und Weggefährten Marcel Reich-Ranickis gebeten, in Originalbeiträgen zu schildern, wie es ihnen bei der Lektüre von ›Mein Leben‹ ergangen ist. Entstanden sind mehr als zwei Dutzend kurzer Texte, von Rudolf Augstein bis Gerhard Schröder, von Thomas Gottschalk bis Peter Rühmkorf, die persönliche Begegnungen, Reminiszenzen und Lektüreerlebnisse schildern und so subjektive Antworten auf die Frage geben, die diesem Band zu Grunde liegt: Wie ist der gewaltige Erfolg dieser Autobiographie zu erklären? Ihr Autor wüsste darauf eine unwiderlegliche Antwort: »Na, das Buch wird schon so ganz schlecht nicht sein.« Zumindest eine weitere These sei an dieser Stelle gewagt, eine These, die all jenen widerspricht, die meinen, der Erfolg des Buches erkläre sich allein aus der ungeheuren Popularität, die Marcel Reich-Ranicki in den vergangenen zwölf Jahren erworben hat, in denen er das »Literarische Quartett« leitete. Popularität garantiert nicht den Erfolg, sondern allenfalls eine seiner Voraussetzungen, wenngleich eine wichtige: Aufmerksamkeit. Wenn es diesen Memoiren gelungen ist, die deutsche Öffentlichkeit seit nunmehr fast einem Jahr zu fesseln, muss es dafür gewichtigere Gründe geben als die anhaltende Popularität ihres Verfassers.

Marcel Reich-Ranicki, dessen Bekanntheitsgrad bei deutschen Lesern allenfalls von dem des Nobelpreisträgers Günter Grass übertroffen wird, hat das Porträt eines Unbekannten geschrieben. Je mehr er von sich preisgibt, desto deutlicher wird, wie wenig wir bislang von ihm gewusst haben. Auch darin liegt die Faszination dieser vielschichtigen Autobiographie. Sie beschreibt, wie der Mensch Marcel Reich-Ranicki zum Markenzeichen MRR wurde, und sie ebnet dem Markenzeichen MRR den Weg zurück zum Menschen Marcel Reich-

Ranicki. Dass sie den Menschen in ihren Werken kenntlich macht, ist vielleicht der größte Triumph der Literatur. Und warum sollte er, der sein ganzes Leben der Literatur verschrieben hat, nicht auch an ihrem größten Triumph teilhaben wollen? Vielleicht ist dies der Grund, weshalb der Kritiker Marcel Reich-Ranicki zum Schriftsteller wurde.

Darmstadt, im Juli 2000 HUBERT SPIEGEL

Der Kanzler und der Kritiker

Mein Amt bringt es mit sich, daß ich hin und wieder zu öffentlichen Auftritten gezwungen bin. Da ist es geradezu unvermeidlich, gelegentlich auch Marcel Reich-Ranicki zu begegnen. Aber das prägendste Erlebnis mit dem Kritiker hatte ich nicht bei einer persönlichen Begegnung. Nein, das hatte ich im Traum.

Mir träumte nämlich, ich wäre von Marcel Reich-Ranicki verrissen worden. Und das kam so: Bei der Redaktion der Endfassung meiner ersten Regierungserklärung als frisch gewählter Bundeskanzler brütete ich über den ausgeklügelten Sätzen der verschiedenen Entwürfe. Es war ja nicht gerade meine erste Rede, und so hatte ich immer die Mahnung im Ohr: »Bloß keine Lyrik! Eine Regierungserklärung, das ist reine Prosa!«

Also machte ich mich daran, alle Bilder, Metaphern und Nebensätze zu streichen. »Sachlich allein reicht nicht«, wußte ich: »Es muß nüchtern sein.«

Aufgeregt und erschöpft zugleich schlief ich endlich ein. Anders, als es oft in der Literatur heißt, »sank« ich nicht etwa, und schon gar nicht in einen »kurzen, traumlosen Schlaf«. Im Gegenteil: Mir erschien ausgerechnet Marcel Reich-Ranicki.

»Prosa!« hörte ich ihn donnern, »das ist doch keine Prosa, diese Regierungserklärung!« Und seine »R's« rollten noch bedrohlicher als sonst immer: »Prrrosa, Rrregierungserklärung...« Sofort war mir klar, daß der Literaturpapst mich schlimmer hernehmen würde als jeden Grass, Frisch oder Böll. Kein Wort der Verehrung milderte die Bitterkeit der Kritik, nicht einmal eine liebevolle Wendung.

»Selten hat einer aus einer so aufregenden Geschichte durch plumpe Formulierungen etwas ganz und gar Langweiliges gemacht. Wenn ich das schon höre: ›Wir wollen uns fit machen für die europäische Wissensgesellschaft‹! Ist der Mann Bundeskanzler oder Bundes-Joggingtrainer?« grollte der Kritiker in seiner Urteilsbegründung.

Während ich mir noch eine Verteidigung zurechtlegte, kam mir unser gemeinsamer Bekannter Thomas Gottschalk zur Hilfe. »Machen Sie sich nichts draus«, sagte der Entertainer. »Der Mann zeigt halt gern seine Zähne. Haben wir doch gesehen, damals im Spiegel. Auch Literaturkritik ist heutzutage Show.« Aber aus dem Hintergrund rumorte es wieder: »Gerhard Schröder und Thomas Gottschalk! So weit ist es also gekommen in unserer Fernsehdemokratie.«

»Ha!« dachte ich in meinem Traum. »Fernsehdemokratie!« Hatte der Mann nicht selbst, à propos seines Literarischen Quartetts, gesagt, heutzutage käme es darauf an, »das Publikum bei der Stange zu halten«? Auch wenn dabei »unentwegt vereinfacht« würde und das Ergebnis »sehr oberflächlich« sei.

Doch schon hatte Reich-Ranicki wieder das Wort. »Dieser Kanzler will ›die Ausgaben auf den Prüfstand‹ stellen. Die Republik ist für ihn ein Auto, nicht einmal vom ›Staatsschiff‹ traut er sich zu reden – obwohl auch das ja, zwischen Scylla und Charybdis sozusagen, ein gewagtes Bild wäre. Aber Deutschland als Auto – das ist ja nun wirklich der schlechteste aller denkbaren Einfälle.«

Ich sei doch bekannt als »Automann«, wandte ich zaghaft ein. »Quatsch!« wies der Meister mich zurecht. »Eine Rrregierungserrklärung, das ist eine Symphonie.«

Also doch keine Prosa? Mein Einwand wurde ignoriert, denn nun kam der letzte Hieb, der alles entscheidende Satz:

»Überhaupt fehlt diesem Stück jede Errotik.«

»Den Vorhang zu und alle Fragen offen«, dämmerte es mir noch. Ich wachte auf.

GERHARD SCHRÖDER

Stimmen zum Buch

Rudolf Augstein

Wir sollten froh sein, dass wir ihn haben

Reich-Ranicki – das ist das Schicksal älterer Männer – kenne ich schon sehr lange. Ich war oft mit meiner Frau in seiner kleinen Hamburger Wohnung, wo nur wenig Platz für Mobiliar war, weil alles mit Büchern vollgestopft war.

Ich war dabei, als Marcel dem damaligen Feuilletonchef der ZEIT Dr. Rudolf Walter Leonhardt, an der Bar im Souterrain des Hotels »Vier Jahreszeiten« seine Besprechung des Buches ›Ansichten eines Clowns‹ von Heinrich Böll präsentierte. Leonhardt verabschiedete sich aus der Runde, kehrte nach einiger Zeit kreidebleich zurück und sagte: »Ich werde die Kritik drucken, aber ich werde meinen Posten als Literaturchef niederlegen.« Marcels Kritik war kein völliger, aber ein Dreivierteiverriss. Ein echter Politikerentschluss wurde gefasst: Es sollten sich sechs weitere Autoren positiv oder negativ über das Buch äußern. Auch ich wurde dazu ausersehen. Die Buchbesprechungen erschienen unter der Überschrift ›Im Brennpunk des Gesprächs‹; es war die Geburtsstunde einer neuen Rubrik in der ZEIT. Ich selbst erfuhr von Fachkritikern das Lob, es sei mir gelungen, deutlich zu machen, dass man in einem solchen Buch nicht Epiker und Satiriker zugleich sein könne.

Marcel ist manchmal ungerecht bis zum Exzess. Ja, es amüsierte ihn sogar, gelegentlich von seinem damals schärfsten Gegner, Reinhard Baumgart, als Clown bezeichnet zu werden. Das ist er übrigens auch, doch schmälert dies seine außerordentliche Bedeutung nicht, denn der Clown verwandelt sich sehr schnell in einen akribischen Kenner, wenn der Gegenstand dies erfordert. Es gibt kein anderes Land, das einen Literaturkenner von solch überragender Wirkung aufzuweisen hätte. Wir Deutschen sollten froh sein, dass wir ihn haben.

Beiläufig möchte ich erwähnen, dass kein anderer der von den Deutschen verjagten Juden die Ära Fehling, Kortner, Gründgens für die schönste Zeit seines Lebens erklärt – Marcel Reich-Ranicki tut es.

Louis Begley
Doppelter Sieg

Der gewaltige Erfolg dieses Buches bei den deutschen Lesern und der deutschen Kritik ist keine Überraschung. Reich-Ranickis Position im literarischen Leben Deutschlands ist herausragend. Er ist zudem in seinem adoptierten Heimatland als Fernseh-Star einer großen Öffentlichkeit vertraut, und wenn heutzutage noch etwas die Aufmerksamkeit eines lustlosen und abgelenkten Lesepublikums zu fesseln vermag, dann sind es die Memoiren berühmter Persönlichkeiten. Allzu oft befriedigen diese Memoiren vor allem den Hunger nach schlüpfrigem Klatsch und demütigenden Bekenntnissen, nach einem Spektakel, durch das eine ehemals entrückte, glamouröse oder zumindest unerreichbare Figur zurück in die Niederungen des kleinen Mannes gezerrt wird. Die Leser von Marcel Reich-Ranickis Autobiographie ›Mein Leben‹ kann man indes keineswegs einer solchen lüsternen Neugierde bezichtigen; es sei denn, man wolle jene bemerkenswerte Anteilnahme, jenen Wissensdurst diffamieren, mit denen so viele Deutsche – und zwar sowohl alte, die im Zweiten Weltkrieg bereits erwachsen waren, wie auch junge, für die der Krieg eine Erfahrung ihrer Großeltern ist – Bücher lesen und verstehen wollen, die sich mit dem Holocaust auseinandersetzen. Wenn ich an meine persönlichen Erfahrungen mit der deutschen Veröffentlichung ›Lügen in Zeiten des Krieges‹ zurückdenke, wäre ein solcher Vorwurf unehrenhaft. Ich kann nicht glauben, dass die deutschen Leser, die zu meinen Lesungen gekommen sind oder mir Briefe geschrieben haben, in denen ein tiefes Gefühl der Reue für die Ereignisse der Kriegszeit und Dankbarkeit dafür, dass ich meine Geschichte erzählt habe, zum Ausdruck kam, dass diese und die vielen anderen Leser von ›Mein Leben‹ Voyeure des Bösen sind, die sich durch unser Leiden eine heimliche Befriedigung verschaffen.

Ich glaube vielmehr, dass der in Deutschland zu verzeichnende Erfolg vieler unbeschönigter und erbarmungsloser Darstellungen – sei es in Romanen oder Memoiren – der Demütigungen, Folter und Abschlachtung der Juden durch Deutsche während des Zweiten Weltkriegs einen Triumph der Erinnerung darstellt. Marcel Reich-Ranickis und meine Leser sagen sich nicht, ihre Hände seien sauber, sie hätten das Recht, so »normal« wie alle anderen zu sein, das Recht, ihr Leben 55 Jahre nach Kriegsende ungestört zu genießen. Die wirkliche Überraschung ist, dass unsere Leser sich gegen diese Sicht auf die Vergangenheit entschieden haben, und dies gilt sicherlich für noch weitaus mehr Deutsche, auch wenn sie unsere Bücher nicht gekauft und gelesen haben. Der Weg, den diese Deutschen gewählt haben, führt auf die Straße der Vernunft und der moralischen Gesundheit. Aber nach Auschwitz, Treblinka und Buchenwald und so vielen anderen Leichenhallen, deren Schrecken ein »normales« Vorstellungsvermögen nicht erfassen kann, nach der »Endlösung«, an der, wie Browning, Goldhagen und andere dargestellt haben, auch »ganz normale« Deutsche beteiligt waren, sind Verstand und moralische Gesundheit nur zu erreichen, wenn man durch das Fegefeuer der Erinnerung gegangen ist. Wird dies immer so sein? Ich weiß es nicht. Aber es ist die Wahrheit. Sie gilt jetzt, und ich denke, sie wird noch für eine lange Zeit gültig bleiben.

Es gibt einen anderen Aspekt von Marcel Reich-Ranickis abenteuerlichem Leben, der meines Erachtens noch bemerkenswerter und überraschender ist als der große Erfolg seines Buches. Dies ist die Tatsache, dass Reich-Ranicki sich nach seinen Erfahrungen mit dem Deutschland der Nazizeit in dem Land jener niederließ, die ihn seiner Menschenrechte beraubt, seine Eltern umgebracht und alles darangesetzt hatten, ihn und alle anderen Juden zu töten. Ich schreibe diese Entscheidung Marcel Reich-Ranickis luzider Intelligenz zu, die ihn unterscheiden ließ zwischen jenen Deutschen, die sich aktiv und passiv schuldig gemacht hatten, und jenen, die nicht schuldig waren. Was mir aber noch viel wichtiger erscheint, ist die Tatsache, dass die deutsche Sprache und Literatur trotz allem seinen Verstand und seine Seele erobern konnte. Er hatte, als die schweren Zeiten begannen, ein Alter erreicht, in dem die Liebe zu einer Sprache, einer Kultur und einer Literatur bereits tiefe Wurzeln schlägt. Hätte er diese Wurzeln ausgerissen, er hätte den Nazis ein Opfer mehr überlassen.

Aus dem Englischen von Julika Griem

Klaus Bölling
Mit Heine verwandt

Merkwürdig ist es eigentlich nicht, vielmehr eine kaum überraschende Selbstauskunft durchaus gebildeter Zeitgenossen, die im Zustand andauernder Verklemmung oder in Anpassung an den von Marcel Reich-Ranicki aufrichtig verabscheuten Zeitgeist das Judentum des Verfassers kaum oder gar nicht wahrnehmen wollen. Durch sein »Literarisches Quartett« haben ihn viele seiner Bewunderer gleichsam »eingedeutscht«. Woran MRR nicht ganz unschuldig ist. Seine Begegnungen mit Berliner Gymnasiallehrern waren fast durchweg angenehm, auch solche mit Studienräten, die der Hitler-Bewegung zuneigten. Und dann eben seine unbändige Leidenschaft für die deutsche Literatur, die ihn auch in den schwersten Zeiten seines Lebens nicht losgelassen hat.

Man möchte diese unter seinen Lesern deshalb nicht schelten. Es sind ja nicht verkappte Antisemiten, wenngleich einige von ihnen, wie ich vermute, der Beschäftigung mit dem Holocaust ausgewichen sind, und kaum je eines der zahlreichen Bücher über die Vernichtung der europäischen Juden zur Kenntnis genommen haben. Man kann es im Gegenteil für wahrscheinlich halten, dass manche Leser von Marcel Reich-Ranickis Lebensbericht überhaupt das erste Mal mit dem ungeheuerlichen Verbrechen in dieser Intensität konfrontiert worden sind, eben mit der Singularität des Genozid an den Juden. Denn für die intelligent vorgebrachten Ausreden eines Ernst Nolte findet sich allemal und auch heute noch ein dankbares Publikum nicht nur unter den älteren Deutschen.

Einen Autor, der die Sprache von Goethe und Thomas Mann so meisterlich beherrscht in Schrift und Rede, würden manche nicht ungern von seinen Wurzeln separieren. MRR liefert dafür noch andere Stichworte. Er ist nicht nur kein frommer Jude, er hat mit Religion nichts im Sinn. Sie ist ihm vertraut, gut sogar, aber er hält Distanz. Bei seiner Beerdigung möchte er weder Rabbiner noch Kantor anwesend wissen. Einer jüdischen Kultusgemeinde wollte er niemals angehören und will es auch heute nicht. Geschweige denn hat er die Absicht, sich neben Repräsentanten des deutschen Judentums in politischen Zusammenhängen zu Wort zu melden. Der anschwellende Rechtsradikalismus macht ihm Sorgen. Was denn sonst? Das öffentliche Mahnen aber überlässt er anderen, deren Selbstdarstellung nicht immer seinen Beifall findet.

Die Rolle eines homo politicus wird von MRR nicht gewünscht. Dabei ist er – und wird es inzwischen nicht mehr dementieren wollen – durch sein Fernseh-Quartett und durch seine Erzählkunst im Buch auch eine politische Figur in der Republik geworden. Denn es wird kaum einen Leser geben, der die Schilderung der Ghetto-Zeit ohne starke Bewegung aufnimmt und als den fraglos stärksten Teil seiner Autobiographie empfindet. So wird das Schicksal des Mannes und seiner Frau gerade jüngeren unter seinen Lesern bewusst machen, was die Deutschen durch das monströse Verbrechen verloren haben: die inspirierende Kraft des liberalen Judentums, der großen Wissenschaftler, Schriftsteller, Künstler und bedeutenden Journalisten. Darüber ist oft geschrieben und geredet worden, ohne dass bei allen Deutschen ein tieferes Nachdenken über den unersetzlichen Verlust begonnen hätte.

Insofern ist ›Mein Leben‹ auch ein eminent politisches Buch, und sein aufklärerischer Wert notiert höher als viele wohlmeinende Ansprachen an den Tagen der deutsch-jüdischen Versöhnung, die bald verhallt waren. Marcel Reich-Ranicki hat dem ihm befreundeten Ignatz Bubis irgendwann gesagt: »Sie werden in diesem Land respektiert. Aber als Jude respektiert.« Er, der beinahe militante Atheist, ist an seinem achtzigsten Geburtstag von Ruth Klüger in die Nähe von Heinrich Heine befördert worden. Er selber fand das wohl eine liebenswürdige Übertreibung, die es ja auch ist. Und doch war die Anspielung auf Heine so abwegig nicht.

Der Dichter und der Kritiker haben ihr Judentum niemals verleugnet, wissend, was sie ihm zu danken haben. So wenig wie ihre tiefe geistige, auch seelische Bindung an ein Volk, das ihnen große Schmerzen zugefügt hat.

Eva Demski
Arbeitsbeobachtungen

Ab und zu hat er von der Arbeit an seinem Buch erzählt, abends, beim Essen in irgendeinem Restaurant. Tosia saß dabei, sagte nichts und wusste vermutlich als Einzige alles. Von Anfang an ist mir aufgefallen, wie sehr er seine noch weit entfernten und nichtsahnenden Leser in sein Berichten einbezog. Er nimmt Leser wesentlich ernster als Autoren. Wovon überhaupt nichts zu spüren war: Dass ihn irgendwelche selbsterschaffenen Kriteriengebirge und Stilanforderungen behindern würden. Nur eins: Nicht langweilig zu sein. Klar, klar, klar zu schreiben. Das ist bei einem solchen Leben, über das er zu berichten hatte, vielleicht gleichzeitig schwer und leicht. Am neugierigsten war ich von vornherein auf die Spannung, in der er und der ihm aufgezwungene Ort, das Ghetto, sich befanden. Der in den Berliner Theatern und in der deutschen Literatur frei sich bewegende und überhaupt nicht glaubensumzäunte Junge hat sich im Warschauer Ghetto für etwas einsperren und mit dem Tod bedrohen lassen müssen, das ihm überhaupt nichts galt. Ich stelle mir das als Allerschwerstes vor. Manchmal habe ich sehr schüchtern den kleinen religiösen Bohrer angesetzt – weil ich selber nicht glauben kann und mag, dass die Mörder und die Ermordeten ins selbe gleichgültige Nichts versinken. Aber da war bei ihm gar nichts zu machen. Granit. Ich habe ihn nie gefragt, für wen er es eigentlich auf sich nimmt, dieses Buch zu schreiben, wenn doch letztendlich alles eingeebnet wird, ohne Grund, gewesen zu sein. Für den Erfolg, die späte Genugtuung, für den wunderbaren Satz von Goya, den er auf seine ›Desastres‹ geschrieben hat: »ICH HABE ES GESEHEN«? Der ungeheure Erfolg hat ihn wirklich überrascht, das war nicht gespielt. Mich eigentlich nicht, obwohl ich ihn natürlich auch nicht erklären kann. Das Buch scheint eine Art reinigender Kraft zu haben, die ganz unterschiedliche Menschen ergreift. Am schwersten haben es die, mit denen er sich sein Leben lang beschäftigt hat, die Schriftsteller. (Ich möchte, dass man sich jetzt ins Ohr ruft, wie er das Wort sagt: SCHRIFTSTELLER.) Irgendwie sind sie alle entkräftet hinter ihm am Wegesrand geblieben, nur noch in privaten Zirkeln grummelnd. Dass ihn der Riesenerfolg, die Elogen, die Verbeugungen des offiziellen Deutschland ruhig und milde gemacht hätten, ist allerdings einstweilen noch nicht zu vermelden. Wär vielleicht auch schade.

Klaus von Dohnanyi
Dem einen Hacke, dem anderen Gärtner

Marcel Reich-Ranicki trat mir zum ersten Mal sehr plastisch vor Augen, lange bevor ich ihn zu sehen bekam. Es war Mitte der 60er-Jahre, ich hatte in der ZEIT seine Texte schon eine Weile mit Vergnügen als Amateur (also Liebhaber) und Dilettant (also mich ergötzend) gelesen, als allein bei der unschuldigen Erwähnung seines Namens einige aus Mitte und Umkreis der Gruppe 47 das Visier runterließen, ihre Lanzen-Federn einlegten und mich gnadenlos aufspießten. Ganz unvermittelt, der ich den Streit der Kritiker-Mandarine nicht kannte und, weniger respekt- als ahnungslos, ihre sorgfältig abgesteckten Herrschaftsräume offenbar quer durchschritten hatte.

Reich-Ranicki war für mich ein Mann, der sich auch in etwas verbeißen konnte, das er liebte: die deutsche Literatur. Er konnte nicht jeden lieben, der sich eben dieser Geliebten hingab. Was die einen konservative Maßstäbe nannten, war mir der Blick des pragmatischen Berichterstatters, der manchmal eher in die – aus meiner Sicht – kreativere angelsächsische Literaturszene passen würde als in die Kunstwelt der unseren; was anderen seine Schonungslosigkeit war, erschien mir als Ehrlichkeit; wo meine Kontrahenten nur die Hacke sahen, sah ich den Gärtner.

So ist es geblieben. Reich-Ranicki schreibt nun in seinen Erinnerungen mit spürbarer Verletzung über den Stil, mit dem sich seine »Opfer« zur Wehr setzten. Aber er weiß natürlich auch, dass die arrogante Haltung vieler Autoren: »Kritisieren ist leicht, Kunst ist schwer«, Unsinn ist, weil Äpfel und Birnen verglichen werden. Auf seine Weise ist auch der Kritiker ein Künstler: Ein Künstler der Wegbereitung. Leider haben viele Kritiker vergessen, dass sie nicht nur für andere Kritiker und Germanisten, und natürlich schon gar nicht für die Autoren schreiben: Sie sollen uns, den Amateuren und Dilettanten, helfen, Wege in die Literatur zu finden.

Heute ist dazu kaum ein Medium geeigneter als das Fernsehen. Für die große Mehrheit der Menschen kann nur dort der Schatz der Traditionen sichtbar geöffnet und der Zugang zur Avantgarde geebnet werden. Marcel Reich-Ranicki tut dort heute für die deutschsprachige Literatur mindestens soviel wie viele seiner Autoren-Gegner. Und mehr als mancher seiner Kritiker-Kollegen, deren gelehrte und komplizierte Worte die traditionsverlorene Mehrheit gar nicht mehr erreichen.

Ich hoffe, der Kritiker Reich-Ranicki behält seinen Biss und bleibt uns noch lange erhalten.

Hilde Domin
Ein Kritiker sieht sich auf den Kopf

Marcel Reich-Ranickis ›Mein Leben‹ halte ich für eine der lesenswertesten Autobiographien der letzten 50 Jahre.

Mit Bescheidenheit und Genauigkeit macht sich der Autor zum Berichterstatter seines ge- und betroffenen Ichs. Ohne jedes Pathos und ohne Wehleidigkeit lässt er uns teilnehmen an den Erfahrungen eines polnischen Judenjungen im letzten Jahrzehnt der Weimarer Republik und dem ersten Jahrzehnt der NS-Zeit, das er nicht mehr voll zuhause erlebte, da er 1938 nach Polen deportiert wurde. Dabei befolgte er Büchners Rezept, der Autor müsse sich selbst auf den Kopf sehen können.

Was er erlebt hat und was das Wesentliche an diesem Buche ist: seine Liebe zur deutschen Literatur, die »Gegenwelt«, die ihm leben hilft und ihn unter den fürchterlichsten Umständen zum Bejaher seines Daseins macht.

Ich zitiere zwei Stellen: Als er verhaftet und deportiert wird: »Ich dachte noch daran, meine Eintrittskarte für die nächste Premiere am Gendarmenmarkt meiner Zimmerwirtin zu schenken.« Die Gelder für die Theaterkarte bekam er durch kleine Arbeiten, Babysitter etc. Und, ich zitiere noch einmal: »Denn ich hatte aus dem Land, aus dem ich nun vertrieben wurde, die Sprache mitgenommen, die deutsche, und die Literatur, die deutsche.« Also das »portative Vaterland«.

Was ich an diesem Buch besonders schätze: die Abwesenheit von Hass und Rachegefühlen, ganz wie die Wahrhaftigkeit, die nicht zur Verschönerung des Unmenschlichen neigt.

Thomas Gottschalk
So, das musste raus

Niemand wird sich wundern, wenn in meinen Augen der Kritikerstand ein gänzlich überflüssiger ist. Krokodilen ähnlich verharren sie in träger Lauerstellung, bis ein argloses Wesen in ihrem Blickfeld den Fehler macht, sich zu bewegen. Dann packen sie die Beute, zerreißen sie und halten bis zum nächsten Einsatz ihren prallen Bauch in die Sonne. Das ist weder besonders kreativ noch sympathisch. Krokodile sind denn auch keine sehr beliebten Tiere und enden noch dazu oft als Handtasche oder Gürtel. Den Kritiker trifft ein solches Schicksal eher selten, aber er wäre auch sehr erstaunt darüber, denn im allgemeinen hält er sich für einen Wohltäter der Menschheit, erklärt er doch dem erstaunten Leser oder Fernsehzuschauer beständig, dass dieser sich an Wertlosem vergnügt, Wertvolles aber falsch oder gar nicht verstanden hat. Dies betrübt den Kritiker so sehr, dass er sich ungebeten laut und öffentlich äußern muss, um solche Katastrophen in Zukunft zu verhindern.

Die Erkenntnis, dass er immer zu spät kommt, was Zurückliegendes betrifft, macht den Kritiker zu einem ständig Verzweifelten. Noch dazu verbittert ihn die Tatsache, dass der Kritisierte nur in seltenen Fällen seine Tätigkeit sofort einstellt, sondern, obwohl bereits verwarnt, erneut zum Verderben des Publikums ansetzt. Spätestens an dieser Stelle würde nun der Kritiker, obwohl ungeübt in der Rolle, sich zu verteidigen, einwenden, dass es doch auch »gute Kritiken«, in einigen Fällen sogar »Lobeshymnen« gegeben habe. Dieser Hinweis zieht nicht bei mir. Gute Kritiken sind für den Kritiker wie verlorene Fälle für den Anwalt. Kann passieren, macht aber nicht glücklich. Für das Lob stehen dem Kritiker ein Dutzend Vokabeln zur Verfügung, aber im Verriss eröffnet sich ihm das Universum. Der Pyromane mag sich wie ein Held fühlen, wenn er die Streichhölzer in der Tasche lässt, glücklicher ist er, wenn die Flamme lodert.

So, das musste raus. Und an dieser Stelle käme Applaus, wäre dies ein Festansprache beim Jahrestreffen des »Vereines der Kritikgeschädigten e. V.«, den es Gott sei Dank nicht gibt. Gäbe es ihn, würde den Festvortrag Marcel Reich-Ranicki halten, und damit bin ich endlich da, wo ich hin wollte und sollte. Auch für ihn gilt das Gesagte, nur muss ich ihn als Krokodil nicht fürchten, denn während ich im Seichten wirke, jagt Marcel Reich-Ranicki in tieferen Gewässern, in denen mir schon die Luft ausginge, bevor er mich erwischt. Aber wenn es jemanden gibt, der mir den Kritiker erträglich, ja sogar verständlich macht, dann ist er es. Er hat sich freimütig an die Oberfläche begeben. Da, wo seine Kollegen sich nach Art der Heckenschützen in ihren Feuilletons vergraben und sich hinter Kürzeln verstecken, hat er sich, eitel wie unsereins, ins Scheinwerferlicht gestellt und damit auch seine Fehler offenbart. Er hat sich ungeduldig gezeigt, er hat Frau Löffler angeflegelt, aber er ist Mensch geworden und hat unter uns gewohnt. Ja, er hat sich sogar auf meine »Wetten-dass«-Bank gesetzt und die journalistisch einwandfreie Frage, wie er sich den Erfolg seiner Memoiren erkläre, bescheiden an mich zurückgegeben: »Ich verstehe es auch nicht, mein Lieber, erklären Sie es mir bitte!« Exakt die gleiche Antwort gebe ich seitdem Journalisten, die wissen wollen, wie man mit Gummibärchen-Werbung so viel Geld verdienen kann.

Und somit ist Marcel Reich-Ranicki der einzige Kritiker, von dem ich jemals etwas für meinen Beruf gelernt habe.

Ulla Hahn
Beinahe versöhnt

Meine erste Begegnung mit Marcel Reich-Ranicki vor mehr als zwanzig Jahren hat er in seinem Buch ›Mein Leben‹ festgehalten. Und wie ging es weiter? Am Telefon. Zwei Sätze fallen dabei immer wieder, die für mich, als ich dieses Buch las, von Seite zu Seite eine tiefere Bedeutung gewannen.

Schreiben Sie? Damit beginnt jedes Gespräch. Nicht: Wie geht es Ihnen? Nein, schreiben ist, was zählt. Passion und Profession, so Marcel Reich-Ranicki, fielen für ihn zusammen. Daher schrieb und schreibt er seine Kritiken wie unsereins Gedichte und Geschichten: um sich seine innere und äußere Freiheit zu erkämpfen, seinen Platz in der Welt zu finden. Kein Nine-to-five-Job. Gern zitiert er einen Satz von Heinrich Böll: ein Schriftsteller sei wie Jesus, er habe nie Feierabend.

Das Buch ist reich an Eindrücken und Einsichten, und doch trifft für den Autor zu, was er von Thomas Bernhard sagt: »Er wusste und spürte ungleich mehr, als er in Worten auszudrücken im Stande war.« Vielleicht sollte man in diesem Falle »im Stande« noch durch »willens« ergänzen. Das, was Marcel Reich-Ranicki auf sich beruhen lässt, brodelt unter der Oberfläche des geschriebenen Wortes. Der Leser spürt die Doppelbödigkeit, das Verschwiegene, hinter den sachlichen, unsentimentalen Sätzen ahnt man die Leidenschaft, mit der der Autor geliebt, gelesen, geschrieben hat. Vieles steht in den Zeilen, das Erlittene steht dazwischen. Das macht dieses Buch, diese Liebeserklärung an die Dichtung, selbst zu Literatur.

Beendet wird jedes Gespräch mit einem: Kopf hoch! Nachdem ich die ersten dreihundert Seiten gelesen hatte, bekam diese Redewendung eine nie zuvor gespürte Wucht. »Denk an die Dostojewski-Anekdote«, flüsterte Reich-Ranicki Tosia zu, kurz bevor sie aus der Todeskolonne ausscherten. Es war sein unbezwingbarer, hartnäckiger Optimismus, seine Lebensfähigkeit – Goethes »Allen Gewalten zum Trutz sich erhalten« –, die Marcel Reich-Ranicki oft buchstäblich im letzten Augenblick aus nahezu ausweglosen Situationen gerettet und später an den herausragenden Platz geführt haben, den er heute im literarischen und im öffentlichen Leben einnimmt.

Mit Tosia. Die beiden letzten Seiten des Buches sind mir die liebsten. Eine Liebeserklärung an die Gefährtin, gipfelnd in den Worten eines Dichters. Leben und Literatur fallen versöhnt zusammen. Beinah versöhnt. »Wer zufällig verschont wurde, während die Seinen ermordet wurden, kann nicht in Frieden mit sich selber leben«, schreibt Marcel Reich-Ranicki, nachdem er und Tosia gerettet sind, Freude sich aber nicht einstellen will. Nach wie vor, so Marcel Reich-Ranicki, symbolisieren – nicht nur für ihn – »zwei Namen die beiden Möglichkeiten des Deutschtums: Adolf Hitler und Thomas Mann«. Keine dieser beiden Möglichkeiten zu vergessen oder zu verdrängen, dazu trägt dieses große Buch bei. Arbeiten, Schreiben, Kopf hoch: das sind keine Ratschläge, das ist: ›Sein Leben‹.

Ludwig Harig
Die Poesie ist unser Asyl

Es ist vierzig Jahre her, seit ich Marcel Reich-Ranicki zum ersten Mal leibhaftig vor mir sah. Es war bei einer Tagung der Gruppe 47 in Aschaffenburg. Ich hatte einen experimentellen Text gelesen, den ich damals für revolutionär und unübertrefflich hielt, und saß – wie es die Sprachregelung gebot – auf dem elektrischen Stuhl einer fast geschlossenen Phalanx von Kritikern gegenüber. Wie Wurfgeschosse flogen mir die Wörter des Tribunals um die Ohren, ich litt die Qualen eines Verurteilten, der nach eingeübtem Brauch der Gruppe 47 kein einziges Wort der Verteidigung vorbringen durfte.

In einer Lesepause ging ich aufs Pissoir, stand über die Rinne gebeugt und hörte, wenn die Aborttür sich öffnete, die auf- und abschwellenden Stimmen aus dem Saal. Es würgte mir im Hals, ich war nahe daran, mich in die Rinne zu erbrechen. Da ging die Tür wieder auf, Heinrich Böll trat herein und stellte sich neben mich. Er sah mich dastehen, zitternd und käsweiß, schaute mich an, zog an seiner Zigarette, die er zwischen Daumen- und Zeigefingerkuppe hielt, und sagte: »Kopf hoch!« Mir schwindelte, doch nicht mehr vor Elend. Ich betrachtete seinen lächelnden Mund, aus dem der Zigarettenqualm gegen die vergilbten Wandplättchen wölkte, und im gleichen Augenblick schlug der Gestank des Aschaffenburger Pissoirs um in den Wohlgeruch berauschenden Tabakdufts.

Ich erinnere mich, dass ich ein paar Tage später in einer Besprechung der Aschaffenburger Tagung – ich weiß nicht mehr, ob in der ZEIT oder in der ›Welt‹ – den Satz gelesen habe: »Wer ist verantwortlich für den jungen Mann, der die Beschreibung der weiblichen Geschlechtsorgane für Literatur hält?« Nach diesem Satz habe ich in den letzten Wochen vergeblich gesucht, die Dame im ZEIT-Archiv konnte ihn nicht finden, das Telefon des ›Welt‹-Archivs war ständig besetzt. Nun stehe ich da, verlasse mich auf meine Erinnerung, kann aber nicht sicher sein, ob sie mich trügt oder nicht. Marcel Reich-Ranicki wollte ich nicht belästigen; schon vor ein paar Jahren, als wir darüber sprachen, korrigierte er den Wortlaut, den ich anders im Gedächtnis behalten habe als er. Nach der Lektüre seines Buches ›Mein Leben‹ vermute ich, dass er sich genauer erinnert als ich. Er hat sich im Gegensatz zu mir nichts vorzumachen: Ich hätte gern, dass dieser Satz so und nicht anders gesagt worden wäre, und muss auf ihm bestehen, obwohl er vielleicht ein erfundener Baustein unter vielen anderen erfundenen Bausteinen ist, aus denen ich mir mein Leben zusammenbaue.

Warum erzähle ich diese belanglose Geschichte? Ich tue es einmal, um Zeugnis abzulegen für Reich-Ranickis phänomenales Gedächtnis, das ihn zu einer Autobiographie von bewundernswertem Ausmaß an Genauigkeit und Bekenntnistreue befähigt hat, und zum anderen, um seine haarscharfe Beobachtung zu bestätigen, die Sie auf Seite 305 nachlesen können. Reich-Ranicki schreibt: »Ich habe noch nie einen Schriftsteller kennen gelernt, der nicht eitel und nicht egozentrisch gewesen wäre – es sei denn, es war ein besonders schlechter Autor. Die einen tarnen ihre Eitelkeit und verbergen ihre Egozentrik, andere bekennen sich zu diesen Schwächen ostentativ, mit Humor und ohne Pardon.« Mir bleibt, um ja nicht in den Verdacht zu geraten, ein schlechter Autor zu sein, gar nichts anderes übrig als meine Eitelkeit und Egozentrik freimütig zu bekennen, auch wenn ich damit eine Eule nach Athen trage.

Aber missachten wir nicht diesen Vogel, der auch im Dunkeln zu sehen vermag, dieses Sinnbild der Klugheit und des kritischen Verstands. Marcel Reich-Ranicki, der in den allerdunkelsten Stunden seines Lebens die Augen offen gehalten hat, zu sehen und zu unterscheiden vermochte, ist zeitlebens ein Zwillingsbruder dieses Vogels gewesen. Als Sohn jüdischer Eltern in Polen geboren, dort in einer evangelischen, deutschsprachigen Volksschule erzogen, hat er die Botschaft der klugen Eule frühzeitig vernommen und verstanden. Für ihn war diese Botschaft von Anfang an in deutscher Sprache abgefasst, sowohl in Polen wie später in Berlin, wohin die Familie 1929 übergesiedelt war. »Wohin ich kam, war deutsche Literatur«, schreibt er in seiner Autobiographie und formuliert seine Botschaft, die zugleich sein Lebensbekenntnis ist, folgendermaßen: »Die Literatur ist mein Lebensgefühl. Das lassen, glaube ich, alle meine Ansichten und Urteile über Schriftsteller und Bücher erkennen, vielleicht auch die abwegigen und verfehlten.«

So wie ich etwas später, vergaffte er sich schon früh in Rilkes ›Cornet‹, begeisterte sich für Schillers ›Räuber‹, den ›Wilhelm Tell‹, las Theodor Storm und Gottfried Keller und sang auf Ausflügen des Jüdischen Pfadfinderbunds ›Die Glocken stürmten vom Bernwardsturm‹ und ›Jenseits des Tales standen ihre Zelte‹ – wie ich in der Hitlerjugend. Doch mitten in dieser deutschen Gegenwelt fand er ein wirksames Potential, er nennt es den Kräftezuwachs, der ihm aus der deutschen Literatur zugeflossen sei: Lesend begreifen zu lernen, was ihm das Deutsche in seinen wesenhaften Zügen bedeutet als verehrens-

und als verachtenswert. In der Literatur, die er verehrt, erkennen und finden wir sein verschlüsseltes eigenes Leben wieder; in der Literatur, die er verachtet, ist das chiffrierte Leben seiner Widersacher zur Sprache gebracht. Eindringlicher als jeder andere hat er, zwischen diese beiden Pole des Eigenen und des Fremden gespannt, sein Leben als deutscher Jude erlitten und erzählt.

Seine Beispiele zeigen deutlich, wie unbestechlich und scharf, oft mitleidlos er mit seinen Augen die Ereignisse sieht, die er so ergreifend, in überzeugender Klarheit und Sicherheit erzählt.

Ganz ohne Pathos, ohne Schwulst, ohne Anbiederung an den ritualisierten Geschmack zeitgenössischer Selbstbeschreibung erzählt Marcel Reich-Ranicki auch die Ereignisse menschenverachtender Grausamkeit im Warschauer Ghetto, deren leibhaftiger Zeuge er als Zweiundzwanzig-, Dreiundzwanzig-, Vierundzwanzigjähriger gewesen ist. Beim Lesen dieser so geradlinig und schmucklos erzählten Vorkommnisse habe ich mich gefragt, wie es überhaupt möglich sein konnte, dass Menschen zu solchen Greueltaten fähig waren, von denen Marcel Reich-Ranicki berichtet.

Sein Rapport jener Zeit und ihrer Katastrophen hat mir in erschütternder Deutlichkeit vor Augen geführt, was ich 1942 selbst als Fünfzehnjähriger aus dem Mund deutscher Soldaten erfahren habe: Im Osten könne man hören von Verbrennungsfabriken, und die Juden seien geliefert mit Haut und Haar. Vielleicht weil ich meine Kindheit und Jugend als indoktrinierter Hitlerjunge und Schüler einer nationalsozialistischen Lehrerbildungsanstalt so schonungslos erzählt habe, begleitet Marcel Reich-Ranicki meine autobiographischen Romane interessiert und kritisch. Seine genauen Analysen und sein entschiedenes Urteil genieße und schätze ich: Seinem Eintreten für den autobiographischen Ansatz meines Erzählens in der FAZ und im Literarischen Quartett habe ich es zu verdanken, dass meine beiden ersten autobiographischen Romane eine so weit reichende Anerkennung gefunden haben.

Leider hat er – zu Unrecht, wie ich denke – meine experimentellen Anfänge getadelt, doch bei seiner Laudatio auf den Hölderlinpreis hat er freimutig bekannt, dass er sich womöglich geirrt habe mit seiner früheren Bemerkung, niemand werde ihm einreden können, man müsse erst einmal viel Kraft vergeuden, um zu sich selber zu finden – und sagte: »Heute bin ich so sicher nicht, vielleicht war der lange Umweg tatsächlich nötig.« Meinen dritten autobiographischen Roman hat er zwar hart kritisiert, doch nicht auf die schmähliche Weise wie seine Mitstreiter im Literarisches Quartett. Wer jedoch darauf wartet, dass ich die Gelegenheit nutze, mich für erlittene Unbill zu rächen, indem ich an stilistischen Schwächen seiner Autobiographie herummäkele, den muss ich enttäuschen: Sein Buch hat mich so tief berührt, dass ich – ein Erzähler des eigenen Lebens – die Kunst lobe, mit der Marcel Reich-Ranicki den Zugriff auf die grausame Wirklichkeit seines Lebens in wahrhaftigem Erzählen einlöst, ja beglaubigt.

Hilmar Hoffmann
Kreuzwege

Marcel Reich-Ranickis stolze Vertragspartner, DVA und ZDF, die mit seiner Popularität sensationelle Auflagenhöhen und hohe Einschaltquoten erzielen, schenkten ihrem Zugpferd ein opulentes Abendmahl im Frankfurter Interconti zum Achtzigsten. In seiner Laudatio nannte Intendant Dieter Stolte Reich-Ranickis »Literarisches Quartett« beispielhaft für die »erfolgreiche Realisierung von Hilmar Hoffmanns kulturpolitischem Programm einer ›Kultur für alle‹«. Während den Festsaal ein Raunen durchzog, legte Reich-Ranicki seine Denkerstirn im Falten.

Als ich dem streitbaren Quartett vor zehn Jahren den Preis der »Stiftung Lesen« überreichen durfte, hatte ich die Ehrung damit begründet, wie trefflich es Reich-Ranicki gelungen war, mit Elementen autokratischer Literaturkritik und geistreichem Entertainment den kleinen Kreis der Kenner um jene »Fernseher« zu erweitern, die vorzüglich Streitkultur konsumierten und nun ihr intellektuelles Interesse auf das Bücherlesen umpolten. Sogar Jürgen Habermas attestierte dem Träger des Hessischen Kulturpreises des Jahres 1999, »über den engen Kreis der Experten hinaus eine breite Öffentlichkeit erreicht« zu haben. Schon fünfzehn Jahre zuvor hatte ich mit Vergnügen Reich-Ranicki als einzigartigen Literaturvermittler dem Frankfurter Magistrat für die Goethe-Plakette vorgeschlagen.

Nicht vorgeschlagen hätte ich Reich-Ranicki allerdings für einen Preis als Opernkritiker, falls ein solcher denn existierte. Warum ich ihn für diesen Orden für nicht besonders geeignet halte, habe ich in meinen Erinnerungen (›Ihr naht Euch wieder, schwankende Gestalten‹) zu begründen versucht – in einem speziell Reich-Ranicki gewidmeten Kapitel ›Gut gebrüllt, Löwe! Marcel Reich-Ranicki als Opernkritiker‹, was den Meister nicht sonderlich erfreute. Gleichwohl hat er mir mit nobler Geste seine zeitgleich publizierten Erinnerungen ›Mein Leben‹ geschenkt, um mich mit einer schmeichelhaften Widmung zu beschämen: »Dem lieben Hilmar, dem ich verbunden bleibe« (20. Oktober 1999). Meinen Aufsatz hatte ich verfasst, bevor ich seine einzigartige Autobiographie kannte. Da ich mich bei meinem »Verriss« außerdem auf nur ein winziges Segment seines umfänglichen Œuvres kapriziert hatte, nämlich auf jene umstrittene Neujahrsbotschaft, die er im Frankfurter Kaisersaal der Frankfurter Gesellschaft um die Ohren schlug, konnte ich mich aus Überzeugung revanchieren, indem ich ihm mein Buch mit einem angemessenen Goethe-Wort aus den ›Wahlverwandtschaften‹ kredenzte: »Gegen die großen Vorzüge eines anderen gibt es kein Rettungsmittel als die Liebe.« Als sich in der Stadt der Banken und der Bücher unsere Wege wieder einmal kreuzten, Anfang des Jahres beim Frankfurter Opernball, spannte er seine Arme weit aus, um mich wie in früheren Zeiten jovial zu empfangen. Auf meine erstaunte Frage »Nicht mehr böse, Marcel?« antwortete er gut gelaunt: » Ach was, mein Lieber, ich halte das nur drei Monate durch.«

Vielleicht hatte Marcel ja mein Statement für den Deutschlandfunk besänftigt, dem ich – auf die Frage nach dem besten Sachbuch seit 1945 – spontan geantwortet hatte: »Reich-Ranickis Erinnerungen ›Mein Leben‹. Das Buch hat mich tief beeindruckt und sehr nachdenklich gemacht.« Mit diesem Zitat hat die DVA für das Buch geworben.

Die Ursachen für den Genozid an den Juden Europas hatten schon viele Bücher und Dokumentarfilme zu erklären versucht – immer in redlicher Absicht, aber fast immer nur in den Kategorien nüchterner Sachbuchsprache. In der Schule hat die distanzierte Aufklärung anhand von Daten und Quellen, Fakten und Zahlen die Schüler meist kaum mehr berührt als Berichte weit zurückliegender, weit entfernter Völkerschlachten. Erst die amerikanische Fernsehserie ›Holocaust‹ und, mit formal subtileren Mitteln, Spielbergs bewegender Film ›Schindlers Liste‹ verfügten über jene emotionale Qualität, die den Zuschauer zwang, nachzudenken, mitzufühlen, mitzuempfinden. Das Geheimnis dieser aufklärerischen Wirkung war der subkutane Effekt, sich mit den leidenden Individuen und mit dem personalisierten Schicksal einer einzelnen Familie, mit ihrer seelischen Not, ihren Todesängsten und ihrer Verzweiflung identifizieren zu können. Diese Filme berühren in ihrer sensitiven Verdichtung der letalen Geschehnisse sogar notorische Ignoranten.

Mit der Sachbuchliteratur verhält es sich kaum viel anders. Die meisten Bücher über Hitlers und Himmlers teuflische Pläne zur Judenvernichtung haben nur geringe Auflagen erreicht, als abstrakte Faktengerüste oder Zeitzeugensammlungen aus der kollektiven Anonymität entbehrten sie der affektiven Komponente. Literarisch gelungene Werke wie die subjektiven Erzählungen Klemperers oder Levis bestätigen als Ausnahme die Regel. Erst die ›Erinnerungen‹ von Marcel Reich-Ranicki, den fast jeder im Lande kennt und dessen Biss viele erfrischend, seinen Esprit formidabel und seinen Bildungsfundus erstaunlich finden, haben deshalb besonders neugierig gemacht, so dass ›Mein Leben‹ ein breites Leserpublikum finden konnte. Hier hat einer sein Leben in zutiefst inhumaner Zeit ungeschminkt authentisch erzählt und den Leser sprachmächtig an seinem und seiner Frau Teofilas Schicksal teilhaben lassen. Unter den Myriaden von Lesern werden viele vielleicht erstmals begriffen haben, wie wenig ein Judenleben unter der Hitler-Diktatur wert war und was Millionen unschuldigen Menschen angetan wurde, nur weil sie keinen arischen Ahnenpass besaßen. Reich-Ranickis anrührendes Buch gehört in jede Schülerhand. Es stößt das Nachdenken nachhaltiger an als die meisten die barbarische NS-Zeit rekapitulierenden Schulbücher zusammen genommen, die über unsere fürchterlichste Geschichtsepoche aufklären wollen, die aber immer mehr Zeitgenossen lieber beschweigen möchten.

Aber »Nicht durch Beschweigen« schreibt Jürgen Habermas in der FAZ vom 20. Dez. 1999, sondern »durch Aufdeckung hat der jüdische Intellektuelle Reich-Ranicki zur Wiederherstellung der uns möglichen Normalität im Umgang miteinander mehr beigetragen als alle, die heute vom Wunsch nach Normalisierung besessen sind«. Damit erinnert der Philosoph an den unseligen Historikerstreit, der bekanntlich auch zum unkittbaren Zerwürfnis zwischen Reich-Ranicki und dem damaligen FAZ-Herausgeber Joachim Fest geführt hatte. Durch die Verleihung des Adenauerpreises an den Protagonisten des Historikerstreits, Ernst Nolte, hat der unappetitliche Streit gleich zu Beginn des neuen Jahrhunderts eine fatale Neuauflage erfahren. Die starrköpfigen Außenseiter der Historikerzunft möchten damit einklagen, was sie unter Normalisierung verstanden wissen wollen. Ich empfehle den Herren Professoren Nolte, Möller und Konsorten nachdrücklich die Lektüre von Reich-Ranickis singulärem Lesebuch.

Hellmuth Karasek
»Seine Bärbeißigkeit ist immer auch vorgeschützt«

Ich kenne ihn seit 1968, wenn nicht länger. Mein erster Eindruck: ein wunderbarer Kritiker und ein schrecklicher Autofahrer. Er hatte einen Fiat und nahm mich einmal mit. Ich sagte: Marcel, Sie können sicher gut Bücher beurteilen, aber in Ihr Auto steige ich nicht noch einmal.

Charakteristisch für ihn ist eine positive Ungeduld. Er ist ein sehr temperamentvoller und damit sehr ungeduldiger Mensch. Diese Ungeduld führt dazu, dass er einen weder langweilt noch in Ruhe lässt. Er ist kein Taktierer, sondern ein sehr aufrichtiger Mensch. Kein Egomane, was seine Person anlangt, aber ein Egomane, was Dinge betrifft. Er überfiel einen nie mit seinen Problemen, sondern immer mit Geschichten, die eine Sache, meist die Literatur, betrafen. Er ist ein bei aller Egomanie sehr aufmerksamer Mensch. Reichs Bärbeißigkeit ist auch immer vorgeschützt.

Nach der Flucht aus dem Ghetto war er eine Art Überlebenserzähler. Wir sahen zusammen ›Schindlers Liste‹. Er war durch den Film so bewegt, dass er unendlich viel erzählte. Stundenlang. Da sagte ich zu ihm, dass er seine Erinnerungen schreiben müsse. Und seine Frau, dass sie ihm das seit Jahren sage. Und er, dass er es nicht wisse. Denn wenn man seine Erinnerungen aufschreibt, hat man vielleicht selbst den Eindruck, dass man kurz davor ist, die Türe zuzumachen. Soweit ich das Buch kenne, kann ich sagen, es gibt keinen falschen Ton drinnen und kein Wort zuviel. Er versteht es sehr gut, die Geschichte seiner Ehe und die Liebe zu seiner Frau zu beschreiben. Vor ein paar Jahren fand das »Quartett« in Leipzig statt. Er sagte, er wolle aufhören, es sei genug. Als Grund stellte sich heraus, dass seine Frau zu krank war, um ihn begleiten zu können.

Kurz darauf ging es ihr wieder gut, und nie wieder war von Aufhören die Rede. Ich fand das sehr imponierend, dass er das »Quartett«, das ihm unendlich viel bedeutet und auch eine späte Genugtuung ist, für sie sofort hätte sein lassen. Natürlich ist er ihr gegenüber auch ein liebenswürdiger Tyrann. Aber er ist vor allem ein sehr aufmerksamer und liebevoller Mann.

Ich schätze ihn. Er ist der am wenigsten feige Kritiker.

Michael Krüger
Woher kommt die Kraft?

Man fragt sich natürlich, woher ein Mensch, der das erlebt hat, was Marcel Reich-Ranicki zugefügt wurde, die Kraft nimmt, nicht nur aufzuschreiben, was ihm widerfahren ist, sondern auch noch dafür zu sorgen, dass dieser Bericht zu einem triumphalen Erfolg wird, der alles andere in den Schatten stellt. An den hoffentlich heftig sprudelnden Honoraren kann es ihm nicht liegen, er war schon vorher ein versorgter Mensch. Warum also unterzieht sich ein achtzig Jahre alter Mann, der es nicht nötig hat, der Tortur einer Lesereise, die ihn bis in die entferntesten Winkel des Landes führt? Warum beantwortet er, wenn auch bisweilen missmutig, öffentlich und auf allen Kanälen all die Fragen, die er schon längst beantwortet hat? Warum hat er, nachdem die für ihn notwendige und leidvolle Arbeit des Schreibens getan war, nicht geschwiegen? Warum, fragt man sich, nutzt er nicht die ihm verbleibende Zeit, um ein anderes Buch zu schreiben, dessen Ausarbeitung und Niederschrift ihm nichts als Freude bereitet?

Vielleicht hängt es damit zusammen, dass Marcel Reich-Ranicki beim Schreiben des schrecklichsten Kapitels seiner Autobiographie dem Tod wieder begegnet ist, der ihm einst greifbar vor Augen stand. Vielleicht hat er ihn, schreibend, noch einmal so nah an sich heran gelassen, dass er ihn nun mit allen Mitteln verscheuchen muss. Marcel Reich-Ranicki hat, in weniger als einem Jahr, fast eine Million Leser um sich herum versammelt, eine für einen Schriftsteller unvorstellbare Menge von Menschen, die ihn nun schätzen. Es werden täglich mehr. Und wenn demnächst die Übersetzungen und das Taschenbuch erscheinen werden, wird die Menge so groß geworden sein, dass keine andere Macht mehr hindurch kommt. Vielleicht, stelle ich mir vor, wird er sich dann unbemerkt davonschleichen können, um in größter Gelassenheit jenes Buch zu beginnen, das er bislang aus den bekannten Gründen nicht schreiben konnte. Ein Buch über Musik und über Freundschaft.

Günter Kunert
Der kritische Geist weht, wie er will

Keiner hat die Genese des Kritikers so knapp und zutreffend beschrieben wie Alfred Kerr einem neugierigen Frager gegenüber, der wissen wollte, wie man eigentlich Theaterkritiker wird. Kerr erwiderte ohne Zögern: »Theaterkritiker wird man, indem man Theaterkritiker wird!« Wie wahr ist diese Anekdote: Die Berechtigung des Berufsrezensenten besteht in nichts anderem als seiner Profession. Daraus – und vielleicht nur daraus – ergibt sich eine gewisse Identität mit seinen Opfern oder Objekten (je nach Wunsch): Auch der kritisch behandelte Schriftsteller ist nur dadurch zum Schriftsteller geworden, dass er eben Schriftsteller wurde. Die fehlende Legitimation, der Mangel an handfesten wissenschaftlichen Grundlagen bindet Kritiker und Autor auf ewig aneinander; sie bilden ein seltsames, sich gegenseitig bedingendes Doppelgespann, bei dessen Auftreten man manchmal an den berühmten biblischen Clinch erinnert wird, an Jakobs Kampf mit dem Engel: »Ich lasse dich nicht, es sei denn, du segnetest mich!« Segen freilich wird dem Autor selten genug zuteil.

Wenn man über einen Kritiker zu schreiben anhebt, fragt man sich sogleich nach *seinen* Motiven des Schreibens, nach Gründen seiner Autorschaft. Für die »Primär«-Literaten hat man Ursachen in hülle und Fülle genannt: Sie hätten aus »Mitleid mit den Entrechteten und Unterdrückten« zur Feder gegriffen oder um »das Chaos der Welt in eine Form zu bannen«, aus politischen, moralischen oder einfach nur psychopathologischen Zwängen, ergo als Gesellschafts- und Selbsttherapeuten. Aber warum schreibt einer über das von anderen Geschriebene?

Einen Zipfel dieses Rätsels lüften jene Kritiker, deren ideologische Vorgabe am geringsten und deren emotionale Beteiligung am stärksten ist, und das nun trifft exemplarisch auf Marcel Reich-Ranicki zu, den Kritiker sui generis. An seinen Kritiken lässt sich ablesen, was andere unter dem Jargon, der Uneigentlichkeit verbergen: Die Gefühle. Diese sind selbstverständlich nicht nur an seinen Einsichten und Deutungen, sondern ebenso an seinen Irrtümern und Fehleinschätzungen beteiligt, während andere Rezensenten ihre Pannen theoretisch besser abzusichern verstehen. Aber über Irrtümer und Fehleinschätzungen will ich hier nicht reden. Noch dazu, da ich bereits selber Betroffener war (siehe ›Lauter Verrisse‹) und damit viel zu parteiisch wäre, um auch noch diesen Missgriffen Gerechtigkeit widerfahren zu lassen. Doch welche Rezension, welchen Aufsatz aus seiner langen, die Literatur begleitenden und kommentierenden Tätigkeit man heute nachliest; ob Goethe (berechtigt) abgebürstet wird oder eine Dichterin (viel zu überschwänglich) gelobt, stets ist die Dynamik der Syntax getrieben von Empfindungen, denen eine Tendenz zum Extrem eigen ist. Der apodiktische Ton ist der des beleidigten, enttäuschten oder hingerissenen Liebhabers. Ja, Marcel Reich-Ranicki hat eine Affäre mit der Literatur, und er behandelt sie so, als besäße sie tatsächlich so etwas wie Körperlichkeit.

Zuneigung und Verachtung, um nicht pathetischer zu sagen: Liebe und Hass kennzeichnen seinen Umgang mit Büchern. Selbst vor den Toten wird nicht Halt gemacht; sie werden wie Zeitgenossen vorgenommen (was schon der von ihm wenig geschätzte Arno Schmidt forderte), und es ereignet sich gerade durch diese rabiate Distanzlosigkeit gegenüber längst abgeschiedenen Autoren ein wahrscheinlich kaum angestrebtes Wunder: sie werden durch solche Behandlung »revitalisiert«. Sie werden wieder lebendig, weil da jemand mit ihnen rechtet und sich zankt, ihnen Vorwürfe macht und ihnen großmütig verzeiht, als hätte er mit ihnen aktuelle Fehden auszufechten oder sie gegen ungenannte Feinde in Schutz zu nehmen. Gerade diese Distanzlosigkeit, die ein als schlecht empfundenes Buch zum Akt einer persönlichen Kränkung werden lässt, erzeugt die entsprechende Reaktion: Dem Autor wird im Sinne seines solchermaßen verstandenen Buches geantwortet. Pardon wird nicht gegeben. Die Betroffenen könnten sich bereits zu einer Interessengemeinschaft ungerecht Behandelter zusammenschließen, gäbe es in Sachen Kunst den Anspruch auf Gerechtigkeit. Aber es gibt in der Welt des schönen und des weniger schönen Scheins keine ehernen Gesetzestafeln, auf deren Gebote und Verbote sich der Autor zu berufen vermag. Es existiert keine über den Kritiker wachende Instanz, die man anrufen und um Aufhebung des Urteils ersuchen dürfte. Aber wer die Relativität allen Urteilens in den Urteilen überliest, wird immer ein wesentliches Moment verkennen: Das der Aufrichtigkeit. Für diese bürgt die erwähnte Gefühlslage, aus welcher heraus seine Kritik entsteht. Rezensenten können genauso gut lügen wie andere Menschen auch, jedoch hapert es bei der Vortäuschung von Gefühlen. Ihre Echtheit, eine Art Wasserzeichen jedweden Textes, kann man nicht nachahmen. Und wenn Gefühle ihren Besitzer auch zu täuschen vermögen, so ist er doch selber außer Stande, sie vorzuspiegeln, wenn sie nicht vorhanden sind. Man kann sich in die gemütvolle Kellnerin des Biergartens vergucken und dabei Aphrodite höchstselbst ignorieren: Ein Vorgang, der möglicherweise merkwürdig wirkt, gegen die Tatsache solchen Empfindens jedoch hilft kein Einwand, kein Einspruch. Die Leidenschaft für die Dame »Literatur« lässt sich kaum künstlich hervorrufen, und eben das garantiert eine brachiale Ehrlichkeit. Was aber kann man mehr von einem Kritiker verlangen? Doch nur das Gleiche, das man auch vom Autor fordert: Dass er vorbehaltlos gibt, was er hat. Und einzig und allein Vorbehalte werden weder dem Autor noch seinem Kritiker verziehen.

Siegfried Lenz
Die Zuhörerin oder Eine absichtsvolle Wegbeschreibung

Eine erzählte Laudatio, vorgetragen zum achtzigsten Geburtstag von Teofila Reich-Ranicki

Die Frau des Kritikers war allein zu Haus, in der massivem Hütte am Zürichsee, die nur über einen Privatweg zu erreichen war und die deshalb die benötigte Ungestörtheit während eines Kurzurlaubs versprach. Beim Zubereiten des Tees fühlte sie sich beobachtet, und aufblickend entdeckte sie ein fremdes Gesicht hinter einem Fenster, ein noch junges Gesicht, das einen harten, entschlossenen Ausdruck probierte. Sie öffnete die Tür, ohne Gruß, ohne eine Erklärung schob der Fremde sie zur Seite, trat in die Hütte und lauschte ins Innere, und da er kein Geräusch hörte, fragte er – und in seiner Stimme lag eine vorsichtige Drohung –: Wo ist er?

Statt zu antworten, bot die Frau des Kritikers dem Fremden einen Platz an, lächelte freundlich, musterte die abgegriffene Ledermappe, schlug dem Fremden vor, den feuchten Mantel abzulegen, und als der, widerwillig und nach einigem Zögern, darauf einging, fragte sie, ob der Besucher vielleicht Schriftsteller sei. Der zeigte sich nicht überrascht, verdrossen nannte er seinen Namen – Beat Wrobel –, nannte den Ort seiner Herkunft – Baden-Baden – und bestätigte, dass er Schriftsteller und eilig hierher gekommen sei, um Wiedergutmachung zu fordern für die tiefste Verletzung, die er je erfahren habe.

Die Frau des Kritikers nickte teilnahmsvoll und bot dem Besucher Tee an. Bevor der trank, wollte er wissen, wann die Frau des Kritikers ihren Mann zurückerwarte, das konnte sie nicht sagen, da ihr Mann mit einem Freund von Max Frisch verabredet war, der dafür bekannt war, so lustvoll über eigene Pläne zu sprechen, dass ein Ende nicht abzusehen war. Der Besucher nippte am Tee, blickte auf seine Uhr, musterte grüblerisch die Frau des Kritikers, und vor ihrem erkennbaren Wohlwollen verharrte er eine Weile in Unentschiedenheit.

Dann aber, von Erbitterung belebt, sprang er auf, und gegen die Eingangstür sprechend, fragte er anklägerisch: Darf er das? Darf ein Kritiker sich damit begnügen, den Inhalt eines Buches wiederzugeben, ohne auf die Struktur, den Konflikt, die Psychologie der Personen einzugehen? Darf er, als Ergebnis seiner Lektüre, lediglich feststellen, er habe sich einzigartig gelangweilt? Und darf er schließlich einem

Autor vorhalten, dass auch ein Buch über die Langeweile um nichts in der Welt langweilig sein dürfte?

In einer Art nachzitternder Erbitterung wandte er sich der Frau des Kritikers zu: Darf er das? Die Frau des Kritikers ermunterte ihn, einen Schluck Tee zu nehmen, dies sei ein Early Grey, eine Teesorte, die durch einen folgenreichen Unfall auf See entstanden sei, tief im Bauch eines Teeseglers, beim Sturm. Mit einer Nagelschere schnitt sie eine Zigarette in drei Teile, zwängte ein Drittel in eine Hornspitze und begann zu rauchen. Sie schien nicht verblüfft, als der Besucher seine Ledermappe öffnete, ein Manuskript hervorholte und – die Reihenfolge der Seiten überprüfend – die Abwesenheit des Kritikers bedauerte, da er vorgehabt habe, ihm eine mitgebrachte Erzählung vorzulesen, nicht zuletzt, um ihn zur Zurücknahme seines verletzenden Urteils zu bewegen. Nach allem, was ihm zugefügt worden war, glaubte er ein Recht auf das Zeitopfer zu haben. Die Frau des Kritikers nickte, deutete einladend auf die Schnittchen mit Lachsschinken und Geflügelsalat und sagte, dass die Schnittchen eigentlich ihrem Mann zugedacht waren, falls er nach später Heimkehr noch Hunger haben sollte. Der Besucher biss in ein Schnittchen, legte es abrupt auf den Teller, und als habe der erste Bissen ihn unerwartet inspiriert, musterte er plötzlich die Frau des Kritikers, nicht freimütig forschend, sondern abwägend, und dann sagte er mit einer Stimme, die keinen Widerspruch duldete: Sie werden mir zuhören, Sie! Ich werde Ihnen meinen Text vorlesen, und Sie werden mir zuhören! Die Erzählung heißt: »Wegbeschreibung« – haben Sie verstanden? Die Frau des Kritikers nickte freundlich: Bitte, sagte sie zuvorkommend, lesen Sie, ich werde bemüht sein, Ihnen zu folgen. Und der Besucher las.

»In Hamburg, zur Mittagsstunde, ging ein alter Mann suchend durch Grünanlagen, und als er eine Bank entdeckte, beschleunigte er seine Schritte. Auf der Bank saß ein tadellos gekleideter Mann in mittleren Jahren und blätterte in einem Aktenordner und machte hier und da knappe Notizen. Der alte Mann sprach ihn an, entschuldigte sich für die Störung und fragte, auf welchem Weg er wohl zum Hauptgebäude der Baldovia-Versicherung komme, man habe ihm gesagt, vom Ost-Eingang des Hauptbahnhofs sei es nicht allzu weit. Beim Namen der Versicherung Baldovia hob der Mann auf der Bank den Kopf, mit schnellem Blick taxierte er den Fragesteller, klappte den Aktenordner zu, beriet sich einen Augenblick mit sich selbst und empfahl dann dem Alten, die Grünanlagen nach dem zweiten Rosenbeet zu verlassen, auf die Ringstraße hinzugehen und dieser zu folgen bis zu einem weitläufigen Verkehrsknotenpunkt. Hier, meinte er, müsse man achtgeben, es sei einer der gefährlichsten Plätze der Stadt, drei viel befahrene Straßen schnitten sich da, und obwohl ein Wald von Ampeln einen sicheren Weg garantieren sollte, müsste man dort um sein Leben rennen.

Gut, sagte der alte Mann, über eine Kreuzung, und wie weiter. Dann gehen Sie an der Tankstelle vorbei, sagte der Mann auf der Bank, es ist ein zeitgemäßer, ganz auf Selbstbedienung eingerichteter Laden, der übrigens allwöchentlich überfallen wird, zwei Pächter wurden bereits erschossen. Obwohl das allerdings gegen Mitternacht geschehen ist, tut man gut daran, beim Passieren auf der Hut zu sein.«

Der Besucher unterbrach seine Lesung, musterte prüfend die Frau des Kritikers, die aufmerksam, nichts als aufmerksam zuhörte, und fragte leise: Lese ich verständlich genug? Mehr als dies, sagte sie, und mit einer ermunternden Geste: Bitte lesen Sie weiter.

Und offenbar erfreut über die Ermunterung, setzte der Besucher die »Wegbeschreibung« fort.

»Nach der Tankstelle, erfuhr also der alte Mann, kommen Sie auf Ihrem Weg zum Baldovia-Gebäude an einem Fisch-Restaurant vorbei, das vorübergehend geschlossen ist; man hat dort Barsche aus einem afrikanischen See zubereitet, die, statt mit Netzen, mit einem chemischen Betäubungsmittel gefischt worden waren. Wenn Sie sich dann konsequent links halten, werden Sie in einen Tunnel eintauchen, den unsere Junkies für sich entdeckt haben; die sind nicht maßlos, nie bitten sie um mehr als eine Mark; deshalb empfiehlt es sich, immer einige Markstücke in der Tasche zu haben. Und von der Brücke, die Sie danach erreichen, werden Sie in einiger Entfernung, hoch über einigen Lagerhallen, die mannshohen Buchstaben BALDOVIA erkennen, auf dem Dach des Hauptgebäudes.«

Abermals unterbrach der Besucher seine Lesung, blickte erstaunt auf die Frau des Kritikers, die keinerlei Ungeduld oder Missmut erkennen ließ, sondern teilnahmsvoll und wie in der Erzählung verschlagen etwas zu fragen hatte. Ob der alte Mann, so fragte sie, nicht noch einmal alle Markierungspunkte wiederholen sollte, also Kreuzung, Tankstelle, Fischrestaurant, Tunnel und schließlich die Brücke – das wäre doch nahe liegend. Der alte Mann, sagte der Besucher verblüfft, tut es tatsächlich, er vergewissert sich, indem er alle Markierungen wiederholt, doch Ihnen wollte ich diese Stelle ersparen. Lesen Sie, bat die Frau des Kritikers, und schon nach wenigen Sätzen glaubte sie, eine gewisse Lustlosigkeit herauszuhören – er las eiliger, las nunmehr monoton, und auch, nachdem er einen Schluck Tee getrunken hatte, änderte sich seine Tonart nicht. Ihre musterhafte Erwartung brachte ihn dazu, die genannten Wegmarkierungen nur noch runterzurappeln, aber dann fing er sich, kehrte zum Mann auf der Bank zurück und ließ diesen die Wegbeschreibung fortsetzen.

Dem suchenden alten Mann wurde empfohlen, die Lagerhallen rechts liegen zu lassen und auf eine unscheinbare Kirche zuzusteuern, eine Seemannskirche. »Haben Sie die passiert, kommen Sie auf den Lutherplatz, der bekannt ist für beinahe tägliche Demonstrationen. Wer da hineingerät, muss Farbe bekennen, muss sich parteiisch verhalten, keinem wird es dort nachgesehen, meinungslos zu sein. Angesichts dieses Sachverhaltes sind Handgreiflichkeiten unvermeidbar, und weil das so ist, finden Sie am Rand des Lutherplatzes ein geräumiges Sanitätszelt mit geschultem Personal für erste Hilfe. Der angestrengte Gesichtsausdruck des alten Mannes verriet, dass er still für sich alle Ratschläge wiederholte, vielleicht auch schon die Risiken bedachte, die er laufen würde auf seinem Weg zum BALDOVIA-Gebäude.«

Plötzlich, mitten in einem Satz, schob der Besucher die Seiten seines Manuskripts zusammen und legte es, anscheinend enttäuscht über sich selbst, auf den Tisch. Was ist, fragte die Frau des Kritikers, warum lesen Sie nicht weiter? Statt seine Unterbrechung zu begründen, schüttelte er den Kopf, steckte sich ein Drittel Zigarette an und wandte sich an seine Zuhörerin. Stockend fragte er: Sie müssen sicher oft zuhören, oder? Oh, sagte sie, ich tue es gern, ich tue sogar nichts lieber als dies, wer richtig zuhört, ist dem Erzähltem immer schon voraus; Zuhören, wie ich es verstehe, ist vorauseilen, obwohl es nicht immer Freude macht.

Der Besucher dachte über ihr Bekenntnis nach und fragte: Dann wissen Sie vermutlich auch, worauf meine Erzählung hinausläuft? Sie haben es sehr früh angekündigt, sagte die Frau, vielleicht zu früh – wo einem bei einer einfachen Wegbeschreibung mit so vielen Gefahren gedroht wird, empfiehlt sich nichts mehr als sofort eine Lebensversicherung abzuschließen. Ich bin sicher, dass der Mann auf der Bank, der mit dem Aktenordner, ein Profi war, ein Mitarbeiter der BALDOVIA auf Honorarbasis. Und wenn mich nicht alles täuscht, schlug er dem alten Mann vor, sich erst gar nicht auf den Weg zum Versicherungsgebäude zu machen, sondern die Antragsformulare gleich hier auf der Bank zu unterschreiben.

Der Besucher stand auf, unzufrieden mit sich selbst, zwängte er sein Manuskript in die Ledermappe, und ohne sie anzublicken, fragte er: Wenn Ihr Mann nach Hause kommt: Werden Sie ihm von meinem Besuch erzählen? Sicher, sagte die Frau.

Sie haben wohl nichts dagegen, wenn ich jetzt gehe, oder? Ich kann Sie nicht aufhalten, sagte die Frau des Kritikers, aber ich möchte Ihnen noch etwas mitgeben auf den Weg. Dort, wo ich herkomme, ist es so, da erhält der Besucher etwas für den Heimweg.

Sie packte ein paar Stücke von dem selbst gebackenen Mohnkuchen ein. Sie sagte: Es ist der Lieblingskuchen meines Mannes. Mohn, fragte er, und sie darauf: Mohn, ja; wie ich gehört habe, befördert Mohn die Geduld und stärkt das Gedächtnis. Der Besucher nahm stumm das Geschenk an, und was sie nicht erwartet hätte: Er verabschiedete sich mit einer Verbeugung.

Peter von Matt
Das Ereignis der Stille

Er gehört nicht zu den Stillen im Lande. So viel auch über ihn schon behauptet und geschrieben wurde, dass er ein Leisetreter sei, hat ihm noch keiner nachgesagt. Wer seine Stimme imitiert, imitiert sie unweigerlich bei einem jener charakteristischen Crescendi, wo er, von einer Überzeugung durchbebt, dieser Überzeugung Luft verschafft mit einem Satz von enormer Deutlichkeit und rasch ansteigender Lautstärke. Dass diese Momente immer auch den Einschlag einer schauspielerischen Setzung haben, kunstvoll durchaus, mit musikalischem Kalkül vorbereitet, beweist sich aus dem sofortigen Vergnügen der Zuhörer. Zu den vielen Abstufungen seiner Meisterschaft gehört das Verfügen über die akustischen Effekte. Früher oder später ertappt man sich dabei, dass man auf das nächste Crescendo wartet. Diese Verhaltenheit, bereitet sie nicht etwas vor? Diese Ruhe, braut sich da nicht was zusammen? Wie gelassen er heute ist, aber hat es nicht eben gezuckt in den Augenwinkeln?

In Marcel Reich-Ranickis wichtigstem Buch, ›Mein Leben‹, mit dem er als Erzähler in die deutsche Literatur eingetreten ist, geschieht das Gegenteil. Hier ereignen sich, wenn man das Paradox formulieren darf, Crescendi der Stille. Dass es überhaupt möglich wurde, die furchtbaren Jahre zu beschreiben – spät, im achten Lebensjahrzehnt –, verdankt sich diesem Geschehen. Es ist auch ein musikalischer Vorgang, aber dahinter steht kein Kalkül. Dahinter steht ein Wissen, das eines Tages plötzlich da gewesen sein muss: nur so und nicht anders. Und neben der Stimme, die aller Welt vertraut war, wurde eine ganz andere hörbar.

Die furchtbaren Jahre werden nicht als Jahre erlebt, sondern als Tage, und die Tage als Stunden, als Momente sogar innerhalb von furchtbaren Stunden. Wo andere Autobiographen zurückblicken auf den gelassenen Fluss der Zeit, steht hier Tag neben Tag, und jeder ist der letzte, und nur wie zufällig bricht ein nächster an. Und je schlimmer es zugeht, umso stiller wird es um die erzählten Tage. An Stelle der Empörung, der Beschuldigung, des strafenden Urteils steht die Stille, stehen Crescendi einer Stille, die den Leser körperlich durchdringt. Da gibt es zum Beispiel einen Abschnitt, wo berichtet wird, wie der junge Jude in Warschau auf offener Straße von einem gleichaltrigen deutschen Soldaten körperlich misshandelt wird. Und nichts geschieht im Erzählerkommentar. Keine Emotion findet zur Sprache. Kein Schrei, kein Fluch, kein schneidender Satz, jetzt, Jahrzehnte später, obwohl eine Kränkung dieser Art niemals vergessen, niemals verwunden werden kann. Was sich ereignet, ist die Stille. Im winzigen leeren Raum vor dem nächsten Abschnitt gewinnt sie eine Gewalt, die alles urteilende Pathos übertrifft. Sie zeugt von einem tieferen, einem namenlosen Schweigen, dem jeder einzelne Satz abgerungen werden musste.

Michael Naumann
Auf der Prachtstraße der Poesie

Ein deutsches Gedicht mit maximal 42 Verszeilen – die Grenzen der Zeitungsrubrik machen Goethes ›Grenzen der Menschheit‹ zum Maßstab des Umfangs –, ein deutschsprachiges Gedicht vom Mittelalter bis zur unmittelbaren Gegenwart sollen die inzwischen mehr als zweihundert Beiträger der ›Frankfurter Anthologie‹ jeweils vorschlagen, es soll ihnen gefallen, es soll ihnen, jenseits einer lediglich wissenschaftlichen Analyse, auch persönlich etwas bedeuten, kurzum: sie sollen an es glauben. Und sie sollen vor den Augen der Leser und auf nicht mehr als sechzig Schreibmaschinenzeilen dann bitte zeigen, ob der Glaube an das Gedicht die Prüfung besteht. »Der Dichtung eine Gasse«, lautete das Motto, unter das Reich-Ranicki die ›Frankfurter Anthologie‹ am Anfang stellte.

Aus der Dichtergasse, darf man unbefangen sagen, ist im Lauf der Zeit eine Prachtstraße der Poesie geworden. Der fortwährende Dienst, den ihr Reich-Ranicki in der Redaktionsstube zuteil werden lässt, gehört gewiss nicht zu seinen kleinsten Verdiensten. Und er hat, wenn nicht alles täuscht, damit bereits im jugendlichen Alter von achtzig Jahren etwas Bleibendes gestiftet, obwohl er kein Dichter, sondern weil er fürwahr ein Diener ist.

Nirgends besser als an seinem Liebesverhältnis zur Lyrik kann man auch sein lust- und, vor allem, sein leidvolles Verhältnis zu Deutschland erkennen.

Es ist eine beiläufige, leicht zu überlesende Passage in seiner Autobiographie ›Mein Leben‹, in der er dieses Verhältnis lakonisch und im Grunde auch nur zwischen den Zeilen beleuchtet. Die Szene spielt 1967 – Reich-Ranicki lebt in Hamburg, ist Literaturkritiker der Wochenzeitung DIE ZEIT. Er rezensiert, zu Hause im Stadtteil Niendorf, Buch um Buch, schreibt Kolumnen, Glossen und Essays. Dann gibt ihm Rudolf Walter Leonhardt, damals Feuilletonchef der ZEIT, durch die Blume des Lobs zu verstehen, dass er, Reich-Ranicki, zwar mit deutscher und fremdsprachiger Prosa bestens umzugehen verstehe, dass aber (Zitat) »die zarten Schwingungen der holden deutschen Poesie wohl nicht ganz meine Sache seien«. Der Autobiograph kommentiert dies Jahrzehnte danach mit der ihm eigenen Prägnanz: »Das wollte ich nicht auf mir sitzen lassen.«

Für ihn hatte sich, wieder einmal, eine Konstante seines Lebens gezeigt: Man wollte ihn, nein: dieses Mal keineswegs bewusst und nicht mit Absicht, aber man wollte ihn erneut ausgrenzen. Dieses Mal aus der Lyrik, dem Innersten der deutschen Literatur – und damit aus dem Innersten jenes Deutschtums, das auch die Nazis nicht hatten zerstören können: aus dem Deutschtum Lessings, Goethes, Schillers und, nicht zuletzt, Hölderlins.

Nein, er hat auch diese kleine, unbeabsichtigte, seelenseismographisch aber bedeutungsvolle Kränkung nicht auf sich sitzen lassen. Er hat, noch im Nachkriegspolen und seit seiner Rückkehr nach Deutschland im Jahr 1958, ein Kritikerleben lang mehrteils über deutsche Autoren und deutsche Dichter, über deutsche Romane, Erzählungen und Gedichtbände geschrieben. Er hat es, als Kritiker der ZEIT und, von 1973 bis 1988, als Literaturchef der FAZ, ungemein erfolgreich getan, mit stupender Beharrlichkeit und nie erlahmender Leidenschaft – vorab jedoch mit jener verstehbaren Deutlichkeit, die das lesende Publikum ebenso auf seine Seite zog wie die Zuschauer des »Literarischen Quartetts«, das nun auch schon über ein Jahrzehnt lang das literarische Leben in Schwung und in Spannung hält.

Für seine Rolle bei diesem Fernsehereignis ist Reich-Ranicki, wenn ich es recht erinnere, sowohl mit dem »Bambi« als auch mit der »Goldenen Kamera« ausgezeichnet worden. Allein dieser Umstand hätte, an normalen deutschen Maßstäben gemessen, andere, literarische Auszeichnungen für Reich-Ranicki eigentlich unerreichbar machen müssen. Wer die Nation unterhält – und sei es auch mit Fernsehdebatten über Literatur –, wer sich darüber hinaus auch noch in Fernsehshows mit Thomas Gottschalk, Harald Schmidt oder Alfred Biolek unterhält: Hat der nicht ein für alle Mal die höheren Weihen verwirkt?

Egal, ob man es ein Wunder nennt oder ein Phänomen: Marcel Reich-Ranicki hat die deutschen Maßstäbe außer Kraft gesetzt, indem er bewies, dass sich über Thomas Mann und Franz Kafka, über Faulkner und Hemingway, über Heinrich Böll, Max Frisch, Wolfgang Koeppen und Thomas Bernhard, über John Updike, Andrzej Szczypiorski und Javier Marías so erhellend wie kenntnisreich schreiben lässt – und dass sich vor Kameras nicht weniger erhellend und kenntnis- und anekdoten- und pointenreich debattieren und plaudern lässt über die Heroen der Literatur, über die Triumphe und die Malaisen ihres jeweiligen Lebens, übrigens auch über die Triumphe und Malaisen der Kritik.

Reich-Ranicki ist bei alldem nie unter sein Niveau gegangen, im Gegenteil: Er hat für das Niveau der Kritik und der Vermittlung von Literatur höchst eigene und sehr urbane Maßstäbe gesetzt, Maßstäbe, denen im Augenblick wahrscheinlich nur einer gerecht wird: er selbst.

»Was wir heute über die Literatur unserer Zeit erfahren«, hat der Germanist Helmut Koopmann geschrieben, »erfahren wir aus den Kritiken über sie, und nicht selten hellen sie das Bild auf, das wir von der Literatur über uns und unsere Zeit ausgemalt bekommen.« Koopmanns Satz ist ein Satz über Reich-Ranicki – und insofern jedenfalls wahr.

All dies freilich hat den Kritiker nie ganz von der Empfindung befreien können, ein Außenseiter zu sein, einer, der nicht, der nie ganz dazugehört.

Die Ausgrenzung und die Vernichtung der Juden, seine Ausgrenzung aus der Universität und aus Deutschland, sein so zufälliges wie glückhaftes Überleben des Holocaust: Er hat es in den beklemmendsten und zugleich unwiderstehlichsten Kapiteln seiner Autobiographie geschildert. Und er hat ein ums andere Mal betont, dass er auf diese Ausgrenzung, auf die Demütigungen mit Widerstand und Trotz reagiert habe, ja, dass Trotz und Widerstand entscheidende Elemente seiner Existenz seien. Gewiss, diese Eigenschaften haben ihn gegen die Schrecknisse seines Lebens gewappnet – und sie haben seinen enormen Fleiß, seine ungeheure Disziplin angestachelt. Sie haben, nicht zuletzt, die jahrelange Arbeit an der Autobiographie ermöglicht.

Wenn nicht alles täuscht, hat dieses Buch, hat ›Mein Leben‹ aber auch die Wahrnehmung seiner Person in der Öffentlichkeit verändert. Zum ersten Mal erfährt der stets heftig Umstrittene nicht nur den großen Verkaufserfolg des Bestseller-Autors, sondern auch eine fast ungeteilte Zustimmung, ja fast so etwas wie landesweite Verehrung. Auf emphatische Weise jedenfalls könnte Marcel Reich-Ranicki angekommen sein in Deutschland, angekommen, weil man, lesend und hörend, sein Leben angenommen hat.

Welch ein tätiges, unbeugsames Leben! Und wie wohlgestaltet und wohl geordnet liegt es vor uns: Aus den Artikeln dieses Kritikers, zunächst für die Zeitung und für den Tag geschrieben, sind haltbare Bücher geworden: Von ›Lauter Verrisse‹ – ein Titel, der lange Zeit das Image des Marcel Reich-Ranicki prägte – bis ›Lauter Lobreden‹, von den ›Ruhestörern‹ der Sammlung über »Juden in der deutschen Literatur«, bis zu ›Thomas Mann und die Seinen‹, von der ›Nachprüfung‹, den Essays über Autoren der Vergangenheit, über ›Ohne Rabatt‹, den Bemerkungen zur Literatur der DDR, bis eben zu jenen ›Anwälten der Literatur‹, in denen er seine Kritikerkollegen von einst und jetzt porträtierte – und ein wenig auch sich selbst.

Zu seinem achtzigsten Geburtstag ist überdies, herausgegeben von Frank Schirrmacher, ein Band mit Bildern aus seinem Leben erschienen, wenig später die erweiterte Ausgabe von Briefen an Reich-

Ranicki, die Jochen Hieber vor fünf Jahren erstmals edierte. Erntezeit also für diesen Kritiker, Ordnung und spätes Glück. Aber wie wir ihn kennen – und wir meinen, ihn schon ein wenig zu kennen –, wird er all dies nicht als Lorbeer verstehen, auf dem sich ausruhen ließe. In Interviews hat er wiederholt angekündigt, bereits auf neuen Wegen zu wandeln. Er wird sie uns, da kann man sicher sein, nicht verheimlichen.

Andrew Ranicki
Mein Vorleben

Ich bin sehr stolz, dass dieses erstaunliche Buch meines Vaters meiner Mutter und mir gewidmet ist. Beim Lesen des Buches war ich, obwohl ich natürlich manches schon kannte, gerührt und ergriffen. Besonders interessiert hat mich alles, was sich hier über meine Familie findet. Ich habe ja meine Großeltern und auch den Bruder meines Vaters nie kennen gelernt. Erschüttert haben mich die dramatischen Umstände, die den Vater meiner Mutter Anfang 1940 in den Selbstmord getrieben haben.

Über das Warschauer Ghetto habe ich mit der Zeit schon viel gelesen, aber die ausführliche Beschreibung im Buch meines Vaters hat mich besonders ergriffen, weil hier viel zu lesen ist, was sonst noch nie geschildert wurde, so über das Musikleben im Ghetto und auch über die sehr interessante Figur des Obmanns des Judenrates, Adam Czerniakow. Zu denken gab mir ein eigentlich nebensächliches Detail: Mein Vater erzählt, er habe sich im Ghetto immer zweimal täglich rasiert und er habe sich bemüht, immer einigermaßen ordentlich gekleidet zu sein – das nämlich habe seine Lebenschancen im Ghetto leicht gesteigert. Damit hat es gewiss zu tun, dass er mich, als ich noch ein Kind war, sehr oft angehalten hat, auf mein Äußeres zu achten.

Auch die nicht-familiären Teile sind für mich wichtig, zumal die vielen Einblicke in das literarische Leben hinter den Kulissen und in die Musikwelt. Schon als Kind fiel mir auf, dass mein Vater immer, auch am Sonntag, sehr viel gearbeitet hat. Ich spürte, noch bevor ich das Wort kannte, dass die Literatur seine Passion ist.

Das unter anderem verbindet mich mit ihm, denn auch ich habe eine Passion, aber es ist die Mathematik. Zwischen dem literarischen Leben, das eben zur Existenz meines Vaters gehört, und dem mathematischen Leben besteht ein großer Unterschied. Mein Vater erzählt von vielen Formen der Eitelkeit der Schriftsteller. Auch Mathematiker sind eitel, aber ihre Eitelkeit hält sich doch in Grenzen. Vielleicht hat das damit zu tun, dass ein Kunstwerk weder richtig noch falsch sein kann. Ein mathematischer Satz ist entweder bewiesen oder nicht. In einem Brief Alexander von Humboldts an Gauss ist von einem französischen Mathematiker die Rede. Nach einer Opernaufführung, die ihm wohl einigermaßen gefallen hat, fragte er: »Sagen Sie mir offen, was ist damit bewiesen«? So ist es ja: über eine Oper oder ein anderes Kunstwerk kann es hundert verschiedene Ansichten und Urteile geben, aber für die Mathematiker gelten feststehende Maßstäbe ihrer Leistungen.

Nun ist aber das Buch meines Vaters nicht nur ein bewegender und ergreifender Lebensbericht, denn zusammen mit seinem Buch ›Die Anwälte der Literatur‹ (das der Autor übrigens auch mir gewidmet hat) ist es ein Buch über seine persönlichen Maßstäbe der Literaturbewertung, die sich ja von seinem Leben überhaupt nicht trennen lassen.

Als ich von einer deutschen Illustrierten um ein Interview aus Anlass des achtzigsten Geburtstags meines Vaters gebeten wurde, lautete die letzte Frage, was ich meinem Vater verdanke. Meine Antwort war: »Mein Leben. Meine Mutter und er konnten dem Tod im Ghetto gerade noch entfliehen. Daran denke ich unentwegt.«

Johannes Rau
Was heißt heute deutsch?

Die deutsche Besonderheit oder Sonderbarkeit wurzelt in unserer Geschichte und in unserer Geographie. Deutschland war immer ein Gebilde aus unterschiedlichen Ländern, die Menschen sind durch ihre Landschaften geprägt, durch unterschiedliche Traditionen, Bräuche und Dialekte. Man ist auch heute noch zuerst Bayer und Westfale, bevor man Deutscher ist.

Die Frage, was deutsch sein eigentlich bedeute, ist so alt wie die deutsche Geschichte. Wenn sie immer noch gestellt wird, sehe ich das in einer bestimmten Hinsicht sogar sehr positiv: Offenbar ist das uns von vielen nachgesagte oder auch eingeredete »neue deutsche Selbstbewusstsein« noch nicht so weit, dass wir uns nicht immer wieder selber kritisch befragen. Mir ist Selbstbefragung sympathisch, Selbstkritik noch mehr.

Deutsch sein heißt heute auch oft – ein Paradoxon – gerade nicht aus Deutschland zu stammen. Fast nirgendwo leben so viele Menschen unterschiedlicher Herkunft wie bei uns. Sie sollen ihre Kultur bewahren, aber ihre Zukunft soll nicht ausschließlich durch ihre Herkunft bestimmt sein. Wo Kulturen (und Lebenskulturen) nicht zusammenkommen, da helfen weder politische Übereinkommen noch finanziell-ökonomische Vorhaben. Das haben wir in Deutschland gelernt, das erfahren wir im Prozess der europäischen Einigung und das gilt auch für die Globalisierung und den dafür notwendigen Dialog der Kulturen.

Kultur war lange Zeit ein wichtiges Wort für unsere nationale Selbstwahrnehmung, wie auch für das Bild der anderen von Deutschland. Das Wort von der Kulturnation – zwar im Ursprung anders gemeint, nämlich als Ersatz für die staatliche Einigkeit Deutschlands – hat uns oft geschmeichelt. Kultur hat aber nicht nur mit großer Kunst, mit Dichtern und Denkern zu tun, sondern mit der Begegnung im Alltag und mit kollektiver Erinnerung.

Wenn wir Deutschen uns an das vergangene Jahrhundert erinnern, dann erinnern wir uns auch an den großen Kulturbruch, den wir über Europa und die Welt gebracht haben – und der uns selber schließlich zutiefst verändert hat. Wer fragt: was ist heute deutsch, muss diesen Kulturbruch, diese Zeit der radikalen Verneinung aller humanen Kultur, immer mitdenken. Marcel Reich-Ranickis Autobiographie trägt den Titel ›Mein Leben‹. Dieses sein Leben ist eine, nicht die einzige, aber eine ganz besonders gewichtige Antwort auf die Frage, was heute deutsch sei.

Marcel Reich-Ranicki, im polnischen Włocławek geboren, in Berlin aufgewachsen (und in seiner Jugend offenbar im emphatischen Sinne Berliner), nach Polen verschleppt, das Ghetto und die Shoah überlebt, nach dem Krieg im polnischen Geheimdienst, dann als Schriftsteller tätig, 1958 nach Deutschland gekommen (nein: zurückgekehrt), schließlich der einflussreichste deutsche Literaturkritiker wohl der ganzen deutschen Literaturgeschichte: Dieser Marcel Reich-Ranicki erinnert an einer Stelle seines Buches an Heinrich Heines Gedanken, die Juden hätten – indem sie nach der Zerstörung des Tempels die Bibel gerettet und mitgenommen haben – wohin immer sie gingen, nur ein »portatives Vaterland«.

Reich-Ranicki hat, wie er selber sagt, analog dazu die deutsche Literatur als »portatives Vaterland« erfahren. Vielleicht ist seine Beziehung zur deutschen Literatur deshalb so unvergleichlich eng und leidenschaftlich.

Wie sich Kultur und Lebenskultur verbinden, dafür ist sein Buch ein großes Zeugnis. Aber auch für den deutschen Kulturbruch, von dem ich sprach und dessen vernichtende Auswirkung Reich-Ranicki und seine Familie am eigenen Leib erfahren haben. Dass gerade er so unendlich viel für die deutsche Kultur – auch im Sinne der Erinnerung und des Gedächtnisses – getan hat, dafür können wir alle ihm nur dankbar sein.

Was heißt heute deutsch? – Wir können diese Frage nicht beantworten, ohne die Biographie von Menschen wie Marcel Reich-Ranicki zu kennen. Und wir wüssten weniger Antworten darauf ohne seine Arbeit für das portative Vaterland der deutschen Literatur.

Petra Roth
Ein Leben für die Literatur

Persönlich begegnet bin ich Marcel Reich-Ranicki, dem damals schon berühmten Literaturkritiker, zum ersten Mal vor vielen Jahren in Frankfurt vor einer Bankfiliale. Getrieben von meiner Neugier sprach ich ihn an: »Sie kennen mich nicht, aber ich kenne Sie«, was ihn verständlicherweise nicht sonderlich beeindruckte. Es hielt ihn jedoch später nicht davon ab, ich war inzwischen Oberbürgermeisterin, mir bei verschiedenen Anlässen immer wieder einmal Literaturempfehlungen zu geben. Wie stets natürlich voller Esprit und ohne jegliche Relativierung seines Urteils. Gelesen habe ich seine Bücher seit Jahren, etwa die Heine-Biographie. Irgendwann im Frühjahr 1999 lud ich ihn zu einer Veranstaltung Frankfurts in New York ein, was er mit Bedauern absagte. Begründung: er müsse seine Autobiographie schreiben – ›Mein Leben‹.

Und was für ein Leben! Ich konnte das Erscheinen des Buches kaum erwarten. Als ich es dann unmittelbar nach seinem Erscheinen verschlang, überraschte mich der sich schnell abzeichnende phänomenale Erfolg nicht. Selten hat mich eine Lektüre so angerührt, ja erschüttert und doch auch ermutigt, sogar oft erheitert. Wer jedoch Marcel Reich-Ranickis frühe Erfahrungen in Berlin und dann im Warschauer Ghetto liest, wird einen neuen und sehr emotionalen Zugang zur Geschichte des Nationalsozialismus finden. In kleinen Gesten verdichtet sich oft das ganze Grauen dieses mörderischen Systems. Da ist etwa der brutale Soldat, den der schüchterne junge Mann für sich einnimmt, indem er die Mannschaftsaufstellung von Hertha BSC aufzählt, dem Lieblingsverein des Schinders. Eben noch drohend, schickte er nun Reich-Ranicki und seinen Bruder bald nach Hause.

Das Faszinosum dieser Erinnerungen aber besteht für mich in der Erkenntnis, dass die Kultur wirklich ein Menschenleben vollständig durchdringen, zutiefst prägen kann. Denn diese Autobiographie ist für mich auch eine literarische Enzyklopädie, die mich jedenfalls geradezu animiert hat, viele der Autoren neu, anders oder erstmals zu lesen. Was für eine Leistung für die Literatur in diesem Lande hat dieser Kritiker vollbracht! Literatur ist sein Leben, und er lässt uns in einzigartiger Weise daran teilhaben. Auch in seiner Autobiographie. Ein Buch, das ich immer wieder lesen werde.

Peter Rühmkorf

Lieber Herr Spiegel,

haben Sie Dank für Ihre Einladung vom – lese ich recht? dem 20. Juni? – o, das ist aber kurz vor Glockenschlag, und wir bewegen uns in heiklen Grenzen. Habe gerade Johann-Heinrich-Voß-Vortrag gehalten und soll jetzt, ohne einmal kräftig durchatmen zu können, gleich an eine neue Sache von solcher Delikatesse. Über das Memo-Buch von MRR ist ja viel, geradezu unendlich viel geschrieben worden, und wer es noch einmal von einer unerwarteten Seite her anvisieren möchte, brauchte in jedem Fall mehr Zeit als mir zur Verfügung steht. Wie ich der Presse oder dem Fernsehen entnehmen konnte, hat sich der Autobiograph ja besonders darüber beklagt, dass kein einziger ernst zu nehmender literarischer Autor sich bei ihm gemeldet oder Zustimmendes zu dem Buch geäußert hätte, was ich besonders bedauerlich finde, weil es mich selbst zwar in der Feder gejuckt hatte, ihm meine freundliche (und streckenweise herzliche) Anteilnahme zuzufunken, was aus unterschiedlichen Gründen dann unterblieben war. Man erweckt ja nicht gern den Eindruck, mit der Wurst nach dem Schinken zu werfen und sich im Gegenzug geneigte Rezensionen einzuhandeln. Nun, wo das Lit-Quartett sich allmählich dem Ruhestand zubewegt und in absehbarer Zeit kein neues Buch von mir zu erwarten ist, wäre schon eher Gelegenheit gewesen, mal ein positives Rauchzeichen zu geben, nur, wie gesagt, die Zeit, und dann die Form, in die man so etwas hätte kleiden sollen. Dabei sind das ja keineswegs irgendwelche Memoiren, die hier verfasst worden sind, das Wort »verfasst« in seinem besten Sinne verstanden. Sie sind auf eigenartige Weise ergreifend, und das nicht bloß besonders zu Herzen gehender Kapitel wegen, Sie wissen, welche ich meine, sondern weil sich ein scheinbar intransigenter Charakter hier auf einmal überraschend eröffnet. In der Tat ist Ranicki als Kritiker eine völlig andere Person. Seine von ihm vorgetragenen Urteile erwecken oft einen vorgefassten oder apodiktischen Eindruck. Lob und Tadel scheinen gelegentlich grenzenlos überzogen und manchmal etwas knalltütenmäßig. Und da entschlüpft der bekannten Puppe auf einmal – nein, überhaupt keine neue Puppe, sondern ein besonders seltsam innerviertes Subjekt, fast möchte ich sagen, ein zart besaitetes, das sich der eigenen Sache keineswegs immer derart bombensicher war, wie es öffentlich den Anschein haben mochte. Etwas anderes kommt noch hinzu. In allen

Nazi-, Nolte- und Historikerstreiten pp bin ich absolut seiner Meinung und fühle mich ihm genossenschaftlich verbunden. Auch seine literarischen Wertfindungen zeigen eine ganz neue Färbung, weil man den Kopf beim Abwägen und beim Hin-und-Herbedenken beobachten kann, auch das Herz im Moment des Schlagens, die Herzrhythmusstörungen immer inklusive. Außerdem, und das ist gewiss keine Kleinigkeit, ist das Buch außerordentlich sympathisch geschrieben, der Ton macht die Musik, der umstandslose Satzbau hat seinen eigenen Naturdrive, und der gänzliche Mangel an Larmoyanz gerade in den bedrückendsten Passagen scheint mir eine Verzichtsleistung der besonderen Art. Bin nach Erscheinen sehr oft gefragt worden, na, wie hältst du's denn, bzw. wie halten Sie es mit dem neuen Ranicki und habe dann, ungeachtet unserer früheren Schwierigkeiten miteinander, geantwortet: Ja. Doch. Das Buch erschließt ihn mir völlig neu. Seine Brechungswinkel, wie subjektiv sie immer sein mögen, scheinen mir allemal interessant. Einige, nein, zahlreiche Personalporträte (Adorno, Canetti etc.) nebst Begegnungen mit minder bedeutenden Zeitgenossen sind verdammt gut hinlavierte Kabinettstücke.

Ja und dann: das Buch ist wirklich eine zeitgeschichtliche und kulturhistorische Fundgrube, aus der man sich mit Gewinn verköstigen kann, was zumal im Hinblick auf die Nachgeborenen einem volkserzieherischen Desiderat entgegenkommt. Na, so könnte ich hier noch lange Strich für Strich weiterskizzeln, immer den gehabten Eindrücken nach, aber um das irgendwie in vertretbarer Form auf die Reihe zu kriegen, fehlt mir, s.o., einfach die genügende Muße, es sei denn, dass Sie diese zwanglose Postalie mal als kleinen Beitrag gelten lassen wollen.

Sehr freundlich grüßt Sie
Ihr
Peter Rühmkorf

Siegfried Unseld
Ein Schriftsteller für die Schulen

Diese Autobiographie überraschte und faszinierte mich.

Sie überraschte mich, weil ich mir den Schriftsteller Marcel Reich-Ranicki ganz anders vorgestellt hatte, furios, temperamentvoll, zuschlagend, im Urteil das Einseitige nicht scheuend.

Dies aber ist ein anderes Buch. Es ist ruhig, sachlich, abwägend. Der Autor setzt sich nicht in Szene. Hier schreibt ein weise gewordener Mann über die ihm angetane Barbarei.

Das Buch faszinierte mich. Es zeigt den Weg eines Mannes, der die schrecklichsten Demütigungen dadurch überlebt, dass deutsche Literatur ihm mehr und mehr zum »Lebenshelfer«, mehr und mehr zum entscheidenden Lebensgefühl wird.

Dieses geniale Buch eines Schriftstellers sollte in den Schulen gelesen werden.

Peter Wapnewski
Von großer Not und kleinem Trost

Es ist ganz einfach, eben weil es so schwer ist. Dieses Buch ist nicht eigentlich ein literarisches Dokument. Nicht steht zur kritischen Diskussion das Kapitel Bildungsroman, die diplomatische Tätigkeit im Dienste des polnischen Staates, die Beziehung später dann zu Dichtern und ihren Gesellen, zu den Redaktionen der großen meinungsmachenden Blätter und ihres Rezensionsteiles. Vielmehr: Das Zentrum dieses Buches, sein Wesen ist die Schilderung der deutschen Schmach, der unauslöschlichen Schande eines Volkes, das Größe und Ruhm seiner Kultur widerlegte in der Ermordung, Erniedrigung, Torturierung Ungezählter, mag ihre Zahl auch gezählt sein. Darunter viele Jener, die eben diese Kultur und ihre Literatur liebten und zu ihrer Mehrung und ihrem Glanz ihr Bestes gegeben hatten. Da hat Einer Zeugnis abgelegt von Leid und Bestehen, von großer Not und kleinem Trost, von den Listen der Verfolgten und dem Mut der Gejagten, hat es getan, weil er es sich von der Seele schreiben musste, hat es getan für alle die anderen, die nicht mehr Kunde geben konnten von ihrem Leben und ihrer Lebens- und Todesnot. Die Blutröte über Warschau, der Rauch über den Todesmühlen wird sich nicht verziehen, solange die Generation noch lebt, die im deutschen Namen diesen Namen geschändet hat. Von deren Angehörigen haben nicht wenige sich dem Vergessen anvertraut; andere erinnern sich mühsam an »die Schandtaten der Nazis«. Es waren aber Deutsche, die hier als Meister wirkten, – sie handelten im Dienste der gewählten Führer des Volkes.

Und weil das so ist, kann einer, der im Alter von 18 Jahren den Eid auf den Führer schwor – gezwungen, aber er schwor –, nur schweigend vor Tosia und Marcel Reich-Ranicki stehen. In Dankbarkeit für ihre Freundschaft, die sie der Kultur und Sprache des Landes beharrlich erhalten, das ihnen und den Ihren unermessliches Leid zugefügt hat. Dankbar auch dafür, dass sie die Freunde ihrer Freunde sind.

Simon Wiesenthal
Mit seiner Klinge ist nicht zu spaßen

Ich wusste nicht, dass er im Ghetto war. Das, was er über sich selber sagt, ist sehr fesselnd. Es sind die Gefühle, die jeden erfassen, der erlebt hat, was er erleben musste. Ich habe im Buch meine eigenen Emotionen wiedergefunden. Nur, dass es Reich-Ranicki mit so schönen Worten erzählt, wie ich sie nie fände.

Ich möchte ihn nicht als »Papst« bezeichnen. Aber er wird sehr geachtet, und er sollte sehr vorsichtig sein: Man überschüttet ihn mit Manuskripten und Büchern, zu denen er Stellung nehmen soll – und er sollte nie vergessen, wie viel von ihm abhängt.

Ich lese seine Kritiken sehr gern. Es gefällt mir, wie er sofort auf den Kern, auf das Wichtigste kommt. Die Routine vieler Jahre gesellt sich dazu. Er ist ein großer Kritiker – der seltene Fall eines geborenen Kritikers, meine ich. Die Menschen sollen glücklich sein, dass sie ihn haben. Und niemand sollte es sich mit ihm verscherzen. Mit seiner Klinge ist nicht zu spaßen.

Dass er nach dem Zweiten Weltkrieg Kommunist wurde, hat ihm niemand vorzuwerfen. Es war verständlich, weil die Kommunisten ja die Befreier waren. Klar, dass man sagte: »Wir gehören zur Macht, welche die Deutschen für das alles, was sie getan haben, schlägt.« Das war nur logisch. Ob die Kommunisten denn besser als die Nazis waren, hat keiner hinterfragt. Nur später – da hat man erfahren, dass sie es nicht waren.

Gabriele Wohmann
Das Rettungsmittel

Better last than never. Mit dieser kühnen Behauptung streckte die Dozentin (Madison, German Dept.) dem Schriftsteller ihr Geburtstagsgeschenk hin. Sie tat es innig-ausdruckswuchtig, und der Schriftsteller kam sich bei der feierlichen Entgegennahme albern vor, denn lächelte er, der doch ungerührt aussehen wollte, nicht genau so schwachsinnig wie die Frau, die ihn beschenkte? *Reich* beschenkte, drückte sie körpersprachlich aus. Es handelte sich um ein Buch, das literarische Wunder und Zentrum des Geistesmenschen-Gesprächs dieser Saison; der Schriftsteller kannte es bis zu der Stelle, an der die wichtigste überregionale, internationale Tageszeitung mit dem Vorabdruck aufgehört hatte.

Ich bin eine Nachzüglerin, sagte die Dozentin, und mit verstärkter Freundlichkeit beugte die Frau des Schriftstellers den fälligen Sottisen ihres Mannes vor (sie kannte seine chronische Eifersucht auf Zeitgenossen, die auch schrieben; Tote hingegen bewunderte er uneingeschränkt): Oh, ists nicht umso schöner, wenn nach all der Geschenkbrandung die Ebbe noch was anspült! Die Dozentin dozierte: Ein Geburtstag ist wie ein Schnupfen, drei Tage kommt er, drei steht und drei geht er, und ich wollte warten, bis ich das Buch überreichen kann. Es ist ein bewegendes Buch. (Du hast *zutiefst* vergessen, lästerte der Schriftsteller, was seine Frau mit *Es soll ganz großartig sein* nicht tilgen konnte.) Die Dozentin erwähnte ihre eigene Autobiographie, und der Schriftsteller knurrte: Die ER nicht müde wurde zu rühmen. Der Verfasser, um dessen literarisches Debüt es ging, war seit Jahrzehnten als Kritiker berühmt. Viel hing ab von seinem Lob, Tadel, Stillschweigen. Für mich wars eine Offenbarung, es ist ein Lebensbuch. Ein wenig kurzatmig wusste die Dozentin nicht recht weiter und wurde von der Frau des Schriftstellers zum Teetisch und den Himbeertörtchen gelotst, wo sie in einen der Empiresessel plumpste. Ihr enger Rock rutschte zu hoch, zeigte eine Menge Fleisch, was ihr nichts mehr nützte. *Seinen* Bauch zog der Schriftsteller ein, stellvertretend, ihrem war nicht zu helfen. Sie war klug, aber nur partiell.

Seine Frau goss Tee ein, zur Kanne über seiner Tasse sagte der Schriftsteller STOPP!, um Platz für Rum zu reservieren: Golden glänzte er in der Rubinglas-Karaffe, aus der er sich bediente. Es wunderte ihn, dass er zum Teetisch, wo es leicht wäre, zu anderen Themen vorzustoßen, das Buch des Kritikers mitgebracht hatte. Der Kritiker als der Berühmteste unter seinesgleichen interessierte und amüsierte sogar Menschen, die jenseits des literarischen Lebens gut ohne Bücher zurechtkamen. Der Schriftsteller blätterte, was sollte er sonst tun, im autobiographischen Werk, simulierte Lesen, Gähnen, überlegte: Entsprang das Geschenk purer Hinterlist? Oder treuherzigem Vertrauen darauf, der Beschenkte könne das allseits gerühmte Kunstwerk so objektiv gemessen wie jemand, der außer Konkurrenz war, indem er nämlich nicht schrieb? Wie es ja der Schenkenden glückte, genießen, was einem anderen extrem gut gelungen war. Und obwohl sie doch selber schrieb. Schön, mit ihrer Autobiographie heimste auch sie gute Kritiken ein, doch mehr intern. Der Kritiker aber bedurfte längst keiner Insider mehr. Unverführbar vom Seichtigkeitsverlangen der Zeitgenossen, vielmehr kompromisslos streng auf geistreiche Weise unterhaltsam war er, grenzüberschreitend, ein TV-Liebling, ein Unikum. Etwas Geniales, das hatte er, und ein Kunstwerk vor sich: der Schriftsteller – uff! Beim neugierigen Blick auf die ersten Sätze der ersten Fortsetzungsfolge sofort erkannt! Irritierte ihn deshalb das Geschenk? Nun, manche Leute waren selbstlos und damit vielleicht gar nicht so töricht, wie er hoffte. Wirkte die Rum-Dosis? Versagte sie, als er auf die Widmung stieß? Penetrant. Pädagogisierend. Sentimental nach Art der Frauen. In ihrer kaum gealterten Schulmädchenhandschrift (besser erhalten als die Physis) stand das abgenutzte, nur auf den ersten Blick imponierende, in der Realität meist untaugliche Goethe-Zitat von den großen Vorzügen eines anderen, gegen die als einziges Rettungsmittel nur die Liebe half. Hm, machte er, hielt seiner Frau die Widmung unter die Nase, wodurch es fast zu einer Kollision mit ihrem Löffel und dessen Himbeertörtchenladung gekommen wäre (und *Ach wie schön* schwärmte sie, wirkte hilfsbedürftig): Muss ich ihn gleich lieben?

Unser guter alter Franktireur. Die Dozentin blinkte, ein Auge zugekniffen, das andere blinzelte, die Frau des Schriftstellers an, die dankbar grunzte, sprechen ging nicht, weil jetzt der Löffel seine Fracht im Mund abgeliefert hatte. Seine Eifersucht wollte der Schriftsteller nicht über die Stolzschwelle transportieren, doch als nach genau der die Dozentin fragte, nützte ihm eine Epiphanie: Nicht gewusst? Eifersucht ist die Schwester der Liebe. Demokrit. Und die Dozentin rief: Oh ihn liebenswert finden, das wirst du! Und in ihm den Kollegen von Gnaden entdecken!

Diese Frau war nicht aus dem Konzept zu bringen. Nochmal Demokrit: Der Teufel ist der Bruder des Engels. Überhaupt, mal langsam. Guter Geschmack, siehe seine Lieblingsautoren, beste Kritikenprosa, all das macht ihn noch nicht zum Dichter. Der Schriftsteller erfuhr, dieser Kritiker wisse via Intellekt und Instinkt, was er könne, und nur darauf habe er sich eingelassen. Und wie wundervoll er es kann! Nicht mal die Schilderung positiver Liebe, gefährlichster Stoff, misslingt ihm! Bei aller Verehrung großer Dichtkunst, nirgendwo erniedrigt er sich plagiatorisch, und … und … Der Schriftsteller hörte, was er längst und mit mehr Leidenschaft wusste. Schon während der Gier auf die täglichen Fortsetzungen hatte er sein Interesse nicht auf Stichproben, Überblickseindrücke niederzwingen können, vereinnahmt von den stillen Erfahrungssensationen des Kritikers als Schüler beim Lesen, den unirdischen Liebeserschütterungen durch die unbegreiflichste unter den Künsten, die Musik. In seinem ersten Auftritt als Autor machte er keine Fehler. Wurde nie privat gefühlvoll, privat zornig. Bedurfte auch der gängigen taktlosen Elternvernichtung nicht. Eben hatte seine Frau gesagt: Es soll sogar diskret sein, das Buch, ich meine jetzt Sex und so was und dass man es bei ihm nicht erwartet hätte. Nach einer Miniaturpause hängte sie als Indiz für Inkompetenz ein scheues *oder?* an, und die Dozentin bestätigte: Gewiss, es ist nichts für Voyeure. Von der zweiten Tasse an auch mit Rum versorgt, dennoch gleichmäßig im Campus-Geleier applaudierend, besang sie folgsam nach der Induktionsmethode *Kriterien.* Vom Überdruss gereizt, verblüffte der Schriftsteller die Frauen: Deine idiotischen *Kriterien*! Wie lahm und brav du dich anhörst, wie bei der Analyse einer Seminararbeit! Er probierte einen einschläfernden Sopran: … und es ist ein Meisterwerk, weil nämlich sämtliche *Kriterien* erfüllt sind … (Richtig, hatte die Nichtzubeleidigende eingeworfen.) Verdammt, rief der Schriftsteller, ich weiß nichts von *Kriterien* und sie sind mir schnuppe, aber ich weiß, dieses Buch ist verdammt gut. Er vergaß, dass er beim Zigarillo nur noch zweimal inhalieren wollte, seine Frau klärte die ungekränkte Dozentin auf: Er kennt den ersten Teil, du mochtest doch die Vorabdrucke … *Mochte mochte, mögen*, erbärmlich schwache Ausdrucksweise, schimpfte der Schriftsteller, während die überraschte Dozentin sich sehr freute: Dann waren wir ja von Anfang an einer Meinung! Aber nein, damit war es nichts. Nur keine Vereinfachungen! Hör zu, du rutschst vor seinem Altar rum, Anbetung mit Knieschützern. Ich hingegen … Als seine Frau mit *Er meints nicht so* wie ein kleiner Hund Herrchen und Frauchen anbettelte, machte Mitleid mit ihr ihn wütend: Themenwechsel! Höchste Zeit, diese Himbeertörtchen zu rezensieren. Die Kriterien stimmen.

Beim Abschied erkundigte sich die Dozentin nach Demokrit, den Familienverhältnissen von Eifersucht, Teufel, und was wars noch?

Schwester der Liebe, Bruder des Engels, brummelte der Schriftsteller.

Kritiken aus der deutschsprachigen Presse

Einführung zur ersten öffentlichen Lesung

London, 6. Mai 1999

Keine Lobeshymne auf die kritische Urteilskraft Marcel Reich-Ranickis könnte angemessen das beschreiben, was wir an ihm bewundern: Diesen unbedingten Einsatz für die Sache der Literatur, diese nie nachlassende Leidenschaft für die Aufgabe der Kritik. Ein solches Wirken, wir dürfen es mit Fug einzigartig nennen, setzt neben überragendem Können immense Zivilcourage voraus. Denn der wahre Kritiker kann gar nicht anders als der Literatur und der Gesellschaft, der sie entstammt, zu nahe zu treten; er muss irritieren, unbequem sein, manche, viele vor den Kopf stoßen, muss aber noch im scheinbar Maßlosen des Lobes oder Verrisses seinen Maßstab erkennen lassen und ihn – auch und gerade gegen den Zeitgeist – vertreten. Marcel Reich-Ranicki lebt dieses Ethos des Kritikers wie kein anderer – *cum* ira et studio – mit umfassendem Wissen, mit leidenschaftlicher Vehemenz, Ironie und einem rhetorischen Vermögen, das vergeblich seinesgleichen sucht.

Was kaum jemand für möglich gehalten hätte: Es ist Marcel Reich-Ranicki gelungen, die Literatur im deutschsprachigen Raum zu einem Medienereignis ersten Ranges zu machen. Ihm ist es zu verdanken, dass Literatur in die Hauptsendezeiten gefunden hat und mithin zu einem Hauptanliegen erklärt worden ist.

Marcel Reich-Ranicki hat in der Bundesrepublik Deutschland die kritische Kultur entscheidend mitgeprägt, nicht, indem er kritische Theorien entworfen hätte, sondern indem er den Sinn der Kritik bis heute uns allen vorlebt.

Nebenbei gesagt, hat er auch uns Germanisten immer wieder kritisch vor Augen geführt, wie verfehlt es ist, wenn man vor lauter begriffstheoretischen Wäldern die hohen Bäume der Dichtung nicht mehr sieht. Dafür können wir ihm nur nachdrücklich dankbar sein.

Mit dem Witz des Aufklärers, mit dem kritischen Geist eines Nicolai und Polgar vertritt er, in diesem Sinne ganz »Kunstrichter« im Wortgebrauch des 18. Jahrhunderts, das Anliegen der Literatur im grellen Rampenlicht der Medienwelt: Sich einmischen zu dürfen in die gesellschaftlichen Belange, sich aber auch zurückziehen zu können auf den »Geist der Erzählung«.

Kein Kritiker hat nach 1945 den humanen Sinn des Erzählens uns klarer verdeutlicht als Marcel Reich-Ranicki. Kein Kritiker hat mehr getan für die Präsenz des Gedichts im sogenannten Literaturbetrieb.

Kein Kritiker hat uns eindringlicher als er gezeigt, dass unsere lesende Behaglichkeit nichts wert wäre, wenn wir uns nicht aufrütteln ließen von den durch ihn so benannten ›Ruhestörern‹ unter den Literaten, den jüdischen Schriftstellern, die es so unendlich tragisch umgetrieben hat in der Literaturgeschichte.

Das Ereignis dieses Abends ist beschlossen im schlichten, aber gewichtigen Titel dieser Bithell Lecture des Institute of Germanic Studies: Marcel Reich-Ranicki: ›Mein Leben‹. Die Rede ist von einem gerade in seinen Anfängen unsäglich leidgeprüften Leben, von einem Leben kritischer Zeugenschaft. Man wird es nicht »exemplarisch« nennen können, weil es beispiellos ist; vorbildlich aber in dem Sinne, dass es zeigt, wie sehr es auf die Belange der Literatur ankommt, wenn uns denn um das Tradieren menschlicher Werte zu tun ist. Mit diesen Belangen ist Ihr Name längst synonym geworden.

Sie haben London, Sie haben unser Institut als Ort dieser Erstlesung gewählt. Damit erweisen Sie uns allen eine große Auszeichnung. In tiefem Dank dafür darf ich Sie, lieber, verehrter Marcel Reich-Ranicki, um das bitten, was Ihnen in so besonderem Maße gebührt: um Ihr Wort.

RÜDIGER GÖRNER
The 1999 Bithell Memorial Lecture
Institute of Germanic Studies
University of London

Trotz alledem

Marcel Reich-Ranicki in London

Ausgerechnet London. Marcel Reich-Ranicki hat die Metropole an der Themse ausgewählt, um zum ersten Mal aus seiner Autobiographie, die im August erscheinen wird, zu lesen. Vom Direktor des Institute of Germanic Studies der University of London eingeladen, hatte sich ein deutsch-englisches Publikum eingefunden, um den Mann zu hören, der als Kritiker die deutsche Literatur des letzten halben Jahrhunderts mitgeprägt hat. In der Lesung stellte er seine Begegnungen mit Bertolt Brecht, Thomas Mann, Elias Canetti und Günter Grass dar. Er zeichnete die Dichter, ihre Kunst und ihre Eitelkeiten.

Thomas Mann, nach dem Sinn seines Schreibens befragt, habe

geantwortet: »Freude.« Diese Freude habe auch den »genialen und naiven« Yehudi Menuhin beseelt, dem Marcel Reich-Ranicki einmal in einer ausländischen Großstadt per Zufall begegnet sei. Menuhin spielte dort Beethoven und Brahms, und auf seinen erstaunten Ausruf »Was machen Sie denn hier?« habe Reich-Ranicki geantwortet, er sei zu Vorträgen über Goethe und Thomas Mann gekommen. Daraufhin Menuhin: »Ist das nicht merkwürdig – zwei Juden zur Feier großer Deutscher vereint!«

Solche Anekdoten verbanden sich mit der auf das Publikum erschütternd wirkenden Erinnerung an die Ausschreitungen »deutscher Barbaren in Wehrmachtsuniform« während der Besetzung Warschaus 1939. Das sei gewesen, so Reich-Ranicki, als ob diese Soldaten die Goebbelsschen Karikaturen von »asiatischen Horden« plötzlich für wahr gehalten hätten. Im feindlichen Polen hätten die Soldaten ihren im eigenen Land noch gezügelten Sadismus ausleben können. Auch der damals neunzehnjährige Reich-Ranicki wurde zu einem Arbeitskommando abgeholt. Unterwegs seien den orthodoxen Juden die Bärte abgeschnitten worden, wobei sich »polnische Helfer nützlich machten«. Alle mussten rufen: »Wir sind jüdische Schweine.«

Zum Berliner Mahnmal für die ermordeten Juden sagte Reich-Ranicki, er sei weder dafür noch dagegen. Für ihn sei 1970 etwas viel Wichtigeres passiert: als nämlich Willy Brandt spontan am Warschauer Mahnmal niedergekniet sei. »Ich wusste damals«, so schloss Reich-Ranicki seine Lesung, »dass mein im Jahr 1958 getroffener Entschluss, trotz allem in die Bundesrepublik zurückzukehren, kein falscher gewesen war.«

Stuttgarter Zeitung, 11. Mai 1999

Sein Leben

Als vor einiger Zeit bekannt wurde, dass Marcel Reich-Ranicki munter an seiner Autobiographie schreibe, da wurden Befürchtungen laut im literarischen Betrieb und anderswo. Leute hoben den Finger oder zeigten mit dem Finger auf andere Leute. Es ging um die Frage, wer wie warum und auf welche Weise in Reich-Ranickis Erinnerungen vorkommen werde. Jetzt ist das Buch fertig, sein Titel lautet ›Mein Leben‹, und am Montag beginnen wir mit dem Vorabdruck des ersten Teils. Die Fahnen, weit über fünfhundert Seiten, liegen auf dem Schreibtisch. Also?

Um die wichtigste Frage gleich zu Beginn aufzugreifen, die Antwort lautet: Ja. Ja, das Buch hat ein Personenregister. Doch diese zehn Seiten werden manchem eine bittere Enttäuschung bereiten. In Reich-Ranickis Register steckt eine eigene kleine Poetik, eine besondere Kunst des Weglassens und Hinzufügens, und entstanden ist daraus ein kunstvolles Labyrinth voller durchaus richtiger, aber immer wieder auch düpierender Verweise. Um es anders auszudrücken: Kein Verleger, kein Autor kann sicher sein, dass Reich-Ranicki sich seiner nicht erinnerte, nur weil das Register ihn nicht nennt. Und es ist für den Seelenfrieden eines manchen nicht unwichtig zu wissen, ob er sich erinnert oder nicht.

Denn der Mann, der hier von sich sagt, dass ihm das Telefon das Caféhaus ersetzt habe, er hat seine Erinnerungen so geschrieben, wie er redet: voller Lust an der Übertreibung und Pointe, dabei sehr effektvoll, unbesorgt um Indiskretionen, kundig in Klatsch, Tratsch und anderen Skandalen und bei alldem nur die Langeweile fürchtend und sonst nichts auf der Welt. Das sind gute Nachrichten für Leser und nicht ganz so gute für diejenigen, mit denen er zu telefonieren pflegte. Genauer gesagt: für das Personal jenes zweiten Teils, den wir in dieser Zeitung nicht vorabdrucken werden. Da geht es um Böll, Grass, Frisch, um Elias Canetti, Thomas Bernhard oder Martin Walser, um einen übernächtigten Adorno, es geht um Verleger, Redaktionen und Redakteure der letzten vier Jahrzehnte, in einem Wort: um das literarische Leben der Republik.

Dem Fünfjährigen, so erzählt er, hat die Mutter den Satz »Ich bin artig« auf die Kindergarderobe sticken lassen. »Rasch wurde ich zum Gespött der Kinder – und reagierte darauf mit Wut und Trotz: Brüllend und prügelnd wollte ich jenen, die sich über mich lustig machten, beweisen, dass ich besonders unartig war. Das trug mir den Spitznamen ›Bolschewik‹ ein.« Er prügelt längst nicht mehr. Aber er legt immer noch Wert darauf, unartig zu sein. Unartig, gegen die Konventionen einer gezähmten Erinnerungsliteratur verstoßend, sind viele seiner Sätze. Und es sind nicht jene, die von alten Feinden (die werden allesamt ignoriert), sondern die, die von alten Freunden handeln. Jeder, der mit Reich-Ranicki zu tun hat, weiß, dass, wo es bei ihm um die Freundschaften seines Lebens geht, es sich immer auch um die Krisen, die Irrtümer, ja die Katastrophen solcher Freundschaften handelt. In seinen Erinnerungen wird davon erzählt. Die Wunde seiner Beziehung zu Walter Jens etwa – den er seinen besten Freund nennt – schwelt in fast jedem Kapitel der zweiten Lebenshälfte. Das gilt auch für andere Zerwürfnisse. Jeder Leser merkt, dass es hier um Reich-Ranickis Lebensthema geht: um Liebe und um Liebesverrat.

Dies ist eine Ankündigung, keine Rezension. Es sind in diesen Erinnerungen Passagen, ja ganze Kapitel, die den Leser sehr tief ergreifen und ihn irre werden lassen an der Zeitgenossenschaft, die er mit dem Verfasser dieser Erinnerungen unterhält. Schon aus anderen Berichten – etwa Reich-Ranickis vor Jahren in dieser Zeitung erschienenem Essay ›Meine Schulzeit im Dritten Reich‹ – konnte man erfahren, wie er, ein Deutscher und Jude, den Nationalsozialismus, die Deportation, das Ghetto überstand. Wie er seine Frau Tosia im Ghetto kennen lernte und beide, gegen alle Wahrscheinlichkeit, die Katastrophe überlebten. Auch jene, denen Reich-Ranicki hin und wieder mündlich von seinen Erlebnissen berichtete, werden in diesen Erinnerungen erkennen, wie wenig sie wussten. Und wie er es ihnen nun erzählt. Vielleicht ist dies das Bewegendste und das Verstörendste an diesem Buch: die furchtbare Ruhe, mit der sein Verfasser über die furchtbaren Ereignisse berichtet.

Man wusste, nicht zuletzt dank der Auskünfte von Reich-Ranicki selbst, welche Rolle die Musik im Ghetto spielte. Aber wusste man von dem hoch begabten jüdischen Pianisten Richard Spira, dessen Lehrer, da kein Jude, natürlich außerhalb des Ghettos lebte? »Aber noch gab es im Ghetto Telefone, wenn auch wenige. Das war die Lösung: Spira spielte seinem Lehrer das ganze Konzert am Telefon vor und erhielt von ihm in stundenlangen Gesprächen genaue Unterweisungen. Der Triumph des Schülers war zugleich, der Ghettomauer zum Trotz, der seines Lehrers.« Weiß man, dass es im Ghetto eine zweimal wöchentlich erscheinende Zeitung gab, in der auch Konzertrezensionen veröffentlicht wurden? Und dass ein bedeutender Musikkritiker dieser Zeitung ein Mann namens Wiktor Hart war? Und dass dieser Hart niemand anders als Marcel Reich-Ranicki war?

Reich-Ranickis Biographie ist ein deutsch-jüdischer Bildungsroman von der fürchterlichen, am Ende aber von der triumphalen Sorte. Es ist jedoch ein schwer erkaufter Triumph. Wann immer eine Person, ein Freund, eine Freundin, ein Helfer im Umkreis des heranwachsenden Marcel auftaucht, muss man damit rechnen, dass einem der Verfasser auf seine ruhige Art mitteilt, dass auch diese Menschen ermordet worden sind. Die Vernichtung, die in dieses Leben eingebrochen ist, ist ungeheuer groß. Und weil Geschichte immer wieder ins Unanschauliche strebt, ist es wichtig, das Jahrhundertverbrechen anschaulich zu halten. Dass überhaupt noch einer da ist, davon zu erzählen, das, so scheint es, verwundert auch Reich-Ranicki immer wieder.

Mit welcher Begeisterung reist das halbe Kind damals von Polen nach Berlin? Wie gerät er in das letzte kulturelle Abendleuchten der Weimarer Republik? Wie erlebt er, immer noch in Berlin, die ersten

Jahre der Nazi-Ära? Und wie sehen wir ihn – fast genau in der Jahrhundertmitte – im Auge des Orkans, im Ghetto, in der Mila-Straße, in der der verzweifelte Aufstand geplant wird? »Wer, zum Tode verurteilt, den Zug zur Gaskammer aus nächster Nähe gesehen hat, der bleibt ein Gezeichneter – sein Leben lang.« Der Satz steht an zentraler Stelle dieser Erinnerungen – eine Stelle, die nicht aufhören wird, einen zu verfolgen.

Fast immer, und darin liegt die Größe seiner Darstellung, berühren sich die Ereignisse und Gestalten in Reich-Ranickis Erinnerungen mit der Geschichte selbst. Dieses Leben, dessen Götter Brecht, Thomas Mann und Richard Wagner heißen, ist so repräsentativ, wie es in dieser Epoche überhaupt nur denkbar ist. Schon der Jugendliche, wohlgemerkt ein Jude im nationalsozialistischen Deutschland, wollte eines Tages des Landes erster Kritiker sein. Er ist es geworden, und er beschreibt diesen Weg von den Anfängen bis zum Jahre 1999. Ihm musste es widerfahren, dass er jener Übersetzer war, dem die SS am 22. Juli 1942 das Todesurteil über die Juden von Warschau diktierte – den Umsiedlungsbefehl, der nach Auschwitz und Treblinka führte. Reich-Ranicki beschreibt genau, wie er als Dolmetscher des Judenrats das Diktat des SS-Offiziers Höfele entgegennahm und es dann für das Plakat ins Polnische übersetzte. Man muss das vor sich sehen: Wie Reich-Ranicki, dessen Leben aus Texten besteht, diesen finalen Text aufschreibt und übersetzt. Und man muss lesen, was in dem Buch dann folgt: wie Reich-Ranicki das Todesurteil seiner Freundin Gustawa Jarecka diktiert und welchen Entschluss er am Ende fasst: den Entschluss, Tosia zu heiraten, um ihr das Leben zu retten.

Man soll nicht denken – aber wer denkt das bei diesem Autor schon –, dies sei ein depressives Buch. Nein, da ist viel Witz und Temperament, eine Menge Ungerechtigkeiten und Streitlust. Reich-Ranicki hat Lebenserinnerungen geschrieben, die zugleich eine Geschichte der deutschen Literatur in diesem Jahrhundert sind und ein Kapitel Weltgeschichte. Aber am Ende ist aus alldem ein Monument für Tosia geworden, seine Frau. Vor einiger Zeit hat Teofila Reich-Ranicki einen Auswahlband mit Gedichten Erich Kästners herausgegeben. Warum unter allen Dichtern der Literaturgeschichte nur Kästner für diese ungewöhnliche Frau in Frage kam und welche verzweiflungsvolle Geschichte sich mit den harmlosen Gedichten dieses Autors verbindet, auch dies erfährt, wer Reich-Ranickis Erinnerungen liest.

Wie oft hat dieser zuweilen etwas liebeskranke Kritiker nach der großen Emotion in der Literatur gesucht, nach der Liebe also, seiner Himmelsmacht. Und nun? Was immer Mit- und Nachwelt in diese

Erinnerungen hineinlesen werden: Reich-Ranicki eine der schönsten Liebesgeschichten des Jahrhunderts geschrieben.

FRANK SCHIRRMACHER
Frankfurter Allgemeine Zeitung, 31. Juli 1999

»Den tiefsten Schmerz«

Friedrich Luft, der legendäre Berliner Theaterkritiker, nannte ihn einmal den »Vorleser der Nation« – einen, der früher als das Publikum und an seiner statt die neuesten Romane liest (und bewertet), dies aber so eindrucksvoll und lautstark tut, als deklamiere ein Schauspieler vor einer großen Zuhörerschar. Vorleser der Nation ist jemand, der, indem er liest (und schreibt), sich reden hört.

Der Literaturkritiker Marcel Reich-Ranicki, 79, ist mit dieser Porträtskizze gut getroffen. Und bis heute zehren davon die Kritiker des Kritikers, wenn sie, frei nach Eckhard Henscheids Vorlage, Reich-Ranicki sei unter den Buchbewertern bloß »der Lauteste«, immer wieder auf die Phonstärke, auf die – seit 1988 durch das »Literarische Quartett« im ZDF – auch optisch mächtige Präsenz des Mannes zielen. Als beweise diese Präsenz an sich schon Grobheit und Gedankenschwäche.

Wahr ist: Reich-Ranicki hat in den Jahren von 1958 – damals kam er aus Polen in die Bundesrepublik – bis 1992 638 Essays und Rezensionen über 226 Autoren veröffentlicht, vor allem in der ZEIT und in der ›Frankfurter Allgemeinen‹, ein stattliches, nicht gerade kleinlautes Meinungspaket. Wahr ist aber auch: Er veröffentlicht am 16. August ›Mein Leben‹, seine Autobiographie, an der er sechs Jahre gearbeitet hat und dieses Buch ist alles andere als lautstark und vollmundig: Es ergreift durch die tonlose Stille des Entsetzens, durch subtile Andeutungen, polemisches Verschweigen, durch Lakonik und Zärtlichkeit.

Der Herr der Bücher, der viel gescholtene Literatur-Wüterich zeigt sich schwach, oft selbstkritisch und beinahe sprachlos, als unterläge er dem eigenen Leben. Nur herzlose Leser werden sich diesem Drama in Prosa entziehen können.

Marcel Reich, der 1920 in Włocławek an der Weichsel geborene Sohn jüdischer Eltern, besuchte in Polen zunächst eine deutschsprachige Volksschule. Dass er bei der Einschulung schon lesen konnte, habe, so schreibt er, »den Neid der Mitschüler erweckt. Von Anfang an fiel ich aus dem Rahmen, ich war ein Außenseiter. Dass es so bleiben würde, konnte ich schwerlich wissen: ... Ich passte nie ganz zu meiner Umgebung«. Ein Leitmotiv, das die eigentümliche Schüchternheit des Selbstbewussten begründet.

Weil sein Vater als Kaufmann 1929 Bankrott ging, sah die Familie in Polen keine Zukunft mehr. Sie zog nach Berlin, wo ein wohlhabender Onkel als Anwalt lebte. Marcel sprach schnell besser deutsch als polnisch, der Gymnasiast war bald der Klassenbeste in Deutsch. Sehr früh liebte er die Literatur. Und kannte im Grunde nur einen Berufswunsch: Kritiker.

Seinen »elfenbeinernen Turm«, in dem er vor dem immer rüderen Antisemitismus geistige Zuflucht fand, bewohnten Schiller, Shakespeare, Heine, Goethe, geradezu gierig genoss er auch das Theater, vor allem das von Gustaf Gründgens. Er konnte 1938 gerade noch Abitur machen, wenngleich seine Deutschnote nach unten korrigiert wurde, weil ein Jude in diesem Fach nicht mehr »sehr gut« sein durfte.

Am 28. Oktober 1938 – wenige Tage vor den »Kristallnacht«-Pogromen – wurde Marcel in seinem winzigen Zimmer in Berlin-Charlottenburg vor 7 Uhr morgens von einem Polizisten geweckt. Der drückte ihm ein Papier in die Hand – Ausweisung aus dem Deutschen Reich – und hieß ihn sofort mitkommen. Das sichtbare Reisegepäck des jungen Juden, der nun mit der Eisenbahn nach Warschau zwangsbefördert wurde, bestand aus einer Aktentasche mit einem Reservetaschentuch und einem Balzac-Roman. Sein unsichtbares Gepäck, so schreibt er, war die deutsche Sprache und die deutsche Literatur.

Als Hitlers Truppen ein knappes Jahr später Polen überfielen und die Hauptstadt besetzten, lebte die Familie Reich, wieder vereinigt, in Warschau. Sie war bald, wie alle 400 000 Juden der Stadt, Freiwild für Besatzer wie für polnische Denunzianten. In dieser Situation kam der 19-jährige Marcel der gleichaltrigen Teofila aus der Nachbarschaft näher. Die Liebe seines Lebens begann unmittelbar, bevor die Nazis aus dem jüdischen Viertel jenes »Seuchensperrgebiet« mit einer drei Meter hohen Mauereinfassung machten, das als »Warschauer Ghetto« traurige Berühmtheit erlangte.

Verwaltet wurde diese jüdische Großstadt auf Befehl der Besatzer durch einen »Judenrat«, der für den Schriftwechsel mit deutschen und polnischen Behörden ein Korrespondenzbüro unterhielt. Für ein bescheidenes Entgelt leitete der sprachkundige Berliner Abiturient dieses Büro.

Demütigungen, Hunger, Krankheit verschlimmerten sich fast täglich, stets mussten die Bewohner gewärtig sein, über Tote hinwegzusteigen. Musiker versuchten, sich mit Beethovens Violinkonzert oder

Mozarts Klarinettenkonzert auf der Straße durchzuschlagen. Sogar ein Ghetto-Streichorchester wurde gegründet. Unter dem Namen »Hart« hat Reich damals regelmäßig Konzerte rezensiert.

Als Vor- und Abspann für das »Literarische Quartett« werden seit elf Jahren die ersten Takte des Allegro molto aus Beethovens Quartett Opus 59, Nr. 3, C-Dur gespielt – es wurde im Ghetto vom Streichorchester besonders oft und »besonders gut«, wie Reich-Ranicki schreibt, aufgeführt. Wann immer er bei seiner Sendung diese Takte höre, denke er an die Musiker, die sie im Ghetto gespielt haben. Nachsatz des Autors: »Sie wurden alle vergast.«

Im Juli 1942 fuhr die SS vor; im Büro des »Judenrates« musste Reich die Anweisung protokollieren und übersetzen, die gesamte Ghetto-Bevölkerung werde fortan nach Osten »umgesiedelt«: das Todesurteil. »Man muss«, so die FAZ vorvergangene Woche in ihrer Einführung zum Teilabdruck der Memoiren, »das vor sich sehen: Wie Reich-Ranicki, dessen Leben aus Texten besteht, diesen finalen Text aufschreibt und übersetzt.« Man muss das vor sich sehen: Es ist unvorstellbar.

In den Viehwaggons, die ihre menschliche Fracht zu den Vergasungsräumen und Krematorien von Treblinka transportierten, verschwanden auch Reichs Eltern. Die jüdischen Ghetto-Verwalter wurden noch gebraucht und vorerst, mit ihren Ehepartnern, geschont. In einer Blitz-Zeremonie heiratete Reich seine Freundin Teofila, genannt Tosia, um auch für sie Zeit zu gewinnen.

Das Ghetto war schon auf eine Restgröße von etwa 35 000 geschrumpft, als auch diese beiden im Januar 1943 in Richtung »Umschlagplatz« getrieben wurden. Es gelang ihnen, trotz der schussbereiten SS-Posten, gemeinsam aus der Kolonne auszuscheren und dem Ghetto zu entfliehen. Das Geld, mit dem die Grenzposten bestochen werden mussten, kam aus der Ghetto-Kasse, die Mörder hatten es den Todgeweihten zuvor abgepresst.

Die Familie eines arbeitslosen polnischen Setzers am Stadtrand von Warschau riskierte alles, um das Leben des jüdischen Paars zu retten; bis zur Ankunft der Roten Armee im Herbst 1944 versteckten sich die beiden im Keller oder auf dem Dachboden. In der Nacht, während sie Zigaretten drehten, die der Setzer auf dem Schwarzmarkt gegen Nahrungsmittel, vor allem gegen Wodka tauschte, unterhielt Reich seine Gastgeber mit populären Zusammenfassungen von Romanen, Theaterstücken oder Opern, an die er sich erinnern konnte – von ›Werthers Leiden‹ über ›Wilhelm Tell‹ bis ›Rigoletto‹.

Nach der Befreiung aus dem Versteck schätzte ein Pole den gerade 24-jährigen Reich auf 50 Jahre. Der bot sich an, in der polnischen

Armee am Kampf gegen Hitler teilzunehmen, war aber so unterernährt, dass er der militärischen Postzensur zugeteilt wurde.

Im Jahr 1945 trat er der polnischen KP bei. Einige Jahre lang glaubte er den kommunistischen Verheißungen (»ein ernster Fehler«), diente dem Auslandsgeheimdienst als »Hauptmann« und brachte es in London zur Leitung des polnischen Generalkonsulats. Da sein Familienname, nach all dem deutschen »Reichs«-Wahn, dabei sichtlich störte, nannte er sich jetzt Ranicki. Den Doppelnamen Reich-Ranicki führte er erst nach 1958.

Mit keinem Wort erwähnt er, dass er 1994 wegen seiner Geheimdiensttätigkeit unter dem Decknamen »Albin« öffentlich angegriffen wurde; und verdächtigt, den von ihm in London observierten Exil-Polen ernsthaft geschadet zu haben. Seine Freunde wissen, wie sehr ihn diese Debatte damals deprimiert hat – ein paar Worte dazu aus heutiger Sicht läse man gern.

In den Hamburger Jahren bei der ZEIT wurde die Freundschaft zu dem dichtenden Tübinger Rhetorik-Professor Walter Jens, so schreibt er, »die weitaus längste und wichtigste in meinem Leben«. Sie telefonierten fast täglich miteinander. Warum diese Freundschaft schließlich zerbrach, bleibt wiederum ungesagt: Jens wollte sich nicht von jener Fernsehsendung distanzieren, in der sein Sohn Tilman das Geheimdienst-Kapitel erstmals eröffnet hatte.

Die Attacken des Jahres 1994 vertieften, das war das eigentlich Dramatische für Reich, die Grunderfahrung des Kritikers: Ein weiteres Mal wurde er aus einer – tatsächlichen oder erhofften – Gemeinschaft ausgeschlossen, an den Rand gedrängt und bedrängt.

Jenes würgende Ghetto-Gefühl, das ihn (wie seine Frau) lebenslänglich zum »Gezeichneten« gemacht hat – es verfolgt ihn selbst da, wo er äußerlich sehr erfolgreich ist: Erst in der Literaten-Gruppe 47 (»er blieb irgendwie ein Außenseiter«, meinte deren Chef Hans Werner Richter), dann in den Redaktionen der ZEIT (»Wir fühlten uns ziemlich einsam, genauer: isoliert«) und sogar noch in der FAZ, deren Literaturteil er von 1973 bis 1988 so temperamentvoll wie expansiv leitet (»Beinahe alle Redakteure und Sekretärinnen gaben sich nicht die geringste Mühe, vor mir zu verbergen, dass ich unwillkommen sei«).

Gleich im ersten Jahr seiner Frankfurter Erfolgs-Ära erlebt Reich-Ranicki eine herbe Enttäuschung. Im September 1973 veröffentlicht Joachim Fest, der als FAZ-Mitherausgeber Reich-Ranicki nach Frankfurt geholt hat, seine 1200-Seiten-Biographie ›Hitler‹; und zu einem Empfang in die Berliner Villa des Verlegers Wolf Jobst Siedler sind auch Marcel und Teofila Reich-Ranicki geladen. Im Mittelpunkt der Party steht ein Endsechziger in dunklem Anzug, der wie ein Ehrengast hofiert wird: Hitlers einstiger Rüstungsminister Albert Speer. Weder Siedler noch Fest hatten das Ehepaar Reich darauf vorbereitet.

Jovial begrüßt der Adjutant des Massenmörders die beiden davongekommenen Juden und macht ein wenig Konversation. Dann richtet Speer, wie Reich-Ranicki (»Ich habe entsetzt geschwiegen«) sich erinnert, den Blick auf »das feierlich aufgebahrte Buch« des Abends, das durch Umfang und Ausstattung Monumentalität suggeriert: »*Er* wäre zufrieden gewesen«, sagt schmunzelnd der Kriegsverbrecher, »*ihm* hätte es gefallen.«

Aus dieser ersten Irritation zwischen den Weggefährten wurde ein Riss, der bis heute nicht verheilt ist: im sogenannten Historikerstreit von 1986. Fest ließ einen Vortrag des Historikers Ernst Nolte drucken, der, so Reich-Ranicki, den Holocaust als Folge, »wenn nicht« als »Kopie der bolschewistischen Schreckensherrschaft« zu »bagatellisieren« versuchte. Was der Kritiker vor allem übel nahm: Noltes Artikel wurde ihm nicht vorher gezeigt, es gab auch danach keinen substanziellen Gegenartikel im Blatt, Fest hat nicht einmal ihn, Reich-Ranicki, um einen derartigen Artikel gebeten.

Bitteres Fazit einer Männerbeziehung: »Der Mensch, dem ich zum größten Dank verpflichtet bin, hat mir auch den tiefsten Schmerz zugefügt.«

Die Walser-Debatte – es ging ums »Wegschauen« angesichts von Auschwitz-Bildern – im Herbst 1998, von Fests Nachfolger im Herausgeber-Amt zum publizistischen Event verdickt, empfand der Autobiograph als weitere »Provokation im Sinne des Mottos ›Ende der Schonzeit‹«.

Kein Zweifel: Auch in den triumphalen FAZ-Jahren blieb Reich-Ranickis immerwährende »Sehnsucht nach einer Heimat« ungestillt. Was hat ihn getröstet, was ihm die Heimat ersetzt? Der Kniefall Willy Brandts 1970 am Warschauer Ghetto-Mahnmal; die Liebe seiner Frau Teofila und seine eigene Liebe – zur Literatur.

MATHIAS SCHREIBER, RAINER TRAUBI
Der Spiegel, 9. August 1999

»Man muss oben anfangen«

Der Literatur-Papst Marcel Reich-Ranicki hat seine Memoiren geschrieben: In ›Mein Leben‹ erzählt er von der erstaunlichen Karriere eines ewigen Außenseiters, der bis heute bestimmt, welche Fragen die richtigen sind.

»Wer, zum Tode verurteilt, den Zug zur Gaskammer aus nächster Nähe gesehen hat, der bleibt ein Gezeichneter – sein Leben lang.« – Marcel Reich-Ranicki ist dieses Schicksal widerfahren. Und so steht seine Autobiographie, die am Montag unter dem Titel ›Mein Leben‹ in den Buchhandel kommt, unter diesem Stern. Ein Enthüllungsbuch? Es ist die Geschichte einer Gen-Maschine, die auf Überleben programmiert ist.

In fünf Kapiteln beschreibt der im Sternzeichen des Zwillings am 2. Juni 1920 in Włocławek geborene Marcel Reich (den Doppenamen legt er sich erst später zu) einen Werdegang, der alle Höhen und Tiefen, die das Jahrhundert im Angebot hatte, kennt. Und es ist die Geschichte eines Siegeszugs, der im Literaturbetrieb einzigartig ist.

»Es geht um mich«, heißt es an einer Stelle. Das ist sehr wörtlich zu nehmen, denn dieses Ich ist so groß, dass es sich nicht mit Käfern oder Ameisen abgeben will. Mit keinem Wort versucht der Autor, Sinneseindrücke zu evozieren; keine Hinweise über Gerüche, Speisen, Kleidung, Jahreszeiten – nur die Literatur, damals und immerdar, hat es ihm angetan: Bücher, deutsche zumal. Auf die Kindheit in Polen verschwendet der Autor deshalb nicht viel Platz.

Kurz nach Kriegsbeginn lernt er auf der Flucht vor Hitlers Wehrmacht in den ostpolnischen Sümpfen seine künftige Frau, Teofila »Tosia« Langnas kennen. Und damit ist das Buch dort angekommen, wo seine eigentliche Sensation beginnt: Die nun folgenden 140 Seiten über die Zeit des Warschauer Ghettos, in dem sich das junge Paar alsbald wiederfand, ist die eindringlichste und erschütterndste Wegstrecke, die der Autor zurücklegen musste. Er tut dies in unauffälligem, unpathetischem Ton.

Je näher die Memoiren der Gegenwart kommen, desto onkelhafter wird der Ton. Der bekennende Seitenspringer, der dem Vernehmen nach kaum einem weiblichen Rock entsagen konnte, preist die Tugenden der geduldigen Ehe, schilt Schriftsteller als egozentrisch und wiederholt, was er seit Jahren zum Besten gibt – getreu dem Motto: Ich stelle hier die Fragen, damit die Antworten richtig ausfallen.

Vorhang zu, diverse Fragen offen: Aber, Schluss, Freunde! Der Mann kann schreiben, und er hat etwas zu sagen – vorausgesetzt, er will das auch.

HANNES HINTERMEIER
Abendzeitung, 14. August 1999

Aus Liebe zur deutschen Literatur

›Mein Leben‹: In diesen Tagen erscheinen die Erinnerungen von Marcel Reich-Ranicki

Diese Autobiographie ist auch eine Abenteuer- und Selbsthelfergeschichte. Wäre nicht alles so geschehen, nur ein vorzüglicher Drehbuchautor hätte die Story für einen Hollywoodfilm ersinnen können. Selbst die Kapitel, die »nur« von Dichtern, »lediglich« von Begegnungen mit Schriftstellern und oft genug von »bloßen« Lektüre-Erfahrungen handeln, lesen sich wie ein Krimi. Reich-Ranicki schreibt, wie er im »Literarischen Quartett« spricht: schwungvoll und mitreißend, geistreich und pointiert.

Ein Abschnitt ist überschrieben: »Der Dichtung eine Gasse«. Eine Gasse? Da haben wir gerade die Untertreibung des Jahres gelesen.

Was Marcel Reich-Ranicki für die Literatur, besser: für die Verbreitung und für das Verständnis der modernen deutschen Literatur getan hat, ist unvergleichlich. Er befreite die Literaturkritik vom Staub der Universität. Er holte die Literatur aus der Langeweile. Menschen, die sonst der Literatur fern stehen, befassen sich seitdem gerne und häufig mit ihr.

Gemessen an der Erinnerungsliteratur der letzten Jahre ist ›Mein Leben‹ ein saftiges Fruchtstück unter ausgetrockneten Schalen. Hier hat einer viel und vor allem prächtig zu erzählen. Sicher, das geschieht nicht immer bescheiden. Und ganz sicher hat er manchmal, wie er auch zugibt, überempfindlich dort Antisemitismus vermutet, wo offenbar bloß Gegnerschaft herrschte. Dennoch ist ›Mein Leben‹ eine Pflichtlektüre für alle literarisch Interessierten und ein Geschenk für jene, die gerne Gutes lesen.

REINHARD TSCHAPKE
Nordwest-Zeitung, 14. August 1999

Sein Zeugnis des Jahrhunderts

Wer diesen Erfolgreichen heute als öffentliche Person zu kennen glaubt, der möchte ihn sich wohl als glücklichen Menschen vorstellen. Denn hat Marcel Reich-Ranicki nicht allen Ruhm, alle Anerkennung, allen Einfluss und auch das adrenalinfördernde Maß an Umstrittenheit erlangt, mehr als jeder andere Kritiker von Karat und Leidenschaft – und seit zwölf Jahren gar die vormals kaum erträumte Popularität eines Fernsehstars?

Ein lauthals Verdammender kann er sein und ein ebenso emphatisch Preisender, das weiß das Publikum. Doch manchmal wundert es sich, warum dieser überaus witzige Herr, in dessen geistiger Kraftnatur auch ein Zarter steckt, sein eigenes Lächeln und das, was die Zuhörer und Zuschauer immer wieder lachen macht, warum er es aus so schmerzlich verzogenen Mundwinkeln zaubert. Selbst der Poltergeist ist immer einer – aus Passion. Das aber meint eben nicht bloß einen Kritiker aus Lust und Laune (beides gehört ohnehin zum Metier). Reich-Ranicki, der jetzt auf über 550 Seiten seine Autobiographie präsentiert, hat nicht einfach die Geschichte eines passionierten Lesers und Rezensenten erzählt. Es ist tatsächlich: die Geschichte einer Passion. Eine Leidens- und Leidenschaftsgeschichte.

Sie heißt ›Mein Leben‹. So lakonisch und auf den ersten Blick so anmaßend. Aber der Titel entspringt nicht der schieren Eitelkeit. Denn wenn MRR von sich auch selbstbeteuernd und selbstbefeuernd spricht, geht es ihm immer noch mehr um die Profession als um die eigene Person; sein Ehrgeiz und die Eigenliebe gelten zuerst der Literatur – und seiner die ganze Existenz ergreifenden Literaturverfallenheit. Von dieser Liebe handelt das Buch, selbst dort, wo es von der Liebe zu den Frauen, zu seiner Frau erzählt. […]

Reich-Ranickis Epochenbuch rechnet nicht ab. Es schildert nur, und das ohne Pikanterien oder gezielte Enthüllungen aus dem deutschen Kultur- und Literaturbetrieb. […] Brecht, Adorno und Canetti, Grass, Frisch und Lenz geistern mit kurzen Portraits durch das Buch, das auch Irrtümer bekennt: So hatte Reich Grassens ›Blechtrommel‹ einst recht prüde und pedantisch unterschätzt. Die bewegendste Skizze aber ist Wolfgang Koeppen gewidmet, den MRR als Kritiker und Redakteur und in finanziellen Nöten auch als diskreter Helfer unterstützte. Und man spürt, in einem eigenen Kapitel, die Wehmut über eine zerbrochene Freundschaft mit Walter Jens, auch wenn der Grund – Jens' Sohn hatte Reich-Ranicki als angeblichen Spitzel des polnischen

Staatssicherheitsdienstes denunziert – sonderbarerweise verschwiegen wird. Die Stärke dieser Autobiographie freilich bleibt, was sie von deutscher, mitteleuropäischer Zeitgeschichte erzählt, von der Kultur und nicht nur vom Kulturbetrieb. In dieser Spanne und Spannung sprechen selbst kurze Sätze Bände. Über Ernst Jünger: »Sein Werk ist mir fremd. Ich fühle mich berufen zu schweigen.«

Ein großer Schweiger ist dieser Autor sonst gewiss nicht. Sein Motto könnte eher von Nabokov stammen: »Sprich, Erinnerung, sprich.« Saul Friedländer, der die Geschichte der europäischen Juden als Historiker bezeugt, hat seine Rede zum Geschwister-Scholl-Preis 1998 überschrieben: »Gebt der Erinnerung Namen«. Marcel Reich-Ranicki gibt ihr die Namen seines Lebens. ›Mein Leben‹ gehört jetzt, wie einst Klaus Manns ›Wendepunkt‹, wie die Memoiren von Hans Mayer oder die Überlebenszeugnisse von Ruth Klüger und Cordelia Edvardson, zu den großen Geschichtserzählungen unseres Jahrhunderts.

PETER VON BECKER
Tagesspiegel, 15. August 1999

Seine Trumpfkarte

Als Literaturkritiker hat Marcel Reich-Ranicki immer eingefordert: Wer ein Buch von über 500 Seiten schreibt, muss die erzählerische Kraft haben, den Stoff sprachlich so zu präsentieren, dass das Lesepublikum eingenommen wird, neugierig der Erzählung folgen will. Dass ihm dieser Anspruch in seinen eben erschienenen Memoiren ›Mein Leben‹ gelingt, das ist die erste große Überraschung dieses Buchs.

Denn schon nach wenigen Seiten erliegt man dem suggestiven Erzählstil, der mit Anekdoten und Szenen pointensicher arbeitet, ab und zu dem Ablauf der Ereignisse vorgreift und vor allem: jede Langwierigkeit meidet.

Allem Gekünstelten, in schwer verständlichen Assoziationen sich Ergehenden entzieht Marcel Reich-Ranicki sich ebenso wie dem Anklagenden und Polternden. Sein Temperament, sein Witz bleiben nicht verborgen. Nur ist es der leise Ton, der dieses Buch so stark macht. Das denunziatorische Klischee vom Bücher-Zerreißer Reich-Ranicki vergisst man schnell. Die Dramatik seines ungewöhnlichen

Lebens, die den Leser ergreift, erfordert das Lakonische, ja Elegische. Krach und Skandal – danach sucht man hier vergebens.

Seine Memoiren zeigen einen bisher öffentlich so nicht gekannten Reich-Ranicki. Als ob er seine letzte Karte ausspielen wollte, präsentiert sich der Autor als jemand, der bislang verkannt wurde, weil man seine Geschichte als Ganzes, mit ihren Höhen und Tiefen, nicht wahrgenommen hatte. Was er von seinem Leben erzählt, die große Liebe zu Berlin in seiner Kindheit und Jugend, die Deportation nach Warschau 1938, die Zeit im Ghetto, die Flucht und Rettung, die Jahre im sozialistischen Polen (hier werden viele sich mehr Details wünschen), schließlich die Übersiedlung in die Bundesrepublik 1958 und sein Aufstieg zum einflussreichsten Literaturkritiker in Deutschland – dieses Leben verläuft wider alle Wahrscheinlichkeit.

Eine der wundersamsten Geschichten eines Juden des 20. Jahrhunderts in Deutschland (und Polen) ist das Leben des Marcel Reich-Ranicki. Da sich ihr letzter Abschnitt, soweit man weiß, einer eher glücklichen Fügung verdankt, mag man sie zunächst nicht exemplarisch nennen. Anders als Kurt Tucholsky, Alfred Kerr oder Alfred Polgar, denen, milde gesagt, ihr Verhältnis zu Deutschland nur Kummer brachte.

Bei Reich-Ranicki, der nach 1945, nach dem Ende des Dritten Reichs, seinen Namen Marceli Reich gegen Marceli Ranicki eintauscht, dann als Bundesbürger beide Namen zusammenlegt, scheint die deutsch-jüdische Beziehung, trotz aller Fragwürdigkeit, nicht zu scheitern. Sein Buch schließt mit dem Satz, die Entscheidung in die Bundesrepublik zu kommen, sei nicht falsch gewesen. Darum könnte sein Leben später einmal als exemplarisch gelingendes deutsch-jüdisches Zusammenleben gesehen werden.

Nie vergisst er seine Außenseiterrolle hervorzuheben. Schon in seiner Schulzeit habe er, weil er als Einziger bereits vor der Einschulung lesen konnte, »den Neid der Mitschüler geweckt. Von Anfang an fiel ich aus dem Rahmen, ich war ein Außenseiter. Dass es so bleiben würde, konnte ich schwerlich wissen: … ich passte nie ganz zu meiner Umgebung.«

Leitmotivisch hält sich das Thema bis zum Schluss des Buchs durch. Da geht es um das Schlagwort »Das Ende der Schonzeit«, den Skandal um das Fassbinder-Stück ›Der Müll, die Stadt und der Tod‹ (1985) und den sich anschließenden Historikerstreit von 1986. In einer der seltenen bitteren Sentenzen heißt es: »Der Mensch, dem ich zum größten Dank verpflichtet bin, hat mir auch den tiefsten Schmerz zugefügt.« Gemeint ist Joachim Fest, dem Reich-Ranicki die beruflich befriedigendste Stellung verdankt, die des Literaturchefs der

FAZ. Den Abdruck des Artikels ›Vergangenheit, die nicht vergeht‹ des Historikers Ernst Nolte hatte Fest beschlossen, ohne Reich-Ranicki zu konsultieren.

Dieses Umgehen seiner Person irritierte Reich-Ranicki weniger, weil er ein Jude, sondern weil er ein Überlebender des Holocaust ist. Noltes Vergleiche zwischen kommunistischen und nazistischen Verbrechen hält er, der Holocaust-Überlebende, der von 1945 bis zu seinem Ausschluss 1950 kommunistisches Parteimitglied war und sich ab 1956 entschieden vom Kommunismus abwandte, für bizarr. Aber es kränkte ihn, dass Fest ihn nicht ins Vertrauen zog. Wird Fest darauf reagieren? Wird es über diesen wunden Punkt noch ein Nachspiel geben?

Die Einlassungen über das Jude-Sein, das deutsch-jüdische Verhältnis im 20. Jahrhundert gehören zum Nuancenreichsten, was dazu gesagt werden kann. Jeder in dieser Frage Ahnungslose oder Voreingenommene wird aus der Lektüre Unschätzbares lernen.

Der stärkste, weil erschütterndste Teil der Memoiren umfasst die Jahre 1938 bis 1944. Als Kind 1929 nach Berlin, nach Deutschland, dem »Land der Kultur«, gekommen, wurde er am 28. Oktober 1936 nach Polen deportiert. Es beginnt eine Leidenszeit, die sich nicht in dieser Intensität nacherzählen lässt. Man muss sie selbst lesen! Nüchtern, zuweilen melancholisch, schildert er sechs fürchterliche Jahre. Diese Passagen heben die Memoiren in den Rang eines Jahrhundert-Buchs.

Die Verfolgung, die Erniedrigung, das Leiden – Marcel Reich-Ranicki teilt es mit Millionen. Doch wider alle Erwartung steht am Ende die Flucht aus dem Ghetto. Ein arbeitsloser Pole namens Bolek nimmt ihn in seine Hütte vor der Stadt auf. Das Ende des Kriegs rückt näher, aber auf dem bald Befreiten lastet die schwere Frage: »Warum? Warum durften gerade wir überleben?« Jahrzehnte widersetzte sich der Autor, das Erlebte niederzuschreiben. »Denn ich hatte Angst. Ich wollte nicht das Ganze noch einmal in Gedanken erleben. Überdies fürchtete ich, der Aufgabe nicht gewachsen zu sein.«

Den Mut gab ihm Tosia (sprich: Toscha). Sie hatte er im Warschauer Ghetto kennen gelernt. Ihrer beider Begegnung und lebenslange Beziehung nennt Frank Schirrmacher, Herausgeber der FAZ, »eine der schönsten Liebesgeschichten des Jahrhunderts«. Doch die Liebenden bleiben ihr Leben hindurch »Gezeichnete«. Wer den Tiefpunkt menschlicher Niedertracht durchlebt, dessen Leben bekommt etwas Exemplarisches. Diesen Punkt streift Marcel Reich-Ranicki mit äußerster Diskretion. Aber es ist dieses Erlebnis, das seinen Memoiren das Besondere verleiht, nämlich Darstellung von etwas Allgemeinem. Unbedingtem zu sein: der Condition humaine.

Seine unbedingte Liebe zur deutschen Literatur und Musik, nach allem, was ihm von Deutschen angetan wurde und sein klares Ja zum Leben in Deutschland – es sollte alle seine Kritiker nachdenklich stimmen.

STEPHAN SATTLER
Focus, 16. August 1999

Die Einsamkeit des Großkritikers

Heute erscheint Marcel Reich-Ranickis Autobiographie: Die bittere Bilanz eines jüdischen Lebens in Deutschland

Im Herbst 1985 saß Deutschlands einflussreichster Literaturkritiker Marcel Reich-Ranicki im Zuschauerraum der Frankfurter Kammerspiele und wartete auf die Aufführung von Rainer Fassbinders neuem Stück ›Der Müll, die Stadt und der Tod‹. Doch es wurde nicht aufgeführt. Auf der Bühne stand Ignatz Bubis, damals Vorsitzender der jüdischen Gemeinde in Frankfurt, und protestierte, gemeinsam mit anderen Gemeindemitgliedern gegen die Aufführung des Stückes, das als antisemitisch galt. Reich-Ranicki war ärgerlich. Nach einiger Zeit betrat auch er die Bühne und bat Bubis, die Aufführung nicht länger zu behindern. Er wolle jetzt das Theaterstück sehen.

Nicht etwa, dass Reich-Ranicki das Fassbinder-Stück nicht auch für antisemitisch gehalten hätte. Im Gegenteil. Für den Kritiker war es jedoch ein wichtiges Zeitdokument, ein Zeichen dafür, dass für Juden in Deutschland »das Ende der Schonzeit« gekommen war. Ein Tabubruch, der dem Zeitgeist entsprach und der später im Historikerstreit und der Walser-Bubis-Debatte seine fatale Fortsetzung finden sollte.

Heute erscheint Marcel Reich-Ranickis Autobiographie unter dem schlichten Titel ›Mein Leben‹. Es ist die bittere Bilanz eines halb deutschen und halb polnischen Juden, der mit unbeschreiblichem Glück dem Holocaust entkam und später vergeblich versuchte, in Deutschland heimisch zu werden. Es ist ein Buch der Bitternis, der Einsamkeit und Angst. Angst vor dem deutschen Rohrstock, der deutschen Gaskammer, der deutschen Barbarei.

»Wir sind aus unbegreiflichen Gründen auserwählte Kinder des Grauens. Wir sind Gezeichnete, und wir werden es bleiben bis zu unseren letzten Tagen«, schreibt Reich-Ranicki. Und von seiner späteren Biographie kann nichts verstehen, wer dies nicht mitdenkt. Nicht seine Zeit als Mitglied in der Kommunistischen Partei Polens, als polnischer Konsul in London, der Exilpolen ausspionieren ließ, (was er überraschend ausführlich und selbstkritisch schildert) und als Literaturkritiker, der seine Beurteilungsmaßstäbe bis 1955 allein im sozialistischen Realismus fand.

Der heute neunundsiebzigjährige Reich-Ranicki sieht im Historiker-Streit, neben dem Fassbinder-Stück, noch heute den entscheidenden Tabubruch, der den Nachkriegskonsens zerstörte, der ihm das Leben in der Bundesrepublik als Jude wieder ermöglicht hatte.

Am Ende bleibt nicht mehr als Bitterkeit und Einsamkeit. Von Freunden ist in dem Buch, außer von Walter Jens, mit dem er inzwischen freilich auch zerstritten ist, nicht die Rede, von einer Heimat, außer der deutschen Literatur, auch nicht. Dass er es nicht bereut hat, nach Deutschland zurückgekehrt zu sein, liegt, wie er schreibt, vor allem an einem Bild, das er im Kopfe trägt und das ihm mehr bedeutet als alles andere: der Kniefall Willy Brandts am Mahnmal des Warschauer Ghettos, dort wo früher der Umschlagplatz war. 1990 hat er Brandt getroffen und ihm von seiner Zeit im Ghetto erzählt: »Als ich mit meinem kurzen Bericht fertig war, hatte jemand Tränen in den Augen. Willy Brandt oder ich? Ich weiß es nicht mehr.«

VOLKER WEIDERMANN
die tageszeitung, 16. August 1999

Ein Kerl muss eine Meinung haben

Literaturpäpste werden immer gebraucht – das Beispiel Marcel Reich-Ranicki

Bewundert viel und viel gescholten – da stockt man schon, denn wer bewundert eigentlich Marcel Reich-Ranicki? Deutschlands bekanntesten Literaturkritiker, dessen farbige, wenngleich nicht unproblematische Autobiographie jetzt in den Buchhandel gelangt, mag man fürchten, anfeinden, verfluchen. Oder, umgekehrt, amüsant finden, komisch, auf schrullige Weise liebenswert. Aber bewundern? Wofür?

Dafür, dass er im deutschen Fernsehen Autorpersönlichkeiten auf

Anekdoten reduziert? Dass er ungnädig mit dem Kopf wackelt, wenn sich jemand erfrecht, Bücher von mehr als 200 Seiten Umfang zu schreiben? Dass er, komme, was da wolle, die Realismus-Elle anlegt? Vom Stil seiner Auftritte gar nicht zu reden, bei denen sich Gebärden der Einschüchterung, einstmals bekannt von Kanzel und Katheder, in das Zeigefingergefuchtel eines wild gewordenen Volksschullehrers vergröbern. Wie um alles in der Welt konnte so jemand in Deutschland Literaturpapst werden?

Aus vielerlei Gründen. Einige hat der Meister selbst benannt. Marcel Reich-Ranicki hat immer wieder am Beispiel seiner selbst, aber auch bei anderen »Anwälten der Literatur« das Phänomen des erfolgreichen Literaturkritikers analysiert. Und gelangte zu dem Ergebnis: Klare Sprache ist das A und O. Auf dem Feld der Literaturvermittlung, wo hierzulande von jeher das Geschraubt-Anspruchsvolle, das pseudoakademische Geschwurbel dominieren, hat MRR, dem Vorbild Heines und Fontanes folgend, stets das Fähnlein der Verständlichkeit hochgehalten. Darin ist er bis heute vorbildlich.

Sodann vertrat er immer; mit Alfred Döblin, die Ansicht »Ein Kerl muss eine Meinung haben« und hat mit Verrissen nicht gespart. Der Maßstab? »Ich selbst!« Aber wer ist das? Nun, zunächst einmal jemand, der immens viel gelesen, der eigentlich nur gelesen hat. Dem man also nicht so leicht etwas vormachen kann. Dem die Lektüre ein Studium ersetzte. Denn im Gegensatz zu heute, wo immer mehr Literaturkritiker ohne solide Grundlage amtieren, die sich, innerlich unsicher, nur trauen, Bücher im Hinblick auf Badestrandtauglichkeit zu prüfen, findet MRR: »Journalismus ohne wissenschaftliche Voraussetzungen ist geradezu schädlich.« So seine mahnenden Worte, als er 1995 den Ludwig-Börne-Preis entgegennahm. Sie sind aktueller denn je.

Ein Leben aus Lektüre – darin besteht die Einzigartigkeit des Phänomens MRR. Alle seine einflussreichen Kollegen, von Lessing bis Sieburg, von Friedrich Schlegel bis Joachim Kaiser waren auch Literaturkritiker; Reich-Ranicki ist es ausschließlich. Für MRR war Literatur immer das Höchste. Er hat ihr gedient und dient ihr noch, wenn er, im »Literarischen Quartett«, ein Publikum zu begeistern versucht, das vor zehn Jahren um Belletristik einen weiten Bogen gemacht hätte.

Dieses Dienenwollen zeugt von einer intellektuellen Prägung, die vor die Erschütterungen durch die deutsche Katastrophe und alle nachfolgende Infragestellung dessen, was einmal als typisch deutsch galt, zurückreicht: MRRs Leidenschaft liegt noch ein unangefochten humanistisch-bildungsbürgerliches Literaturverständnis, liegt noch der emphatische Glaube an die Dichter und Denker zugrunde – trotz allen Wissens um die Barbarei, die als »Unterströmung« deutsche Geistigkeit immer begleitet hat, wie der von MRR bewunderte Thomas Mann betonte.

Vor allem aber widerfuhr Reich-Ranicki die Gunst der historischen Stunde, die Sache der Literatur zu verfechten, als sie noch einmal, und wahrscheinlich zum letzten Mal, in ihrer Geschichte zum intellektuellen Leitmedium der deutschen Gesellschaft wurde. Nie in der deutschen Nachkriegsgeschichte war die Aufmerksamkeit für deutsche Literatur größer als in jenen zehn Jahren, in denen MRRs Weg zum Erfolg begann, also zwischen 1958 und 1968. Jetzt musste eine Literatur gestärkt werden, die ohne Wenn und Aber modernistisch, demokratisch, westlich, antielitär und womöglich engagiert zu sein hatte, die, mit anderen Worten, bezeugte, dass nun auch in geistiger Hinsicht der »gute«, also geläuterte, umerzogene, politisch berechenbare Deutsche tonangebend geworden war.

Von dieser Mission waren auch die anderen Kritiker aus dem Umkreis der Gruppe 47 durchdrungen – und mit einer aus dieser Mission abgeleiteten Säuberungswut sind ihre Demontageversuche erklärbar, die, bei Ernst Jünger erfolglos, bei einem anderen konservativen Autor, Gerd Gaiser, hingegen bis hin zum Rufmord erfolgreich gelangen.

Doch bei keinem Kritiker hat das aus diesem gesellschaftlichen Gebrauchtwerden abgeleitete Hochgefühl so lange angehalten. Spätestens in den siebziger, achtziger Jahren, als die deutsche Literatur auf ihrem Tiefpunkt in diesem Jahrhundert angelangt war, sprangen sie ab und wendeten sich anderen Dingen zu. Nur MRR hielt durch, stritt unangefochten für seine Burgers und Beckers und Ulla Hahns.

Im Grunde seines Herzens war er der kleine Polenjunge geblieben, dem seine Lehrerin beim Umzug nach Berlin 1929 die Worte mit auf den Weg gab: »Du fährst, mein Sohn, in das Land der Kultur.« Diese Verehrung übertrug Reich-Ranicki auf die deutsche Literatur: Verdient sie das noch? Darüber ließe sich streiten. Aber eines ist sicher: Nur wenn sie weiter gefördert und gefordert wird von Kritikern, die das Höchste von ihr erwarten, wird sie für die intellektuelle Selbstverständigung in diesem Lande wichtig bleiben. Sie braucht Reich-Ranicki und Gleichgesinnte, sie braucht Gläubige und daher auch Päpste.

TILMAN KRAUSE
Die Welt, 17. August 1999

Ein Medium breitet sich aus

Wer sich in die Memoiren von Marcel Reich-Ranicki hineinliest, den treibt von Kapitel zu Kapitel ein wunderbares Glücksgefühl. Da ist noch einer, der die Abgründe des 20. Jahrhunderts darzustellen versteht, der die Pogrome und den Holocaust aus nächster Nähe zu bezeugen weiß, der trotz seines Opferstigmas die organisierten Verbrechen und die ideologischen Irrtümer immer auch als eine geistige Herausforderung begriffen hat.

Wie bewusst und diszipliniert hier einer zu erzählen gedenkt, wird schon auf den ersten Seiten deutlich. Um anderen Menschen im Rückblick ein treffliches Denkmal zu setzen, um wiederkehrende Motive, Themen und erhellende Fragen zu erörtern, greift Reich-Ranicki immer wieder geschickt den Dingen voraus und verlässt den chronologischen Pfad seiner Erzählung.

Des Gurus Faible für das Unmissverständliche und sein Charisma verheißen nur Gutes. Und doch löst der Kritikerpapst seinen hohen Anspruch nicht ganz ein. In den letzten beiden Fünfteln des Buches löst sich Reich-Ranickis Lebensgeschichte im Wohlgefallen seines Erfolges auf. Die Konzentration des Erzählers lässt spürbar nach. Nun unterlaufen ihm ärgerliche Wiederholungen, etwa wenn er auf die Kluft zwischen Rundfunk- und Zeitungshonoraren verweist oder seinen Rang als freier Kritiker damit verdeutlicht, dass seine Texte von den großen deutschen Blättern ungekürzt gedruckt wurden. Mit klugen Bonmots wie mein »Kaffeehaus war das Telefon« ringt der 79-Jährige seinem zweiten Lebensabschnitt immerhin auch einige farbige Resümees ab.

Er war der erste Öffentlichkeitsarbeiter, der sich für die Beachtung der DDR-Literatur im Westen einsetzte. 1960, mitten im Kalten Krieg, publizierte er eine Anthologie mit Texten aus dem anderen Staat, die er für lesenswert hielt. Später wurde er leitender Redakteur bei der FAZ, deren verknöchert-konservativen Literaturteil er in ein lebendiges, vielseitiges Podium verkehrte. Dem beflissenen Bildungsbürger war die Literatur immer so wichtig, dass er mit ideologischen Bekenntnissen selten hausierte. Wenn er nun in seiner Autobiographie durchaus auch politische Standpunkte einnimmt, sind diese doch meistens vom Holocaust her bestimmt.

Wer den Literaturpapst von seinen Fernsehauftritten her kennt, weiß, wie sehr der Mann mit dem großen Zeigefinger auf die Schilderung des Erotischen Wert legt. Doch gerade in diesem Punkt bleibt er dem Leser das allermeiste schuldig. Bis auf zwei voreheliche

Romanzen, die er eingehender und wie alles in seinem Buch unter Zuhilfenahme von erlesenen Zitaten erzählt, gesteht Reich-Ranicki nur in Anspielungen den einen oder anderen Seitensprung, der seine mittlerweile goldene Ehe offenbar gefestigt hat. Etwas mehr Offenherzigkeit wäre zu erwarten gewesen. Das gilt auch für die Darstellung seiner in die Brüche gegangenen Freundschaften. Walter Jens wird zwar sehr unvorteilhaft analysiert (»dass in seinem umfangreichen Werk das Erotische nicht existiert«, ist hier noch der harmloseste Vorwurf), warum sich aber die beiden so spinnefeind geworden sind, verrät Reich-Ranicki nicht.

Die Autobiographie zerfranst sich in den letzten Teilen. Die ziemlich schroffen Autorenporträts, mit denen er sein bundesrepublikanisches Dasein spickt, gleichen sich am Ende: Sind Autoren doch alle vor allem eitel und halten nicht, was ihre Texte versprechen. Nichts gegen literaturhistorischen Szene-Klatsch, doch er wird merkwürdig uninspiriert dargeboten. Reich-Ranicki gefällt sich als Medium, breitet seinen episodischen Stoff aus, ohne ihn zu komponieren. Wer ihn nur aus dem »Literarischen Quartett« kennt, der hat vielleicht nicht mehr erwartet. Übrigens auch dieses redet sich der Literatur-Nobelpreiswürdige Publizist schön. Sicher, man muss die Leser bei der Stange halten, aber das Leben, vor allem seines, ist nun mal keine Talkshow.

KARIM SAAB
Märkische Allgemeine, 17. August 1999

Leben wider aller Wahrscheinlichkeit

›Mein Leben‹ ist ein anspruchsvoller Titel. Der Schöpfer des musikdramatischen Gesamtkunstwerks, Richard Wagner, gab seinen Memoiren diesen Titel ebenso wie der Schöpfer der »Roten Armee«, Leo Trotzki. Beide waren auf ihre Weise Täter von Weltformat, was man von jenem Mann, der in einer Mischung aus Spott und Bewunderung gern als »Literaturpapst« bezeichnet wird, nun doch nicht behaupten kann. Dennoch hat auch er seinen Erinnerungen diesen Titel gegeben, und niemand wird gerade bei Reich-Ranicki vermuten dürfen, dass er dies unabsichtlich getan hat.

Jedes Leben ist einmalig. Manch eines sogar beispielhaft. Marcel Reich-Ranicki – den Doppelnamen führt er erst seit 1958 –, dessen Leben für die heillose Geschichte dieses Jahrhunderts wahrhaft exemplarisch ist, hat dennoch der Versuchung widerstanden, sich von seiner Biographie zu einem Lebensroman inspirieren zu lassen. Er bescheidet sich vielmehr damit, seine Erinnerungen anekdotisch darzubieten. Dem entspricht, dass er sie im Ton fast heiterer Beiläufigkeit erzählt. Das verkleinert keineswegs die Schrecken, von denen hier auch die Rede ist, sondern verleiht diesen vielmehr eine Intensität, die durch die Lakonie ihrer Mitteilung bisweilen den Atem verschlägt. So kann, so darf sich nur äußern, wer diese Schrecken selbst durchlebt und durchlitten hat.

Allerdings hat dieses Verfahren seine Tücken, die vor allem bei der breit geratenen Schilderung der Jugendjahre sichtbar werden. Für den Leser jedoch ist die detailliert ausgearbeitete Erinnerung an Theaterabende, Lektürefreuden und erste erotische Erfahrungen von eher antiquarischem Reiz. Ermüdend wirkt sich hier eine Erinnerungsschärfe aus, die man bei der Schilderung anderer Passagen dieses Lebens bisweilen vermissen muss.

Aber auch von den unsäglichen Schrecken und Qualen dieser Ghetto-Jahre, die durch gelegentliche Glücksmomente – die Liebe zu Teofila oder die zur Musik – allenfalls kurzzeitig verdrängt werden konnten, berichtet Reich-Ranicki in einer etwas glanzlosen Prosa. Fast will es scheinen, als habe er sich jede erzählerische Virtuosität verboten, um das erlittene und erlebte Geschehen in seiner ganzen unmenschlichen Kahlheit wirken zu lassen. Möglich auch, dass die Erinnerung an das Leiden noch immer so lebendig, diese Erinnerung noch nicht zu Stoff geronnen ist, der, um der besseren Wirkung willen, erzählerisch-dramaturgisch aufbereitet, verarbeitet werden könnte. Dies gilt auch für die Schilderung jener Zeit, die er mit seiner Frau, nachdem ihnen im Januar 1943 in buchstäblich letzter Minute die Flucht aus dem Ghetto gelungen war, im Versteck bei einem polnischen Ehepaar am Stadtrand von Warschau verbrachte, bis sie im September 1944 von der Roten Armee befreit wurden.

Wer solche Leiden an Leib und Seele jahrelang erfahren hat, ist für sein weiteres Leben gezeichnet. Um so weniger wird man ihm deshalb zum Vorwurf machen können, dass er sich seinen Befreiern buchstäblich in die Arme warf und nicht nur Mitglied der Kommunistischen Partei Polens wurde, sondern auch nach einem kurzen Zwischenspiel in der Militärzensurbehörde gewissermaßen aus dem Stand zum Hauptmann im polnischen Auslandsgeheimdienst avancierte. Als dessen Resident, offiziell aber als polnischer Generalkonsul, verbrachte er dann gemeinsam mit seiner Frau von 1948 an fast zwei Jahre in London. Leider erfährt man von dieser Zeit, seiner offiziellen wie inoffiziellen Tätigkeit wenig, außer der wahrhaft anachronistischen Mitteilung, dass er keinen Fotokopierer benutzt habe. Dies verwundert umso mehr, als er wegen dieser Geheimdiensttätigkeit 1994 zum Ziel gehässiger Angriffe wurde. Die Gelegenheit, diese Anwürfe ein für allemal aus der Welt zu schaffen, versagte er sich leider.

Möglicherweise sind die Erinnerungen an London zu privater Natur, was der Satz andeutet: »Mit der Literatur befasste ich mich allerdings nur wenig.« Diese eher unscheinbare Aussage, die sich auf Seite 325 findet, gibt dem Leser dieser Autobiographie vielleicht einen Schlüssel in die Hand, der diese Memoiren aufschließt: Sie sind angelegt als eine Schilderung der intellektuell-literarischen Erlebnisse ihres Autors. Das äußere Leben hingegen wird nur durch das Prisma seiner jeweiligen literarischen Welterfahrung gesehen und geschildert. Ganz deutlich wird dies dann bei der Darstellung seiner Jahre in der Bundesrepublik, wo er seit dem Juli 1958 lebt und wo sein Lebenstraum endgültig und glänzend in Erfüllung ging. Er vermochte seine Berufung zur literarischen Kritik endlich auch beruflich einzulösen: zunächst bei der ZEIT, dann bei der ›Frankfurter Allgemeinen Zeitung‹ und schließlich beim »Literarischen Quartett« des ZDF, einer Sendung, die ihm eine Popularität verschaffte, wie sie vor ihm vermutlich noch kein Kritiker besessen hat.

Dennoch, wenn man seine Autobiographie gelesen hat, die übrigens mit einem Umfang prunkt – 556 Seiten! –, der ihm bei jedem anderen Autor sicherlich ein lautes Aufstöhnen entlocken würde, bleibt Marcel Reich-Ranicki ein bekannter Unbekannter. Die Literatur, so weiß man nach seiner Lektüre, war ihm nicht nur Heimat, sie ist ihm auch Leben, sein Leben.

JOHANNES WILLMS
Süddeutsche Zeitung, 18. August 1999

Die Literatur und ihr Gegenteil

Marcel Reich-Ranicki hat in der jüngeren deutschen Literaturgeschichte eine verhängnisvolle Rolle gespielt. Seine Kategorien entstammen den 50er und 60er Jahren. Was er lobt, entspricht dem gesunden Menschenverstand und einer Art kruder Volkspädagogik, also dem Gegenteil von Literatur. Das Gerede von »Unterhaltsamkeit« und »Langeweile« ist populistisch und nervtötend; die Selbstüberhöhung des Kritikers, die Machtpose im Literaturbetrieb abstoßend. Und das instinktgeleitete Geblubber des »Literarischen Quartetts« stellt eine Form von Öffentlichkeit dar, die noch hinter die Aufklärung zurückfällt.

Natürlich finden sich auch in seiner Autobiographie, die jetzt erschienen ist, etliche Beispiele dieser Hammer- und Amboss-Technik. Was er etwa über Ingeborg Bachmanns Gedicht ›Ihr Worte‹ (»unbeholfen«) oder über ihren Roman ›Malina‹ schreibt, geht unbekümmert über alles, was mit der spezifischen Formensprache dieser Texte zu tun hat, hinweg.

Dennoch ist diese Autobiographie ganz anders. Man liest sie voller Spannung. Und am Ende kann man ihrem Autor den Respekt nicht versagen. Das liegt nicht nur daran, dass man hier einen atemberaubenden Lebenslauf des zwanzigsten Jahrhunderts vor sich hat. Es liegt auch an der Haltung, mit der der Autor seinen Erfahrungen begegnet und welche Schlüsse er daraus zieht.

Wahrlich, dieses Leben ist nicht typisch, so sehr Reich-Ranickis Forderungen an die Literatur der »typischen Darstellung« eines Georg Lukács auch ähneln. Aber vielleicht hängt das zusammen.

Alles, was dieses Buch an Zeitgeschichte und biographischer Erfahrung vermittelt, ist sehr lesenswert. Und auch die vermeintlich »prekären« Punkte in Reich-Ranickis Biographie, von denen manche raunten, die Mitarbeit im Judenrat des Warschauer Ghettos und die kurze Geheimdiensttätigkeit für Polen nach 1945, werden hier sachlich und nachvollziehbar beschrieben. Da entsteht kein Raum für vordergründige Sensationsgier. Aber es gibt in dieser Autobiographie natürlich auch noch die Literatur. Und »die Literatur« spielt eine merkwürdige Rolle in diesem Leben.

»Die Literatur« ist das Leitmotiv dieser Autobiographie. Reich-Ranickis Heimat ist – und das sind die einzigen Stellen, an denen Pathos durchdringt, wo es ein bisschen scheppert und die Amplituden in die roten Markierungen verrutschen – seine Heimat ist einzig und allein »die deutsche Literatur«. Sie ist ein Hort der Selbstbestätigung, ein Schutzwall gegen die Einsamkeit.

Es gibt einige wenige Stellen, an denen etwas Zögerndes durchscheint – und da thematisiert Reich-Ranicki eine Gefahr, von der er sich »nie ganz befreien konnte«: dass Literatur zum Lebensersatz wird, dass außerhalb der Bücher für ihn alles recht schnell eintönig und fad wird – die Natur zum Beispiel. Bei Reich-Ranicki gab es nicht den Antrieb, selbst literarisch tätig zu werden – was gewöhnlich bei Kritikern am Anfang steht –, sondern es ist die bereits vorhandene Literatur, die zum wesentlichen Instrument der Selbstdefinition wird.

Reich-Ranicki ist nie auf eine Universität gegangen. Er ist als Literaturkritiker ein Autodidakt. Die Vehemenz, mit der er nach 1958 in den deutschen Feuilletons Furore machte, verdankt sich wohl den besonderen Umständen dieser autodidaktischen Kritikerhaltung. Wenn Reich-Ranicki sich selbst nach den Gründen seines Erfolgs fragt, geht es vor allem um den Gewinn des »Publikums« – eine Größe, die für die Literatur schon immer fragwürdig war. Bei Reich-Ranicki hat das viel mit den didaktischen Vorstellungen von Georg Lukács und dem »sozialistischen Realismus« zu tun, dem er in den frühen fünfziger Jahren durchaus anhing; das sind Prägungen bis heute. Reich-Ranickis Überzeugungskraft und Erfolg liegt in der einfachen Zuspitzung: ja oder nein, im dualen System seiner Rhetorik. Seinen Vorgänger als Literaturchef bei der FAZ, den brillanten Intellektuellen Karl-Heinz Bohrer, nennt er nicht einmal mit Namen – die Höchststrafe. Und der schlimmste Vorwurf ist, dass unter Bohrer der Literaturteil »mit dem Rücken zum Publikum redigiert« wurde.

Die Autobiographie entspricht dem rhetorischen Muster, das auch in Reich-Ranickis Literaturkritiken enthalten ist und das ihn folgerichtig zum Fernsehstar werden ließ: es ist weniger ein Gestus der Schrift als einer des Sprechens. Reich-Ranicki erzählt, und Reich-Ranicki überredet. Das Erzählen bezieht sich auf die zeitgeschichtlichen Umstände seiner Biographie; das Überreden bezieht sich auf alles, was mit Urteilen zu tun hat, vor allem auf die Literatur. Dabei wiederholen sich die rhetorischen Mittel. Sie sind relativ einfach, aber nichtsdestoweniger suggestiv. Das Buch wimmelt von ad-hoc-Sprechfiguren wie: »Das ist zum Teil gelungen, allerdings nur zum Teil.« Oder von konventionellen Spannungsfloskeln: »Wie auch immer: Im November langten wir alle drei in Warschau an. Alle drei? In der Tat, die dritte Person war unser in London geborener Sohn.«

Auf der einen Seite ist da also etwas Zupackendes, eine Hemdsärmeligkeit, die man in dieser Form selten auf dem Gebiet der Literatur findet – auf der anderen Seite ein unbedingtes Aufgehen der Person im literarischen Terrain, ein Leben durch die Literatur. Die Verbindung dieser zwei Momente ist außergewöhnlich, aber für Reich-Ranicki charakteristisch. Seine literarischen Urteile hängen damit zusammen. Von den großen literarischen Projekten nach 1945 erfährt man nichts – ob Uwe Johnson oder Peter Weiss oder Arno Schmidt –, als literarischer Superstar figuriert jedoch etwa der Schweizer Schulbuchautor Max Frisch. Es gibt ein bisschen Klatsch, ein paar beiläufige Porträts – von Böll, von Grass (den Reich-Ranicki einfach nicht mag, vermutlich wegen des sich in vergleichbaren Bahnen bewegenden Geltungsdrangs), von Lenz, und natürlich viel Reich-Ranicki: hervorragend schneidet er in den Passagen ab, in denen er als homme à femmes glänzt.

Wenn es um Literatur geht, ist dieses Buch also oft flach, manchmal auch ärgerlich. Als zeitgeschichtliches Dokument, als biographisches Zeugnis aber hat es einen großen Wert. Und so ein Dualismus soll ja öfter vorkommen.

HELMUT BÖTTIGER
Frankfurter Rundschau, 19. August 1999

Schmuggelware im Kopf

Ein Reservetaschentuch und einen noch nicht zu Ende gelesenen Roman von Balzac, mehr hatte der junge Jude mit dem polnischen Pass nicht bei sich, der am 28. Oktober 1938 aus Deutschland ausgewiesen und nach Polen deportiert wurde. Mit nichts als ein paar Kleidern, einer Aktentasche voller Manuskripte, einer alten Schreibmaschine und zwanzig Mark in bar kehrte er zwanzig Jahre später, am 21. Juli 1958, aus Polen nach Deutschland zurück. Sein wahres Gepäck war unsichtbar. Es war jene Schmuggelware im Kopf, von der schon Heine gesprochen hatte: die deutsche Sprache, die deutsche Literatur. Ihre Kenntnis, die Liebe zu ihr haben ihn in dunkelster Zeit am Leben erhalten. Das Wort »Glück« fällt in diesem Buch nicht oft, aber wenn, dann meist im Zusammenhang mit Literatur.

Es sei der »Glaube an Deutschland« gewesen, der so viele Juden davon abgehalten habe, das Land rechtzeitig zu verlassen, schreibt Reich-Ranicki einmal. Ihn hat dieser Glaube dazu bewogen, nach Deutschland zurückzukehren. Und ist es zu viel gesagt, wenn ich vermute, dass dieser Glaube an Deutschland, gepaart mit der Angst vor Deutschland, letztlich auch hinter der Entstehung dieser Lebenserinnerungen steht? Natürlich hat da auch das Bedürfnis mitgespielt, Bilanz zu ziehen, Rechenschaft abzulegen und andere an der eigenen Zeitzeugenschaft teilhaben zu lassen. Reich-Ranicki entledigt sich dieser Aufgabe mit Bravour. Seine Schilderungen des literarischen Lebens, seine Begegnungen mit Schriftstellern, seine Erinnerungen an Theateraufführungen und Konzerte bereiten höchsten Lesegenuss. Da wird, nicht ohne eine gewisse Boshaftigkeit, pointenreich erzählt, es sitzt jeder Strich, kein Wort ist zu viel, und die Geschichte endet immer dann, wenn man gern noch etwas mehr von ihr gehört hätte.

Doch allein deshalb, um über Grass und Böll, über Canetti und

Frisch, über Ingeborg Bachmann und andere Mitglieder der Gruppe 47 zu berichten, hätte er dieses Buch nicht zu schreiben brauchen. Das hat er oft schon getan, das können andere zur Not auch. Was indes nur er kann und was er uns allen erzählen musste, das war die Geschichte seiner Liebe zu Deutschland, das war die Geschichte seiner Vertreibung und seiner Rückkehr, und das war all das, was sich zwischen diesem 28. Oktober 1938 und dem 21. Juli 1958 zugetragen hatte. Marcel Reich-Ranicki erzählt den Deutschen, was es hieß, damals in den dreißiger Jahren, als Jude in ihrer Mitte zu leben. Was es hieß, eine Zielscheibe deutscher Willkür zu sein, gejagt, gepeinigt, dem Tode geweiht, am Leben zu bleiben. Und was es heißt, sich als Jude in einer von Judenfeindschaft geprägten christlichen Umwelt zu behaupten. All das tut er weder anklagend noch Mitleid erheischend, sondern ganz nüchtern, ganz sachlich, leise und dabei so genau, dass man es liest, als höre man's zum ersten Mal. Vieles wird hier in der Tat zum ersten Mal öffentlich erzählt.

Wie die meisten Überlebenden der Shoa trägt auch Marcel Reich-Ranicki schwer an der Frage, warum gerade er überlebte und andere nicht, »nicht mein stiller, mein liebenswerter Bruder«, wie er einmal schreibt. »Ich weiß«, fährt er fort, »dass es darauf nur eine einzige Antwort gibt: Es war purer Zufall, nichts anderes. Doch kann ich nicht aufhören, diese Frage zu stellen.«

Reich-Ranicki hat darunter gelitten, dass ihn in Deutschland kaum jemand nach seinem Überleben fragte. Es wäre die erlösende Mitleidsfrage des Parzival gewesen. Nun erzählt er eben ungefragt, für sich selber, und vielleicht ist dieses Niederschreiben der Erinnerungen eine mögliche Form, mit der Schuld des Überlebens fertig zu werden.

Viele, die glauben, den Literaturpapst und Starkritiker Marcel Reich-Ranicki vom Fernsehen und anderen öffentlichen Auftritten zu kennen, werden hier einen Menschen antreffen, der mit jenem bisweilen polternden, undifferenzierten und rücksichtslosen »Herrn über die Bücher« kaum etwas gemeinsam hat. Der Reich-Ranicki der Erinnerungen ist ein zwar energischer, zielstrebiger, ungeheuer neugieriger und lebenshungriger, aber auch ein sehr verletzlicher und verletzter Mensch, einer, der Anerkennung gesucht und nur allzu oft Zurückweisung erlebt hat. Die Geschichte getäuschter Hoffnung und zerbrochener Freundschaften ist lang in diesem Buch. Ja, man könnte sagen, dass sich mit dem bösen Wort vom »Ende der Schonzeit« der Kreis dieser Erinnerung schließt, die mit der Wahrnehmung erster antisemitischer Ausgrenzungen im Berlin der frühen dreißiger Jahre begonnen hatten: eine traurige Bilanz für einen, der der Judenvernichtung nur mit knapper Not entronnen ist und der alles getan hat, um von den Deutschen akzeptiert zu werden.

Marcel Reich-Ranicki kann sich auch heute noch eines Staunens nicht erwehren, dass alles so gekommen ist, wie es kam. Dass er noch am Leben ist, aktiv wie eh und je, trotz seiner bald achtzig Jahre, und dass auch die Frau noch an seiner Seite ist, die er an jenem Tag im Ghetto geheiratet hatte, als der Befehl zur »Umsiedlung« erging und er als Übersetzer deutscher Erlasse vor allen andern erfuhr, dass die Angestellten des Judenrates und deren Angehörige von den Deportationen einstweilen ausgenommen seien. »Ist ein Traum, kann nicht wirklich sein, dass wir zwei beieinander sein« – das Wort der Sophie aus dem ›Rosenkavalier‹ fällt zum ersten Mal im Ghetto. Jetzt beschließt es ein Buch, das, neben vielem anderen, auch von einer Liebe handelt, die stärker war als alles, was das Leben einem Menschen bereiten kann.

KLARA OBERMÜLLER
Die Weltwoche, 19. August 1999

Kind des Grauens

Autobiographien, hat Reich-Ranicki einmal gesagt, seien alle gelogen. Es sei zu viel verlangt von einem Menschen, die volle Wahrheit über sich preiszugeben. Seinem Buch, das den Titel ›Mein Leben‹ trägt und im Umfang hinter ›Dichtung und Wahrheit‹ oder den ›Buddenbrooks‹ nur knapp zurückbleibt, kann man vieles nachsagen. Es ist anrührend, manchmal ergreifend, es ist kurzweilig, es ist gut geschrieben, es ist engagiert und lakonisch, pointensicher und redlich. Aber eines ist es nicht: die volle Wahrheit. Denn selbstverständlich ist dieser Lebensbericht genauso aufrichtig gelogen, genauso selektiv und durch das Selbstbild seines Verfassers geprägt, wie das für alle Autobiographien gilt. Mit einem Unterschied: Dieser Autor denkt darüber nicht laut nach.

Wer sein Leben erzählt, entwirft ein Bild von sich und seiner Epoche, knüpft Zusammenhänge, deutet Entscheidungen, gibt Auskunft über Ursache und Wirkung, versucht zu verstehen, Akzente zu setzen. Häufig ist schon dem Titel der Autobiographie zu entnehmen, um welche Akzente es sich bei einer solchen Lebensdeutung handeln könnte. ›Die Wörter‹ hießen Sartres Jugenderinnerungen, ›Memoiren einer Tochter aus gutem Hause‹ die seiner Gefährtin Simone de Beauvoir, ›Psychische Selbstbiographie‹ nennt Hermann Broch sein Vermächtnisbuch, ›Die Spielregel‹ betitelt Michel Leiris die Recherche nach seinem Leben, ›Der Verräter‹ heißt die große intellektuelle Selbstdeutung von André Gorz. Sie alle setzen sich in ihren Memoiren auf die eine oder andere Weise mit der einfach-komplizierten Wahrheit auseinander, dass gelebtes und erzähltes Leben zwei sehr verschiedene Dinge sind und manchmal wenig miteinander zu tun haben, dass von einem Leben zu erzählen auch heißt: ein Leben zu erfinden.

Doch Marcel Reich-Ranicki bliebe seinem Ruf als ein Virtuose der Vereinfachung nicht treu, wenn er derlei neuzeitliche Komplikationen nicht zu umgehen wüsste. Er hält sich in seinem chronologischen Lebensbericht an das, was scheinbar keiner Reflexion bedarf: an die Perlenschnur der Ereignisse. Er beschränkt sich auf das Fassliche und Sichtbare, auf die Story seines Lebens, gestattet sich kaum den Luxus einer gedanklichen Nachbereitung des Berichteten. Als dem entschiedenen Materialisten der Literatur, der er ist, ist ihm das Was Stoff genug. In gewisser Weise behandelt er sein Leben, wie er Bücher zu behandeln pflegt. Er hält sich an den Inhalt. Vorhang zu und alle Fragen offen.

Das kann man bedauern und wird den Lebensbericht trotz und natürlich gerade wegen seiner Versessenheit auf den Stoff, auf Anekdote und Detail mit Neugier, auch mit Vergnügen lesen. Ergibt sich doch aus den vielen Porträts, aus den Berichten vom Redaktionsalltag, von den Begegnungen und Intrigen im Literaturbetrieb, aus den Erzählungen von den Eitelkeiten und Wichtigtuereien so vieler sich heute im Pensionsalter befindenden bedeutenden Herren des literarischen Lebens ein Stück lebendiger Literaturgeschichte, wenn auch kein sehr schmeichelhaftes.

Natürlich ist es amüsant, hier alle hübsch der Reihe nach noch einmal aufmarschieren zu sehen. Und die Reihe ist lang. So geht es besonders im zweiten, dem bundesrepublikanischen Teil der Memoiren, der die Karriere des Kritikers behandelt, des Andrangs wegen nach dem Wartezimmerprinzip: der Nächste, bitte! Nach der Weigel kommt Brecht, nach Brecht bald Böll, nach Böll zum Glück Koeppen, nach Koeppen leider Ulla Hahn und so weiter auf der Hühnerleiter.

Man ärgert sich, man lacht, man erfährt ungemein viel, doch nichts von Belang. Natürlich ist es kurios, den alten Grass hier als einen betrunkenen jungen Mann zu erleben, als einen wilden, gefährlichen Kerl, der von dem polnischen Kritiker Marcel Ranicki im wahrsten Sinn des Wortes durch Warschau geführt wird und dabei, glaubt man seinem Stadtführer, einem Orang-Utan mit Schnurrbart mehr geähnelt haben muss als dem späteren Erfolgsschriftsteller, der überdies, wie Reich-Ranicki gleich mehrfach enthüllt, im Nebenberuf ein gänzlich unbegabter Suppenkoch sein soll. Man schmunzelt, wenn Unseld senior in diesen Erinnerungen als ein »ziemlich robust wirkender Verlagsangestellter« vorgestellt wird, »der junge Mann von Peter Suhrkamp«, der dem jungen Journalisten dann doch »ein wenig unsicher und linkisch vorkam«. Man vergnügt sich auch noch beim Bericht von den primadonnenhaften Ziererein Theodor W. Adornos vor einer simplen Rundfunksendung. Man ist gerührt von den Tränen Ulrike Meinhofs, die Reich-Ranicki als junge Journalistin in Hamburg über seine Zeit im Warschauer Ghetto befragt und dabei weint.

Man stolpert dann aber über den Rock der Bachmann, der dem Kritiker bei einem Treffen in Rom »gar zu kurz vorkam«, und beginnt bei den Zoten über Walter Jens endgültig an der Methode des launigen Kurzporträts zu zweifeln. Allem, was Jens getan und geleistet habe, erfährt man hier, merke man im tieferen Sinn das Asthma, die ständige Atemnot an, unter der der Gelehrte leidet und die vermutlich auch die »extreme Geltungssucht« des ehemaligen Freundes verursacht habe. Wenn sie nicht gar dafür haftbar zu machen sei, dass Jens, als Mann der »grauen Theorie« und unbeirrbarer Verfechter der ehelichen Treue, selbst in einem Bordell, in das er selbstverständlich nur rein zufällig geraten könnte, lediglich Kamillentee ordern würde.

Nein, erstaunlicherweise ist es nicht der Bericht vom unaufhaltsamen Aufstieg Reich-Ranickis zum einflussreichsten Literaturkritiker der deutschen Nachkriegszeit, der aus diesem Buch ein wichtiges Dokument unserer Zeitgeschichte macht. Im Gegenteil: Die allzu durchschaubar auf die Pointe nach dem Doppelpunkt abzielende Schreibweise, die unverbundene Aneinanderreihung der betriebsinternen Anekdoten, der resümeehafte Gestus, der jedem Menschen, jeder Begegnung in der engen Arena des westdeutschen Literaturzirkus hastig eine Marke umhängt, vor allem aber die vollständige Beschränkung auf die öffentliche Figur Reich-Ranicki, der sich in seinen bundesrepublikanischen Jahren gewissermaßen als Mann ohne Unterleib und Innenleben präsentiert, machen diesen Teil der Erzählung auf kurzer Strecke amüsant, im Ganzen matt und ermüdend.

Als ein beeindruckendes Dokument deutscher Literaturgeschichte wird man dieses Buch kaum in Erinnerung behalten, wohl aber als eine bewegende jüdische Autobiographie im 20. Jahrhundert. Die Geschichte des jungen Gymnasiasten, der, besessen vom Theater und von der Literatur, in den frühen dreißiger Jahren eine Berliner Kindheit erlebt, die noch den Duft der Weimarer Republik, der preußischen

Intellektualität und des weltläufigen Kulturbürgertums atmet und zugleich vom »Dritten Reich« überschattet ist, kann niemanden kalt lassen.

Der nahezu kommentarlose, scheinbar naive Ton, in dem von den ersten Schikanen, der sukzessiven Ausgrenzung des Jungen aus dem liberalen, preußischen Milieu seiner Wilmersdorfer Schule berichtet wird, berührt durch seine Diskretion und Zurückhaltung. Nichts als das, so scheint es, hat den jungen Reich interessiert: Lessing, Goethe, Schiller, Storm, Hauptmann, Kleist, Büchner (über den der 17-Jährige bereits einen Schulaufsatz verfasste, der drei Hefte füllte, woraufhin ihn sein Deutschlehrer bat, doch mal eine Postkarte zu schicken, wenn er in Paris Kritiker geworden sei). Er liest wie ein Besessener, frequentiert gleich mehrere Berliner Bibliotheken gleichzeitig, weil man in jeder Bibliothek nur zwei Bände ausleihen durfte. Er nimmt an Lesezirkeln teil, wo Tucholsky und Thomas Mann gelesen werden, zeigt sich tief beeindruckt von ›Tonio Kröger‹, in dessen sauberen Geometrien er sich wiedererkennt (Tonio Krögers »Klage, er sei oft sterbensmüde, ›das Menschliche darzustellen, ohne am Menschlichen teilzuhaben‹«, habe ihn dabei besonders getroffen). Er besucht enthusiastisch die Aufführungen des Schauspielhauses am Gendarmenmarkt, verehrt Gustav Gründgens, bewundert Käthe Gold und erlangt seine tiefsten Einsichten über die Liebe nicht bei den Frauen, sondern bei Shakespeare im Berliner Theater.

So ist es vor allem der deutsche Bildungsroman, der Bericht eines von den deutschen Büchern, vom deutschen Theater Begeisterten und die tragische Umkehrung, die von Deutschen veranlasste Deportation des Begeisterten ins Warschauer Ghetto – es ist der Skandal der unbeantworteten Liebe eines jungen jüdischen Intellektuellen zur deutschen Kultur, der das eigentliche Zentrum und Herz dieses Buches ausmacht.

»Wir sind die aus unbegreiflichen Gründen auserwählten Kinder des Grauens«, sagt eine jüdische Freundin dem 32-Jährigen eines Abends in Warschau. »Wir sind Gezeichnete, und wir werden es bleiben bis zu unseren letzten Tagen. Bist du dir dessen bewusst?« Die Antwort, schnell und schmerzhaft, ist: ja. Bis heute – bis zu dem Verdacht, die ZEIT habe den prominenten Kritiker nicht in die Redaktion geholt, weil er Jude ist (siehe dazu die Antwort von Dieter E. Zimmer), bis zu dem Zerwürfnis mit Joachim Fest wegen der Position der ›Frankfurter Allgemeinen Zeitung‹ in der Historikerdebatte, bis zu dem allerjüngsten Kopfschütteln über Martin Walser und seine missverständlichen Einlassungen zur deutschen Vergangenheit – wird es bei dieser Antwort bleiben.

Die ergreifendsten Passagen des Buches erzählen von der Zeit im Warschauer Ghetto. Der nüchterne, unsentimentale, abgerundete und beinahe versöhnte Ton, in dem hier Ungeheuerliches berichtet und kaum kommentiert wird, ist auch ein literarisches Meisterstück. In diesen Kapiteln begreift man plötzlich, warum diese Autobiographie auf jeglichen Überbau, auf alle Selbst- und Welterklärung verzichten will. Der, der dies erzählt, ist zwar Herr über seine Erzählung, aber über das, wovon er erzählt, ist er nicht Herr gewesen. Die Dramaturgie dieser Geschichte hatten andere in der Hand, und es waren miserable Dramaturgen. Über ein Leben, in dem so viel geschehen ist und in dem das Wichtigste zugleich das Sinnloseste war, kann man nicht reflektieren. Die Holocaust-Berichte von Imre Kertész, von Ruth Klüger, von Primo Levi haben das gezeigt. »Wo sich zur Barbarei und Grausamkeit Zufall und Willkür gesellen«, schreibt Reich-Ranicki, ist »die Frage nach Sinn und Logik weltfremd und müßig«.

Grausamkeit und Zufall waren es, die ihn am 21. Januar 1940 in die Wohnung der Familie Langnas führten, in der der Vater am Strick baumelte, dessen 19-jährige Tochter Tosia schreckensstarr an der Wand lehnte. Die Geschichte des Ehepaars Tosia und Marcel Reich-Ranicki, die an diesem Tag begonnen hat, durch eine Heirat im Ghetto besiegelt, durch die gemeinsame lebensgefährliche Flucht aus der Marschkolonne zum Umschlagplatz unverbrüchlich und nach den gemeinsam erlittenen Hungermonaten im Versteck bei einem Warschauer Setzer lebenslänglich wurde, ist vielleicht eine der traurigsten und schönsten Liebesgeschichten, die dieses Jahrhundert geschrieben hat. Eine Hochzeitsreise, merkt der Bräutigam lakonisch an, habe das junge Paar damals nicht gemacht, sie blieb ihnen erspart und »hätte ja nur ein einziges Ziel haben können: die Gaskammer«.

Gerettet hat das Paar zunächst die Arbeit im »Judenrat«, dem Reich-Ranicki als Übersetzer und Protokollant angehörte, eine Tätigkeit, die vor allem den Vorzug hatte, den jungen Intellektuellen nicht zu »langweilen«. Auf diese Weise war er einer der Ersten, die von der geplanten Ermordung der Warschauer Juden erfuhren, als er im Juli 1942 den Befehl der SS protokollierte, der »Judenrat« habe dafür zu sorgen, dass »alle jüdischen Personen, die in Warschau wohnten, gleichgültig welchen Alters und welchen Geschlechts, nach Osten umgesiedelt würden«.

Seinen Eltern konnte er nicht helfen. Der Abschied von den Eltern auf dem Umschlagplatz des Warschauer Ghettos, auf dem Willy Brandt viele Jahre später auf die Knie fallen wird, ist die bewegendste Szene dieses Buches: »Ich sagte ihnen, wo sie sich anstellen mussten. Mein Vater blickte mich ratlos an, meine Mutter erstaunlich ruhig. Sie war sorgfältig gekleidet: Sie trug einen hellen Regenmantel, den sie aus Berlin mitgebracht hatte. Ich wusste, dass ich sie zum letzten Mal sah. Und so sehe ich sie immer noch: meinen hilflosen Vater und meine Mutter mit dem schönen Trenchcoat aus einem Warenhaus unweit der Berliner Gedächtniskirche. Die letzten Worte, die Tosia von meiner Mutter gehört hat, lauten: ›Kümmere dich um Marcel.‹ Als sich die Gruppe, in der sie standen, dem Mann mit der Reitpeitsche näherte, war er offenbar ungeduldig geworden: Er trieb die nicht mehr jungen Leute an, doch schneller nach links zu gehen. Er wollte schon von seiner schmucken Peitsche Gebrauch machen, aber es war nicht mehr nötig: Mein Vater und meine Mutter – ich konnte es von weitem sehen – begannen in ihrer Angst vor dem strammen Deutschen zu laufen, so schnell sie konnten.«

Wie lebt derjenige weiter, der solches erlebt hat? Die polternden Anekdoten aus der Nachkriegszeit, die schmucklosen und glaubwürdigen Berichte aus der Zeit als Mitarbeiter des polnischen Geheimdienstes in London können es nicht verstecken: Es ist eine große Melancholie in dem Buch, die sich nicht zuletzt an der rastlosen Mühe um Unterhaltsamkeit erkennen lässt. Das Empfinden, nicht geliebt zu werden, nicht dazuzugehören, mit der Welt zwar heftig im Streit, aber nicht wirklich in Berührung zu sein, nicht das Leben, sondern meist nur den Telefonhörer in der Hand zu halten, spricht ohne viel Worte aus jeder Zeile. »Wer, zum Tode verurteilt, den Zug zur Gaskammer aus nächster Nähe gesehen hat, der bleibt ein Gezeichneter.«

Sein Leben lang, bekennt Reich-Ranicki, habe er sich vergeblich nach dem Ring gesehnt, von dem der weise Nathan erzählt, er habe die geheime Kraft, denjenigen vor Gott und Menschen angenehm zu machen, der ihn in dieser Zuversicht trage. Vielleicht hat er diesen Ring jetzt gefunden. Er ist, was sonst, aus Papier. Er ist, was sein Schöpfer am meisten auf der Welt liebt: ein Roman, der Roman seines Lebens.

Iris Radisch
Die Zeit, 19. August 1999

Ein Fremder in Deutschland

Marcel Reich-Ranicki erzählt sein Leben

Fast hätte man es vergessen: dass sich hinter dem Schauspieler ein Kritiker, hinter dem Medienstar ein Intellektueller, hinter dem Reißwolf ein verletzbarer Mensch verbirgt. Denn der bekannteste und über Jahrzehnte bedeutendste Literaturkritiker Deutschlands, Marcel Reich-Ranicki, beherrscht die hohe Kunst der Selbstinszenierung wie kein anderer Kritiker neben ihm. Nur sie sichert ihm ein breites, nicht unbedingt akademisches Publikum, nur durch sie wurde das »Literarische Quartett« zur erfolgreichsten Literatursendung des deutschen Fernsehens. Bei Reich-Ranicki allerdings konnte man zuletzt den Eindruck gewinnen, dass er nicht mehr immer Herr seiner Inszenierungen war – oder ist die Inszenierung ihm inzwischen einfach alles?

Seine gerade erschienene Autobiographie spricht eine andere Sprache. Der Titel ›Mein Leben‹ ist so schlicht wie der gesamte Ton – und auf stilistische Aufputschmittel kann diese Lebensgeschichte auch getrost verzichten. Zumal er seinem Weg als Kritiker – und RR hat die Nachkriegsautoren praktisch alle persönlich gekannt – nicht mehr Bedeutung beimisst als den Jahren im Warschauer Ghetto und danach. Und so tritt hinter der Inszenierung wieder der Mensch hervor, der darauf besteht, in all seinen Widersprüchen wahrgenommen zu werden.

Den Begriff Großkritiker habe er nie gemocht, schreibt Reich-Ranicki. Und er fragt sich, warum niemand beim Namen nennt, was er eben auch sei: ein Jude. Aber dieses Wort scheuten alle. Wie er überhaupt immer ein Fremder geblieben sei in jenem Land, dessen Literatur er liebe. Fremd in der Gruppe 47, fremd in der Redaktion der ZEIT, fremd bei der ›Frankfurter Allgemeinen Zeitung‹ nach dem Historikerstreit. Der Eindruck bleibt nach der Lektüre: Marcel Reich-Ranickis Gefühle ähneln auf bestürzende Weise denen von Ignatz Bubis.

ANGELIKA OHLAND
Deutsches Allgemeines Sonntagsblatt, 20. August 1999

Erinnerungen eines Außenseiters

Man kennt ihn als »Großkritiker« oder »Literaturpapst«. Viele schätzen und bewundern ihn, andere ärgern sich über ihn. Marcel Reich-Ranicki, in Polen geboren, in Berlin aufgewachsen, ein Überlebender des Warschauer Ghettos, seit Ende der fünfziger Jahre eine ebenso vertraute wie konstante Erscheinung in der deutschen Literaturszene hat Freunde und erbitterte Gegner vermutlich in etwa gleicher Zahl. Und natürlich ist er längst auch ein Medienstar. Und auch wenn man seine Auftritte im »Literarischen Quartett« mitunter als enervierend empfindet, eines muss man diesem Mann lassen: Er ist immer – oder doch fast meistens – interessant.

Der Traum ein Leben – das Leben ein Traum. Es ist ein abenteuerliches Leben, auf das Reich-Ranicki zurückblickt, in der ersten Hälfte oft hart am Abgrund, ein jüdisches Schicksal, dem die Literatur, die deutsche zumal, zur Rettung wird. Reich-Ranicki (den zweiten Teil seines Namens legte er sich erst nach dem Krieg zu) schreibt über diese Zeit des Heranwachsens und der ersten Erfahrungen mit deutscher Literatur mit einer ebenso schlichten wie klaren Selbstverständlichkeit – ohne Schnörkel oder Effekthascherei.

Dann kommt der Krieg, Polen wird besetzt, die Familie lebt im Ghetto, die Eltern werden von den Deutschen ermordet. Dies alles erzählt Reich-Ranicki in einem lakonischen, fast beiläufig wirkenden Tonfall. Und gerade deswegen ist die Schilderung des Lebens und Sterbens im Warschauer Ghetto vielleicht das Wichtigste, was der Autor je zu Papier gebracht hat. Hier wird nicht aufgetragen, nicht zudringlich das Pathos des Opfers bemüht. Hier schreibt einer in hellwacher Erinnerung, berichtet knapp und anschaulich über das Ungeheuerliche, das sein Leben geprägt hat.

Natürlich plaudert Reich-Ranicki aus dem Nähkästchen. Vieles ist da erhellend, eben auch für den, der sich für die Entwicklungen in der deutschen Nachkriegsliteratur interessiert. Auch bezeugt dieses Buch, dass sein Autor nicht das Bücher zerreißende Monster ist, das der Literaturbetrieb kreiert hat. Und schon diese Erfahrung lohnt die Lektüre.

WOLF SCHELLER
Schwäbische Zeitung, 20. August 1999

Kleine Sensation: Reich-Ranicki kommt

Eine der schillerndsten Figuren unter den deutschen und internationalen Literaturkritikern kommt am Donnerstag, dem 9. September, nach Verden. Marcel Reich-Ranicki wird um 20 Uhr in der Kundenhalle der Kreissparkasse Verden aus seiner neuen Autobiographie ›Mein Leben‹ lesen.

Es steht ein begrenztes Kartenkontingent für diese Lesung zur Verfügung. Ab 1. September werden die Tickets kostenlos in der Hauptstelle Verden und in der Kreissparkasse Achim, solange der Vorrat reicht, abgegeben.

Marcel Reich-Ranicki wird viel bewundert und viel gescholten, ist bekannt und populär, einflussreich und schließlich aber auch umstritten. Mit seinem »Literarischen Quartett« beweist er seit 1988, dass die Vermittlung von Literatur im Fernsehen höchst unterhaltsam sein kann und dass gerade das Fernsehen wie kein anderes Medium im Stande ist, der anspruchsvollen Literatur den Weg zum Leser zu bahnen.

Reich-Ranickis Autobiographie ist ein Epochenbuch, ist Bekenntnis und Darstellung in einem, es ist auch ein Entwicklungsroman, eine zeitkritische Chronik und zugleich die Geschichte einer Ehe. Ob der Autor es wollte oder nicht, es ist ein Deutschlandbuch geworden, geschrieben von einem, der nicht ohne Trotz erklärt: »Wohin ich kam, da war deutsche Literatur.«

Verdener Aller Zeitung, 20. August 1999

Sprache als unsichtbares Gepäck

Der Star unter Deutschlands Literaturkritikern hat seine Memoiren vorgelegt – Erschütternde Erinnerungen und bewegende Porträts

Als er 1946 in das zerstörte Berlin kam, hätte er allen Anlass gehabt, »Schadenfreude, ja tödlichen Hass« zu empfinden, schreibt Marcel Reich-Ranicki. »Aber davon konnte keine Rede sein, ich war zum Hass nicht im Stande – und ein klein wenig wundert mich das heute noch.« Die Verwunderung aber ist nur zu verständlich angesichts dessen, was die Deutschen dem Juden Marcel Reich und seinen Angehörigen angetan haben.

Jetzt hat der oft gescholtene und gefürchtete Star der deutschen Literaturkritik seine Memoiren vorgelegt. ›Mein Leben‹ ist ein außerordentliches, ein erschütterndes Buch, dessen klare, schöne Sprache den Verfasser einmal mehr auch als Literaten von Rang auszeichnet. Natürlich sind die Erwartungen sehr hoch gewesen, die des Autors wohl eingeschlossen. Ein prominenter Kritiker genießt schließlich Aufmerksamkeit. Und er hat nicht nur Freunde – erst recht, wenn er Reich-Ranicki heißt. Das schürte die Neugier noch. So werden sich wohl manche Leser von diesem Buch vor allem Geschichten aus dem Literaturbetrieb erwartet haben, den »MRR« so genau kennt wie kein anderer.

Diese Geschichten gibt es in den drei letzten Teilen der Erinnerungen wohl, aber »Histörchen« sind kaum dabei. Sachlich, fast zurückhaltend schildert Reich-Ranicki seinen Weg als Kritiker, auf dem ihm alle Größen der deutschsprachigen Literatur begegnet sind. Ausnahmen bestätigen freilich auch hier die Regel. Die Anspielung auf ihre Frisur wird Kritiker-Kollegin Sigrid Löffler wohl als liebenswürdige Frotzelei verschmerzen können – in der Auseinandersetzung mit Walter Jens indes, mit dem Reich-Ranicki eine 30-jährige, in den Neunzigern jäh endende Freundschaft verbunden hat, spürt man die Verletztheit des Autors. – Über seine Arbeit im Geheimdienst und die kurzzeitige Mitgliedschaft bei den polnischen Kommunisten, über Verhaftung und Parteiausschluss, über seine Berührungen mit der marxistischen Literatur-Doktrin legt Reich-Ranicki in seinem Buch ein offenes Zeugnis ab. Dass er sich namentlich seines Eintritts in die polnischen Streitkräfte, der ja schon 1944, nach seiner Befreiung durch die Rote Armee erfolgt war, nicht schämen – und sich dafür, als von Deutschen vertriebener und mit dem Tode bedrohter Jude, gegenüber Deutschen nicht rechtfertigen müsse, hat er bereits 1994 deutlich gesagt.

Über Grass, dessen Suppen er nicht schätzt, schreibt der Kritiker, er habe dessen ›Blechtrommel‹ gewiss zu skeptisch beurteilt – ein nobles Eingeständnis. Ein anderes, wohl auch auf sich selbst gemünztes, gibt es im Zusammenhang mit der Eitelkeit, die er Adorno attestiert: »Vielleicht haben wir bisweilen zu wenig Verständnis für die kleinen Schwächen großer Männer.«

Gewiss wird man finden, Reich-Ranickis Buch bestehe aus zwei sehr unterschiedlichen Teilen. Das hat seinen Grund im Leben des Autors. Der erste Teil ist eine überaus dichte, erschütternde Erinnerungsprosa – und zugleich auch eine bewegende Liebesgeschichte, die ihresgleichen sucht. – Still endet das Buch eines Gezeichneten, der in der Literatur sein Leben wiederfand. Und im Grunde wohl sehr einsam ist.

ANDREAS MONTAG
Mitteldeutsche Zeitung, 21. August 1999

Sieg des Sekundären

Wer sich gut verkauft, verkauft auch gut. Marcel Reich-Ranicki jedenfalls, Deutschlands Literaturkritiker Nummer eins, ist seit Jahr und Tag ein begnadeter Stratege seiner selbst. Indem er sich vor allem als »umstritten« präsentiert, als »bewundert viel und viel gescholten«, wie das bei Goethe-Kennern heißt, appelliert er an jenen elementaren Impuls, der wahrscheinlich aller menschlicher Wahrnehmung zugrunde liegt: die Neugierde.

Mit einer für den hiesigen Buchmarkt ungewöhnlichen Gier nach dem Neuen hat nun auch das Publikum auf sein neuestes Buch, die Memoiren »Mein Leben«, reagiert, das seit Montag im Handel ist: Innerhalb von drei Tagen war die Startauflage von 75 000 Exemplaren verkauft.

Berliner Beobachter berichten von regelrechten Schlachten in den Buchhandlungen. Die Druckmaschinen bei der Deutschen Verlags-Anstalt laufen auf Hochtouren. Bis Dienstag sollen weitere 25 000, zum kommenden Wochenende noch einmal 25 000 Exemplare gedruckt werden.

Der Kauf von Büchern sagt noch nichts über deren Lektüre. Aber diese exorbitante Neugierde sagt eine Menge über Leseerwartung: Das Publikum verspricht sich viel von Reich-Ranicki, weil es ihn als streitbar; meinungsfreudig und pointiert kennt – all das also, was es in der deutschen Belletristik vermisst. Reich-Ranicki liefert, was ein Grass (›Mein Jahrhundert‹) verweigert. Schlagender kann der Sieg des Sekundären über das Primäre, der Kritik über die Literatur, nicht gefeiert werden.

TILMAN KRAUSE
Die Welt, 21. August 1999

Durch die Nazi-Hölle zum Olymp

Nicht große Klage oder Anklage prägt den Ton seiner Erinnerungen. Still, ruhig, wie zur Seite gesprochen, schildert er, was Grausames geschah, spricht er vom tiefsten Schmerz. Und wir verstehen manches, was uns heute am gelegentlich ruppigen oder scheinbar verbohrten Gebaren des Marcel Reich-Ranicki so irritiert.

ANDREAS PECHT
RheinZeitung, 24. August 1999

Zeitgeschichte, die unter die Haut geht

Es ist geradezu unglaublich, was sich dieser Mann alles hat merken können, wie er Namen, Daten, Orte und Umstände gespeichert hat, wobei selbst die subtilsten Empfindungen nach vielen Jahrzehnten wieder aufleben: ›Mein Leben‹ ist der Titel, unter dem der Literaturkritiker Marcel Reich-Ranicki jetzt seine allumfassende Autobiographie vorlegt. Die Geschichte einer ungewöhnlichen Persönlichkeit ist durchzogen von den literarischen, politischen und geisteswissenschaftlichen Strömungen ihrer Zeit.

Der Holocaust zieht sich als tiefe Spur durch dieses Leben, zeigt immer wieder Wirkung. Reich-Ranicki nimmt Stellung – zuletzt zu den heiß diskutierten Äußerungen Martin Walsers anlässlich der Berliner Mahnmal-Diskussion.

Er ist ein guter Beobachter, ein versierter Schreiber, wobei die FAZ-Tradition der äußersten Ausführlichkeit oft ermüdet. Doch wer sich ›Mein Leben‹ Schritt für Schritt lesend erarbeitet hat, – der weiß wirklich Bescheid über diesen Menschen und seine Epoche.

SABINE ROTHER
Aachener Zeitung, 26. August 1999

Diesmal leise Töne vom gefürchteten »Großkritiker«

Seine Urteile klingen hart und gewichtig. Wie jenes über den Kölner Nobelpreisträger: »Nein, nichts kann meine Verehrung für Heinrich Böll erschüttern. Nicht einmal der Roman ›Fürsorgliche Belagerung‹.« So schrieb der Rezensent Marcel Reich-Ranicki 1979.

Dass er mit Worten hinter dem Berg hält, kann ihm nicht vorgeworfen werden. Umso erstaunlicher ist nun der Ton in der soeben erschienenen Autobiographie des fast 80-Jährigen.

Die markante Stimme dieses Mannes, die klingt, als wenn er bereits zum Frühstück scharfkantige Buchseiten unzerkaut herunterwürgen würde – sie wird in den Lebenserinnerungen zu einem sanften Flüstern.

Lange hat der Leser darauf gewartet: endlich dies alles über den Mann zu erfahren, der allmonatlich auf deutschen Fernsehbildschirmen sein Urteil fällt über Sein und Nichtsein von Literatur. Mit dieser Autobiographie braucht der zitierfreudige Autor den Vergleich nicht zu scheuen: Atmosphärisch dicht wie Fontane die Kinderjahre in Swinemünde beschreibt der Kritiker seine Jugend in Berlin.

OLIVER SCHMIDT
Neue Osnabrücker Zeitung, 26. August 1999

Von Reich zu Ranicki

»Das Schnitzel war hervorragend«, sagte der Gast aus Polen, und es entstand eine peinliche Stille – tatsächlich hatte es Kotelett gegeben. Gastgeber Siegfried Lenz fand diesen Fauxpas – bei einem Gespräch über Kafka! – nur allzu verzeihlich. Was Lenz nicht wusste: Dem jungen Literaturkritiker Marcel Ranicki hatten viel elementarere Sorgen die Sicht aufs Essen verstellt.

»Solange solche Menschen wie Siegfried Lenz in diesem Lande leben«, hatte er bei jenem Mittagessen während seiner ersten Reise nach Westdeutschland im Dezember 1957 gedacht, »kann ich es wagen, ohne einen Pfennig Geld in der Tasche herzukommen.« Im Sommer 1958 kam er in Frankfurt am Main an; mittellos, aber mit einem unsichtbaren Schatz im Gepäck: einer großen Liebe zur deutschen Literatur – und einem untrüglichen Urteil über ihre Stärken und Schwächen.

Dass seine soeben erschienene Autobiographie mit dem lapidaren Titel ›Mein Leben‹ auch ein »Deutschlandbuch«, eine Geschichte der deutschen Nachkriegsliteratur geworden ist, liegt auf der Hand.

Seiner Neigung zum Plakativen gibt der Gesprächsleiter des »Literarischen Quartetts« als Erzähler seiner eigenen Lebensgeschichte glücklicherweise nur selten nach. Hier schreibt einer, der noch auf der Suche nach der eigenen Wahrheit zu sein scheint, tastend und mit einer verhaltenen Angst vor dem Ergebnis. Auch Fragen wie die, ob das eine oder andere Urteil nicht etwas weniger hart hätte ausfallen können, wirken auf diese Weise nicht aufgesetzt. Statt ausschließlich um die eigene Befindlichkeit zu kreisen, hat Reich-Ranicki denen, die seinen Lebensweg mitgingen oder streiften, einfühlsame Porträts gewidmet: von seinem Lehrer Reinhold Knick – für den Heranwachsenden die Verkörperung des klassischen Ideals – über das Oberhaupt der Juden des Warschauer Ghettos Adam Czerniakow bis zum verfallenden Erich Kästner, dessen ›Lyrische Hausapotheke‹ die geliebte Tosia im Ghetto für ihn kopiert hatte. In ihrer Schlichtheit gewinnt diese sachliche Prosa bisweilen eine große Tiefe. Einige der Geschichten, die ihm das Leben (vor)geschrieben hat, prägen sich tief ins Gedächtnis ein.

Die Bilderbuchkarriere im Land der Täter gleicht aus der Innenperspektive eher einer Gratwanderung zwischen der eigenen Empfindlichkeit und der mangelnden Sensibilität derer, die damals weggeschaut haben.

Dass es nicht immer leicht war mit ihm zusammenzuarbeiten, und dass, wer Wind sät, auch damit rechnen muss, Sturm zu ernten – darüber ist sich der streitbare und naturgemäß umstrittene, von seinen Gegnern und Neidern bald als »Großkritiker« und »Literaturpapst« geschmähte Reich-Ranicki im Klaren. »Also keine Klagen, keine Beschwerden meinerseits. Doch will ich nicht verheimlichen, dass mich die Brutalität mancher gegen mich gerichteten Äußerungen verblüfft hat.«

KIRSTEN BREITENFELLNER
Falter, 27. August 1999

Der Gezeichnete

Der rasante Fugato-Finalsatz aus Beethovens Streichquartett op. 59 Nr. 3 in C-Dur ist inzwischen Millionen TV-Konsumenten zum Ohrwurm geworden, eröffnet und beschließt er doch jenes »Literarische Quartett«, dessen stark zum Solistischen tendierender Primarius mehr oder weniger zu bestimmen scheint, was in deutschsprachigen Ländern gelesen wird oder nicht. Fugato leitet sich ab von fuga – Flucht. Unmittelbar bevor Marceli Reich, wie er damals noch hieß, und seine Frau Teofila aus dem Warschauer Ghetto flohen, intonierte ein Geiger, dem selbst die Flucht nicht mehr gelang und dessen Leben in Treblinka endete, wo auch das Leben des jungen Ehepaars Reich hätte enden sollen, beziehungsvoll dieses Fugato. Diesem Musiker verdankten die Reichs auch die Adresse der polnischen Proletarierfamilie, die den Geflohenen und Vogelfreien dann ein Versteck bot und damit das Leben rettete.

Wer sich jetzt dem Lebensroman Marcel Reich-Ranickis lesend aussetzt, den erstaunt zunächst einmal, dass dieser doch ziemlich auffällige Mensch eine so radikal unauffällige Prosa schreibt. Er stellt keinen Moment lang seinen Stil aus, sondern stellt sich schreibend seinem Leben, einem Leben, das einmal für »lebensunwert« erachtet wurde. Er dichtet keine »Todesfuge«, er sagt nur, was war; doch die pure Faktizität reicht aus, dass einem danach selbst die »Todesfuge« als unangemessene Ästhetisierung des Grauens erscheinen könnte. Auch jene, die Reich-Ranicki bisher eher erlitten – es sind nicht die schlechtesten Schriftsteller -, werden nach Lektüre dieser Leidensgeschichte ihren Gram vielleicht weniger pflegen.

Nicht übermäßig bemüht Marcel Reich-Ranicki dieses Gedächtnis, wenn es in seiner Autobiographie um die Jahre nach seiner Befreiung durch die Rote Armee geht. Jahre, in denen er u. a. Mitarbeiter des polnischen Geheimdienstes in London war und sich als polnischer Literaturkritiker etablierte, der trotz seiner eingestandenen »vulgärmarxistischen« Literaturbehandlung à la Lukács bald schon aneckte, und in kafkaeske Situationen der Ausgrenzung geriet, Gefängnishaft eingeschlossen. Dass er seine Zukunft dann ausgerechnet in Deutschland sah, hat mit seiner geradezu erotisch anmutenden Liebe zur deutschen Kultur zu tun, ist aber nach dem durch Deutsche verschuldeten größten Zivilisationsbruch in der Geschichte genauso schwer zu begreifen wie Reich-Ranickis Kulturgläubigkeit, die von einem Versagen der Kultur vor der Barbarei offenbar nichts wissen will.

Dieser Enkel einer Rabbinerdynastie, der die mütterliche Ahnenreihe nur insofern für sich reklamiert, als die Rabbiner früher auch als Richter fungierten, kennt Frömmigkeit nur als Wort, er ist nicht einmal weltfromm, geschweige denn naturfromm, aber er ist doch literaturfromm mit einer Intensität, die noch Analphabeten zu beeindrucken vermag. Dass der Gott seiner Ersatzreligion Thomas Mann und nicht Kafka heißt, ist ein fast ebenso großes Rätsel wie sein ungebrochener Glaube an den gesunden Menschenverstand, den doch auch jene immer im Munde führten, für die er ein entarteter jüdischer Untermensch war.

Reich-Ranickis Lebensroman, der auch ein bewegender Liebesroman ist – bis heute blieben er und Teofila, genannt Tosia, zusammen –, leidet an einer Schwäche, die zum wenigsten seinem Urheber anzulasten ist: er fällt in der zweiten Hälfte stark ab. Der unaufhaltsame Aufstieg des M. R.-R. zum bundesdeutschen Großkritiker ist naturgemäß weit weniger erregend als der unaufhaltsame Abstieg eines jungen und faszinierenden jüdischen Intellektuellen zum »Untermenschen« und »Ungeziefer«. Alle die boshaften und begeisterten Auslassungen zum Literaturleben – die Geltungssucht H. W. Richters, die Unsinnlichkeit von Walter Jens, das teure, aber zu kurze Kleid der Ingeborg Bachmann, die Schüchternheit Koeppens, das Charisma Heinrich Bölls, die Reserviertheit Max Frischs usw. – wirken nach der furchtbaren Vergegenwärtigung des Warschauer Ghettos wie fernste Vergangenheit.

Peter Hamm
Neue Zürcher Zeitung, 28. August 1999

Mit einer kalten, gläsernen Sachlichkeit

Die Autobiographie Marcel Reich-Ranickis, von vielen seiner Freunde und manchen seiner Gegner seit Jahren erhofft und erwartet, ist in der Tat das großartige Buch geworden, das sie sich versprochen haben. Es zeigt alle Tugenden seines Stils, die bekannten rhetorischen Fragen, das Spiel mit der Erwartung und Enttäuschung des Lesers, es unterhält und belehrt, man legt es ungern aus der Hand, bevor es zu Ende ist. Langweilig ist dieses Buch keine Zeile, oft ist es erschütternd, manchmal rührend, selten ärgerlich. Nie hat man den Eindruck, wie es bei Memoiren leicht geschehen kann, dass man erfährt, was man gar nicht wissen wollte.

Oft allerdings hat man den Eindruck, nicht zu erfahren, was man gerne gewusst hätte. Genauso bemerkenswert wie das, was er erzählt, ist seine Fähigkeit, anderes nicht oder nur beiläufig zu erwähnen. Ungeheuer eindrucksvoll, nicht ohne tiefe Erschütterung zu lesen, ist das Martyrium seines Überlebens im Warschauer Ghetto und im polnischen Versteck. Verblüffend aber auch ist die Bagatellisierung, das amüsierte Beiseitewischen seiner Tätigkeit für den polnischen Geheimdienst nach dem Krieg, noch dazu in London, dem Sitz der polnischen Exilregierung. Mag sein, dass dies alles jener lustige Kinderkram war, als den er es darstellt. Aber schwer vorstellbar bleibt doch, dass der KGB, nachdem Polen (wo es eine nennenswerte kommunistische Bewegung niemals gab) zwangsweise sowjetisiert wurde, dem wackligen neuen Staat einen eigenen Geheimdienst zugestanden haben soll.

Wir wissen es nicht; und möglicherweise war Reich-Ranicki auch nicht in der Position, die es erlaubt hätte, davon zu wissen. Doch zeigt das Buch, je weiter es sich der Gegenwart nähert, eine schwindelerregende Geschicklichkeit, auszusparen und bald heiter, bald kummervoll über vieles hinwegzugleiten. Was war der Grund zu dem Streit, der die Beziehung zu Walter Jens zerstörte? Reich-Ranicki setzt der Freundschaft ein Denkmal in seinem Buch, er erwähnt auch ihr Ende; warum es so kam, erwähnt er nicht. Doch ist er hier noch ausführlich; gar nicht erzählt er, dass auch die Freundschaft mit Hans Mayer jäh endete, mit dem er immerhin jahrelang eine Talk-Show machte, die in gewisser Hinsicht die Vorläuferin des »Literarischen Quartetts« war, einschließlich des berühmten Schlusszitates von Bertolt Brecht, wir »sehn betroffen den Vorhang zu und alle Fragen offen«.

Deswegen ist das Buch, so sehr es einerseits die Erwartung erfüllt, andererseits eine große Enttäuschung. Es sind, was die Gegenwart betrifft, höchst diplomatische, gewissermaßen politische Erinnerungen; leider ähneln sie auch in vielen Passagen den Memoiren von Politikern. Das darf wahrscheinlich nicht anders sein, man muss den Takt des Autors wohl sogar bewundern; aber es verhindert auch, dass man ein Bild von seinem Charakter, von seiner Selbsteinschätzung erhält. Viel erfährt man von der Einschätzung durch andere und wie ungerecht diese immer war; was aber Reich-Ranicki selbst über sich denkt, erfährt man höchstens in der oberflächlichsten Weise.

Er verzahnt die Erzählung seines Lebens von Jugend an mit seinen Lektüren, jedes Erlebnis wird in Beziehung zu Büchern gesetzt, von ihnen vorweggenommen oder nachbuchstabiert. Es ist Leben mit und nach der Literatur; aber was Literatur im Innersten ausmacht, die Konfrontation mit dem eigenen Ich, kommt niemals vor. Nun mag es

Bücher geben, in denen das keine Rolle spielt, aber gerade Reich-Ranickis Lieblinge, Kleist, Thomas Mann, die großen Russen, sind Meisterwerke der psychologischen Introspektion, geradezu Führer in die Innenwelten auch des Lesers. Dass sie eine solche Wirkung auf ihn gehabt haben, gibt Reich-Ranicki nirgends zu erkennen, nirgends zeigt er eine Affinität zu den psychologischen Subtilitäten seiner geliebten Autoren. Das ist merkwürdig, fast traurig; es wirkt, auch wenn es ein literarischer Kunstgriff sein sollte, wie eine sonderbare menschliche Verarmung. Immer und überall bleibt sein Stil rhetorisch, mechanisch, von einer harten, gläsernen Sachlichkeit.

Vielleicht ist es aber kein Kunstgriff: vielleicht ist es mehr als das, eine literarische Notwendigkeit gegenüber dem zentralen Erlebnis seines Lebens. Es ist die Vernichtung der Juden, der er und seine Frau zwar unter denkwürdigen Umständen entrinnen konnten, der die meisten ihrer Freunde und Verwandte aber zum Opfer fielen. »Diese Wolke über uns«, so notiert er bei Kriegsende, »sie würde sich nie verziehen, sie würde bleiben, unser Leben lang.« Wie aber soll man schildern, was den meisten Überlebenden die Sprache verschlagen hat? Wie die letzte Begegnung mit den Eltern, die er in den sicheren Tod verabschieden muss? Wie die ständige Todesangst im unsicheren Versteck, wie das bittere Gefühl, durch bloßen Zufall zur Rettung auserwählt worden zu sein? Es lässt sich, wenn man es denn überhaupt zu schildern wagt (und dieser Mut mag schon beträchtlich sein), nur in der denkbar sachlichsten, weit vom eigenen Miterleben, Mitfühlen fortgerückten Weise erzählen. Man kann hier wohl, und so tut er es auch, Gefühle nur protokollieren, benennen, nicht aber gestaltend zum Leben erwecken, und schon gar nicht für das Bewusstsein des Lesers.

Wenn man aber, mit innerer Notwendigkeit, nicht diesen äußersten Schrecken psychologisch gestalten kann, wie und mit welchem Recht sollte man dann viel geringfügigere Erlebnisse (und alles ist im Vergleich zum Holocaust geringfügig) mit psychologischem Besteck literarisieren? Es wäre sonderbar unangemessen, das vergleichsweise Periphere mit größerem Aufwand zu bedenken. So fällt von der Schreckenserfahrung der Hitlerzeit ein erkältendes, distanzierendes, wenn nicht entfremdendes Licht auf alles übrige Leben; und der eigentümlich unpersönliche Ton wäre die unvermeidbare Konsequenz davon.

Es gibt noch eine andere Konsequenz, ebenso erschütternd, die sich in dem Buch gegen Ende zeigt. Es ist, als kehre das Misstrauen in die nichtjüdische Umgebung, das er als junger Mann erst lernen musste, im Alter mit gesteigertem Argwohn zurück. Es ist der Argwohn des seinerzeit gewaltsam aus Deutschland Vertriebenen, dass er vielleicht leichtfertig wiedergekehrt ist.

Jens Jessen
Berliner Zeitung, 28. August 1999

Ängste, die geblieben sind

Marcel Reich-Ranicki blickt auf sein Leben. Er hat dieses Buch lange, wie er sagt, vor sich hergeschoben, aber nun ist es da, versehen mit dem lapidarsten Titel, der sich denken lässt: ›Mein Leben‹. Es war nicht schwer, diesem Buch einen großen Erfolg zu prophezeien. Marcel Reich-Ranicki ist ja nicht der Rezensent, der seine Popularität bloß der ›Frankfurter Allgemeinen‹ verdankt, die er mit seinen Lobsprüchen und Verrissen beglückt. Er ist der Mann, der die Literaturkritik aus ihrem Reservat holte und zu einem Medienspektakel machte, der Vorsitzende eines Fernsehgerichts, das ohne ihn nichts wäre, weil er, der Star, ganz allein über Erfolg und Misserfolg eines Buches entscheidet, über Aufstieg und Fall eines Autors, Euphorie und Depression in den Verlagshäusern. Er kann Druckmaschinen in Gang setzen und Bestsellerlisten umkrempeln. Er ist der krähende Bescheidwisser der Nation, bewundert, gefürchtet, geachtet und zum Teufel gewünscht. Der Macho, der nichts so liebt wie die eigene Meinung und nichts so genießt wie die Gelegenheit, der armen Sigrid Löffler zu sagen, dass sie von der Liebe keine Ahnung habe.

Doch gemach: Dieses Erinnerungsbuch ist etwas anderes. Es hat mit dem Zeitgenossen; den man von seinen Auftritten im Fernsehen kennt, nicht die geringste Ähnlichkeit. Es ist leise, verhalten, über weite Strecken ergreifend und erschütternd. Sicher, es gibt, vor allem in den letzten Kapiteln, Momente, da kann Reich-Ranicki seine Eitelkeit nicht bändigen. Dann passiert's, dass er sich in Pose setzt und stolz hinschreibt, was er einst gedacht und so treffend formuliert hat. Oder er zählt seine Erfolge auf, die vielen, vielen Kritiken, die Bücher, die Sendereihen. Schon 1960, sagt er mit Genugtuung, habe man ihn laut Umfrage zu den »führenden Buchkritikern« der deutschsprachigen Welt gerechnet.

Am liebsten aber präsentiert er Anekdoten, in denen er eine passable Figur abgibt, sein Image ein bisschen aufpoliert und nebenbei demonstriert, dass er Humor hat. Freilich: Diese kleinen Geschichtchen sind nicht mehr als Arabesken. Das Beste in diesem Buch sind sie nicht. Am besten ist Reich-Ranicki in den Kapiteln, die von seiner Jugend in Berlin, von der Zeit im Warschauer Ghetto, den Tagen im Versteck berichten.

Reich-Ranicki ist nicht der Erste, der darüber schreibt. Wer allerdings glaubt, längst alles zu wissen, irrt. Er kennt diese Geschichte nicht. Und gerade hier, im Bericht über die schrecklichsten Tage seines Lebens, erreicht das Buch eine Kraft, der man sich nicht entziehen kann. Reich-Ranicki trägt nicht dick auf. Er malt das Grauen nicht aus. Im Gegenteil: Er gibt sich beinahe lakonisch, nüchtern und unsentimental. Aber wenn er erzählt, wie er sich auf dem Umschlagplatz von seinen Eltern verabschiedet, wie sie in den Waggon klettern, der sie in die Gaskammer bringt, der Vater total hilflos, die Mutter im hellen Trenchcoat, dann ist es gerade diese unangestrengte, zurückhaltende Schlichtheit, die so erschüttert.

Es gibt viele Szenen in diesem Buch, die man nicht vergisst. Sie finden sich auch noch in den späteren Abschnitten.

Niemand wird hoffentlich damit rechnen, dass Reich-Ranicki uns nun alles erzählt hat. Natürlich geht er mit Schweigen über vieles hinweg. Es ist sein gutes Recht. Man mag sich fragen, ob seine Tätigkeit für den polnischen Geheimdienst, die vor ein paar Jahren für Wirbel sorgte, wirklich so harmlos war oder er nur so ungeheuer naiv. Bedauerlich auch, dass er die Redaktionsarbeit in der FAZ bis auf die Mitteilung, man habe ihn dort nicht gerade mit offenen Armen empfangen, völlig im Dunkeln lässt. Das Betriebsgeheimnis bleibt gewahrt.

Er hat sich ja in der ganzen Zeit als Außenseiter empfunden, als ein Jude, den man nicht wirklich haben wollte. Dass man ihn nicht zu den Redaktionssitzungen der ZEIT holte, dass er auch in der Gruppe 47, wie ihr Chef Hans-Werner Richter einräumte, einer war, der nicht richtig dazugehörte, hat sein Empfinden, bei aller Prominenz ausgegrenzt zu sein, offenbar verstärkt. Sieht er Gespenster? Schon möglich. Aber es ist unerheblich, ob man ihm, wie die ZEIT es soeben getan hat, seine Eindrücke ausreden will und die Dinge in einem anderen Licht zeigt. Allein dass dieses Gefühl da ist und nicht weichen will, lässt die Ängste ahnen, die geblieben sind.

KLAUS BELLIN
Neues Deutschland, 31. August 1999

Reich-Ranicki sieht keine Notwendigkeit, sich vor deutschem Publikum zu rechtfertigen

Der Autor Marcel Reich-Ranicki ist Kritikern seiner soeben veröffentlichten Memoiren entgegengetreten. Er sehe »nicht die geringste Notwendigkeit, mich vor deutschem Publikum zu rechtfertigen, was ich als polnischer Staatsbürger in der polnischen Armee während des Krieges gegen Adolf Hitler und die Nazis gemacht habe«, sagte Reich-Ranicki der Illustrierten ›Bunte‹. Er habe sich nicht das Geringste vorzuwerfen. Zu seiner Tätigkeit beim polnischen Geheimdienst sei alles gesagt. In Kritiken war Reich-Ranicki vorgeworfen worden, sich zu spärlich mit seiner Rolle als Geheimdienstoffizier in Berlin auseinander gesetzt zu haben. Zugleich sagte der 79-jährige Literaturkritiker, seine Ehefrau Tosia habe auch unter Affären zu leiden gehabt. »Die Annahme, dass sich meine Frau nie für einen anderen Mann interessiert hätte und ich mich nie für eine andere Frau, ist von entwaffnender Naivität und Weltfremdheit.« Leute, die sich rühmen, 60 Jahre verheiratet zu sein, ohne jemals mit einer anderen Frau zu tun gehabt zu haben, bezeichnete er als »abscheuliche Heuchler und Lügner oder aber als Individualisten, die sich das Leben haben entgehen lassen«.

Welt am Sonntag, 2. September 1999

Reich-Ranicki schon vergriffen

Riesen-Applaus für Marcel Reich-Ranicki (79) im Goethe-Museum. Der Literaturpapst hatte eine Stunde lang erstmals aus seinem Buch ›Mein Leben‹ gelesen – 200 geladene Gäste amüsiert, mitgerissen und tief bewegt. Ob ergreifende Passagen über seine Gefühle bei Kriegsbeginn oder erheiternde über die Fernsehsendung »Literarischen Quartett«; Reich-Ranicki zog die Zuhörer total in seinen Bann.

Die 1. Auflage seiner Lebenserinnerungen ist laut Deutscher Verlags-Anstalt seit Wochen vergriffen, die Kritiker überschlagen sich mit Lob, Reich-Ranicki, mit seinen Lebenserinnerungen auf der anderen Seite des Literaturgeschäfts, augenzwinkernd: »Ich bin zufrieden, wenn nur die Hälfte der Kritiken stimmt.«

Seinen Worten lauschten u. a. OB Petra Roth, Rechtsanwalt

Dr. Rüdiger Volhardt, Schauspiel-Chef Prof. Peter Eschberg mit Ehefrau Carmen Renate Köper, Schriftstellerin Eva Demski.

Bild-Zeitung, 3. September 1999

Der Kritiker öffnet die Kammern des Schreckens

Marcel Reich-Ranicki stellt genau 60 Jahre nach Kriegsausbruch seine Autobiographie im Frankfurter Goethe-Museum vor

Es gibt Termine, die man nicht zufällig besetzt. Es gibt Orte, an denen einer nur verweilen darf, wenn er sich das Aufenthaltsrecht verdient hat. Der Kritiker Marcel Reich-Ranicki, 79, hat jetzt seine Autobiographie vorgestellt. Und so gewaltig wie ihr Titel – ›Mein Leben‹ – sind Ort und Zeit der Vorstellung: Goethes Geburtshaus in Frankfurt am Main, am 1. September 1999, 60 Jahre nach Ausbruch des Zweiten Weltkriegs.

Reich-Ranicki hat mit diesem Arrangement den Widerspruch inszeniert, der ihn von den Deutschen trennt und der ihn an sie bindet: Er liebt die deutsche Literatur, aber er fürchtet deutsche Barbarei. Er ist der populärste und vitalste Daseinsbeweis des so genannten literarischen Lebens in Deutschland, aber er selbst ist nur am Leben, weil es ihm gelang, der Mordlust des nationalsozialistischen Deutschland zu entkommen.

Längst hat Reich-Ranicki sein Thema, die deutsche Literatur, in den Schatten gestellt: Er interessiert mehr als sie. Was er über sie sagt, gilt als unterhaltsamer als sie selbst.

Seine Lebensgeschichte ist einer der gewaltigsten literarischen Verkaufserfolge der letzten Jahre: Die Startauflage, 75 000 Exemplare, war nach acht Tagen vergriffen, bis jetzt sind 160 000 Exemplare verkauft, noch mal 70 000 sind im Druck, Papier für weitere Auflagen hat sein Verlag bestellt.

Vor Jahren schrieben wir über ihn: »Marcel Reich-Ranicki, die größte Reizfigur unter den deutschen Feuilletonisten, ihr einziger Star, besitzt so viele parodierbare Eigenarten, eine so sensationelle Öffentlichkeitsverträglichkeit, dass dahinter der Mensch R.-R. völlig ungestört spazieren gehen können müsste.«

Jetzt erlaubt er uns Blicke in den Raum dahinter. Und siehe, der bisweilen furchtbare Kritiker, vor dem sich die Deutschen genüsslich ein wenig fürchten (sein Fuchtelfinger! seine schnarrende Ungeduld! seine gellende Unfehlbarkeit!), entpuppt sich als einer, der das Fürchten bei den Deutschen gelernt hat. Zweifellos sieht er es auch als seinen Auftrag an, uns an diesem 1. September 1999 das heilsame Fürchten vor uns selbst zu lehren.

Im Goethe-Museum liest Reich-Ranicki, nachdem er das Lob seines Verlegers, seines Gastgebers und des FAZ-Herausgebers Frank Schirrmacher sowie das greifbare Wohlwollen der versammelten Frankfurter Honoratioren über sich ergehen ließ wie eine etwas zu heiße Dusche, zum Ende des Abends aus dem Kapitel »Die Jagd ist ein Vergnügen«. Es berichtet davon, wie die Soldaten der deutschen Wehrmacht in die Stadt Warschau einmarschieren und, zum ersten Mal in ihrem Leben, orthodoxe Juden sehen, ein Anblick, der sie an die Karikaturen im ›Stürmer‹ erinnert und in ihnen die Schleusen des Sadismus öffnet.

Diese fröhlichen Sadisten seien zum großen Teil Angehörige der Wehrmacht gewesen, sagt Marcel Reich-Ranicki, und nicht etwa bloß die Männer der SS.

Hier ist er zu sehen, zum ersten und einzigen Mal an diesem Abend, Reich-Ranickis gefürchteter Fuchtelfinger, mit dem er ansonsten andere Meinungen vernichtet, lästige Debatten beendet. Jetzt wirkt Reich-Ranickis Körpersprache plötzlich schlüssig: Der Kritiker öffnet die Kammern des erlebten Schreckens, deren Tiefen man immer hallen hörte, auch wenn er nur rezensierte.

Als er vom Einfall der deutschen Soldaten liest, ändert sich sein Tonfall, der zuvor genüsslich breit war: Er liest nun schnell, wie gereizt, einer, der ein Protokoll vorträgt, ärgerlich darüber, dass es immer noch virulent und immer noch nicht allen bekannt ist. »Sie taten etwas«, schreibt Reich-Ranicki über die Soldaten, »was ihnen augenscheinlich Freude bereitete … Anders als am Rhein oder Main konnten sie endlich tun, wovon sie immer schon geträumt hatten: die Sau rauslassen … So war es: Jeder Deutsche, der eine Uniform trug und eine Waffe hatte, konnte in Warschau mit einem Juden tun, was er wollte … Den Deutschen, die sich diese Späße leisteten, verdarb niemand das Vergnügen, niemand hinderte sie, die Juden zu misshandeln und zu morden, niemand zog sie zur Verantwortung.«

Dann endet die Lesung. »Das wär's, meine Damen und Herren«, sagt der Mann des Abends, als wolle er das Publikum in seinem atemlosen Schweigen sitzen lassen. Doch so kann man nicht zum Empfang, zu Sekt und Signiertisch schreiten. Reich-Ranicki gibt also eine Zugabe. Er öffnet einen Ausweg in die glänzende Gegenwart – und liest das Kapitel, in dem zwei Herren des ZDF, beschwingt vom Alkohol, ihn dazu überreden, eine regelmäßige Fernsehsendung zu machen, in der es nur um Literatur geht …

›Mein Leben‹ handelt von den schwersten Dingen und ist ungeheuer leicht zu lesen. Der Autor, der nur seine Frau mehr liebt als die Literatur, verzichtet auf alle literarischen Finessen, er meidet die Kunstfertigkeit. Sein wichtigstes Stilmittel ist die rhetorische Frage: Sie ist die Stromschnelle im Lesefluss, sie bündelt den Stoff. Ihr ist es auch zuzuschreiben, dass man beim Lesen Reich-Ranickis Stimme im Ohr hat: ›Mein Leben‹ wirkt wie ein fliegend mitgeschriebener innerer Monolog.

Um ja nicht zu lügen, schreibt Reich-Ranicki schmucklos. Allerdings: Er dringt nicht sehr tief in sich. Elias Canettis Satz, einen Menschen zu verstehen, bedeute einen Fluss in seine Bäche zu zerlegen – für R.-R. hat keine Bedeutung. Er folgt dem Fluss, ohne ihn zerlegen oder ihm Gewässerproben entnehmen zu wollen. Von dem Drang, sich zu durchschauen, von Beichten und Wahrhaftigkeitsexzessen eines Sartre, Pessoa oder Pavese ist Reich-Ranicki weit entfernt. Er hält zu sich Distanz wie zu einem guten Bekannten, dessen Solidarität er durch Intimität nicht gefährden will.

Hier bewältigt einer einen gewaltigen Erfahrungsstoff, weil er der Erfahrung ausweichen wollte, sich zu genau kennen zu lernen. Er weiß sich zu beherrschen. Er will nicht wissen, wie er funktioniert. Vorhang zu und alle Fragen offen. Mit diesem Spruch beendet Reich-Ranicki rituell »Das literarische Quartett«. Diesmal bleibt er auf der anderen Seite des Vorhangs. Allerdings: Nie zuvor hat man seine Größe so deutlich gespürt wie jetzt, wo er »dort drüben« ist.

PETER KÜMMEL
Stuttgarter Nachrichten, 3. September 1999

Marcel Reich-Ranicki: Mein Leben

ER hat den Bekanntheits-Grad eines Pop-Stars. Die Stimme eines Reibeisens und den Gedächtnis-Speicher eines Genies. Insider erzählen, dass er aus Büchern passagenweise zitieren kann. Und Zuschauer des »Literarischen Quartetts« schalten im Grunde nur seinetwegen ein: Marcel Reich-Ranicki – er kann Bücher in Bestseller-Listen katapultieren oder sie vorzeitig sterben lassen. Wer Literatur schreibt, kommt an ihm nicht vorbei. Und ist froh darüber!

Nun ist er selber dran. Hat seine Memoiren geschrieben – und hat Bauchgrummeln. Daumen hoch oder runter? Jetzt könnten sich »Verrissene« (wie Günter Grass) endlich rächen. Aber Reich-Ranickis Autobiographie ist kein Futter für die Feinde! Im Gegenteil.

Der Meister des literarischen Talks nimmt auch als plastischer Erzähler jede Hürde.

Unterhaltsam schreibt er über Kritiker-Jahre in der ZEIT, Hochs & Tiefs in der FAZ (wo er Literatur-Chef war), seine Begegnungen mit Anna Seghers, Bertolt Brecht, Ingeborg Bachmann. Er schildert seine (Leidens-)Zeit im Warschauer Ghetto – und wie er überlebte. Er spart Stationen seiner Ehe mit Teofila (Seitensprünge inbegriffen) nicht aus, und man erfährt, wie er zum Namen Ranicki kam.

Urteil: Spannend und aufwühlend. Keine Zeile langweilt! Alles mit 100 000 Volt geschrieben!

Bild-Woche, 9. September 1999

Das ganze Leben

»Schon als junger Mensch, im Alter von dreizehn oder vierzehn Jahren, kam ich ersten Mal mit der großen deutschen Literatür in Berührung. Dies war ein Zufall, wohl ein segensreicher Zufall, denn ihm ist es zu verdanken, dass ich schon damals die mich umgebende Welt anders zu beurteilen anfing. Dies war selbstverständlich nicht einfach, um so größer das Verdienst dieser Lektüre. Denn zu dieser Zeit liefen die Deutschen wie Verrückte in Warschau herum.« Spricht hier Marcel Reich-Ranicki? Nein, es ist Andrzej Szczypiorski, der sich an die finsterste Phase der deutsch-polnischen Beziehungen erinnert. Bemerkenswert ist es schon, dass der polnische Schriftsteller, Teilnehmer des Warschauer Aufstands, in seiner Rede vor der Hamburger Bürgerschaft zum 60. Jahrestag des Überfalls der Deutschen Wehrmacht auf Polen, das Faszinosum deutsche Kultur mit seinem Kritiker Marcel Reich-Ranicki teilt.

»Wohin ich kam, war deutsche Literatur« – der Spruch, mit dem der Verlag in diesen Tagen, wo die deutsch-polnische Aussöhnung beschworen wird, breitflächig für die Memoiren des wohl bekanntesten deutschen Literaturkritikers wirbt, macht aus Reich-Ranicki eine Art Ersatz-Bubis, einen assimilierten Vorzeigejuden, der den Deutschen wieder kulturelle Reife attestieren und stolz auf die unbeschadete Seite der deutschen Kulturtradition verweisen darf. Dabei ist seine Autobiographie eines der erschütterndsten literarischen Dokumente über das unbeschreibbare Leid, das Deutsche an ihren Nachbarn begangen haben. Gegen alle diese Tradition. Allein wegen der Schilderungen der Tragödie im Warschauer Ghetto steht sein Buch in einer Reihe mit den großen literarischen Dokumenten der Holocaust-Literatur.

Ausnahmsweise ist man einmal über den Bestsellerboom dankbar, der jetzt dieses Buch an die Spitzen der Charts spült. Noch scheint nicht alles Erinnerungsinteresse verloren in Deutschland. Doch neben dem natürlichen Interesse an der eigenwilligen Medienikone erklärt den Erfolg des Buches auch das in dem Werbezitat versteckte Weimar-Syndrom, der Unterton der Ambivalenz, das Bild des janusköpfigen Deutschen – hier Klassik, da Hitler – in dem wenigstens ein Rest von Hoffnung für eine deutsche Kulturzukunft glimmt. Denn in Reich-Ranickis Buch stecken neben den nicht endenden Lobeshymnen auf die deutsche Literatur Beispiele von Deutschen zwischen 1920 und 1944, die sich nicht ohne weiteres mit der These des – im Buch nicht genannten – Daniel Jonah Goldhagen vom »eliminatorischen Interesse« der Deutschen decken. Damit wäscht er die Deutschen nicht rein. Doch es ist ein ähnlich unbestechlicher, erinnerungskritischer, wenn auch nicht gleich erbarmungsloser Stil wie der von Ruth Klügers skeptischen Blicken auf die Widersprüche ihrer jüdischen Familie in Wien in ›weiter leben‹. Für Ranicki liegt die Wurzel des nationalsozialistischen Übels weniger in einer angeborenen kriminellen Energie der Deutschen, sondern darin, dass »Millionen weggesehen« haben. Trotzdem bleibt offen, welche Schlüsse Reich-Ranicki aus der Gleichzeitigkeit von deutscher Kulturgröße und NS-Verbrechen zieht. Er wird nicht müde, jene »deutsche Gegenwelt« der Kunst zu beschwören, die er in seiner Jugend fand. Dieses Wunderland des Geistes wurde ihm nicht ein für alle Mal unter den Trümmern des Warschauer Ghettos begraben.

Mehr noch gellt sein Buch von überschwänglichen Fanfarenstößen für die »Liebe zur Literatur«. Dem zeitgenössischen Avantgardeskeptiker geht am Ende dieses Jahrhunderts, da man auf dem Trümmerfeld der Ideen der ganz großen Kunst steht, dieser Überschwang kaum noch über die Lippen. Und trotz des Glücks ob des »extremen«, ja »unheimlichen« Gefühls, das ihn in frühester Jugend bei der Lektüre überwältigt hatte, wird man zunächst nicht recht schlau, was genau der Inhalt dieses Lebensgefühls denn nun ist. Immer wieder drückt er extreme Lebenssituationen in Zitaten der Klassiker aus. Erst wenn Reich-Ranicki gesteht, dass ihn die Lesefrüchte seiner Pubertät,

Romeo und Julia oder Madame Bovary darauf gebracht hätten, man könne in der Literatur »sich selber finden«, erkennt man darin einen der letzten großen Versuche, Literatur als verschlüsseltes Leben zu sehen. Die muss sein Ganzes, die großen Gefühle und Kämpfe, die erregende Spanne von Liebe bis Tod abbilden. Die textuelle Coolness der Postmoderne, ihr zynisch-ironischer Umgang mit ästhetischem Spielmaterial, das sich selbst genügt, ist Ranickis Sache nicht. Doch für den überzeugten Atheisten, der die Literatur zu einer Ersatzreligion stilisiert, bleiben seine Kriterien für gute Literatur merkwürdig unklar. Marcel Reich-Ranicki ist längst ein öffentliches Bild, ein massenkulturelles Logo geworden. Zugleich bleibt er doch immer ein archaischer Antityp, der alle paar Wochen wie ein bizarrer Tiefseefisch unberührt von allen Trends aus den Traditionsgründen des Kulturozeans aufsteigt.

Doch bei aller strukturkonservativen Haltung – so wie er das Genre popularisiert, eine literarische Massenkultur etabliert und sich am »Publikum« orientiert hat – ist Reich-Ranicki sozusagen der Hilmar Hoffmann der Literatur. Man mag sich über seine zum Automaten leergelaufene Urteilskraft aufregen. Das Autodidaktentum, das manche naserümpfend an ihm loben, war erzwungen. Die Berliner Friedrich-Wilhelms-Universität verweigerte Marcel Reich im Frühjahr 1938 die Immatrikulation als Germanistikstudent. Um so schwerer wiegt sein Verdienst. Wenn jetzt darüber diskutiert wird, wann Polen nach Europa zurückkehren darf, schadet es vielleicht nicht, daran zu erinnern, dass der polnische Jude deutscher Geistesnation dem Land, das ihn demütigte, stigmatisierte, auswies und ihn umbringen wollte, mitgeholfen hat, seine Literatur zurückzugeben.

INGO AREND
Freitag, 10. September 1999

»Ein um sich schlagender Wüterich«

Ich müsste Sie schelten, Herr Reich-Ranicki, haben Sie doch mir und meiner Familie ein ganzes Wochenende gestohlen. Ja, es ging denn doch nicht ganz, das Buch, das Ihr Leben beschreibt, an einem Tage zu lesen. Irgendwann forderte dann der Schlaf sein Recht. Die Physis siegte über die Psyche, die nach einem Mehr und Weiter verlangte. Sonst wäre das geschehen, was man die »Lektüre in einem Zuge« nennt.

Um mit einem Pauschalurteil, das von Ihnen stammen könnte, zu benennen, was einen bewegt, nachdem man auf der letzten Seite angelangt ist: Ein absolut vorzügliches Buch. Der Kerl kann erzählen, der hat was zu sagen, der kann schreiben.

Es ist beeindruckend und kündet davon, wie Literatur von einem menschlichen Geist Besitz ergreift. Denn es bestechen nicht nur die Schilderungen und Porträtierungen großer und weniger großer Schriftsteller, der Einblick in Ihre Gespräche und Begegnungen mit ihnen, sondern die geschriebene Inszenierung Ihrer Lebensstationen. Am tiefsten prägt sich das Bild von der Ohnmacht und der Wehrhaftigkeit des Menschern in extremen Situationen wie im Ghetto und menschlicher Solidarität nach Ihrer Flucht aus. Da haucht einen der Atem großer Erzählwerke wie ›Das siebte Kreuz‹, ›Jakob der Lügner‹ oder ›Nackt unter Wölfen‹ an.

In meiner Familie wird Ihr Buch nun kursieren. Da muss sich jeder halt mal ein Wochenende lang ausklinken.

KLAUS WILKE
Lausitzer Rundschau, 11. September 1999

Die Autorität des Wortes

Das ist ein Buch von und über einen besessenen, ja fanatischen Leser, den die Weltgeschichte, zu seinem nicht geringen Ärger, beim Lesen öfters unterbrochen hat. Schon im ersten Teil, der von Marcel Reich-Ranickis Kindheit und Jugend in Polen und Berlin handelt, ist der Nachdruck auf Literatur verblüffend. Der junge Marcel Reich sieht zwar sehr wohl, was um ihn her im Berlin der dreißiger Jahre geschieht – er ist immerhin ein jüdischer Gymnasiast –, aber er sieht es durch den Filter der Bücher, die er damals gelesen und der Theaterstücke, die er damals gesehen hat. Dazu kommt allenfalls noch die Musik.

Selbst bei den ersten Liebeserfahrungen ist die Literatur ausschlaggebend. Die ersten aufwühlenden erotischen Erlebnisse, gesteht er, waren stellvertretend: eine Aufführung von ›Romeo und Julia‹ und die Lektüre von (ausgerechnet) Hesses ›Narziss und Goldmund‹. Die meisten Kinder, die so intensiv die Literatur entdecken, wollen selber Dichter werden. Aber dieser Junge wollte bemerkenswerterweise immer schon Kritiker sein, nicht etwa Dramatiker oder Lyriker. Trotz seiner Skepsis gegenüber den meisten Germanisten bedauert er immer noch, dass es ihm unmöglich gemacht wurde, Germanistik zu studieren.

Der Vater – der polnische Teil des Elternpaars – ist ein Schwächling und Versager, für den der Junge sich ein wenig schämt. Die männlichen Autoritätsfiguren sind die Lehrer am Gymnasium, die ihn so enttäuschen oder begeistern, dass er es noch immer haarklein nacherzählen kann, dazu einige Männer in der Familie, und schließlich – ein eindrucksvoller Höhepunkt – ein Großer, der in entscheidender Sache nicht versagt: Rührend zu lesen ist die Freude des jungen Marcel über Thomas Manns Brief an die Universität Bonn, in dem der Exilant das Naziregime verurteilt und den der Schüler im Februar 1937 in einer illegalen Gruppe zu hören bekommt. Man merkt, wie väterliche Autorität letzten Endes vom Wort ausströmt – eine doch recht jüdische Neigung in diesem ungläubigen Juden.

Die aus Deutschland stammende Mutter verwechselt unglücklicherweise die deutsche Kultur mit der deutschen Politik, wie so viele Juden es damals taten. Sie meint, man könne das Naziregime durchstehen, es werde nicht so heiß gegessen wie gekocht. Wie heiß dann tatsächlich gegessen wurde, bekommt die Familie zu spüren, als sie im Jahre 1938 nach Polen, in Marcels Geburtsland, abgeschoben wird, dessen Sprache er nicht mehr gut beherrscht. Hier tritt die Literatur ein wenig zurück, und das Leben oder der Spuk, den man damals das Leben nannte, nimmt überhand. Doch auch weiterhin und in den unwahrscheinlichsten Situationen fallen dem jungen Mann Zitate von Schiller und Shakespeare ein. (Überhaupt wimmelt es in dem Buch von Zitaten, manche in Anführungsstrichen, manche auch ohne. Man muss scharf aufpassen.)

Diesen zweiten Teil, der in Polen spielt und von den Kriegsjahren handelt, wird man nicht leicht weglegen können. Er ist atemberaubend spannend. Mehr als das: Dem Autor gelingt das nicht geringe Kunststück, an Stelle alles Pathetischen und Weinerlichen den Spieß zu drehen und den ganzen Naziterror mit einer abgrundtiefen Verachtung zu behandeln. Hier ist, was der junge Marcel Reich sieht, als die Angehörigen der Wehrmacht in Warschau über fromme Juden herfallen:

»Indes ging es nicht nur darum, die Juden zu berauben. Sie, die Feinde des Deutschen Reichs, sollten auch bestraft und erniedrigt werden … Die Soldaten hatten bald gemerkt, dass man orthodoxe Juden besonders schmerzhaft demütigen konnte, wenn man ihnen die Bärte abschnitt. Zu diesem Zweck hatten sich die unternehmungslustigen Okkupanten mit langen Scheren versorgt. Aber die feigen Juden flohen und verbargen sich in Höfen und Häusern. Das half ihnen nicht viel, sie wurden rasch ergriffen ... Beherzt schnitten [die deutschen Soldaten] die langen Judenbärte ab, die sie bisweilen erst einmal mit einer brennenden Zeitung anzündeten. Das war besonders sehenswert. Kaum war der Bart auf den Damm gefallen, da johlten die vielen Schaulustigen, manche klatschten Beifall.«

So etwas muss man können. Es ist an der Oberfläche Wilhelm Busch, dessen Humor ja immer von Grausamkeit oder gar Sadismus gespeist ist. Aber hier spricht die eiskalte Ironie der Verachtung für die Verächter der Humanität. Es ist ein Stil, der die Möglichkeit bietet, »von dem Kakao, durch den man euch zieht, nicht noch zu trinken«. Reich-Ranicki liebt dieses Erich-Kästner-Wort. Wer sich so ausdrücken kann, der lässt sich nicht bemitleiden. Die große jüdische Katastrophe wird hier drastisch von Menschen durchgeführt, die nicht teuflisch, nur moralisch minderwertig, nicht dämonisch, sondern banal waren, wie Hannah Arendt es ausdrückte. Das ist zwar nicht neu, aber noch immer nicht genügend bekannt, wie man den später im Buch zitierten Auszügen aus dem Historikerstreit entnimmt, in dem die Ehre der Täter, wenn von ihrer mangelnden » Ritterlichkeit« die Rede war, mit unbrauchbaren, aber vornehmen Vokabeln gerettet werden sollte.

Im Ghetto beginnt eine Liebes- und Ehegeschichte, die den Rest dieser Biographie bestimmt und die sowohl intim wie auch wieder sehr verhalten erzählt wird. Wir hören wenig, zu wenig, über die Persönlichkeit der Ehefrau, einiges über die Seitensprünge des Gatten (nicht, als ob wir mehr hören wollten!), aber vor allem von der Fähigkeit zweier Menschen, zueinander zu halten und einander in guten wie in schlechten Zeiten nicht im Stich zu lassen. Es ist eine Beziehung, die im Zeichen des Todes beider Elternpaare beginnt (der erste durch Selbstmord, die anderen durch Massenmord), in gemeinsamer Flucht und gemeinsamem Überleben unter den widrigsten Umständen weitergeht, nämlich im Versteck bei armen Leuten im okkupierten Polen, bis die Befreiung durch die Russen diesem Elend der frühen Jahre ein Ende setzt. Im Wohlstand der späteren Jahre kommen ganz andere Widrigkeiten, unter anderem auch Nachwirkungen der Terrorjahre, die nur angedeutet sind. Doch nicht dies, sondern die anhaltende Treue der beiden Gatten ist der eigentliche Zement dieser Lebensgeschichte.

Reich-Ranickis Tätigkeiten in seinen polnischen und politischen Jahren wirken wie ein bizarres Einsprengsel in einem Leben, das der deutschen Literatur gewidmet ist, Seitensprünge, die, wie in der Ehe, seine Treue zu seiner wahren, angetrauten Liebe nicht beeinträchtigen. Seine steile, einzigartige Karriere in Deutschland und den im Alter noch immer wachsenden Ruhm beschreibt er ohne Fanfare.

Er schreibt weitaus mehr über andere als über sich selbst, eine Bescheidenheit, die ihm viele nicht zugetraut hätten. Auch Unbekannte, die in dem Buch auftreten, bleiben im Gedächtnis haften, weil auf den Schnappschuss der ersten Begegnung gleich ein zweiter folgt, der zeigt, was aus dem Menschen geworden ist.

Auf den letzten zweihundert Seiten kommt nun eine Palette von berühmten Figuren, ein Bilderbogen deutscher Autoren und Literaten. Wer das geringste Interesse am modernen Literaturbetrieb hat, kommt hier auf seine Kosten. Das sind weder Charakterstudien noch literarische Analysen, sondern das ist eine Anekdotensammlung, die ihresgleichen sucht, ausgeführt mit breiter Palette und meist knalligen Farben, teils bissig, teils humorvoll selbstentlarvend (wie wenn Heinrich Böll dem vertrauensseligen Kritiker ein saftiges »Arschloch« ins Ohr flüstert), aber vor allem Ausdruck von Staunen und Bewundern über die Möglichkeiten und Leistungen der deutschen Sprache.

Wie nicht anders zu erwarten, geht es nicht ohne Polemik und Bezichtigungen ab; hier sei nur eine erwähnt, der Vorwurf des Verfassers, er sei aus Antisemitismus nicht in die Redaktion der Wochenzeitung Die Zeit aufgenommen worden, für die er jahrelang als Literaturkritiker tätig war. Dagegen hat sich das Blatt öffentlich und heftig gewehrt. Herr Zimmer rechtfertigt sich mit der Behauptung, er habe damals aus Telefongesprächen entnehmen können, Reich-Ranicki sei kein Teamplayer, weil er so gehässig über Kollegen und Autoren herfallen konnte. Dass Reich-Ranicki seine Eignung für eine solche Position etwas später in der FAZ brillant demonstrieren konnte, bleibt unerwähnt. Doch ist es nicht ein offenes Geheimnis, dass das Unbehagen, das Reich-Ranicki auslöst, oft mit seiner jüdischen Herkunft in Verbindung gesetzt wird, wenn auch meist hinter vorgehaltener Hand? Herrn Zimmers absolute Gewissheit, es könne in den siebziger Jahren in seiner Zeitung keine Judenfeindlichkeit gegeben haben, ist in ihrer Unbedingtheit verdächtig.

Doch von der Hassliebe, die diesem Kritiker manchmal nachgesagt wird, ist hier nichts zu merken: Die Liebe zur deutschen Literatur und Musik ist unverwässert, nur sein Verhältnis zu seinen deutschen Mitbürgern wird gelegentlich getrübt, zwar nicht von Hass, aber doch wohl von einer Spur der Verachtung, die sein Selbstbewusstsein in der Nazizeit gestärkt hat. Das merken seine Leser und Hörer natürlich, es macht ihn unbequem und oft unbeliebt.

Ein halbes Jahrhundert seit Kriegsende, und jede Buchmesse bringt neue Autobiographien von Menschen, die Auskunft über die erste Jahrhunderthälfte geben. Warum erst jetzt? Die Bibel, nicht umsonst ein eifrig befragtes Buch der Weisheiten, kündet, Moses habe sein

Volk vierzig Jahre durch eine Wüste geführt, die man heute im Autobus in ein paar Stunden durchquert, eine Reise, die schon damals, selbst mit Ziegen und Säuglingen, nicht mehr als zwei Wochen hätte dauern müssen. Warum so lange im Kreis herum wandern? Vielleicht wie bei uns: Der geistige Ballast, den die damaligen Auswanderer aus Ägypten mit sich führten, tat ihrer Gottgefälligkeit gewaltigen Abbruch, so wie er den heute noch Überlebenden aus Hitler-Europa Jahrzehnte lang die Sprache verschlagen hat. Danach gab's Milch und Honig. Verdrängen und Wirtschaftswunder, und schließlich konnte man mit den feierlichen Jubiläumsfeiern beginnen – und mit dem Geschichtenerzählen. Wer hört zu? Da war eine neue Generation aufgewachsen, die nicht mehr an den alten Wunden litt und an den alten Untaten unbeteiligt war. Eine Spanne von vier, fünf Jahrzehnten verwischt die Spuren und macht sie dann wieder lesbar, das eine wie das andere, denn nach so viel Zeit sind die Füße nicht mehr flüchtig, die Rückschau wird möglich, man bückt sich, um die Zeichen im Sand zu suchen und zu untersuchen. Die Autoren wundern sich selbst über ihre beiden so eklatant auseinander klaffenden Lebensabschnitte, die frühen Gefahren, die spätere Sicherheit. Man steht kopfschüttelnd vor der eigenen Jugend, die so abenteuerlich fremd aussieht, dass man sich fragt, ob man das wirklich gewesen sei, und gleichzeitig weiß man genau, dass man ihr nie entronnen ist. Bei Reich-Ranicki fällt die Zweiteiligkeit besonders ins Auge: einerseits die Jahre als Verfolgter und strauchelnder Kommunist, dann der Mann, dessen Gesicht und Stimme ganz Deutschland kennt, auch jene Mehrheit, die keine Bücher liest. Es ist der Zwiespalt einer ganzen Generation, den man in seinem Buch nachvollziehen kann, denn in kaum einem anderen Bericht von Gleichaltrigen wiegen sich die beiden Teile so exakt auf, sind sie so gleichmäßig und doch ganz andersartig interessant wie hier.

Fünfhundertsechzig Seiten von einem Autor, der von dicken Büchern verlangt, sie mögen besonders lesenswert sein? Ja, doch, es besteht vor dem Kriterium der Lang- beziehungsweise der Kurzweile. Man wird es schnell lesen und noch lange daran zu kauen haben. Ein schlichter Vorschlag: Wäre es nicht angemessen, dieses lebenslange und so erfolgreiche Bemühen um deutsche Sprache und Dichtung, dem der fast Achtzigjährige mit diesem Werk einen Schlussstein aufsetzt, mit dem Büchnerpreis zu krönen?

Ruth Klüger
Frankfurter Allgemeine Zeitung, 2. Oktober 1999

Mein Leben

Reich-Ranicki führt alle Bestsellerlisten an

Es ist vollbracht: Die Autobiographie von Marcel Reich-Ranicki steht auf Platz eins aller Bestsellerlisten im deutschsprachigen Raum. Das Buch ›Mein Leben‹ hat die Spitzenposition auf den Bestsellerlisten von SPIEGEL und ›Focus‹, der ZEIT, der ›Welt‹ und der ›Woche‹ sowie der Schweizer ›Weltwoche‹ und des österreichischen ›Kurier‹ erreicht. Seitdem ›Mein Leben‹ vor sieben Wochen erschienen ist und in dieser Zeitung vorab gedruckt wurde, sind mehr als zweihundertvierzigtausend Exemplare verkauft worden. Die Lesungen, die Marcel Reich-Ranicki gegenwärtig in großen Häusern gibt, sind ohne Ausnahme ausverkauft. Gleichzeitig meldet der Verlag, dass Übersetzungsrechte für das Werk bereits nach Polen, Spanien und Großbritannien vergeben worden sind.

Frankfurter Allgemeine Zeitung, 12. Oktober 1999

Sein Leben

Was für ein Leben! Es war wie ein Wunder. Und was für eine Liebe! Sie ist immer noch wie ein Traum. Der Autor selbst kann es kaum fassen. Am Ende leiht er sich die Stimme eines Dichters: »Ist ein Traum, kann nicht wirklich sein, / dass wir zwei beieinander sein.« Marcel Reich-Ranickis Autobiographie enthält viele Geschichten. Sie ist Liebesgeschichte, Freundschaftsgeschichte, Literaturgeschichte und Erfolgsgeschichte in einem. Überlagert aber sind sie alle von den Wundern einer Überlebensgeschichte. Deren triumphale Krönung ist dieses Buch, vor allem der zweite Teil. Mit ihm wird Marcel Reich-Ranicki lange weiter leben.

Angesichts der erzählten Todesarten wirkt die Überlebensgeschichte noch wunderbarer. Zumal sie mit einer Liebesgeschichte verbunden ist, in der Liebe und Tod so eng verwoben sind. Da ist die denkbar knapp erzählte Geschichte einer tödlichen Demütigung. Ein jüdischer Fabrikbesitzer wird nach dem Einmarsch der Wehrmacht enteignet, am nächsten Tag von einem deutschen Soldaten geohrfeigt: Das reicht für den psychischen Zusammenbruch. Der Gedemütigte verfällt in eine Depression, scheint sich davon zu erholen, doch eines Tages finden Mutter und Tochter ihn erhängt an seinem Hosengürtel. Die Tochter bemüht sich vergeblich, den Gürtel zu durchschneiden. – Zehn Minuten später tröstet, streichelt, küsst die Neunzehnjährige ein gleichaltriger Mann; die beiden bleiben ein Leben lang verbunden: Theofila, geb. Langnas, und Marcel Reich, der sich nach dem Krieg Reich-Ranicki nennen wird.

Die hier einsetzende Liebesgeschichte steht im Zeichen des Todes und seiner Überwindung. Die beiden haben überlebt, sich mehrfach gegenseitig gerettet. »Warum durften gerade wir überleben?« Zum zweiten Mal gestellt, findet die Frage eine Antwort: »Es war purer Zufall, nichts anderes. Doch kann ich nicht aufhören, diese Frage zu stellen.«

Zwei andere Antworten hätten vielleicht nahe gelegen. Die religiöse kommt für den bekennenden Atheisten nicht in Betracht. Die andere, die das Überleben zum eigenen Verdienst erklärt, weist Reich-Ranicki strikt von sich. Die Autobiographie erhält allerdings dadurch immer wieder eine doppelbödige Spannung, dass sie selbst unterläuft, was sie ausdrücklich behauptet. Es ehrt den Autor, dass er sich bescheiden, ja manchmal geradezu demütig gibt. Jenes selbstgefällige triumphale Auftreten des Überlebenden, wie es Canetti einmal beschrieben hat, versucht er, wo es auch nur geht, zu vermeiden. Doch steht außer Zweifel, dass diese Überlebensgeschichte durchaus ihre Moral hat, eine Moral, die ihr Held vorbildlich verkörpert. Zum einen nämlich erzählt diese Autobiographie von den Wunderkräften der Kunst, die der Held geschickt anzuwenden versteht. Zum anderen vermittelt diese Lebensgeschichte unter der Hand ein Ethos, dessen Einhaltung belohnt wird.

Zu den beklemmenden Partien dieser Autobiographie gehören die Abschnitte über den Vater. Es gibt kaum eine andere Figur, die mit solcher Vehemenz kritisiert wird. Den Vater hat Reich-Ranicki verachtet. Er hat unter ihm gelitten. Und zwar nicht, weil er zu stark, sondern weil er zu schwach war. »Das Scheitern meines Vaters, kläglich und erbärmlich zugleich, warf einen düsteren Schatten nicht nur auf meine Jugend.« Der Vater ist schuld an einer vom Kind nur vage, doch durchaus intensiv wahrgenommenen »Familienkatastrophe«. Die Katastrophe »hatte zwei Gründe: die große Wirtschaftskrise und meines Vaters Mentalität«. Seiner Aufgabe, die Familie zu ernähren, war der Mann offensichtlich nicht gewachsen. »Er war ein Geschäftsmann und Unternehmer, dessen Geschäfte und Unternehmungen in der Regel wenig oder nichts einbrachten. Natürlich hätte er dies früher oder später einsehen sollen, er hätte sich nach einer anderen Tätigkeit umschauen müssen. Aber hierzu fehlte ihm jegliche Initiative. Fleiß und Energie gehörten nicht zu seinen Tugenden. Charakterschwäche und Passivität bestimmten auf unglückselige Weise seinen Lebensweg.« In Erinnerung an die Zeit im Warschauer Ghetto werden die Urteile sogar noch vernichtender. Auch im Ghetto »blieb mein gutmütiger, mein gütiger Vater ein Versager«. Der Sohn schämte sich vor den Kollegen, dass er sich, damals zwanzig Jahre alt, für seinen sechzigjährigen Vater um eine kümmerliche Beschäftigung bemühen musste. »Den beinahe traditionellen Konflikt zwischen Vater und Sohn habe ich also nie kennen gelernt. Wie hätte auch ein solcher Konflikt entstehen können, da ich meinen Vater niemals gehasst und leider auch niemals geachtet, sondern immer bloß bemitleidet habe.« Noch jene Abschiedsszene, in der der Sohn die Eltern das letzte Mal sieht, wird mit einer Bemerkung beschrieben, die sich wie ein leiser Vorwurf ausnimmt. Es habe den Eltern die »Kraft und Lust« gefehlt, »sich irgendwo zu verbergen«.

Es war in der Perspektive dieser Autobiographie eben doch nicht bloßer Zufall, wenn man den Nazis entkam, sondern auch eine Frage der Kraft, des Mutes, der Klugheit und des Willens. Und noch ein Rettungsmittel gab es: die deutsche Kultur. Viele Juden im Warschauer Ghetto setzten ihre Hoffnung darauf, die Deutschen mit Musik erweichen zu können. Reich-Ranicki verdankte sein Überleben nicht zuletzt der Literatur. Indem er aus ihr erzählte, machte er sich im Warschauer Untergrund einen Helfer gewogen, der ihn vor den Nachstellungen der Deutschen verbarg. Günter Grass hat die wunderbare Geschichte 1972 in dem ›Tagebuch einer Schnecke‹ aufgegriffen und erzählt.

Wie ein Wunder nimmt sich nicht nur das Überleben, sondern auch die Nachgeschichte aus. Es ist eine Geschichte sich addierender und überbietender Erfolge. Dass diese zweite Hälfte des Buches nicht das gleiche Gewicht hat wie die erste, sollte man dem Autor nicht vorwerfen. Das hieße, ihm ziemlich zynisch die glücklicheren Umstände zu missgönnen, die ihm nach dem Krieg das Leben leichter machten. Leicht war es allerdings nie. […]

Seine Fähigkeiten und seinen öffentlichen Einfluss ganz entfalten konnte er jedoch erst, als er 1973 die Leitung des Literaturteils der FAZ übernahm. So schien es zumindest. Als Reich-Ranicki Ende 1988, weil es die Gesetze der Zeitung so vorschrieben, diesen Posten an einen Jüngeren abgeben musste, glaubten manche, eine Ära der Literaturkritik sei zu Ende, ein Generationenwechsel vollzogen. Nachdem die Kommentare zu Reich-Ranickis Abgang also schon den Ton von Nachrufen angestimmt hatten, belehrte dieser sie schnell eines besseren. Er erweiterte das Spektrum seiner Wirkungsmöglichkeiten erheblich, vor allem durch das Literarische Quartett. Das fiel ihm zu, ja, es wurde ihm, der vom Fernsehen als Medium der Literaturkritik keine hohe Meinung hatte, geradezu aufgedrängt. Den Anschein jedenfalls vermittelt die gewitzte Erzählung darüber in der Autobiographie. Mit dem »Quartett« erreichte die Popularität des Kritikers ein neues Hoch. Es schien nicht mehr überbietbar. Doch als manche schon den baldigen Niedergang dieser Sendung prophezeiten, schrieb Reich-Ranicki seine Autobiographie. Ein Bestseller auf allen Listen ist sie geworden. Und noch einmal ist die Popularitätskurve des Mannes gestiegen.

Mit diesem bislang letzten Triumph scheint sich ein Muster zu wiederholen, das dieser Lebensgeschichte vielfach eingeschrieben ist. Unglück schlägt um in Glück. Oder: Das Glück verdankt sich dem Unglück. Dieses literarisch beliebte Muster, das viele der in dieser Autobiographie erzählten Geschichten prägt, zeigt sich auch noch an der Geschichte der Entstehung dieses Buches. Von ihr erzählt es allerdings nichts.

Immer wenn man ihn, noch Anfang der neunziger Jahre, drängte, seine Autobiographie zu schreiben, reagierte er eigentümlich wortkarg und abwehrend. Reich-Ranicki hat das jetzt begründet, in der seine Autobiographie abschließenden »Danksagung«: Er habe Angst gehabt. »Ich wollte nicht das Ganze noch einmal in Gedanken erleben. Überdies fürchtete ich, der Aufgabe nicht gewachsen zu sein.« Wer den eindrucksvollen Teil der Autobiographie über die Entsetzlichkeiten im Warschauer Ghetto gelesen hat, muss ihm das glauben. Doch er wird sich zugleich fragen, was den Autor in den neunziger Jahren dazu veranlasst haben mag, seinen Sinn zu ändern.

Die Autobiographie vermeidet in geradezu provozierender, weil gegen alle Gepflogenheiten ambitionierter Literatur verstoßender Weise jede Art von Selbstreflexion über die Anlässe und Probleme autobiographischen Schreibens. Reich-Ranicki demonstriert damit, was ihn als kritischen Leser von Literatur oft so stört. Poetologische Metareflexionen sind ihm verhasst. Autoren, so haben wir es sinngemäß hei ihm oft gelesen oder gehört, sollen ihre Energie darauf konzentrieren, gut zu schreiben, und nicht darauf, die Leser mit ihren Gedanken über das Schreiben und seine Schwierigkeiten zu behelligen.

Welchen Ereignissen verdanken wir es also, dass es Reich-Ranicki zum Bedürfnis wurde, doch seine Autobiographie zu schreiben? Sie gibt lediglich an, 1993 habe er sich entschlossen, sein Leben darzustellen. Dies ist vermutlich eine falsche Datierung. Aber warum sollte er sie vorgenommen haben? Die Entstehungsgeschichte des Buches scheint für den Autor persönlich so wichtig zu sein, dass er gleich in den ersten beiden Sätzen seiner Danksagung betonen muss, wie unwichtig sie für die Öffentlichkeit sei: »Jedes Buch hat eine Entstehungsgeschichte. Freilich ist sie in den meisten Fällen für die Öffentlichkeit ohne Interesse.« Es ist nicht anzunehmen, dass Reich-Ranicki diese Geschichte verbergen wollte. Im Gegenteil: Er hätte sie wohl am liebsten erzählt. Doch fürchtete er, er könnte seiner Autobiographie mit dem Eingeständnis schaden, sie verdanke sich auch einer persönlichen Kränkung. Dass Worte für die Öffentlichkeit durch allzu Privates und Menschliches an Autorität verlieren können, hat man vor einem Jahr erleben können, als Martin Walsers Rede in der Paulskirche als Ausdruck persönlicher Gekränktheit erkannt wurde. Literaturkritische Stimmen zu seinem autobiographischen Roman hatten ihn zutiefst verletzt.

Dass Reich-Ranicki in seiner Autobiographie versucht hat, allzu offensichtliche Spuren privater Verletzungen zu verwischen, ehrt ihn und kommt seinem Buch zugute. Dass solche Spuren nicht völlig getilgt sind, gibt dem Buch jedoch auch eine untergründige Spannung.

Von zwei Begebenheiten, die ihn in jüngerer Zeit persönlich stark bewegt haben, erzählt die Autobiographie sehr ausführlich: von zwei zerbrochenen Männerfreundschaften. Der erste Bruch liegt schon etwas länger zurück: der mit Joachim Fest. Dieser hatte, als er 1973 Mitherausgeber der ›Frankfurter Allgemeinen Zeitung‹ wurde, dem Kritiker der ZEIT die Leitung der Literaturredaktion in Frankfurt angeboten. Warum die Freundschaft in den späten achtziger Jahren zerbrach, darüber gibt Reich-Ranicki einfache und klare Antworten. Es war Fests Position im Historikerstreit, die Reich-Ranicki beschämend fand. Über die Gründe für den zweiten Freundschaftsbruch erfahren wir hingegen nichts.

Den Schöpfer von Winnetou und Old Shatterhand schätzt Reich-Ranicki nicht sonderlich. Es ging ihm auf die Nerven, »dass es immer ein Deutscher war, der in Karl Mays Romanen die Bedrängten heldenhaft rettete und die Bösewichter behandelte, wie sie es verdienten«. Doch Reich-Ranickis Beschreibung seiner Freundschaft mit Walter Jens handelt ohne Scheu vor Sentimentalität von Qualitäten, wie sie ähnlich Karl May an seinen Helden in so empfindsamen Tonen schilderte. Zur Grundlage dieser Freundschaft gehörte nicht zuletzt die Einsamkeit des Kritikers, sein »monologisches Dasein« im Wechsel von Lesen und Schreiben. Existentiell notwendiges Gegengewicht dazu wurde die »Telefon-Freundschaft« mit Jens, eine höchst »seltsame«, eine »ungewöhnliche Freundschaft«, die »weitaus längste und wichtigste in meinem Leben«. Sie sahen sich selten, doch telefonierten miteinander oft und lange. Knappe Andeutungen genügten, um sich zu verstehen. Man bestärkte sich gegenseitig in seinen Projekten, gab sich Versprechungen für den Fall, dass einer vor dem anderen sterben würde.

Als im Herbst 1990 die Beziehung ernsthaft gefährdet war, beteuerte Jens in einer Widmung deren Unzerstörbarkeit. Dass sie dann doch zerstört wurde, war »grausam«. Der Autobiograph scheut sich nicht, Max Frischs Beziehung zu Ingeborg Bachmann zum Vergleich heranzuziehen. Er zitiert jenen Satz aus ›Montauk‹, dessen Knappheit in so wirkungsmächtigem Kontrast zum Ausmaß dieser Tragödie der Trennung steht: »Das Ende haben wir nicht gut bestanden, beide nicht.«

Man weiß: Dieses Ende blieb für Bachmann ein Trauma, von dem sie sich nicht mehr befreien konnte. Wie es zu dem Bruch zwischen Reich-Ranicki und Jens kam, ist kein Geheimnis. Der Konflikt wurde öffentlich ausgetragen. Der Autobiograph möchte darüber jedoch nicht sprechen. Was er sonst vermeidet, hier tut er es. Er redet in Andeutungen, spricht jene an, die zur Zerstörung der Freundschaft »grausam beigetragen haben«; sie »mögen dies mit ihrem Gewissen ausmachen«. Es mag viele Gründe für Reich-Ranickis 1993 oder 1994 gefassten Entschluss gegeben haben, seine Autobiographie zu schreiben, einer davon scheint jedenfalls in den hier verschwiegenen Umständen zu liegen.

In der Fernsehsendung »Kulturspiegel« vom 29. Mai 1994 gab Tilman Jens, der Sohn des Freundes, sich später erhärtende Hinweise auf Reich-Ranickis zeitweilige Arbeit für den polnischen Geheimdienst und seine Mitgliedschaft in der Kommunistischen Partei. Die Sendung war ein völlig deplazierter Racheakt für eine – zugegeben – ziemlich polemische Kritik Reich-Ranickis an Christa Wolf. Dass diese überzeugte Kommunistin war, hatte Reich-Ranicki allerdings nie kritisiert. Und auch über die lange zurückliegende, kurze Episode, in der Christa Wolf Informelle Mitarbeiterin des Staatssicherheitsdienstes war, hatte er sich nicht geäußert. Dennoch wurde in jener mittlerweile schon wieder so fernen, hysterisierten Atmosphäre, in der andauernd neue Entdeckungen über Stasi-Kollaborationen veröffentlicht wurden, so auch über die Christa Wolfs, gleichsam ein Parallelfall Reich-Ranicki konstruiert und zum Gegenstand öffentlicher Enthüllungen, Anschuldigungen und Debatten gemacht. Es gab damals enge Freunde, die sich von Reich-Ranickis Reaktionen auf die Vorwürfe öffentlich irritiert zeigten – und auch davon, dass er sogar engsten Vertrauten über diese Episode seiner Vergangenheit nie etwas erzählt hatte. Ein Passus in dem Kapitel über Walter Jens klingt wie eine nachträgliche Rechtfertigung dafür: Es habe »Bereiche« gegeben, »über die er mich, wenn ich mich recht entsinne, nie befragte, die stets ausgespart blieben: meine Erlebnisse im Warschauer Ghetto, meine Erfahrungen in der Kommunistischen Partei Polens und im auswärtigen Dienst.«

Ausführlich erzählt darüber jetzt die Autobiographie. Es scheint, als seien ganze Teile des Buches eine wohl überlegte Antwort auf die damaligen Vorwürfe, nachholende Erzählungen über Dinge, über die zu erzählen ihm zuvor schwer fiel. Die hässliche Affäre von 1994 hatte den schönen Effekt, die Hemmungen herabzusetzen, über bestimmte Ereignisse der Vergangenheit zu reden. Wo andere begannen, Nachforschungen über sein Leben anzustellen, da wollte er ihnen seine eigene Version entgegenstellen. Das geschieht allerdings nur in wenigen Passagen noch ganz offensichtlich unter dem Rechtfertigungsdruck von 1994.

1945 suchte der polnische Geheimdienst junge Männer mit Fremdsprachenkenntnissen, die sich in Deutschland auskannten. Sie fanden auch Reich-Ranicki. »Wenn ich mich damals«, so sieht er sich in der Autobiographie genötigt zu erklären, »noch im Krieg gegen das nationalsozialistische Deutschland, dem Ruf polnischer Behörden, im Auslandsnachrichtendienst zu arbeiten, verweigert oder entzogen hätte – ich hielte es für einen Fleck in meiner Biographie.« Flecken in seiner Biographie will Reich-Ranicki nicht zulassen, die Autobiographie zumindest kennt keine. Sie vermeidet jedoch auch jedes selbstgefällige Prahlen. Die Portraits berühmter Autoren, die der zweite Teil in der leicht plaudernden Form von Anekdoten enthält, ist eine Galerie oft grotesker Eitelkeiten. In beinahe jedem Portrait versucht Reich-Ranicki eine neue Illustration dafür zu liefern, dass die meisten Schriftsteller und Intellektuellen ungeheuer egozentrisch, eitel und empfindlich sind. Ob Brecht, Canetti oder Adorno, sie alle sind Narzisse, und wären sie keine gewesen, dann wären sie wohl nicht berühmt geworden. Natürlich portraitierte der Autor mit anderen Berühmtheiten immer auch ein wenig sich selbst. Doch wie um sich von ihnen abzuheben, gibt sich der Erzähler dieser Autobiographie oft unglaublich bescheiden und selbstlos.

Mit welcher gewitzten Lockerheit dabei über die Geheimdienstepisode berichtet wird, ist schon frappierend. Es scheint, als habe sich der Autor sogar bei diesem Thema von der Zumutung, sich gegenüber öffentlichen Unterstellungen zur Wehr zu setzen, gänzlich befreit. Der Autobiographie ist das auch hier gut bekommen. Sie gewinnt streckenweise Qualitäten eines Schelmenromans. Eine Art Felix Krull gelangt in einem grotesken Apparat unversehens zu immer höheren

Ehren und Posten. In Berlin weiß er nicht recht, was er für den Geheimdienst überhaupt zu tun hat, glaubt schließlich, von der Warschauer Zentrale vergessen worden zu sein, wird aber dann nach London in den Auswärtigen Dienst berufen, von wo aus er zugleich weiter für den Geheimdienst tätig sein sollte. In Warschau bekommt er von seinem Vorgesetzten die Aufgabe, seine Kollegen zu schulen. »Ich machte ihn darauf aufmerksam, dass ich von dieser Materie keine Ahnung hätte. Das sei ihm keineswegs neu – meinte er nicht ohne Ironie –, doch seien wir alle in dieser Hinsicht Anfänger. Ob ich etwa meine, dass die Parteimitglieder, die unlängst Minister geworden seien, irgend jemand auf ihre Aufgabe vorbereitet hätte?« Im Nebenzimmer will der sowjetische Berater daraufhin wissen, wie er sich die geplante Schulung vorstelle. Die wortreichen Antworten schöpften vollständig »aus einer einzigen und für diesen Zweck wohl nicht immer zuverlässigen Quelle: aus Romanen, Erzählungen und Reportagen«.

Sogar als Mitarbeiter des polnischen Geheimdienstes agierte Reich-Ranicki fern aller Agenten- und Heldenklischees ganz als Liebhaber von Literatur. Ist das Dichtung oder Wahrheit? Das dürfte sich zumindest dort kaum trennen lassen, wo, wie hier, die Lust am Fabulieren unübersehbar wird. Leichter und wirksamer jedenfalls hätte Reich-Ranicki die Unerheblichkeit dieser Lebensepisode nicht demonstrieren können. Gewichtige Gründe führt er jedoch dafür an, dass er sogar engsten Freunden später nichts davon erzählt hat. Nach der Entlassung aus dem Sicherheitsministerium wurde er dort noch einmal vorgeladen: »Ich hatte eine Erklärung zu unterzeichnen, derzufolge ich mich verpflichtete, niemals ein Wort über den polnischen Geheimdienst und über alles, was mit ihm zusammenhing, verlauten zu lassen. Sollte ich mich nicht daran halten, müsse ich – darüber wurde ich mit besonderem Nachdruck belehrt – die schlimmsten und schärfsten Konsequenzen gewärtig sein. Was damit gemeint sei, dessen sei ich mir wohl bewusst. Obwohl das Wort ›Todesstrafe‹ nicht verwendet wurde, hatte ich keinen Zweifel, worauf meine Gesprächspartner anspielten. Ich habe die Drohung sehr ernst genommen.«

Um Missverständnisse auszuschließen: Dem Autor der Autobiographie wird hier nicht noch einmal vorgeworfen, etwas verschwiegen zu haben. Im Gegenteil: Zu den Qualitäten dieser Autobiographie gehören gerade die Verschwiegenheit und die Diskretion. Mit knappen Andeutungen, so führt sie gekonnt vor, lässt sich oft mehr sagen als mit vielen Worten. Die lapidare, schlichte, oft kunstlos wirkende Diktion, in der diese Autobiographie geschrieben ist, hat Methode. Das Buch handelt nicht nur andauernd von Literatur, es ist selbst Literatur, und zwar durch und durch, doch auf unauffällige Weise. Eines der Vorbilder literarischer Diskretion ist Dante mit jenem wiederholt zitierten Satz, der über das gemeinsam lesende und durch Lektüre verführte Liebespaar Francesca da Rimini und Paolo Malatesta alles sagt, ohne irgendetwas ausdrücklich zu benennen: »Wir lasen weiter nicht in jener Stunde.« Es gibt viele diskrete Stellen dieser Art in diesem Buch, nicht nur dort, wo es von Liebe und Sexualität erzählt. Auch wo persönliche Wut im Spiel ist, hält es sich zurück. Zwei Schriftsteller habe er gekannt, die sich nachdrücklich zum Christentum bekannten. Doch nur einer habe ihn dann in seiner Redlichkeit überzeugt: Heinrich Böll …

Ähnlich verfährt der Autor mit seinen zahlreichen literarischen Anspielungen. Sie sind so eingesetzt, dass man sie zum Verstehen des Textes nicht unbedingt erkennen muss. Sie zu erkennen bringt jedoch einen zusätzlichen Gewinn bei der Lektüre. »Jemand musste mich verleumdet haben, denn ohne dass ich etwas Böses getan hätte, bin ich verhaftet worden.« Das war am frühen Morgen des 28. Oktober 1938. Mit der Festnahme, die mit Anspielung auf einen Autor erzählt wird, der damals noch kaum bekannt war, endete eine trotz der Zeitumstände relativ glückliche Jugend in Berlin. Und mit ihr der erste Teil des Buches. Der zweite Teil beginnt mit dem so traurigen wie wunderbar formulierten Satz: »So war ich nach Polen gekommen – in mein Geburtsland, das nun mein Exil wurde.« Mit der Vertreibung ins Exil wurden alle Zukunftswünsche, die der junge Literaturliebhaber und Theaterenthusiast hatte, zunichte. Er wollte Germanistik studieren, wollte Hochschullehrer oder auch Literaturkritiker werden. Die schaurige Lebensgeschichte nahm, wie wir wissen, eine wunderbare Wendung: Hochschullehrer wurde er auch ohne Studium; er wurde der berühmteste Kritiker Deutschlands – und in seinem 80. Lebensjahr zudem ein gefeierter Schriftsteller. Die Stoffe, aus denen Literatur gemacht wird: Reich-Ranicki hat sie durchlebt. Dafür dass er sie noch beschrieben hat, haben wir ihm zu danken.

THOMAS ANZ
literaturkritik.de, 1. November 1999

Marcel Reich-Ranickis fünf Lebensstationen

Marcel Reich-Ranicki, seit zwölf Jahren literarischer Chef-Entertainer der Nation im von ihm dominierten »Literarischen Quartett« des ZDF, ist mit seinen Lebenserinnerungen allerhand gelungen; versteht sich, dass er die Proportion dieser Sendung zurechtgerückt und sich darüber hinaus als derjenige dargestellt hat, der er seit den 60er-Jahren in unserem Literaturbetrieb ist, nämlich der einflussreichste – und der vielleicht belesenste – Kritiker; aber es ist ihm auch gelungen zu beschreiben, wie Literatur von Kindheit an zu seinem »Lebensgefühl« werden konnte. Vor allem aber hat er die Lebensgeschichte eines heute fast achtzigjährigen jüdischen Intellektuellen zwischen Polen und Deutschland vorgelegt, der das Dritte Reich ebenso erlitten wie das kommunistische und sich zunehmend antisemitisch gerierende Polen der fünfziger Jahre erlebt hat und als Kritiker zum Kronzeugen vor allem der deutschsprachigen Literatur der letzten vierzig Jahre geworden ist.

Was in der Kunst gilt, gilt auch für Memoiren: das Schreckliche berührt am meisten. Wie das Warschauer Ghetto entstand, wie der Alltag dort aussah, wie die grauenhaften Selektionen vor sich gingen und die »Umsiedlungen« nach Treblinka in die Gaskammer (wo auch die Eltern Reich umgebracht wurden) – das sind Erinnerungen, die in ihrer einfachen, klaglosen Darstellung keinen Leser verschonen werden. Auch die progredienten Ausgrenzungen mit Hilfe der Nürnberger Rassengesetze, die der hoffnungsvoll-hoffnungslose Deutsch-Einser-Schüler in Berlin erlebte, sind, gerade in der differenzierten Darstellung des Verhaltens einzelner Lehrer, ein außerordentliches Zeugnis für die infame Systematik der Judenverfolgung im Dritten Reich. Ob, wer von der Roten Armee befreit wurde, eo ipso deshalb Kommunist wurde, mag man glauben oder nicht, und ob die polnischen Nachkriegs-Stationen im Leben Reich-Ranickis geschönt oder so aufrichtig geschildert sind wie das Buch insgesamt erscheint, weiß nur der Autor selbst.

Jedenfalls ist er kein primär politischer, sondern ein literarischer Kopf, und hellhörig wird Reich-Ranicki vor allem bei Thesen wie denen Noltes, mit denen der Historikerstreit begann, oder denen Walsers im vergangenen Jahr in der Frankfurter Paulskirche. Da können dann auch gewachsene Freundschaften ein Ende finden, das diskret behandelt wird, während die freundschaftlichen Beziehungen zu Walter Jens, Heinrich Böll oder Joachim Fest lebhaft vorgestellt werden. Da wird Reich-Ranicki persönlich, beschwingt, verliert sich nicht halbtrocken in Bildungsdetails wie manchmal im ersten Teil. Da bekommt die sachliche, geradezu bilderfeindliche Sprache Atem und Rhythmus.

Eitelkeit, Wichtigtuerei, einseitiges Urteil werden dem Erzähler dieses außerordentlich farbigen Literaten-Lebens gerne vorgeworfen. In diesen Erinnerungen ist davon kaum je etwas zu spüren. Reich-

Ranickis Blick sucht mit Sympathie und emotionaler Investition, vulgo Liebe, sich seinen Autoren zu nähern, was Enttäuschungen wohl umso herber macht.

Erfährt man von den Dichter-Begegnungen viel, so vom Autor eher wenig. Der einzige Sohn wird erstmals marginal erwähnt, als er schon ein Jahr alt ist, und dass es auch in Reich-Ranickis Ehe Affären gab, wird gerade mal angedeutet. Platonisches gibt's ausführlicher. Reich-Ranicki wird wissen, dass er über sich selbst wenig originell reflektiert, dass seine schriftstellerische Kraft vor allem dem objektiv Berichtbaren gewachsen ist. Das sind auch die Grenzen des Lesevergnügens neben einigen Längen vor allem im ersten und dritten Teil.

Die Liebe des Kritikers zur Musik – ein schönes Kapitel über Menuhin – gehört in die Abteilung Gefühl dieses ganz und gar unsentimentalen Buches, das auch als wahres Monument des Dankes erscheint. In diesem Leben für die Literatur gibt es freilich auch ein paar falsche Konjunktive und manchen Satz, den der Autor, läse er ihn anderswo, spöttisch zitieren würde. Reich-Ranicki gönnt seinen Lesern eben auch was fürs Kröpfchen. Fürs Töpfchen bleibt eh genug.

WOLFGANG JOHANNES MÜLLER
Bayernkurier, 6. November 1999

Die Erinnerungen von Marcel Reich-Ranicki

Die Ironie der Geschichte, dass gerade der assimilierte polnische, wenn auch in Berlin aufgewachsene Jude Reich-Ranicki, der nur durch einen Zufall die für ihn geplante Vernichtung durch die Nazis überlebt hatte, im Nachkriegsdeutschland der bekannteste Interpret und Kritiker der deutschen Literatur wurde, kann nicht genug Staunen hervorrufen.

Mit seinen langerwarteten Erinnerungen, die sofort zum Bestseller avancierten, bewies er, dass er nicht nur fulminant kritisieren, sondern auch exzellent schreiben kann. Seine Erinnerungen sind aber weit mehr als nur eine der am besten und interessantesten geschriebenen Autobiographien der letzten Jahre. Das Buch wird durch die eindringliche und genaue Schilderung der Shoah, die langsame, aber von dem Betroffenen oft auch nicht erkannte Steigerung der Judenverfolgung bis hin zur Vernichtung in einem ihrer Zentren, dem Ghetto von Warschau, gerade wegen seines Autors auch zu einem der wichtigsten

Zeugnisse über diese schlimmste Epoche der deutschen und jüdischen Geschichte.

Denn Reich-Ranicki war bis zu seiner Flucht vor der Deportation in die Gaskammern von Treblinka als Übersetzer des Judenrats von Warschau unmittelbar involviert in das administrative Zentrum der Vernichtung der größten jüdischen Gemeinde Europas.

Ein Fazit von Reich-Ranicki lautet: Er, der Enkel eines Rabbiners, dem die jüdische Kultur und Religion kaum etwas bedeutet, und der sich im Nachkriegsdeutschland mit der deutschen Literatur eine Ersatzheimat schuf, wurde immer wieder auf sein Judesein zurückgeworfen.

Deutschland, in dem sein Freund Joachim Fest in der FAZ, die Reich-Ranicki berühmt machte, dem Revisionismus und damit der Verharmlosung des Nationalsozialismus zum Erfolg verhelfen wollte, und in dem der Sohn seines Freundes Walter Jens über seine Zeit in London im deutschen Fernsehen einen Angriff veröffentlichte, konnte ihm nicht zur Heimat werden.

EVELYN ADUNKA
Israel Nachrichten, 31. Dezember 1999

Ein sehr wirkliches Stück

Vorausgeschickt: Autobiographien zählen nicht zu meiner Lieblingslektüre. Ebenso wenig wie Briefe, Protokollliteratur, Reiseberichte und Tagebücher. Die scheinbar authentischen, also einfachen Wahrheiten, die darin verhandelt werden, gelten oft als die Wahrheit schlechthin – und nur was beweisbare wäre, meint man, sei gültig. Das führt nicht selten zu Missverständnissen und Enttäuschungen. Biographien und Autobiographien nehmen ganze Areale in den Buchhandlungen ein: vom infantilen Schwachsinn eines Rudolph Moshammer über Lady-Dianas-, Goethe- und Adolf-Hitler-Revivals bis hin zum grandiosen Tagebuch des Samuel Pepys liegt alles auf einem Tisch. Im Vergleich zur Belletristik sind die Verkaufszahlen dieser Bücher gigantisch, denn nichts liest sich so einfach, nichts bedient den Voyeur im Leser mehr als wirklich Gelebtes. Wer sein Leben öffentlich zu machen im Stande ist, den nennt man prominent. Im Prinzip wäre das jeder gern, aber da das nicht sein kann, träumt man sich durch die Vorbilder, verehrt sie oder gruselt sich genussvoll vor ihnen. Das Problem ist, dass Selbstporträtierer sich immer nur so darstellen können, wie sie sich selbst sehen wollen. Im besten Fall sagen sie trotzdem etwas über ihre Zeit aus, und das ist der Grund, warum ich mich dieser Literatur doch nicht ganz verschließen kann.

Zum Schreiben einer ordentlichen Autobiographie gibt es drei Voraussetzungen: Eitelkeit, Selbstbewusstsein und ein Leben, das erzählenswert ist. Marcel Reich-Ranicki hat diese Voraussetzungen. Ich habe ›Mein Leben‹ gelesen, skeptisch zunächst, neugierig gleich nach der ersten Seite, gefesselt, schon nach der zweiten und schwer loskommend nach der letzten.

Während der Lektüre war ich erschüttert und amüsiert. Da spielt uns ein Mann seine Rolle im Jahrhunderttheater vor, ein groteskes und sehr wirkliches Stück – die Geschichte eines polnischen Juden, der im Warschauer Ghetto knapp dem Tod entkam, dessen Familie ins Gas geschickt wurde, der an den Kommunismus glaubte, der sich versehen hatte, der von Ost nach West ging, als Verräter galt, bald darauf als wichtigster westdeutscher Kritiker mehr gefürchtet als geliebt war; der Buch & Fernsehen zusammenbrachte, der Dichter, Tod und Teufel kannte und vor allem eines: die Literatur. Dinge von unbegreiflicher Schrecklichkeit werden erzählt, daneben fast Rührseliges, Schnurren, Episoden und allerhand aufschlussreicher Klatsch. Oft habe ich mich beim Lesen gewundert, manchmal geärgert, auch gelacht, aber niemals habe ich mich gelangweilt. Man sieht: Ich bin Voyeur wie jeder. Mit wachsender Neugier habe ich mich z.B. mit auf Reich-Ranickis Lektüre-Reise gemacht, und ich weiß nicht, ob es in dieser Welt noch öfters Menschen geben wird, denen Literatur so viel bedeutet und deren wichtigstes Ziel es ist, diese vergnügliche Anstrengung zu vermitteln. Als eine, die vierzig Jahre jünger ist und deren Großväter diejenigen gewesen sein könnten, die die Familie Reich ins Konzentrationslager geschickt haben, habe ich die Person Reich-Ranicki nicht zu kritisieren, sondern ausschließlich von ihr zu lernen.

Eine kühne Vorstellung gibt es trotzdem: Sein Leben hätte, meiner Ansicht nach, das Format für eine geniale Erzählung. Geschrieben von Thomas Bernhard oder Thomas Mann.

KERSTIN HENSEL
Neue Deutsche Literatur, Januar 2000

Sie waren traurig, betrugen sich heiter

Eine Liebesgabe: Erich Kästners Lyrische Hausapotheke, illustriert von Teofila Reich-Ranicki

Sie wurde am 12. März 1920 in Lodz geboren, besuchte dort die Schule und beabsichtigte, nach dem Abitur in Paris Kunstwissenschaft zu studieren. Er wurde am 2. Juni 1920 in Włocławek (Polen) geboren, lebte ab 1929 mit seiner Familie in Berlin und wollte nach dem Abitur Literaturkritiker werden. In Friedenszeiten wären sich Tosia Langnas und Marcel Reich, wie beide zu jener Zeit hießen, vermutlich nie begegnet. Doch weil die weltgeschichtlichen Ereignisse in der ersten Hälfte des zwanzigsten Jahrhunderts alles andere als friedlich verliefen, kreuzten sich ihre Lebenswege im Warschauer Ghetto – genauer: am 21. Januar 1940, dem Tag, an dem Tosias Vater, Pawel Langnas, sich in der eigenen Wohnung erhängt hatte und der neunzehnjährige Marcel Reich sich seiner verstörten Tochter Tosia annahm. Von da an verliefen ihre beschwerlichen Lebenswege parallel – ihr Überleben grenzt an ein Wunder.

Beide beherrschten damals sowohl die deutsche als auch die polnische Sprache, und beide hatten gleichgerichtete Interessen in Kunst, Literatur und Musik: Trost und Überlebenshilfe in einer Welt der Barbarei und der täglichen Todesdrohung. In diesem Vorhof der Hölle überreichte Tosia Langnas ihrem zukünftigen Ehemann zu dessen einundzwanzigstem Geburtstag ein außergewöhnliches Geschenk: eine eigenhändig abgeschriebene Ausgabe von Erich Kästners ›Lyrischer Hausapotheke‹. In Marcel Reich-Ranickis Autobiographie heißt es dazu: »War mir je ein schöneres Geschenk zugedacht worden? Ich bin nicht sicher. Doch nie habe ich eines bekommen, auf das mehr Mühe verwendet wurde – und mehr Liebe.« Er hatte zuvor ›Doktor Erich Kästners Lyrische Hausapotheke‹ von einem Bekannten im Warschauer Ghetto für wenige Tage zur Ausleihe erhalten. Weil Tosia Langnas wusste, wie sehr Marcel Reich diesen Gedichtband liebte und ihn am liebsten behalten hätte, erklärte sie sich bereit, für ihn eine Auswahl daraus abzuschreiben. Von 119 Gedichten wählte er 57 aus, die Tosia mit Illustrationen versehen in Tag- und Nachtarbeit kalligrafisch kopierte.

Warum die »Gebrauchslyrik« von Kästner? Warum nicht die erhabene Lyrik eines Eichendorff, Rilke, Hofmannsthal oder Trakl? Im Warschauer Ghetto kam es weder Tosia noch Marcel darauf an, Vorbewusstem in wohl formulierten Metaphern Gestalt und Bedeutung zu verleihen. Die all-täglichen Sorgen waren auf den Begriff zu bringen, um so einen Teil ihrer bedrückenden Last zu bannen: Was sich benennen lässt, lässt sich auch besser miteinander teilen. Und wie kaum ein anderer benennt Erich Kästner die kleinen und die großen Sorgen des Alltags präzis, geistreich und ohne Umschweife.

Im Zusammenhang mit Marcel Reich-Ranickis Autobiographie betrachtet, kann dessen 1940 vorgenommene Auswahl aus Kästners ›Lyrischer Hausapotheke‹ durchaus einen Zugang zu seiner damaligen Seelenlage öffnen. Dies umso mehr, als sein biografischer Text allein die Ereignisse aus dem Warschauer Ghetto sachlich-distanziert vorträgt und Gefühlsschilderungen eher meidet. In Kästners einleitender »Gebrauchsanweisung mit einem Register, das von A bis Z reicht« fehlen Stichworte wie »Ausweglosigkeit«, »Todesangst«, »Verzweiflung«. So haben die Gedichte der »Lyrischen Hausapotheke« nicht das von Tosia und Marcel Reich-Ranicki wirklich Erlebte auf den Begriff gebracht, wohl aber gewisse Sorgen, Stimmungslagen und Gefühlsschwankungen eines die beiden stets bedrängenden Alltags. Daher dürfen die von Marcel Reich ausgewählten und von Tosia Langnas abgeschriebenen Kästner-Gedichte nicht wörtlich genommen, sondern müssen »atmosphärisch« gelesen werden – in dem Wissen, dass dies nur die Gefühlsoberfläche eines schwer zugänglichen seelischen Subtextes andeuten kann:

Das ist das Verhängnis:
zwischen Empfängnis
und Leichenbegängnis
nichts als Bedrängnis
(Das ist das Verhängnis)
Womöglich kann man noch genauer
erklären, was den Jungen quält:
Die Kindheit starb, nun trägt er Trauer
und hat den Anzug schwarz gewählt.
(Zur Fotographie eines Konfirmanden)
Sie waren traurig, betrugen sich heiter,
versuchten Küsse, als ob nichts sei,
und sahen sich an und wussten nicht weiter
Da weinte sie schließlich. Und er stand dabei.
(Sachliche Romanze)

Die besondere Auswahl der Kästner-Gedichte durch Marcel Reich-Ranicki öffnet nur einen Weg zum Verständnis des gefühlsmäßigen Hintergrunds, vor dem seine biografischen Schilderungen ablaufen.

Ein anderer erschließt sich sichtbar aus der von Tosia Reich-Ranicki gefertigten Originalabschrift. Nach dem Krieg hat sie einzelne Strophen aus der handgeschriebenen ›Lyrischen Hausapotheke‹ angestrichen und sie so für sich selbst besonders gekennzeichnet. Ihre Begründung: »Ich wollte seelischen Nachhilfeunterricht von Erich Kästner haben.« Diese auf den Blättern sichtbare Spuren lassen erahnen, in welch seelischem Zustand sie sich nach dem Inferno des Erlebten befunden haben musste:

Es ist bequem mit Worten zu erklären.
Ich tu es nur, weil Du es so verlangst.
Das Jahr war schön und wird nie wiederkehren.
Und wer kommt nun? Leb wohl! Ich habe Angst.

So enthält die von Marcel Reich zusammengestellte, von Tosia Langnas in ausdrucksvoller Handschrift kopierte Gedichtauswahl aus Kästners ›Lyrischer Hausapotheke‹ zwei Subtexte, die im Ansatz erahnen lassen, was in den Jahren des Schreckens und danach in den Seelen dieser beiden Menschen vorgegangen sein muss und welche Wunden und Narben sie dort hinterlassen haben. Tosia Reich-Ranicki hat nach dem Krieg versucht, das Studium der Kunstwissenschaft in Warschau aufzunehmen – vergeblich: Ihr innerer Antrieb war zerstört, der Wille zum Neuanfang erloschen. Marcel Reich-Ranicki wurde Literaturkritiker – vermutlich der einflussreichste, den es je in Deutschland gegeben hat. Doch einen seelischen Preis fürs Überleben haben beide bezahlt – einen hohen!

Salomon Korn
Frankfurter Allgemeine Zeitung, 23. Februar 2000

Ein Leben ohne Gott. Wirklich?

Wem bei der Nennung des Namens Reich-Ranicki nur solche Vokabeln einfallen wie »Literaturpapst«, »Scharfrichter der Literaten« oder gar »Literaturclown«, der wird nach der Lektüre seiner Autobiographie ›Mein Leben‹ eine ganz andere Meinung gewinnen über diesen profilierten, gefürchteten und durch die Fernsehsendung »Literarisches Quartett« zugleich populären deutschen Literaturkritiker. Dieses Buch ist einfach und voller Gefühle geschrieben und spannend.

Nicht nur die Kapitel über die Jahre im Warschauer Ghetto gehen einem unter die Haut. Wie ein roter Faden zieht sich durch das Buch seine Verbindung zu Tosia seiner Frau, der er vor 60 Jahren im Elend des Warschauer Ghettos zuerst begegnete. Ihr ist dieses Buch gewidmet.

Den Inhalt der Biographie eines prominenten Zeitzeugen zu schildern, wäre ein vergebliches Unterfangen. Ein Gedanke soll aus dem Werk herausgegriffen werden, nämlich die Religiosität des Verfassers. Bereits auf Seite 56 offenbart er sich als bekennender Atheist mit dem Satz: »Ich kann mich an keinen einzigen Augenblick in meinem Leben erinnern, an dem ich an Gott geglaubt hätte.« Dieser Satz wird mittlerweile in christlichen Medien zitiert. Marcel Reich-Ranicki erscheint so als der Prototyp des gottlosen Intellektuellen in unserer Gesellschaft.

Dieser ungeschminkte Atheismus ist nicht etwa die Folge der grausamen Erfahrungen in der Nazizeit. Beide Eltern und sein »liebenswerter« Bruder Alexander, unzählige Freunde und Bekannte kamen ums Leben. Nein, sein atheistisches Bekenntnis rührt bereits aus seiner Jugendzeit. Schon seine Mutter wollte von Religion nichts wissen, obgleich sie aus einer alten Familie von Rabbinern stammt. Der Vater, ein kaum erfolgreicher Kaufmann, war mit dem Judentum eng verbunden, aber wohl mehr aus Gründen der Tradition. Seine Bar-Mizwa-Feier in Berlin erlebte Reich-Ranicki wie die meisten seines Alters, genossen ihre Konfirmation, als den letzten Gottesdienst seines Lebens. Dennoch hat sich in seiner Erinnerung der Augenblick tief eingeprägt, als der Vorbeter in der Synagoge die Thorarolle vorsichtig aus dem Schrein hervorholte und sie dann vor der Gemeinde hochhielt. »Ich war ergriffen, ich hielt den Atem an«. Dieses Kapitel seines Buches ist überschrieben »Verneigung vor der Schrift«.

Die Literatur, insbesondere die deutsche, wird seit seiner frühen Jugend zum wichtigsten Inhalt seines Lebens. Daneben kann sich als Lebensinhalt nur die Liebe zur Musik behaupten. Das Lesen von deutschen Gedichten und das Hören von Musik ließen ihn und seine junge Frau im Warschauer Ghetto vergessen, was ihnen »inmitten der grausamsten Barbarei stündlich bevorstehen konnte.« So wie für die Juden im Exil die heilige Schrift ihr »Vaterland« war, so bezeichnet Reich-Ranicki die deutsche Literatur als sein Vaterland. Wie Glaubensbekenntnisse klingen solche Sätze: »Die Literatur ist mein Lebensgefühl«.

An vielen Stellen lässt der Autor seine fast religiöse Verehrung zur Literatur durchblicken. Nein, ein unreligiöser Mensch ist er gewiss nicht. Er bestreitet zwar kategorisch, wie es seine Art ist, den Glauben an Gott als einem persönlichen Gegenüber. Aber er steht, sicher mehr als es ihm lieb ist, in der jüdisch-christlichen Tradition, nach der Gott sich vornehmlich im Wort den Menschen offenbart. Wenn es in jenem berühmten Vers am Beginn des Johannes-Evangeliums heißt: »… und Gott war das Wort«, dann kann das innige Verhältnis des Menschen Marcel Reich-Ranicki zur Literatur nicht purer Atheismus sein.

MATTHIAS BURKHARDT
Mecklenburgische Kirchenzeitung, 27. Februar 2000

Mein Leben

Hölderlin-Preis für Marcel Reich-Ranicki

Der mit 25 000 Mark dotierte Friedrich-Hölderlin-Literaturpreis der Stadt Bad Homburg wird in diesem Jahr an Marcel Reich-Ranicki verliehen. Er erhält die Auszeichnung für sein Lebenswerk. In der Begründung der Jury heißt es, Reich-Ranicki habe sich als Kritiker, Essayist und Herausgeber wegweisender Anthologien große Verdienste um die deutsche Literatur erworben. In seiner Autobiographie ›Mein Leben‹ habe sich der streitbare Publizist zudem als überzeugender und bewegender Erzähler erwiesen. Marcel Reich-Ranicki, der von 1973 bis 1988 die Literaturredaktion dieser Zeitung leitete, hatte 1983 gemeinsam mit dem damaligen Oberbürgermeister Wolfgang Assmann den Homburger Hölderlin-Preis begründet und war bis 1995 Vorsitzender der Jury.

Frankfurter Allgemeine Zeitung, 11. März 2000

Es gibt nichts Gutes, außer man tut es

Teofila Reich-Ranicki illustriert Kästner

1941 im Warschauer Ghetto. Als es nur noch darum geht, den nächsten Morgen zu erleben, macht Teofila Langnas ihrem zukünftigen Ehemann Marcel Reich-Ranicki zum 21. Geburtstag ein einzigartiges

Geschenk: eine eigenhändige und liebevoll illustrierte Abschrift von Erich Kästners ›Lyrischer Hausapotheke‹.

Da es diese Gebrauchslyrik-Sammlung nicht mehr zu kaufen gab, hatte Teofila insgesamt 56 von Marcel ausgewählte Gedichte kopiert und zu einem Heft zusammengebunden. Diese Auswahl zeigt an, welcher Art von Gedichten die beiden bedurften – die Medizin der Gedichte lässt auf die Krankheit zurückschließen. So finden sich vor allem melancholisch durchsetzte und dennoch sachliche, nüchterne Gedichte – solche, die von den alltäglichen Dingen und Stimmungen des Lebens handeln. Bestimmte Themen wie »Lebensüberdruss« oder »Auswegslosigkeit« werden jedoch ausgeklammert.

Dieses Heft ist bis heute erhalten geblieben und wurde jetzt als Buch (mit einem Auszug aus Reich-Ranickis ›Mein Leben‹ und einem Nachwort von Salomon Korn) herausgegeben: Die Seiten sind vergilbt. Bei einzelnen Wörtern der ausdrucksstarken Handschrift ist die Tinte verlaufen. Und sieht man etwas genauer hin, fallen die mit Bleistift eingefügten Unterstreichungen und Kreuze auf, durch die Teofila Reich-Ranicki nach dem Krieg bestimmte Verse und Gedichte für sich selbst kennzeichnete. So erhalten wir ein Bild von ihrer persönlichen Verfassung, z.B. »Und ich geh nach Hause, / weil ich mich nicht mag.«, aber auch Kästners »Moral« ist dick angestrichen: »Es gibt nichts Gutes, / außer man tut es.«

Aus dem Nachwort ist zu erfahren, dass Teofila Reich-Ranicki vergeblich nach dem Krieg versuchte, Kunstwissenschaft in Warschau zu studieren: »Ihr innerer Antrieb war zerstört, der Wille zum Neuanfang erloschen.«

Dieses Buch enthält leider nicht das Vorwort von Erich Kästner und seine Gebrauchsanweisung mit dem Register, von dem er sagt: »Und welchen Sinn hätte der gesamte Inhalt einer Hausapotheke ohne Gebrauchsanweisung und ohne Etiketts? Nicht den geringsten Sinn! Die Hausapotheke würde zum Giftschrank!« So ist Teofila Reich-Ranickis Abschrift nicht in dem Sinne der Hausapotheke Kästners zu sehen, sondern als eindrucksvolles und geschichtliches Dokument, das in erster Linie als persönliche Geste zu verstehen ist.

Sabine Klomfass
literaturkritik.de, Mai 2000

Ausnahmsweise Teofila

Klaus Maria Brandauer las Erich Kästner in der Oper

Das ist ein Abend unter Freunden. Auch wenn viele Leute zugucken. Auch wenn die Bühne des Opernhauses offiziell zu groß ist für ein paar Menschen, die nichts weiter tun, als auf Stühlen zu sitzen, abwechselnd was vorzulesen und ein wenig zu musizieren. Aber was heißt hier nichts weiter.

Es geht um ein Buch, dessen Äußeres schmuck, dessen Inhalt helle und dessen Geschichte Zeitzeugnis par exellence ist. Ein junges Mädchen im Warschauer Ghetto schreibt für einen jungen Mann Gedichte von Erich Kästner ab. Dazu malt sie kleine bunte Bilder, bindet die Seiten in Blau ein und schenkt sie dem jungen Mann zum 21. Geburtstag.

Der junge Mann ist Marcel Reich-Ranicki, die junge Frau ist Teofila Langnas. Später heiraten sie, und viel später trinkt Salomon Korn, Vorsitzender der Frankfurter Jüdischen Gemeinde, mal bei den Reich-Ranickis Tee. Ausnahmsweise sei nicht über Marcel gesprochen worden, sondern über Teofila, scherzt Korn in der Oper, und das kann man sich nun wirklich lebhaft vorstellen. So sei die Rede auf ihre Bilder gekommen, woraus erst eine Ausstellung entstand – vergangenen Herbst im Museum Judengasse – und dann der Faksimile-Druck des Geburtstagsgeschenks (Erich Kästners ›Lyrische Hausapotheke‹).

Der Abend in der Oper ist auch irgendwie ein Geburtstagsgeschenk, wenngleich ein verspätetes. »Für Teofila« steht jedenfalls schwungvoll auf den Plakaten, Klaus-Maria Brandauer habe das geschrieben, ist zu erfahren. Teofila Reich-Ranicki ist Mitte März 80 geworden und guckt zu.

Brandauer liest Gedichte von Kästner vor, nicht alleine aus dem Bändlein. Dabei zeigt sich einmal mehr, dass Brandauer einem Publikum das komischerweise prickelnde Gefühl geben kann, völlig überflüssig zu sein. Dass Brandauer Kunstpausen wie kein anderer zelebriert, so deutlich nuschelt wie sonst niemand und überhaupt ein herrlich lässiger Mensch ist. Er gibt dem Abend was Improvisiertes, aber natürlich ist das Schmu. In der Burg-Kollegin Birgit Minichmayr und Anton Gisler, die mit Stimme und Klavier vertonte Kästners zum Besten geben, hat Brandauer ganz gute Pendants. Minichmayr röhrt und schnoddert, was das Zeug hält. Brandauer und Minichmayr sind absolut toll.

Zwischen Kästner liest Marcel Reich-Ranicki, heute Zeitzeuge und

Ehemann, aus seiner Autobiographie vor. Wie ihn seine Mutter zu der Ghetto-Nachbarin Teofila schickt, deren Vater sich gerade aufgehängt hat. Wie Teofila ihm 1941 das selbstgebastelte Buch schenkt.

Ganz am Ende kommt Teofila Reich-Ranicki selbst auf die Bühne. Sie lächelt und winkt ins Publikum. Marcel Reich-Ranicki legt seinen Arm um sie. Das ist ziemlich rührend. Die Zuschauer stehen zum Klatschen auf, und eine Kritikerin hat hier nichts zu suchen.

JUDITH VON STERNBURG
Frankfurter Rundschau, 4. Mai 2000

Zuflucht in der Literatur

Reich-Ranicki im Bernhard-Littéraire

Noch ehe die Lesung begann, hatte Marcel Reich-Ranicki am Montag Abend das Publikum im ausverkauften Bernhard-Theater, in der Tasche: »Hat mir vielleicht jemand ein Exemplar meines Buches?« so fragte er und blickte etwas verlegen in die Runde. Nur für einen kurzen Augenblick herrschte Konsternation, dann raschelte es in Tüten und Taschen, und im Nu lagen auf dem Lesepult zwei Exemplare von Marcel Reich-Ranickis Autobiographie »Mein Leben«, von der mittlerweile über eine halbe Million über die Ladentische gegangen sein soll.

Zwei Auszüge trug der wohl meistgelesene Literaturkritiker unserer Zeit daraus vor: zunächst eine Erinnerung an eine aufwühlende Inszenierung von Shakespeares »Romeo und Julia«, die er als 13- oder 14-Jähriger gesehen hatte. Erst an diesem Abend, so resümierte er das Erlebnis, habe er begriffen, was Liebe sei. Damals sei ihm aufgegangen, »dass wir lieben, weil wir sterben müssen«. Hat ihm Shakespeare eine Ahnung von der »grausamen Nachbarschaft« von Liebe und Tod gegeben, so hat Reich-Ranicki später, als er 1938 nach Polen deportiert wurde, lernen müssen, »liebend die Nähe des Todes zu ertragen«. Davon handelte der zweite der vorgelesenen Ausschnitte: Im Warschauer Ghetto begegnete er seiner späteren Ehefrau Teofila. Unter ständiger Todesangst wuchs eine Liebe, die in Musik und Literatur eine Gegenwelt zum tödlichen Grauen erstehen ließ.

Die Literatur als eine Stätte der Zuflucht: Daran knüpfte Marcel Reich-Ranicki im Gespräch mit Peter Zeindler an, als der ganz und gar unreligiöse Jude von einem anderen Schlüsselerlebnis berichtete. Als Kind habe er einmal seinen Vater in die Synagoge begleitet. Unauslöschlich habe sich ihm das Bild eingeprägt, wie die versammelte Gemeinde sich vor den Thora-Rollen verneigt habe. »Diese Demut vor der Schrift: Das habe ich nie vergessen.« Er erinnerte im Übrigen an Heinrich Heines Diktum vom portativen Heimatland; aus dem zerstörten Tempel hatten die Juden einst nichts als die Schrift gerettet und darin ihre Heimat gefunden. Und schließlich zitierte er Thomas Mann, dessen ›Tonio Kröger‹ Reich-Ranicki als literarisches Erweckungserlebnis bezeichnete: »Zitieren ist ein Zeichen der Dankbarkeit.« Man muss diese Dankbarkeit im weitesten Sinn auffassen: Nicht nur Erbauung war ihm die Literatur – sie war ihm, wie es am Schluss seiner Autobiographie heißt, Asyl und Zuflucht.

Roman Bucheli
Neue Zürcher Zeitung, 10. Mai 2000

Die alte Berliner Seele gesucht

»Nein, ich habe keine Heimat. Nie gehabt. Aber wenn ich irgendwo auf Erden Heimatgefühl empfinde, dann in Berlin; zumal am Gendarmenmarkt.« Im September 1999 besuchte Marcel Reich-Ranicki für die Frankfurter Allgemeine Zeitung noch einmal die Orte, an denen er vor 1938 in Berlin gelebt hat. Das war, nachdem der Doyen der deutschen Literatur-Kritik selbst als Bestseller-Autor von sich reden gemacht hatte. Dass seine Autobiographie ›Mein Leben‹ über eine halbe Million Mal verkauft werden würde, hatte er sich selbst wohl nicht träumen lassen. Aber manchmal katapultiert der Fernsehruhm ja auch wirklich Lohnenswertes an die Spitze.

Schnell hat das Haus- und Heimblatt des Großkritikers die Gunst der Stunde erkannt und nun eine Art Anschlussband herausgebracht, sozusagen die Illustration der Lebensgeschichte. Frank Schirrmacher, einst beflissener Nachfolger Reich-Ranickis am Redaktions-Schreibtisch und seit 1994 Mitherausgeber der FAZ, hat in den Schuhkartons seines Vorgängers kramen dürfen. Und siehe da, er förderte Bildmaterial zu Tage, dessen Vorhandensein ihn »ungemein verblüffte«.

»Wie kamen die Strandbadfotos aus der Berliner Zeit auf uns?« Mit dieser hochwohlgeboren formulierten Frage lässt Schirrmacher den Leser zwar allein. Aber das im Folgenden präsentierte Material stellt sich dann doch als kurzweilig-lehrreicher Spaziergang durch die literarische Zeitgeschichte heraus. Der Weg des 16-Jährigen, der im Strandbad Wannsee »Babitt« von Sinclair Lewis verschlang, geht über das Warschauer Ghetto und endet in einem Berliner Treppenhaus, das der 80-Jährige auf den Spuren seiner Jugend erklimmt. »Er gehört jetzt zur Anthologie unserer Epoche«, weiß Schirrmacher; als Kritiker, als Zeitzeuge, als Medienstar, als Autor. Und doch wirken die Aufnahmen rührend verloren, wie er freundlich-verlegen vor ausländischen Kindern in seiner ehemaligen Schule in der Münchner Straße in Berlin-Schöneberg steht oder vor der Tür seiner alten Wohnung in der Güntzelstraße 53. Aus der Vogelperspektive vom Treppenabsatz aufgenommen, wirkt der nach 60 Jahren erste Besuch des Elternhauses wie ein verbotener Gang in versunkene Welten.

Marcel Reich-Ranicki hat mit diesem Buch klar die Seiten gewechselt. Er ist nun selbst Gegenstand der feuilletonistischen Forschung geworden. Es ist ihm zu wünschen, dass die Kollegen zartherziger mit ihm umspringen, als er es seinerseits mit so manchem Schriftschaffenden getan hat.

BIRGIT ECKES
Kölnische Rundschau, 13. Mai 2000

Ranicki über Erfolg

Seine Fähigkeit, höchst eloquent Stellung zu beziehen, hat ihn berühmt gemacht. Und nun das: Marcel Reich-Ranicki, prominenter Literaturkritiker, ist über den Erfolg seiner Autobiographie ›Mein Leben‹ nach eigenen Worten »absolut verblüfft und sprachlos«. Mittlerweile wurde das Buch bereits über 500 000 Mal verkauft. Eine Behauptung »gewisser deutscher Schriftsteller – vor allem Günter Grass und Martin Walser« sei damit widerlegt, meinte Reich-Ranicki – dass er nämlich als Kritiker nur über die Bücher anderer schreiben könne.

Stuttgarter Nachrichten, 22. Mai 2000

Lembke? Kostolanyi? Reich-Ranicki

Der Literaturkritiker erlebt eine Ausstellungseröffnung, bei der ihn jeder kennt und lobt

Wie gut, dass Reinhard Wittmann nicht Schuhverkäufer oder Oberkellner ist, sondern Chef des Münchner Literaturhauses. So sprach er den Herrn, der in Begleitung seiner Frau Teofila am Dienstag zehn Minuten vor acht Uhr abends auf dem Salvatorplatz erschien, korrekt mit »Herr Reich-Ranicki« an. Damit dürfte er zwar einen Bildungsanspruch erfüllt haben, den der bekannteste Literaturkritiker der Republik bei jedem Menschen als selbstverständlich voraussetzt. Den Mit-Herausgeber der FAZ, Frank Schirrmacher, aber hatte Wittmann damit um einen kleinen Triumph gebracht.

Schirrmacher berichtete nämlich bei der Eröffnung der Ausstellung »Marcel Reich-Ranicki. Sein Leben in Bildern« wie demütigend es sei, mit einem Menschen durch die Stadt zu gehen, den jeder kenne. Und wie erhebend für den Begleiter, wenn dieser prominente Mensch mal verwechselt werde. Zum Beispiel, als er mit Reich-Ranicki einen Schuhladen betrat, und der Verkäufer stammelnd vor Aufregung auf diesen zustürzte: »Ich kenne Sie! Sie sind doch der Robert Lembke«. Oder im Dezember 1999, als man nach der Verleihung des hessischen Staatspreises in einem vornehmen Wiesbadener Restaurant speisen wollte, der Oberkellner sich vor Freundlichkeit überschlug und meinte: »Sie waren doch schon mal hier, Herr Kostolanyi!« Darauf Reich-Ranicki: »Der ist schon tot.«

Trotzdem sei die Ausstellung nicht gemacht worden, so Schirrmacher »weil man meinte, die Öffentlichkeit muss erfahren, wie Reich-Ranicki aussieht. Er ist bekannt.« Nein, die Ausstellung im Literaturhaus mit 53 Bildern und Dokumenten wurde zu Ehren des Kritikers und Autors Reich-Ranicki konzipiert, der am 2. Juni seinen 80. Geburtstag feiert. »Düstere, dunkle Seiten und erfreuliche Geschichten« (Schirrmacher) zeigen die Fotos aus dem Privatarchiv Reich-Ranickis – Aufnahmen aus dem Warschauer Ghetto über Treffen auf Sylt mit Ulrike Meinhof bis zur Verleihung der Ehrendoktorwürde in Uppsala.

Fraglich ist, ob die zur Ausstellung bei der DVA erschienene, gleichnamige Bildbiographie den gleichen Erfolg haben wird wie Reich-Ranickis Biographie ›Mein Leben‹, die über eine halbe Million mal verkauft worden ist. Aber Reich-Ranicki hofft, dass er wenigstens zur Ausstellung Reaktionen bekommt, die er bei Erscheinen seines

Buches schmerzlich vermisst hatte. Von Martin Walser und Günter Grass vor allem. Lediglich Siegfried Lenz hatte ihn angerufen. » Die deutschen Schriftsteller wollten sich entweder nicht anbiedern, oder sind wütend, oder sie wollten das nächste Literarische Quartett abwarten«, mutmaßte Schirrmacher.

Die Stuhlreihen im Saal waren auch nicht ganz voll – aber das mag vielleicht daran gelegen haben, dass einige Literaten unten im Café Dukatz hängen geblieben waren. Kollegen wie Michael Krüger und Gert Heidenreich, aus der Kulturszene Axel Milberg, Judith Betzler, Arnica-Verena Langenmaier oder Ellen Presser gaben »RR« die Ehre. Dieser kündigte an, »zehn bis elf« Minuten aus seiner Biographie zu lesen, was dann doch länger dauerte und recht vergnüglich wurde. Zuvor hatte Reich-Ranicki auf ein Exponat hingewiesen, das für ihn besonders wichtig gewesen war: Zwei Bände eines deutsch-polnischen Wörterbuchs. »Ich hielt es für dringend nötig, dies im Besitz zu haben, als ich vorhatte, nach Deutschland zu fliehen.« Denn – und das sei keine Koketterie – er selbst habe es für unmöglich gehalten, hier als Literaturkritiker arbeiten zu können: »Eher als Übersetzer von Büchern – und das wäre noch besser gewesen, als Bauarbeiter zu sein.«

ULRIKE HEIDENREICH
Süddeutsche Zeitung, 25. Mai 2000

Kritiken aus der internationalen Presse

Hitlers Sklaven haben lang genug gelitten

In den langwierigen und hartumkämpften Verhandlungen um die Entschädigung der Zwangsarbeiter bereiten sich in dieser Woche redegewandte amerikanische Anwälte auf das letzte Duell mit ihren deutschen Verhandlungspartnern vor. Es wird in diesen Gesprächen zum ersten Mal nicht nur um die Rahmenbedingungen einer möglichen Einigung, sondern um konkrete Geldsummen gehen.

Das erste Angebot der deutschen Firmen liegt nach meinen Informationen bei mehr als einer Milliarde Pfund. Die deutsche Regierung wird diese Summe möglicherweise aufstocken; sie hat akzeptiert, dass auch jene Zwangsarbeiter entschädigt werden müssen, die in der Landwirtschaft oder bei der Räumung zerbombter Städte eingesetzt wurden. Die amerikanischen Anwälte verlangen für ihre Mandanten allerdings eine weitaus größere Summe. Während die Deutschen eine Einigung innerhalb des nächsten Monats rechtzeitig zum 60. Jahrestag des Kriegsausbruchs anstreben, lassen sich die amerikanischen Anwälte nicht unter Druck setzen: Ein Mitglied des Verhandlungs-Teams ließ verlauten, dass er und seine Kollegen die nächste Runde wie das letzte Duell zweier Westernhelden antreten werden. Nun sind amerikanische Anwälte fast verpflichtet, eine rüde Redeweise zu pflegen, aber die Verhandlungen versprechen tatsächlich hart und möglicherweise unangenehm zu werden. Die politischen Risiken sind plötzlich sehr hoch. Einige Repräsentanten der deutschen Seite haben bereits inoffiziell angedeutet, dass es zu einer antisemitischen Gegenreaktion in der Bevölkerung kommen könnte, falls die amerikanischen Anwälte zu viel verlangen würden.

Mehr als ein halbes Jahrhundert nach Auschwitz ist das Verhältnis zwischen Deutschen und Juden immer noch angespannt. Es stellt zwar für Juden kein Problem mehr dar, deutsche Autos zu kaufen oder sogar ein Leben in Deutschland dem in Israel vorzuziehen (wie im Falle vieler russischer und osteuropäischer Juden). Auch leben wieder sehr viel mehr Juden in Deutschland. Und dennoch beruht das Verhältnis zwischen Deutschland und seinen jüdischen Mitbürgern weniger auf einem wirklichen Friedensvertrag als auf einem Waffenstillstand, dessen Bedingungen immer wieder neu ausgehandelt werden müssen.

In dieser Woche veröffentlicht Marcel Reich-Ranicki, der mächtigste Literaturkritiker Deutschlands, seine Autobiographie, in der er eindringlich schildert, wie ein intelligenter Berliner Schüler (Kind eines polnisch-jüdischen Vaters und einer deutsch-jüdischen Mutter) 1938 nach Polen deportiert wurde, das Warschauer Ghetto überlebte und schließlich in das Land zurückkehrte, das die von ihm geliebten Dichter Brecht und Schiller hervorgebracht und die Familie seiner Frau umgebracht hatte.

Marcel Reich-Ranicki ist ein Star, der Autoren zur besten Sendezeit verreißen darf. Er wird nicht nur als Kritiker, sondern, wie er selbst hervorhebt, auch als Jude gehasst. Er hat in einem Interview klargestellt, dass er sich auch nach vierzig Jahren als deutscher Staatsbürger und beherrschende Figur der deutschen literarischen Szene niemals als ein Deutscher gefühlt hat. Umgekehrt haben auch die Deutschen Distanz zu ihm gewahrt.

Amerikanische Juden sind stolz auf ihr Judentum, aber sie sind zugleich überzeugte Amerikaner. Deutsche Juden sehen sich dagegen vor allem als Juden, nicht als Deutsche. Ignatz Bubis, der Führer der jüdischen Gemeinde Deutschlands, starb vor zehn Tagen als zutiefst unglücklicher Mensch. Wie Marcel Reich-Ranicki war auch er ein Kind des Ghettos, das in der deutschen Gesellschaft hoch aufgestiegen war. Für Reich-Ranicki bestand Bubis' Tragödie darin, dass er sich als Deutscher gefühlt habe und nur langsam gemerkt habe, dass er nur als Jude und nie als Deutscher angesehen wurde.

Wenn man dies als Antisemitismus betrachtet, dann kenne ich schlimmere Beispiele dafür in England, Beispiele für eine raffinierte Strategie sozialer Ausgrenzung. Ich empfehle den amerikanischen Anwälten für ihre Mission in Deutschland, die deutschen Firmen hart unter Druck zu setzen und die Drohungen möglicher antisemitischer Rückschläge zu ignorieren. Hitlers Sklaven haben lange genug gelitten.

ROGER BOYES
The Times/London, 23. August 1999
Aus dem Englischen von Julika Griem

Wir warten auf die Erinnerung

Marcel Reich-Ranicki genießt seit Jahren höchstes Ansehen als Literaturkritiker nicht nur in den deutschsprachigen Ländern. Natürlich hat er auch Feinde, aber keine Feinde hat nur der, der nichts tut.

Die Erinnerungen, von denen die Rede ist, sollten auch in polnischer Übersetzung erscheinen, denn das haben sie zweifellos verdient. Erstens: Marcel Reich-Ranicki ist in Włocławek geboren (2. Juni

1920) und verbrachte einige Jahre mit seiner Frau Teofila, genannt Tosia, im Ghetto, aus dem sie beide flohen. Gerettet hat sie, indem er sie versteckte, ein ehemaliger Warschauer Setzer. Zweitens: Der Autor war im polnischen diplomatischen Dienst tätig, erst in Berlin, dann in London. Drittens: Nach dem Krieg schrieb er für polnische Zeitschriften Artikel über deutsche Literatur, Nachworte zu Ausgaben deutscher Autoren in Polen, übersetzte gemeinsam mit Andrzej Wirth Dürrenmatts ›Besuch der alten Dame‹ ins Polnische, arbeitete in Warschauer Verlagen und lancierte dort Werke deutschsprachiger Autoren. Seine Autobiographie ist also reich an polnischen Verbindungen. Den Hauptstrom der Biographie bildet jedoch Deutschland, besonders die deutsche Literatur und das dortige literarische Leben.

Marcel Reich-Ranicki habe ich noch in Warschau kennen gelernt, und seit er in Deutschland lebt, stehen wir in ständigem Briefkontakt. Ich habe mehrere Artikel autobiographischen Charakters von ihm übersetzt und einige Skizzen über seine Leistungen als Kritiker geschrieben.

Der Band ›Mein Leben‹ umfasst die Zeit von der frühen Kindheit bis zur Gegenwart. Besondere Aufmerksamkeit verdienen die Beschreibungen des Aufenthalts im Ghetto und des Kontakts mit deutschen Schriftstellern.

Reich-Ranickis Erinnerungen, mit literarischem Talent geschrieben, zeigen ein Panorama seines Lebens und Wirkens vor dem Hintergrund unseres Jahrhunderts in Polen, in Deutschland und der Welt. Das Temperament des Autors, seine erzählerische Begabung, seine Neugier auf die Menschen und die Welt erlauben seinem Verleger folgende Worte: »Ob der Autor es wollte oder nicht, es ist ein Epochenwerk geworden, ein Deutschlandbuch, geschrieben von einem, der nicht ohne Trotz erklärt: ›Wohin ich kam, überall war die deutsche Literatur.‹«

Wir warten mit Ungeduld auf die polnische Ausgabe der Autobiographie Marcel Reich-Ranickis. Mir ist bekannt, dass der Verlag Iskry sich für die Herausgabe von ›Mein Leben‹ interessiert. Wenn alles gut geht, wird ein hervorragendes Buch zu uns kommen, das jeder mit Nutzen und mit brennenden Wangen lesen wird.

Jan Koprowski
Trybuna, 4. September 1999
Aus dem Polnischen von Olaf Kühl

Eine Hymne auf die deutsche Kultur

Begierig erwarteten seine Kritikerkollegen das Erscheinen der Erinnerungen von Marcel Reich-Ranicki. Man hat ihn einen »Lehrmeister der Nation« genannt, weil er alles liest, bevor die anderen es lesen, und weil er mit seinen stets markanten Ansichten über die Produktion der deutschen Verlage nie hinter dem Berg hält. Würde er, den der SPIEGEL einmal karikiert hat, wie er den Roman ›Ein weites Feld‹ von Günter Grass mit den bloßen Zähnen zerreißt, seinem Ruf treu bleiben und die deutschen Autoren erneut mit galligen Gemeinheiten traktieren? Wer dies erwartet hatte, wurde enttäuscht. In dem Teil seiner Memoiren, der auf das intellektuelle Leben der letzten vierzig Jahre eingeht, belässt es Marcel Reich-Ranicki bei einigen netten Anekdoten und Belanglosigkeiten – als hätte er alle Geheimnisse seiner literarischen Leidenschaften und Abneigungen in den rund siebenhundert Kritiken offenbart, die er im Laufe der Jahre in den wichtigsten deutschen Zeitungen veröffentlicht hat, in der ZEIT und dann in der ›Frankfurter Allgemeinen Zeitung‹.

Das Interesse, das dieses Erinnerungsbuch für sich beansprucht, liegt anderswo, jenseits des Anekdotischen und der literarischen Polemik. Dieses Buch ist vor allem der Roman eines Lebens, der Roman eines jungen Juden, der 1920 in der polnischen Stadt Włocławek zur Welt kommt und seine Jugend in Berlin verbringt, bevor er in das Warschauer Ghetto deportiert wird; der wie durch ein Wunder den Todeslagern entkommt und 1958 in die Bundesrepublik zurückkehrt, nachdem er einige Jahre den Kommunismus gekostet hat; der seinen Namen, weil er in der Nachkriegszeit zu sehr nach »Reich« klingt, durch ein »Ranicki« erweitert und über alledem doch nie seine Liebe zur deutschen Kultur verleugnet hat – weder als kleiner Junge noch im Alter, als »Literaturpapst«. So ist diese Autobiographie vor allem eine Hymne auf die deutsche Kultur, die der kleine Marcel schon kennen lernt, kaum dass er lesen kann.

Vielleicht weil seine Eltern nicht religiös waren, stellt Marcel Reich-Ranicki die Frage nach dem Jüdischsein in Deutschland nicht. Aber der Historikerstreit der achtziger Jahre, dieser Versuch, die Shoa zu bagatellisieren, hat ihn ebenso schmerzlich berührt wie in jüngerer Zeit die Paulskirchen-Rede Martin Walsers, in der dieser eingesteht, er würde »weiterzappen«, wenn er sich im Fernsehen zu oft an die Naziverbrechen erinnert fühlt. Diesen Willen zum Wegsehen teilten Ende der dreißiger Jahre nicht wenige von Reich-Ranickis Mitschülern und Lehrern, die keinerlei Abneigung gegen die Juden hegten und dennoch vor ihrer fortschreitenden Ausgrenzung die Augen verschlossen. Nach dem Krieg hat einer von ihnen Marcel Reich-Ranicki erzählt, wie er 1940 mit ansah, dass T., einer ihrer jüdischen Mitschüler, von der Polizei abgeführt wurde: »Da dachte ich mir, es wird dem T. sehr peinlich sein, dass ich ihn in einem so erbärmlichen Zustand sehe. Mir war es unangenehm. Ich habe schnell weggesehen.« – »Ja, das trifft die Sache«, bemerkt dazu Marcel Reich-Ranicki, »Millionen haben weggesehen.«

DANIEL VERNET
Le Monde/Paris, 10. September 1999
Aus dem Französischen von Reinhard Kaiser

Ureinwohner der Literatur

Ein komplizierteres Schicksal als das, das dem heute 79-jährigen Marcel Reich-Ranicki zuteil wurde, lässt sich schwerlich vorstellen. Kein Wunder, dass die »Beichte« einer so bekannten und einflussreichen Person auf Interesse stößt. Zudem will jeder sehen, wie der Literatenschreck sich selbst als Autor bewährt. Der Erfolg des Buches überstieg alle Erwartungen.

Was macht den Erfolg der Autobiographie Reich-Ranickis aus? Die heutigen Deutschen, noch immer in Debatten über Schuld und Verantwortung für den Nationalsozialismus sowie die Frage vertieft, wie die Erinnerung an jene Zeit zu pflegen sei, fesselt an diesem Buch das Zeugnis eines Menschen, der der Vernichtung entkommen ist, das Zeugnis eines Menschen, der zwischen Judentum und Deutschtum hin- und hergerissen ist.

Reich-Ranicki schreibt schon auf der ersten Seite seines Buches, er fühle sich weder als Pole noch als Deutscher noch als hundertprozentiger Jude. Auf der zweiten Seite erklärt er, er habe keine Heimat. Entwurzelung, Fremdheit und Isolierung bilden das Leitmotiv dieses Buches. Reich-Ranicki ist sich bewusst, dass er anders ist als seine Umgebung, dass das Überleben der Vernichtung ihn auf spezifische Weise geprägt hat. Schon in der Jugend flieht er vor der Fremdheit in die Literatur. In die deutsche Literatur.

Aber Reich-Ranicki ist in seiner Liebe nicht blind. Er weiß sehr wohl, dass diese Medaille auch eine Kehrseite hat. Mit umso größerem Schmerz registriert Reich-Ranicki Versuche, die Nazivergangenheit zu verdrängen, aber er gedenkt auch jener, die sich diesem Trend entgegenzustellen versuchten. Bis heute erinnert er sich zum Beispiel an ein Interview, das er Anfang der 60er Jahre einer jungen Reporterin gab. Er erzählte darin von seinen Kriegserlebnissen. Die Journalistin hörte zu und weinte. Es war Ulrike Meinhof – die spätere Terroristin der Rote-Armee-Fraktion. Sie »war die erste Person in Deutschland, die aufrichtig und ernsthaft etwas über meine Erlebnisse im Ghetto erfahren wollte«, schreibt Reich-Ranicki.

Besonders wertvoll für den polnischen Leser sind die Aufzeichnungen, die Polen betreffen – ein Land, in dem Reich-Ranicki 30 Jahre seines Lebens verbracht hat, das ihm aber immer fremd geblieben ist. Ohne Umschweife schreibt er über den polnischen Antisemitismus während des Krieges und danach. »Ich hatte weder Geld noch Freunde außerhalb des Ghettos und jeder – die Polen haben ein besonderes Gespür dafür – erkannte sofort den Juden in mir«, schreibt er über sein Schwanken vor der Flucht aus dem Ghetto. Nach dem »Tauwetter« nimmt er auch deutlich einen neuen Antisemitismus wahr – die Juden werden zu Sündenböcken für die stalinistischen Verbrechen gestempelt, die Partei wärmt antisemitische Emotionen auf, die polnischen Juden sind hin- und hergerissen, ob sie aus Polen auswandern sollen. Reich-Ranicki wird nie vergessen, dass Polen im Krieg Juden gerettet haben, aber viele von ihnen haben das für ein gepfeffertes Entgelt getan. Umso größer ist seine Dankbarkeit für den Setzer Bolek, der Marcel und Tosia im Keller seines Hauses am Stadtrand von Warschau versteckt hat.

ANNA RUBINOWICZ
Gazeta Wyborcza, 14. September 1999
Aus dem Polnischen von Olaf Kühl

Marcel Reich-Ranicki: ein verletzter Jude, ein zerrissener Mensch, ein Mann der Gegensätze

Im Herbst 1958 ging ein junger deutscher Schriftsteller auf Marcel Reich-Ranicki zu und fing eine Unterhaltung mit ihm an. Nicht einmal drei Monate zuvor hatte Reich-Ranicki aus rätselhaftem Kalkül seinem Geburtsland, Polen, den Rücken gekehrt und sich in der Bundesrepublik niedergelassen. Der aus Danzig stammende Autor überraschte Marcel Reich-Ranicki im Gespräch mit der Frage, was dieser eigentlich sei, ein Pole, ein Deutscher oder –? »Ich bin ein halber Pole, ein halber Deutscher und ein ganzer Jude«, war die Antwort. Kein weiteres Wort fiel. Derjenige, der die Frage gestellt hatte, war Günther Grass, der damals am Anfang seiner großen Schriftstellerkarriere stand. Sein Roman ›Die Blechtrommel‹ erschien ein Jahr später. Sein Gesprächspartner wurde schon bald zum »Literaturpapst« Deutschlands, der das Schicksal von Autoren mit einem Federstrich entscheiden konnte.

›Mein Leben‹ ist das Buch des Jahres 1999, nicht nur weil es trotz Umfang und Preis zu einem Bestseller wurde, sondern auch wegen des gewaltigen Echos in den Medien. Viele überschütten den Autor mit Lob, einige nutzen die Gelegenheit, alte Rechnungen zu begleichen. Aber gleichgültig ist keiner am Ende der Lektüre geblieben. Der Gefeierte selbst ist ein gewiefter Kenner des Metiers: Genau so gut wie er in seiner Fernsehsendung »Das literarische Quartett« die »hohe« Literatur den Zuschauern zu verkaufen weiß, versteht er auch sein eigenes Werk zu fördern. Interviews gibt er in Hülle und Fülle, sogar für Frauenzeitschriften. »Die Literatur muss auch amüsieren«, behauptet er.

Meiner Ansicht nach verbirgt sich noch etwas anderes dahinter: der jüdische Wunsch, Aufmerksamkeit und Anerkennung zu finden, oder sogar geliebt zu werden. »Der Jude in ihm« – so könnte man die Quintessenz dieser bewegenden Autobiographie, die man in einem Atemzug liest, beschreiben. Das Jüdische in der Literatur ist ihm nicht fremd. Sein wohl bekanntestes Buch ›Über Ruhestörer‹ befasst sich mit der Rolle der jüdischen Schriftsteller in der deutschen Literatur, von Börne und Heine bis hin zu Peter Weiss, Jurek Becker und Jakov Lind. Auch in Büchern, die über ihn geschrieben wurden (von Peter Wapnewski oder Peter von Matt) wird das Jüdische thematisiert. Dennoch: der Jude Reich-Ranicki ist bislang weitgehend ein unbekanntes Wesen geblieben. Jetzt lässt er sich über sein Schicksal als Jude aus, wird ein Licht auf seine jüdische Seele geworfen.

Der junge Marcel wurde von der deutschen Kultur in den Bann gezogen, entfernte sich von seinen Wurzeln. In der Synagoge langweilte er sich. »Ich konnte nicht begreifen, dass erwachsene Menschen mehr oder weniger stumpfsinnige Texte murmelten und dies auch noch für ein persönliches Gespräch mit Gott hielten.« Als er sich schließlich weigerte, dorthin zu gehen, fand sich der Vater damit ab. Der achtzigjährige Großvater meinte dagegen, der Junge würde gut daran tun, in seine Fußstapfen zu treten und sich für den Rabbinerberuf zu entscheiden. Dafür sprach, so der Großvater, auch eine praktische Überlegung: viel Freizeit.

Auf die Bar-Mizwa-Feier hat er nicht verzichtet, aber ein Zwiegespräch mit dem lieben Gott führte er nicht. »Ich habe nie mit oder gegen Gott gelebt. Ich kann mich an keinen einzigen Augenblick in meinem Leben erinnern, an dem ich an Gott geglaubt hätte«, gesteht er ein und fügt hinzu, »der Mensch habe Gott nach seinem Ebenbild geschaffen.« (57) Was ihm besonders missfällt, ist die Weigerung, die Gebote und Vorschriften zu reformieren und der Zeit anzupassen, so auch die Heuchelei: Was hat die Vorschrift, am Sabbat nicht schreiben zu dürfen, mit dem Glauben zu tun, wendet er ein. Und trotzdem weiß er: »Die Juden haben keine Schlösser und Paläste erbaut, keine Türme und Dome errichtet, keine Reiche gegründet. Sie haben nur Worte aneinander gereiht. Es gibt keine Religion auf Erden, die das Wort und die Schrift höher schätzen wurde als die mosaische.« (59)

Die Kapitel, die die Zeit im Warschauer Ghetto beschreiben, sind zweifellos die gewichtigsten und aufregendsten. Reich-Ranicki schildert den Willen zu leben und überleben, Demütigungen und Verfolgung, die er am eigenen Leib erlebte.

Der letzte Teil der Autobiographie dokumentiert die beeindruckende Karriere Reich-Ranickis in Deutschland. Eine Vielzahl von Anekdoten, eine Prise Klatsch gemischt mit Beobachtungen kennzeichnen die Rekonstruktion dieser steilen Karriere. Bemerkenswert ist die Tatsache, dass er trotz des Erfolgs und allerlei Ehrungen stets ein Fremder geblieben ist. So in der »Gruppe 47«, in der Literaturszene, unter Schriftstellern, sogar unter Freunden. Immer wieder bekam er sein Fremdsein, sein Nicht-dazu-Gehören zu spüren. Beispielsweise als er zu dem Empfang eingeladen wurde, den Joachim Fest anlässlich des Erscheinens seiner Hitler-Biographie gab. Der Gastgeber ließ es sich nicht nehmen, dem Ehepaar Reich-Ranicki den Ehrengast vorzustellen, der kein anderer als Albert Speer war …

Mit seiner scharfen Zunge und seiner kompromisslosen Kritik hat er sich selbst nicht immer einen Dienst erwiesen. Von seiner Redlichkeit zeugt einzig und allein die Treue, die er der Literatur hält. Schriftstellerfreunde kehrten ihm den Rücken, nachdem er ihre Bücher verrissen hatte. Heinrich Böll verfluchte ihn im Zorn und umarmte ihn später, Peter Handke wünschte ihm den Tod. Weshalb hat er also an dem Beruf festgehalten, der ihn so isoliert? »Um der Literatur willen? Ja, mit Sicherheit. War es mein Ehrgeiz, die Tradition der Juden in der Geschichte der deutschen Literaturkritik […] vielleicht demonstrativ fortzusetzen? Gewiss. Hatte meine Passion mit meiner Sehnsucht nach einer Heimat zu tun, jener Heimat, die mir fehlte und die ich in der deutschen Literatur glaubte gefunden zu haben? Ja […].«

Ein verletzter Jude, ein zerrissener Mensch, ein Mann der Gegensätze – das geht aus seiner Autobiographie hervor. Er deckt eine Handbreit auf und lässt vieles zugedeckt, wie z.B. seine politische Tätigkeit oder die Liebeleien, die lediglich angedeutet werden. Die Literatur ist seine Welt, aber sie koppelt ihn von der Realität ab, entfernt ihn von den Menschen. Die Angst vor denjenigen, unter denen er lebt, hat ihn nie verlassen. Gleichzeitig ist er vom Wunsch getrieben, akzeptiert und geliebt zu werden. Das Judentum begleitet ihn, aus freien Stücken oder auch wider Willen; und er ringt mit ihm. Israel und seine Besuche dort erwähnt er nicht. Das Deutschland des zwanzigsten Jahrhundert das ist in seinen Augen Hitler und Thomas Mann – zwei Gesichter des deutschen Wesens.

Auf einer Vortragsreise im Ausland begegnete er dem Geiger Yehudi Menuhin. Dieser spielte die Violinkonzerte von Brahms und Beethoven, Reich-Ranicki hielt Vorträge über Goethe und Thomas Mann. »Nun ja, wir sind eben Juden [...] Dass wir von Land zu Land reisen, um deutsche Musik und deutsche Literatur zu verbreiten und zu interpretieren – das ist gut und richtig so«, bemerkte damals Menuhin zu Reich-Ranicki.

Anat Feinberg
Haaretz/Tel Aviv, 17. September 1999
Aus dem Hebräischen von Anat Feinberg

Der Scharfrichter des Literaturbetriebes stellt sich der Kritik

Einer der Großen der Literaturkritik legt seine Autobiographie vor, die einer Literaturgeschichte der deutschen Nachkriegsliteratur gleichkommt.

Zum Ausgang des 20. Jahrhunderts haben sich die Veteranen des deutschen Literaturbetriebes mit Büchern der Rückschau und des Erinnerns zu Wort gemeldet, um sich – auf je eigene Weise – von ihrer Epoche zu verabschieden. Den Auftakt machte Martin Walser mit ›Ein springender Brunnen‹, einem Roman über das Erwachsenwerden eines jungen Literaten, welcher unverkennbar die Züge des Autors trägt. Der soeben mit dem Nobelpreis für Literatur geehrte Günter Grass hat mit der Geschichtensammlung ›Mein Jahrhundert‹ eine persönliche Chronik des 20. Jahrhunderts vorgelegt. Für das größte Aufsehen sorgten indes die Erinnerungen jenes Mannes, der die deutsche Literaturkritik seit Jahrzehnten beherrscht und dessen Urteile maßgeblich waren für den Erfolg oder Misserfolg zahlreicher Werke. Die Rede ist vom »Literaturpapst« und seinem Buch ›Mein Leben‹. Kaum erschienen, fehlte der Buchtitel, auf dem der Autor mit Tigerblick und Knoblauchnase zu sehen ist, in keiner Auslage der deutschen Buchhandlungen. Der da die Geschicke des Literaturbetriebs in Alleinherrschaft lenkt, ist Marcel Reich-Ranicki. Mit der von ihm ins Leben gerufenen Fernsehsendung »Das Literarische Quartett« polarisiert Reich-Ranicki das Publikum, während die Liebhaber darüber völlig aus dem Häuschen geraten können, sträuben sich den Gegnern die Haare. Dabei ist ganz unstrittig, dass es kein anderer als Reich-Ranicki vermocht hätte, die Literaturkritik im Massenmedium Fernsehen zu etablieren und eine breite Öffentlichkeit für die Sache einzunehmen. Seine Sendungen finden bei Millionen Anklang: bei Gebildeten ebenso wie bei einfachen Leuten.

Wer ›Mein Leben‹ nicht kennt, würde kaum vermuten, dass Reich-Ranicki, dieser wortgewaltige und Empathische, der mit seiner Meinung regelmäßig die Oberhand behält und es gewohnt ist »alleine das Sagen zu haben«, Zeiten der Schwäche und der Angst durchzustehen hatte. In seiner Autobiographie gibt sich Reich-Ranicki als ein Außenseiter zu erkennen, der sich zeit seines Lebens von der Mitwelt ausgeschlossen und von niemandem akzeptiert fühlte.

Der Traum vom Kommunismus zerplatzte nach dem Krieg sehr rasch. Zwar arbeitete Reich-Ranicki vorübergehend für die polnische Regierung: im Geheimdienst zunächst und im Diplomatischen Dienst, doch vertrieb ihn die antisemitische Stimmung abermals und er kehrte zurück in das Heimatland seiner Literatur – nach Deutschland. Dort verließ er sich stets auf seine Arbeit als Literaturkritiker und fand rasch seinen Platz im Literaturbetrieb. Doch blieb es sein sehnlicher Wunsch – sei es während er bei der ZEIT oder aber der ›Frankfurter Allgemeinen Zeitung‹ arbeitete – ganz mit seiner Umgebung zu verschmelzen: Eine vorbehaltlose Aufnahme blieb ihm freilich verwehrt.

Für seinen außergewöhnlichen Erfolg macht Reich-Ranicki vor allem anderen seine Schreibhaltung, einfach und für das normale Publikum nachvollziehbar zu argumentieren, verantwortlich. Während sich andere mit komplexen Sprachgebilden allein an ihresgleichen wenden, liege sein Bestreben immer darin, leicht verständliche, jedermann zugängliche Artikel zu schreiben.

Das Buch ›Mein Leben‹ folgt im Wesentlichen den Stationen seiner Lebensgeschichte und nur an einigen wenigen Stellen weicht der Erzählverlauf von dieser Chronologie ab. Den Ereignissen des ersten

Lebensabschnitts gemäß setzt der Ton der Erinnerungen zunächst verhalten ein, wird jedoch nach etwa der Hälfte des Buches, wenn Reich-Ranicki von der Liebe zur Literatur und dem Ärger über missglückte Bücher berichtet, um einige Oktaven höher. Obwohl sich diese Höhepunkte häufen, werden die Fans nicht müde, in Begeisterungsstürme auszubrechen, wenn Reich-Ranickis Beschimpfungen von hemmungsloser Leidenschaft sind. Dabei mahnt der Autor selbst, gerade wenn es um Fragen des literarischen Urteils geht, ein Höchstmaß an Objektivität an. Trotzdem führt er sich zuweilen als »Scharfrichter des Literaturbetriebes« auf, und es gibt nicht wenige Autoren, die es nur schwer ertragen, mit ihm unter einem Himmel zu leben. Tatsächlich scheint die Einseitigkeit, mit der hier über richtig und falsch entschieden wird, ohne dass die andere Seite auch nur zu Wort käme, alles andere als objektiv und fair.

Im nächsten Jahr wird der »Literaturpapst« sein achtzigstes Lebensjahr vollenden. Im Fernsehen kann man einen vitalen und hellwachen Mann mit einem ausgeprägten osteuropäischen Akzent erleben, der mit bestimmender Gebärde und kompromisslosen Urteilen die Zuschauer in die heiligen Hallen der Literatur lockt. Und man zweifelt nicht einen Moment daran, dass sein Einfluss auf die deutsche Nachkriegsliteratur immens war und ist. – So ist ›Mein Leben‹ nicht nur eine Autobiographie, sondern zugleich auch eine komprimierte deutsche Literaturgeschichte der letzten fünfzig Jahre.

LAI YAJING
China Times/Taiwan, 7. Oktober 1999
Aus dem Chinesischen von Irmy Schweiger

Deutscher Bestseller mit polnischer Fährte
Der Autodidakt

Seit einigen Wochen stehen Marcel Reich-Ranickis Erinnerungen ganz oben auf den deutschen Bestseller-Listen. Die Deutschen kaufen ›Mein Leben‹, um in die Biographie eines polnischen Juden einzutauchen, der seit seinem achten Lebensjahr in Berlin aufwuchs und kurz vor der Reichskristallnacht 1938 – als polnischer Staatsangehöriger – des Dritten Reiches verwiesen wurde.

Den Krieg hat er zum Teil im Warschauer Ghetto verbracht, zum Teil gegen Bezahlung bei einem sog. »Schmalzownik« [Im besetzten

Polen jemand, der unter Androhung von Denunziation Geld von den Juden erpresst], später bei dessen Bruder, der wiederum die Volksliste unterzeichnet hatte, um sich – 1943 schon sehr fragwürdige – Vorteile zu sichern. Nach dem Krieg war Reich-Ranicki Offizier im volkspolnischen Geheimdienst, Übersetzer und Kritiker deutscher Literatur, nach seiner »Rückkehr« nach Deutschland im Jahre 1958 machte er eine unglaubliche Karriere im westdeutschen literarischen Leben.

Das Interesse an dieser Biographie in Deutschland legt – bei allen Vorbehalten, was Rang und Maßstäbe angeht – den Vergleich mit dem Erfolg von Spielbergs ›Schindlers Liste‹ und Andrzej Szczypiorskis ›Schöner Frau Seidenmann‹ nahe. Die Leute kaufen die Geschichte eines Mannes vom Leben und von seiner Liebe zur deutschen Literatur, den Deutschland als »Land der Kultur« zunächst angezogen und geprägt, dann aber verstoßen und der Vernichtung preisgegeben hat. Nachdem er wie durch ein Wunder überlebt hatte, kehrte dieser Mann nicht nur freiwillig nach Deutschland zurück und fand dort Aufnahme, er wurde sogar zum »Papst« der deutschen Literaturkritik. Eine Symbolbiographie im Dienste symbolischer Wiedergutmachung?

In Polen stößt Reich-Ranickis Buch aus einem anderen Grund auf Interesse. Bis vor kurzem war er einer breiten Öffentlichkeit unbekannt. Aufmerksam auf ihn wurde man erst, als in Deutschland die »Affäre Ranicki« hochkam und aufgeregte deutsche Reporter nach Polen reisten. Die einen versuchten zu beweisen, Ranicki habe in Kattowitz in polnischer Offiziersuniform Deutsche in die Lager Lambinowice und Swietochlowice geschickt, andere atmeten erleichtert auf, als sich herausstellte, dass es dafür keinerlei Beweise gibt. Die polnische Öffentlichkeit fragte im Zusammenhang mit der »Affäre Ranicki« nach polnischen Schicksalen – hatte er polnische Offiziere aus England in die Heimat geholt, wo sie dann stalinistischer Verfolgung zum Opfer fielen, oder hatte er nicht? Als man auch hier nicht fündig wurde, vergaßen die Zeitungen – nicht ohne auf Ranickis doktrinäre Texte der Stalinzeit und seine unterwürfigen Anträge auf Aufnahme in die Partei zu verweisen – diesen Mann, der ihnen nichts sagte.

Indes ist die »Affäre Ranicki« tatsächlich interessant, weniger im Hinblick darauf, wie er sich als Übersetzer von Adam Czerniakow im Ghetto und später als polnischer Geheimdienstoffizier und als realistischer Moderator deutscher Literatur verhalten hat, sondern vielmehr als Beispiel für die tief wurzelnden polnisch-deutschen literarischen Missverständnisse.

›Mein Leben‹ ist im übrigen eine literarische Kreation und Selbststilisierung, eine vorzüglich geschriebene lyrische Erzählung von der

Liebe zur Literatur und zu den Frauen (vor allem der einen, der Ehefrau Teofila, mit der er seit 1940 gemeinsam durchs Leben geht). Die furchtbare Kriegswirklichkeit und die Nachkriegswirren geben hier nur den farbigen Hintergrund ab. Sensationelle Offenbarungen und Revisionen erwartet man vergeblich. Was dagegen ins Auge fällt, sind die sehr gefühlvollen Erinnerungen an die Schule im Dritten Reich, die erschütternde Beschreibung des Alltags im Warschauer Ghetto und des Lebens auf der arischen Seite, sowie die sehr oberflächliche (ganze achtzig Seiten für dreizehn Jahre) Beschreibung der »polnischen Jahre«.

Die polnischen Realia und polnischen Fährten in der Biographie Ranickis sind absichtlich recht blass gehalten. Der Autor stellt mehrfach mit Nachdruck fest, dass ihm die polnische Literatur nicht viel gegeben habe: ein wenig Lyrik – Tuwim, Broniewski, ein paar Aphorismen, hauptsächlich Lec, daneben findet ›Quo vadis‹ Erwähnung, einmal Mickiewicz, einmal Iwaszkiewicz und – beim Selbstmord Adam Czerniakows 1942 – die Assoziation mit nicht näher definierten polnischen Dramen der Romantik. Ansonsten nur ein wenig Musik, Chopin, Karłowicz …

Und hier wird für uns in Polen das Phänomen Marcel Reich-Ranicki, der Erfolg von ›Mein Leben‹ erst richtig interessant. Ranicki gab den Deutschen, was sie nach dem Krieg nicht gerade im Überfluss besaßen: Leichtigkeit und einen ganz persönlichen Ton, einfallsreichen, feuilletonistischen Stil und das nicht professionelle Talent des Autodidakten, der niemals ein systematisches Studium abgeschlossen hatte. Ranicki war nie ein akademischer Kritiker, eher ein autodidaktischer Magier, der literarische Zauberformeln ersann, Führer durch die Unwegsamkeit der Prärie wie Karl Mays Trapper, der aus Spuren und Zeichen liest, die Uneingeweihte glatt übersehen. Seine Rezensions-Sammlungen, die negativen ›Lauter Verrisse‹ ebenso wie die positiven ›Lauter Lobreden‹, wurden zu Bestsellern, denn in Zeiten, da niemand mehr ästhetische Doktrinen vertritt, waren die Menschen dankbar für jede Art von Werteskala, und sei es nur der private Geschmack des Kritikers. Die Literatur ist sein Zuhause, er ist ihr Richter.

Die polnische Literatur erfährt bei Ranicki eine sehr verkürzte und etwas ungerechte Wertung, auch wenn der »Papst« bekennt, die Stärke der Polen sei die Lyrik, die sich nicht übertragen lasse. In ›Mein Leben‹ finden nicht einmal jene polnischen Schriftsteller Erwähnung, die Ranicki in Deutschland lanciert hat. Kein Wort auch über Karl Dedecius' »Polnische Bibliothek«. Von der Weichsel aus gesehen, wirken die beiden wie ihre jeweiligen Spiegelbilder. Hat der eine die polnische Kultur geflohen, um in die deutsche einzutauchen, so ist der andere – wiewohl Deutscher – ganz in der polnischen Literatur aufgegangen, die er sodann mit unerhörtem Erfolg und Ausdauer auf den deutschen Markt verpflanzt hat. Beide wohnen in Frankfurt am Main. Beide gingen ihren eigenen Weg und hatten dabei großen Erfolg. Beide stammen aus Zentralpolen – Dedecius aus Lódź, wo ihm kürzlich die Ehrendoktorwürde der dortigen Universität verliehen wurde, Ranicki aus Włocławek. Doch sie beschritten denselben Weg auf unterschiedlichen Seiten und in entgegengesetzter Richtung. Woher diese Gegensätzlichkeit?

Wie Dedecius so schön schrieb: Polen ist überall, so sagt Ranicki in seinem Roman: Die deutsche Literatur war für mich überall, sogar im Ghetto … Beide Standpunkte sind rhetorische Figuren, ziemlich gewagt und leicht durchschaubar. Ich glaube nämlich leider nicht daran, dass für Ranicki die Literatur immer der Kommentar dafür gewesen wäre, was mit ihm und um ihn herum geschah. Auch Dedecius Behauptung, Polen sei überall, ist gewagt – zwar gab es polnische Emigranten in den letzten 200 Jahren tatsächlich überall, von Chicago bis Tobolsk, wie es in Pietrzaks Lied heißt, und polnische Emigranten hingen ihren Gedanken auf Pariser ebenso wie auf Dresdner und – z.B. in den siebziger Jahren unseres Jahrhunderts – Berliner Pflaster nach, aber zugleich waren sie gleichsam von der sie umgebenden literarischen Welt abgeschnitten, ebenso wie Ranicki von der literarischen Welt in Polen. Gombrowicz' Ratlosigkeit während seines Aufenthalts in West-Berlin ist die Antwort auf Ranickis Verlorenheit in Polen.

Der Gegensatz Ranicki – Dedecius ist ein weiteres Glied in einer ganzen Kette polnisch-deutscher Emigranten-Missverständnisse. Wäre z.B. Kościuszko in Paris Johann Georg Forster begegnet (dem Schöpfer des Begriffs »polnische Wirtschaft« und Fürsprecher der sog. »Mainzer Republik«, die er 1792 dem revolutionären Frankreich anschließen wollte), sie hätten einander nicht viel zu sagen gehabt. Und selbst wenn Mickiewicz im selben Paris des Jahres 1848 sich »vertraulich« hätte mit Heinrich Heine, dem jüdischen Emigranten aus Deutschland, unterhalten wollen, so wäre nicht viel dabei herausgekommen. Dedecius hat recht, wenn er sagt, dass Mickiewicz und Goethe zwei Sterne auf Bahnen sind, die sich nie berühren.

Sogar im Krieg, obwohl wir eine Exil-Regierung hatten und Intellektuelle wie Słonimski oder Cat Mackiewicz in ihren Diensten, wäre niemand auf die Idee gekommen, angesichts des bevorstehenden Kriegsendes einen deutsch-polnischen Dialog der Emigranten zu initiieren. Kein Autor hat z.B. als Gesandter der Londoner Regierung Thomas Mann in Kalifornien besucht, um über die Zukunft zu sprechen, obgleich sowohl Thomas Mann als auch die Polen die Sendeantennen von Radio BBC nutzten, um ihre Landsleute in der Heimat zu erreichen.

Der literarische Dialog zwischen Polen und Deutschland ist seit altersher viel schwächer als der tatsächliche und praktische Dialog an der Basis beider Gesellschaften. Sagt man das unseren Polonisten, so stößt man auf Kritik. Aber Reich-Ranickis ›Mein Leben‹ bestätigt den traurigen Grundsatz, dass die Akteure im polnisch-deutschen »Grenzbereich« sich leider radikal entscheiden müssen. Entweder nehmen sie am kulturellen Leben des einen oder des anderen Landes teil. Gewiss, es gab Ausnahmen. Stanisław Przybyszewski verkehrte eine Zeitlang in deutschen Salons, aber das war nicht von Dauer.

Natürlich gab es vorzügliche Mittler wie Witold Wirpsza oder Tadeusz Nowakowski, die den Deutschen die polnische Literatur nahe brachten. Aber im deutschen literarischen Leben spielten sie eine zweitrangige Rolle. Das gleiche gilt für Ranicki in Polen. Er war ein solider, ziemlich dogmatischer Moderator ausgerechnet zu jener Zeit, als Leute wie KTT oder Kałużyński mit viel Phantasie ihre Karriere in einem Land begannen, das auf die literarische Tradition des Feuilletons eines Boy oder Nowaczyński zurückblicken konnte.

Womöglich ist die These nicht ganz abwegig, dass Ranicki seinen Erfolg in Deutschland ungewollt auch der Tatsache verdankt, dass er gerade diesen »polnischen Ton«, der im Nachkriegsdeutschland einen so guten Klang hatte, schon mit der Muttermilch aufgesogen hatte. Gewiss würde der »Literaturpapst« dagegen einwenden, das sei eine witzige Idee, nur leider sei sie komplett aus den Fingern gesogen. Er würde sich, wie er das auch in ›Mein Leben‹ tut, auf hervorragende deutsche Feuilletonisten wie Alfred Kerr, auf die bissige Sprache eines Kurt Tucholsky oder Erich Kästner berufen. Das ist richtig, aber es ist nicht die ganze Wahrheit. Es gibt auch eine »polnische Fährte« seines Talents, die er in seinen Erinnerungen nur andeutet, wenn er sagt, dass die Literaturkritik im Polen der fünfziger Jahre sich auf einem viel höherem Niveau befand als z.B. in der DDR. Das stimmt. Es geht dabei nicht nur um den fehlenden Dogmatismus, sondern auch um eine gewisse stilistische Verve, sangen wir, »von Kisiel bis Sandauer«, die Ranicki bei seiner Ausreise im literarischen Gepäck gehabt haben muss, auch wenn er keinen der betreffenden Namen erwähnt. Scharfe, apodiktische Urteile, persönliche Attacken und feuilletonistische Willkür, die sich – trotz der Herrschaft der Ideologen – nichts aus all den fundamentalen deutschsprachigen Theoretikern des korrekten Schreibens (Lukács eingeschlossen) machte. Schwer vorstellbar, dass er in all den 13 Jahren in der Volksrepublik

Polen völlig taub für unsere damaligen literarischen Kämpfe geblieben sein sollte, wurden diese doch auf den Spalten derselben polnischen Zeitschriften ausgefochten, für die auch er schrieb.

Vor vierzig Jahren stellte Günter Grass auf jener Tagung der Gruppe 47, auf der er mit dem »östlichen Ton« seiner ›Blechtrommel‹ Furore machten, Reich-Ranicki die Frage: »Was sind Sie, ein Pole? Ein Deutscher? Oder wie?« Worauf er die geschickte Antwort bekam: »Halb Pole, halb Deutscher, und ganz Jude.« In ›Mein Leben‹ beichtet Ranicki, dies sei eine schlagfertige Antwort, aber nicht die Wahrheit gewesen, denn er sei weder Pole, noch Deutscher, nicht einmal ein »ganzer« Jude, denn er habe niemals der jüdischen Glaubensgemeinde angehört. Selbst wenn dieses arithmetische Paradox nur ein griffiger Aphorismus sein sollte, so erkennen wir doch im Ton seines Schreibens den gewissen »vertrauten« Ton Mittel-Ost-Europas, und dies in stärkerem Maße, als der Autor selbst zugeben will. Man braucht nur in seine Biographie zu schauen, die sobald wie möglich auch auf Polnisch erscheinen sollte.

Adam Krzemiński
Polityka/Warschau, 20. November 1999
Aus dem Polnischen von Olaf Kühl

Das andere meistbeachtete Buch der Frankfurter Buchmesse

Er mag sich irren oder nicht, Reich-Ranicki ist ein Star. Seine Feinde, entwaffnet angesichts seiner List und seines Wissens, setzen ihm mit auf seine Person abzielenden Vorwürfen zu. Sie spielen an auf seine dunkle Vergangenheit als ehemaliger Kommunist, klagen ihn an, während seines Aufenthaltes in London in der Zeit des eisernen Vorhang als Spion für Polen gearbeitet zu haben und verleihen ihm zudem alle typisch schändlichen Charakterzüge eines Shylock. Aber seine Anhänger verehren ihn gerade für seine Einzigartigkeit und seine Neigung, eine von der Mehrheit abweichende Meinung zu vertreten; davon abgesehen, sind seine Artikel und Bücher weit von jener Langeweile entfernt, die die aus der Feder einiger Professioneller des Literaturbetriebes entstammenden Texte – von unerträglichem und überladenem Stil – hervorzurufen pflegen. Von daher mag es kaum verwundern, dass das Erscheinen der Autobiographie von Marcel Reich-Ranicki ein gesteigertes Interesse in einem Land hervorgerufen hat, in dem seine Person so vieles repräsentiert. Der umstrittene Kritiker hat mit seinem Unternehmen Erfolg gehabt und ist mit verdientem Lob begrüßt worden, und ›Mein Leben‹ ist mitreißend. Es fällt schwer sich von seinen fast sechshundert Seiten von erstaunlicher Gefälligkeit zu lösen. Die Erzählung ist bewusst schmackhaft gemacht durch eine wohlbemessene Mischung aus Erwartetem und Überraschendem; abgesteckt durch treffsichere glückliche oder empörende Episoden, erhält sie die Aufmerksamkeit des Lesers aufrecht und versucht dem Leser ein dem Genuss eines guten Romans ähnliches Lesevergnügen zu bereiten. Das Buch bietet den Bericht eines Zeugen von erstklassiger Größenordnung über die schrecklichen Ereignisse in Europa während der erschütternden Dekaden der dreißiger und vierziger Jahre, ebenso wie der darauffolgenden Periode des Kalten Krieges bis in unsere Zeit mit Seitenblicken auf die jüngsten und umstrittenen Äußerungen von Joachim Fest und Martin Walser im Zusammenhang mit einer »Revision« der Vergangenheit und der Relativierung der zur Zeit des Nationalsozialismus durch die Deutschen begangenen Verbrechen. Auf der anderen Seite erweist Reich-Ranicki zwei Leidenschaften die Ehre: seiner Frau, Tosia, Lebensbegleiterin seit sechzig Jahren, und der deutschen Literatur, Begleiterin von beiden.

Die der Beschreibung der Not der Bewohner des Warschauer Ghettos gewidmeten Kapitel, im Herzen einer von Feinden bevölkerten Stadt – sowohl von Deutschen, als auch von Polen – und die Schilderung der Flucht des frisch vermählten Paars aus dem Inferno, sind die dichtesten des ganzen Buches; sie stellen einen Roman im Roman dar und werden mit Sicherheit unauslöschlich im Gedächtnis des Leser haften bleiben. Abgesehen von seinen gehaltvollen Reflexionen über die Arbeit des Kritikers und seinem Verhältnis zur Literatur, von denen einigen nützliche Ratschläge für die Behandlung der Autoren enthalten, erzählt er in besagten Kapiteln sehr interessante Anekdoten über die höchsten Vertreter der deutschen Literatur im 20. Jahrhundert, deren Mehrheit Reich-Ranicki persönlich kannte. Kästner, Böll, Canetti, Koeppen, Brecht und andere marschieren durch die Seiten; er behandelt sie mit Zuneigung oder lässt ihnen Gerechtigkeit widerfahren, nie aber behandelt er sie mit bitterer Schärfe. Es ist definitiv ein hervorragendes Buch, dessen Übertragung ins Spanische wir mit Spannung erwarten.

Luis Fernando Moreno Claros
ABC Cultural, 27. November 1999
Aus dem Spanischen von Gerd Hansen

Es gibt wohl nicht viele Länder in der Welt, in denen die Autobiographie eines Literaturkritikers an der Spitze der Bestsellerlisten steht und nach drei Monaten eine viertel Million mal in der gebundenen Ausgabe verkauft worden ist. Marcel Reich-Ranicki ist dieses Kunststück mit seinen im Herbst in Deutschland erschienenen Memoiren ›Mein Leben‹ gelungen. Aber in Deutschland spielt ja Literatur, trotz der Umbrüche, auch immer noch eine wichtige Rolle, und Reich-Ranicki ist kein gewöhnlicher Lohnschreiber, sondern der Meisterkritiker des Landes, der das kulturelle Leben auf eine Weise dominiert wie dies in Großbritannien für eine Einzelperson unvorstellbar wäre. Reich-Ranicki selbst gefällt das oft verwendete Etikett des »Literaturpapstes« wohl nicht, und es gibt sicherlich viele in der deutschen Literaturszene, die seine Fehlbarkeit gern bestätigen würden, aber niemand von ihnen würde an seinem Einfluss zweifeln.

Marcel Reich-Ranickis Karriere in der Bundesrepublik, der die zweite Hälfte seines Buches gewidmet ist, begann im Jahr 1958, als er bereits Ende dreißig war und regelmäßig Rezensionen und Essays für die ›Frankfurter Allgemeine Zeitung‹, ›Die Welt‹ und den Norddeutschen Rundfunk verfasste. 1973 machte die ›Frankfurter Allgemeine Zeitung‹ Reich-Ranicki zum Literaturchef. Es gelang ihm in dieser Position, führende deutsche Autoren als Autoren zu gewinnen und den schwerfälligen Literaturteil der Zeitung gegen heftige innere Widerstände gemäß seiner Maxime umzuformen, nach der Literaturkritik lebendig und zugänglich sein sollte. Seit 1988 leitet er die monatlich gesendete literarische Gesprächsrunde »Das literarische Quartett«, wo ihn sein geschwätziger Enthusiasmus und seine idiosynkratischen Gesten zu einem Fernseh-Star gemacht haben. Obwohl ein britisches Publikum diese Sendung mit ihren 75 Minuten andauernden Diskussionen anspruchsvoller Literatur kaum für populär halten würde, gilt sie Reich-Ranickis Gegnern in Deutschland dennoch als weiterer Beweis für seinen Hang zur Vulgarisierung der Literaturkritik.

Als Autor von ›Mein Leben‹ grübelt Reich-Ranicki über die Anfeindungen, die seine Karriere immer wieder provoziert hat, und er konzediert, dass es nicht immer leicht war, mit ihm zu arbeiten, dass er Neid bei Rivalen hervorgerufen hat und dass seine prononcierten Urteile die Beurteilten oft gegen ihn aufbringen mussten. Aber sein Buch vermittelt auch den Eindruck einer Entfremdung, die viel tiefer wurzelt. Selbst Leser, die mit den Hintergründen vertraut sind, werden von der im ersten Kapitel beiläufig fallengelassenen lakonischen

Bemerkung erschüttert sein, dass seine Mutter, eine Deutsche, die in Polen gelebt hat, bis ans Ende ihres Lebens nur schlecht Polnisch sprach, bis zu »jenem Tag, an dem sie in Treblinka vergast wurde«. Marcel Reich-Ranicki ist Jude, und seine Autobiographie ist weitaus mehr als nur die Darstellung einer literarischen Karriere: Sie ist ein unvergessliches Stück Holocaust-Literatur.

Die schrecklichen Jahre im Warschauer Ghetto beschreibt Reich-Ranicki in dem zurückhaltenden, informellen Stil, der das gesamte Buch auszeichnet, und er beschreibt sie mit bemerkenswerter Darstellungskraft. Trotz einiger Lücken und unbeantworteter Fragen ist der erste Teil von ›Mein Leben‹ eine äußerst eindringliche Erzählung, die auch nach Meinung einiger deutscher Kritiker den zweiten Teil des Buches in den Schatten zu stellen droht.

Dies mag auf einen ersten Blick zutreffen, und doch gehören beide Hälften des Buches zusammen, denn sie erzählen die Geschichte einer unerwiderten jüdischen Liebe zu Deutschland. Reich-Ranicki erwähnt jenen »Glauben an Deutschland«, der so viele Juden noch in den dreißiger Jahren zurückhielt, und er erwähnt, dass seine Mutter sogar noch in der ersten Zeit im Ghetto auf die »deutsche Ordnung und Gerechtigkeit« vertraute.

In der Nachkriegszeit konnte indessen auch Reich-Ranickis leidenschaftliches Eintreten für die deutsche Literatur nicht verhindern, dass er sich in der Bundesrepublik als permanenter Außenseiter fühlte, und obwohl er sich in seinem Buch um unvoreingenommene Erklärungen bemüht, steht doch der Verdacht des Antisemitismus immer im Raum. Reich-Ranickis Charakter hat ohne Zweifel raue Kanten, und es ist vielleicht gerade dieser aufsässige Zug, dem er sein Überleben verdankt, und nicht so sehr das Glück, mit dem er selbst die bohrende Frage nach dem Warum zu beantworten versucht. Ob die Kränkungen, die er hat einstecken müssen, nun antisemitischen Vorurteilen oder einfach nur menschlicher Voreingenommenheit entspringen, ob sie real oder eingebildet sind: Was bleibt, ist großer Respekt für den Mut, der ihn getragen hat, Mitgefühl für die Wunden, die nicht heilen können und immer wieder eine unendliche Ratlosigkeit angesichts der barbarischen Grausamkeit, die von jener Kulturnation losgetreten wurde, deren Literatur Reich-Ranicki noch immer liebt.

Peter Graves
Times Literary Supplement, 17. Dezember 1999
Aus dem Englischen von Julika Griem

Marcel Reich-Ranicki, der Herr der Bücher

Wenn man Marcel Reich-Ranicki besucht, den »Papst der deutschen Literaturkritik«, macht man sich auf einige Überraschungen gefasst, aber gewiss nicht darauf, angerührt oder gar verführt zu werden. Offensichtlich tut man ihm damit Unrecht. Bis vor kurzem weckte sein Name bei mir allenfalls ein paar wenig erfreuliche Assoziationen als Widerhall einiger Polemiken, die er mit mehreren Schriftstellern ausgefochten hatte.

Die Lektüre seiner Autobiographie ›Mein Leben‹, die im August 1999 bei der Deutschen Verlags-Anstalt erschien und im Januar 2000 bereits ihre 11. Auflage erlebte, veränderte mein Bild von ihm so sehr, dass ich mehr über ihn erfahren und ihn persönlich kennen lernen wollte. Denn diese 560 Seiten berichten von einem erstaunlichen Lebenslauf, einem schmerzhaften, leidenschaftlichen, einzigartigen Schicksal.

»Ich bin nicht der einzige, der diese Geschichte erlebt hat. Aber ich bin zweifellos einer der wenigen, die einen literarischen Beruf ausüben«, erklärt er. »Das hat mir die Aufgabe nicht gerade erleichtert. Ich muss zugeben, ich schätze diese Bücher von Zeitzeugen nicht sonderlich, deren Zahl seit einigen Jahren ständig zunimmt. Die meisten sind einfach nur schlecht. Ich hatte Angst, selbst ein mittelmäßiges Buch zu schreiben. Und dann schreckte ich auch vor der Aussicht zurück, diese schmerzhafte Vergangenheit beim Erzählen noch einmal zu durchleben.«

Schließlich ringt er sich doch dazu durch und beschließt, »so zu schreiben, wie ich spreche; zu erzählen«. Das Ergebnis weckt Begeisterung und den Wunsch, ihm persönlich zu begegnen; ihm gegenüber zu sitzen und herauszufinden, wie die Wahrheit, Großzügigkeit und Bewunderung, die aus seinem Buch spricht, und die überzogenen, tödlichen Urteile des Kritikers in ein und demselben Menschen miteinander koexistieren können, etwa der Satz, den er gerne zu wiederholen scheint und wonach Schriftsteller von der Literatur nicht mehr verstehen als Vögel von der Ornithologie.

Und dennoch ist es derselbe Marcel Reich-Ranicki. Sobald dieser kleine, kräftig gebaute und mit einer lauten Stimme begabte Mann die Tür seiner Wohnung in einem Frankfurter Wohnviertel öffnet, erkennt man, dass man eine Persönlichkeit vor sich hat, einen Charakter. Der Bewunderung und Emotionen auslöst, wenn er wenig nuancierte Urteile fällt, über seine Zeitgenossen herzieht und Ungeheuerlichkeiten von sich gibt: über Schriftsteller, über die Frauen, über seine Kollegen. Er gehört wahrscheinlich zu den wenigen Männern, die eine

Frau zum Lachen bringen können, indem sie schreckliche Dinge über Frauen sagen. Weil er kein Heuchler ist. Er ereifert sich, er regt sich auf, wird laut, aber er sagt, was er denkt. In ein und demselben Satz überschüttet er Hannah Arendt und Simone de Beauvoir mit Lob, äußert seine Bewunderung für die Intelligenz dieser beiden und einiger anderer Frauen, um dann an seinen Ärger über zahlreiche andere zu erinnern. Er ist unberechenbar, und gerade das macht einen Großteil seiner Verführungskraft aus.

Tatsächlich hatte kein Deutscher wissen wollen, wie sein Leben wirklich gewesen war. Vielleicht ist dieses Buch deshalb so wichtig. Marcel Reich-Ranicki ist kein Mensch, der peinliche Augenblicke auswalzt, der sich über seine eigene Gemütsverfassung auslässt und auf seinen Ressentiments herumkaut. So zu tun, als ob, ist nicht seine Art. Dennoch wagt er nicht zu sagen, dass nur die deutsche Literatur ihn wirklich interessiert, obwohl genau das der Fall ist. Alles deutet darauf hin. Wenn er Faulkner, Hemingway oder Sartre erwähnt, spürt man längst nicht dieselbe Leidenschaft, die er erkennen lässt, wenn er an Bertolt Brechts scharfen Verstand erinnert, oder gar die Inbrunst, mit der er über Kafka und mehr noch über Thomas Mann spricht.

Im Grunde ließe er am liebsten die ganze restliche Unterhaltung fallen und spräche nur noch über Thomas Mann, über die Komplexität und Subtilität seines Werkes, und erzählte, wie diese Bücher ihn einst gerettet hatten, als er nur noch ein junger Mann auf der Flucht war, Überlebender einer zerstörten, ausgerotteten jüdischen Familie. Dann könnte er sich der Wahrheit des Gefühls überlassen und sagen, wer er wirklich ist, was sich hinter seinem schroffen Auftreten verbirgt, hinter seinen Ausbrüchen, seinen unduldsamen Äußerungen, mit denen er seinen persönlichen Geschmack zum einzigen Bewertungskriterium zeitgenössischer deutscher Literatur zu erheben scheint. Doch seine rasche Auffassungsgabe sagt ihm, dass dies nicht ratsam wäre gegenüber einer Unbekannten, die kaum des Deutschen mächtig ist und ohne Zweifel nur eine ungefähre Vorstellung von diesem großen Werk besitzt. Da ist es besser, zu verzichten und in dem etwas gekünstelten Raum eines journalistischen Interviews zu verbleiben. Besser auch, das alte Misstrauen wieder hervorzuholen, das er fast schon verloren zu haben schien, als er seine – anfangs knappen – Antworten mit einem »Meine Liebe« einzuleiten begann (in einem ähnlichen Ton, wie man »Mein Kind« sagt, aber ohne Herablassung, sondern mit einer gewissen Wärme).

Bevor er schließlich gesteht, dass er genug hat und ein wenig müde ist, lässt er sich jedoch noch zu ein paar Ausfällen hinreißen. So möchte er den Franzosen erklären, dass es unerträglich sei, ihn mit

Bernard Pivot zu vergleichen: »Er lädt Schriftsteller in seine Sendung ein. Das käme mir niemals in den Sinn. Ich lade stets nur einen Leser, einen Kritiker ein. Wie kann man jemanden bitten, sich über etwas zu äußern, was ihn mehrere Jahre seines Lebens beschäftigt hat. Da könnte man geradeso gut einen Vater oder eine Mutter bitten, ein Urteil über ihr neugeborenes Kind zu fällen. Das hat keinen Sinn.« Ganz nebenbei – und ohne ersichtlichen Grund – ereifert er sich über religiöse Gefühle: »Ich bin absolut kein religiöser Mensch. Ich habe nicht auf die Shoah warten müssen, um nicht zu glauben. Ich stehe der jüdischen Religion sehr reserviert, sehr ambivalent gegenüber.« Ich spüre einen Tornado vorüberziehen und erinnere lieber nicht an den Großvater, der es gerne gesehen hätte, wenn sein Enkel Rabbi geworden wäre. Fast unvermittelt verabschieden wir uns voneinander, und ich stehe, verwirrt und ein wenig »belämmert« auf der Straße, frage mich: Wer ist dieser alte Herr? Wer verbirgt sich hinter all dieser Energie, dieser Kraft? Ganz sicher ein Mann, der eines Tages beschlossen hat, den Schrecken zu überleben und sich für die Leidenschaft statt für die Klage zu entscheiden. Und das nötigt Respekt ab.

JOSYANE SAVIGNEAU
Le Monde/Paris, La Stampa/Mailand, 5./8. Januar 2000
Aus dem Französischen von Michael Bischoff

»Wo ich bin, da ist die deutsche Kultur«

Die Memoiren des ebenso gehassten wie bewunderten Kritikers Marcel Reich-Ranicki erzählen von einem Leben voller Literatur und eindrucksvoller Abenteuer. Einfühlsame Liebe für das Wertvolle in Kultur und eine vernichtende Selbstsicherheit im Urteil sind seine Markenzeichen.

»Bret Easton Ellis.«

»Nein, den Schriftsteller kenne ich nicht.« Er schüttelte den Kopf.

»Er hat auch ›American Psycho‹ geschrieben …«

»Aber ich habe doch gesagt, dass ich ihn nicht kenne!«

Ich dachte, wie seltsam es sei, dass dem einzig wahren Literaturkenner diese Bücher nicht bekannt waren. Er muss in schlechte Gesellschaft geraten sein, betrügerische Geschmacksberatung vielleicht … Nun war er wieder bei Goethe, den er ganz besonders gemocht haben muss, wenigstens erklärte er einmal: »Goethe, ein guter Schriftsteller. Doch, ein ausgemacht guter Schriftsteller.«

Diese Passage stammt aus Joachim Lottmanns unlängst erschienenem Schelmenroman ›Deutsche Einheit‹. Und für deutsche Leser gibt es keinen Zweifel, wer der alte Mann ist, der sich hier neuerer amerikanischer Literatur so unkundig zeigt. Ein anderes in diesem Zusammenhang klassisches Bild ist es, wenn derselbe Mann auf dem Titelblatt einer Ausgabe des SPIEGEL im Herbst 1995 voller Wut ein Exemplar von Günter Grass' ›Ein weites Feld‹ buchstäblich zerreißt. Und für Millionen von Fernsehzuschauern ist er nicht zuletzt für seine lautstarke und gestenreiche Rolle als Moderator des seit 1988 regelmäßig gesendeten »Literarischen Quartetts« bekannt. All dies sind kraftlose Abbilder einer Persönlichkeit, die vielleicht mehr als jemand sonst an der Entwicklung der deutschen Literatur der letzten vierzig Jahre teilgehabt hat und deren intellektuelle Energie auch heute unerschöpflich scheint. Es handelt sich um den ehrwürdigen und gefürchteten Kritiker, den literarischen Scharfrichter Marcel Reich-Ranicki – auf den man Thomas Manns einstmals so berühmtes Diktum anwenden könnte: »Wo ich bin, da ist die deutsche Literatur.«

Wenn Reich-Ranicki nun seine Erinnerungen veröffentlicht, den gewaltigen Band ›Mein Leben‹, dann kommt zusätzlich eine Unzahl mythologisierender Schablonenbilder hinzu, sorgsam gepflegt von der Koryphäe persönlich. Nicht dass der Autor sein eigenes Zerrbild gezeichnet hätte. Aber das große Selbstvertrauen gibt den populären Zwangsvorstellungen Nahrung und trägt unzweifelhaft Spuren jener Lächerlichkeit, die ein großer Teil der kulturellen Szene in Deutschland ihm mehr als gern zuschreiben möchte. Das Vertrauen auf die eigene Bedeutung ist nichtsdestoweniger vollkommen – was immer, nicht zuletzt unter den Schriftstellern, für böses Blut gesorgt hat. Und Reich-Ranicki ist auch nicht ganz frei von Stolz, wenn er eine ganze Seite in ›Mein Leben‹ der Aufzählung derjenigen Autoren widmet, die ausdrücklich, mündlich oder schriftlich, seinen Tod gewünscht haben (darunter Peter Handke und die Dichterin Christa Reinig). Diese Morddrohungen geben ganz sicher ein richtigeres Bild von dem Rang des großen Kritikers ab als Lottmanns oben angeführte Karikatur einer ergrauten Eminenz und ihres leicht senilen Verhältnisses zur neuen Literatur. Dieses Bild ist nicht nur böswillig, sondern vor allem schlicht falsch. Gewiss sind Goethe, Heine und Thomas Mann die unbedroht thronenden Hausgötter des Kritikers. Gleichwohl ist er immer noch imstande, mit Hilfe seiner genialen Rhetorik und literarischen Intelligenz die deutsche Gegenwartsliteratur zu beurteilen, wie alle wissen, die seine Texte in der ZEIT, der ›Frankfurter Allgemeinen Zeitung‹ und dem SPIEGEL lesen oder ihm im »Literarischen Quartett« zuhören.

Marcel Reich-Ranicki hat allen Anlass, ein Buch zu publizieren. Nicht nur über Literatur, sondern auch über sein eigenes Leben, das offenkundig von mehr Dramatik, Sorgen, Erfolg, Enttäuschung und Abenteuern erfüllt gewesen ist, als die meisten zu träumen gewagt hätten. Ein kurzer Blick auf die Ranickische Zeittafel erklärt, warum der Literatur hier das Leben vorgeschaltet sein musste. Das Schicksal beginnt damit, wie ein neunjähriger Marcel, der deutsch-jüdischer Abstammung ist, aus seiner polnischen Heimatstadt ins Berlin der Weimarer Republik übersiedelt, begleitet von den Abschiedsworten seiner Lehrerin: »Du ziehst ins Land der Kultur, mein Sohn.« Das Versprechen wird eingelöst. Neun Jahre lang vertieft sich der kognitive Knabe in die klassische deutsche Literatur, wird Zeuge vieler legendärer Inszenierungen am Deutschen Theater und am Hebbeltheater, wo er herausragende Regisseure und Bühnenstars wie Max Reinhardt, Erwin Piscator, Werner Krauss, Käthe Gold und Gustaf Gründgens erleben darf. Schon in diesen Jahren wird der Traum genährt, in der Mitte der deutschen Literatur zu leben und über dieselbe zu schreiben. Doch 1938 kommt ein Ende; die ganze Familie wird nach Polen zurück deportiert, genauer gesagt in den Teil Warschaus, der später das Ghetto ausmachen sollte. Anstelle von weiteren Universitätsstudien in Berlin wurde er auf ein herzzerreißendes Dasein mit äußerst geringen Überlebenschancen zurückgeworfen. Seine einzige Gelegenheit zu höheren Studien zerschlug sich; in den Memoiren macht Reich-Ranicki mehrfach demonstrativ darauf aufmerksam, dass er akademisch ungebildet ist, ein Autodidakt bis in die Fingerspitzen, ein Matthew Arnold der Selbstbildung. Was ihn indessen nicht daran gehindert hat, mehrere Ehrendoktoren zu bekommen, unter anderem in Uppsala. »… und ich machte mir darüber Gedanken, dass ich für Verdienste um die deutsche Literatur nicht von einer deutschen, sondern von einer schwedischen Universität geehrt wurde.«

Die Beschreibungen des Lebens im Ghetto – der tägliche Terror, die Demütigungen, die Todesangst –, aber auch von alltäglichen Beschäftigungen und frohen Stunden gehören zu den Höhepunkten von ›Mein Leben‹. Trotz all den grässlichen Umständen kann man dies streckenweise als eine kaum glaubliche Abenteuererzählung lesen, voller Romantik, Spannung und psychologischer Verdichtung: die hektische, der Überlebensstrategie geschuldete Hochzeit mit seiner Frau Tosia, mit der er immer noch zusammenlebt; die dramatische Flucht aus dem Ghetto im Jahre 1943, kurz vor der Massendeportation nach Treblinka, wo sowohl Marcels Eltern wie Tosias sämtliche Angehörige ermordet wurden; das Versteck bei dem schlichten Proletarier Bolek, der den beiden, das eigene Leben gefährdend, bis zur Ankunft der

Roten Armee in Warschau im Herbst 1944 Schutz gab. Hier zeigt sich Reich-Ranicki als geschickter Erzähler mit einer nicht unerheblichen dramatischen Begabung – auch wenn seine literarischen Qualitäten sich mit dem gestalteten Stoff nicht messen können.

Bereits in dieser Zeit entsteht das Bild eines jungen Mannes, das dem des imposanten und dynamischen Kritikers durchaus gewachsen ist. Als nur Zwanzigjähriger wurde er Mitglied des jüdischen Rates im Ghetto und Teilhaber bedeutender historischer Ereignisse. Gegen Ende hatte er Kontakte zu der sagenumwobenen Widerstandsbewegung Mlla 18, die Leon Uris in seinem gleichnamigen Bestseller schildert. Nach dem Krieg wird die Reihe imponierender Erlebnisse dadurch erweitert, dass er Offizier des polnischen Geheimdienstes in London wird; Marcel ist zu diesem Zeitpunkt nicht älter als achtundzwanzig.

In diesem beinahe traumgleichen Geschehensverlauf oszilliert die deutsche Literatur wie eine Fata Morgana, oder wie eine lebensnotwendige Erquickung für Marcel, der offenbar das Ende des Krieges herbeiwünscht, nur damit er wieder in Ruhe lesen kann. Die Passage, in der er und Tosia in einer der wenigen ruhigen Nachtstunden jener Jahre sich mit einer Taschenlampe rüsten, um gemeinsam Erich Kästners ›Lyrische Hausapotheke‹ laut zu lesen, wird wohl selbst seine bittersten Gegner zum Erweichen bringen. Das Wort der Lehrerin von Deutschland als dem Land der Kultur scheint ihn in den Kriegsjahren trotz allen bitteren Erfahrungen keine Sekunde verlassen zu haben: »Deutschland, das ist in meinen Augen Adolf Hitler und Thomas Mann. Diese beiden Seiten symbolisieren die beiden Seiten und Möglichkeiten des Deutschseins.« Reich-Ranicki hatte mit beiden zu tun: Der erstere wollte ihm sein Leben nehmen und ihm verbieten, den letzteren zu lesen. Er tat es dennoch und schrieb ein eigenes Buch darüber, ›Thomas Mann und die Seinen‹.

Im Ganzen ist dies eine bewegende und bemerkenswerte Liebeserklärung an eine Nation, die ihm viel genommen hat, und ein aufrichtiger Treueeid, den das heutige kulturelle Establishment in Deutschland zu Recht zu schätzen weiß. Sein Wort. »Das besiegte, das in die Knie gezwungene Deutschland faszinierte mich mehr als irgendein Land der Erde« muss daher nicht so sehr als Ausdruck der Rachlust wie des Heimwehs gesehen werden.

Zu der Genauigkeit bei der Beschreibung von menschlichen Begegnungen und von dramatischen Geschehnissen und zu den ständigen Zärtlichkeitsbekundungen gegenüber der deutschsprachigen Literatur läuft der Gegenstrom von Reich-Ranickis strengen, unantastbaren Urteilssprüchen – die auf eine geheimnisvolle Weise jedoch jede noch so kleine protestierende oder ambivalente Regung des Lesers unmöglich macht. Die entwaffnende Größe, die erschlagenden Kommentare, die nahezu verachtungsvolle Sicherheit, mit der er allem die Flügel stutzt, was er für minderwertig hält, lösen Faszination und Abstoßung zugleich aus. Als Beispiele können die Worte von Thomas Bernhard als »langweiligem Schwätzer« und von Grass als »uninspiriertem Manieristen« dienen. Es ist indes just dieser gemeine Reich-Ranicki, der Leser anlockt, weswegen er neben vielen anderen Büchern (literarhistorischen Werken und Anthologien) auch seine Kritiken in den Sammelbänden ›Lauter Verrisse‹ und ›Lauter Lobreden‹ herausgegeben hat. Seine Widersacher zu vernichten hat immer zum Arsenal des Kritikers gehört; nicht selten beschreiben die Anekdoten in ›Mein Leben‹, wie ein noch recht junger Marcel in eloquenten Feuerwerken ältere Autoritäten zurechtweist. Dass dann das Leben bisweilen an das Werk angeglichen werden muss, liegt bei Reich-Ranicki wohl auch in der Natur der Sache.

Der Schwerpunkt der Erinnerungen liegt in den Jahren 1920 bis 1958. In dieser Zeit scheint ein Stück europäischer Zeitgeschichte mit einigen ihrer wichtigsten Figuren auf: Günter Grass, Willy Brandt, Martin Walser, Golo Mann, Ulrike Meinhof, Yehudi Menuhin, Theodor Adorno, Ignatz Bubis, Albert Speer, Jürgen Habermas. Alle haben sie das glückliche Los gemeinsam, Reich-Ranicki getroffen zu haben. Gleichzeitig offenbart er hier seine anscheinend chronische Eigenheit, auch seine Begegnungen mit Menschen zu rezensieren und sie auf einer qualitativen Skala von eins bis zehn zu platzieren. Zu den unbestrittenen Einsen zählt der frühere Herausgeber der ›Frankfurter Allgemeinen Zeitung‹ und Mentor Joachim Fest, dessen persönliches und politisches Versagen gegenüber dem Kollegen Reich-Ranicki – der als Literaturchef der Zeitung fungierte – schwerer zu wiegen scheint als das Übrige in der Schlusspartie des Buches. Es geht in erster Linie um Fests Rolle in dem zählebigen »Historikerstreit« Mitte der achtziger Jahre und seine Verteidigung der revisionistischen Auffassung des Holocaust bei dem Initiator des Streites, Ernst Nolte. (Zuletzt veröffentlichte Fest eine Apologie in dem Periodikum ›Criticón‹, in der er die Kritik zurückweist und die »organisierte Lobpreisung von Reich-Ranickis Memoiren« als den eigentlichen Skandal bezeichnet.) Andere Ein-Punkt-Kandidaten, die ihr Teil abbekommen, sind Canetti (»selbstverliebt und eitel«), Fassbinder (»antisemitisch und literarisch wertlos«) und, selbstredend, Martin Walser, wegen seiner mittlerweile berühmten Frankfurter Paulskirchenrede. Doch auch Lobesworte für Menschen, die Reich-Ranickis menschliche und berufliche Entwicklung entscheidend geprägt haben, fehlen nicht; namentlich das Porträt Heinrich Bölls ist liebevoll gezeichnet. Die

Schwedische Akademie fragte ihn 1972, wen er des Nobelpreises für würdig halte. Ohne Zögern nannte er Bölls Namen: »Aber ich überschätze meinen Einfluss nicht: Hätte ich ihn nicht vorgeschlagen, hätte er den Preis vermutlich auch erhalten.«

Diese beinah grotesk vergrößerte Selbstüberschätzung ist zugleich Reich-Ranickis bedeutendstes Stilmittel, und eine Auswahl derartiger Aufgeblasenheiten kann als angemessene Erklärung für die hassliebende Verzückung dienen, von der sich seine Leser greifen lassen: »Vielleicht hatte jener Beobachter recht, der schrieb, ich sei einer der Vorreiter der Entspannungspolitik.« Die Jahre bei der ZEIT veranlassen zu einer vergleichbaren Äußerung: »Die Redaktion gewann schnell die Überzeugung, dass meine Artikel zu den hohen Auflagen beitrugen.« Und seine Zeit bei der ›Frankfurter Allgemeinen‹ fasst er folgendermaßen zusammen: »Es ist nicht ausgeschlossen, dass die Überwindung der herkömmlichen und unglücklichen Kluft zwischen Universitätsgermanistik und Literaturkritik zum Wichtigsten gehört, was ich erreicht habe.« Was daran vielleicht am meisten zur Entrüstung beiträgt, ist, dass er im Großen und Ganzen recht hat.

Überdrüssig wird man also der Lektüre von ›Mein Leben‹ kaum, aber zu behaupten, dass das Buch durch und durch gelungen sei, entspräche ebenso wenig der Wahrheit. Die Erinnerungen, die der Verfasser von Marcel niederschreibt, bevor dieser dazu kam, der Kritiker Reich-Ranicki zu werden, sind von intensiver Präsenz und entwaffnenden Darlegungen gekennzeichnet. Ja, sie stellen Bausteine eines klassischen Bildungsromans dar, mit zahlreichen dramatischen Höhepunkten und gebührendem Pathos im Tonfall. Die Jahre als kulturpolitischer Machtmensch hingegen, als ein erstrangiger feuilletonistischer Henker, kommen als aufgewärmtes Essen ohne substantiellen Gehalt daher. Kapitelüberschriften wie ›Canetti, Adorno, Bernhard und andere‹ oder ›Josef K., Stalinzitate und Heinrich Böll‹ zeigen, dass die Intentionen weniger der Durchdringung literarischer Fragen als dem Rundumschlag galten: man verneigt sich vor der Gästeliste und will in Begriffen der Quantität erinnert werden. Das passt kaum zum Essayisten und Kritiker, zum tiefgehenden Intellektuellen Reich-Ranicki. Warum kein Wort zur komplizierten und spannenden Beziehung zu Günter Grass? Oder ein wenig mehr analytische Erläuterungen der literarischen Präferenzen? Oder tiefergehende Überlegungen zu Walter Jens und dem Problempaar Künstlertum und Intellektualität? In solcher Hinsicht verläuft man sich in ›Mein Leben‹ eher, als dass man aufgeklärt würde. Man möchte dem Verlag nahe legen, eine weitere Sammlung mit den besten der zahlreichen Kritiken Reich-Ranickis herauszugeben, wo – um ihn selbst zu zitieren – »die Aufgabe ist zu zeigen, was Literatur ist und was sie nicht sein darf, was sie leistet, was sie leisten könnte, und was sie leisten sollte«.

MARTIN LAGERHOLM
Svenska Dagbladet/Stockholm, 13. Januar 2000
Aus dem Schwedischen von Johan Schloemann

Ranicki, Polen und Bolek

Marcel Reich-Ranicki hat einen Eintrag ins Guinness-Buch der Rekorde verdient. Dafür, dass er sich zweimal ein und denselben Namen gemacht hat.

Einmal dafür, dass er sich einen Namen als Lebens- und Todbringer der deutschen Literatur gemacht hat. Dank seinem Urteil dürfen sich die heutigen Autoren entweder auf dem Felde des Ruhmes (und des Geldes) tollen, oder sie sind verdammt zur Absenz auf dem Markt, müssen hängen für ihre eigenen Ideen, einsam baumelnd bis zu einem ungewissen Tod.

Den Guinness-Eintrag hat er auch dafür verdient, dass hier niemand seinen Namen, wie zu erwarten wäre, deutsch ausspricht: »Ranikki«, sondern alle polnisch: »Ranicki«, und dies widerspricht jeder Erwartung. Solch ein Erfolg ist selten jemandem vergönnt gewesen, der Verfasser dieser Zeilen weiß, wovon er spricht.

Wie soll man noch die Macht des Fernsehens überschätzen, wenn für diesen in Auflagenzahlen messbaren Erfolg ein einziges Programm im Zweimonats-Zyklus genügt, nämlich das »Literarische Quartett«. Ein ganz einfaches Rezept zur Verwirklichung des scheinbar unerfüllbaren Traums, Bücher populär zu machen. Wie sich herausstellt, genügt es, Plaudertaschen 75 Minuten lang ein bisschen über Literatur plaudern zu lassen. Keine großen Reden, keine Wehklagen, keine Kniefälle vor ihr – der Literatur –, denn sie ist kein Altar, sondern einfach nur ein Plauderstündchen. Wie unter guten Freunden.

In keiner Folge dieses Programms habe ich je gehört, dass jemand sich gefragt hätte, was der Autor uns mit seinem Werk habe sagen wollen. Während bei uns dieses Interpretationsgerümpel immer noch ein fundamentales Problem zu sein scheint, ist die grundlegende Frage hier von entwaffnender Einfachheit – habe ich mich bei der Lektüre gelangweilt oder nicht?

Der Erfolg des »Literarischen Quartetts« ist bekannt, ich werde mich deshalb nicht darüber auslassen. Das Interesse für Ranicki nimmt hierzulande bisweilen groteske Ausmaße an. So erfuhr ich aus der »yellow press«, wo der größte Literaturkritiker Deutschlands seine Kniestrümpfe kauft (und Achtung, ein unverzeihlicher Fauxpas ist es, wenn zwischen Hosenbein und Socke ein Stück nackter Haut hervorscheint!).

Das neueste Buch Marcel Reich-Ranickis, ›Mein Leben‹, ein Wälzer von über 600 Seiten, verkauft sich seit einigen Monaten wie warme Semmeln. Man erfährt daraus alles über den Autor des Buches, einschließlich der Augenblicke außerehelicher Schwäche, schließlich ist dies eine große Lebensbeichte. Doch die Frage, als wer er sich wirklich fühlt, bleibt offen. Als Jude? Eine fremde Sprache und Tradition. Als Deutscher? Wirksam verstoßen. Als Pole? Zu groß der deutsche Einfluss der Mutter und der polnische Antisemitismus, trotz allem. In jedem Fall gibt es ein mehr oder weniger großes »Aber«. Am vernünftigsten wäre es, auf seinen Vor- und die zwei Teile des Nachnamens zurückzugreifen, dann erkennen wir die oben skizzierte Dreigestalt. Aber so leicht will ich mich nicht abspeisen lassen und wage die Behauptung, dass dieser Mann, der hier als »Literaturpapst« bezeichnet wird, mehr Pole ist, als er selbst dies empfindet. Ganz abgesehen davon, dass er in Polen geboren ist, dort seine Kindheit verbracht hat und nach einer Unterbrechung durch die Jugendzeit in Berlin dort heiratete und arbeitete.

Wichtiger ist, dass er mit seiner ebenfalls polnischen Frau in ihrer Frankfurter Wohnung vom Deutschen (mit Akzent) zum Polnischen wechselt (akzentfrei), sobald sie die »offiziellen« Schuhe gegen die Hausschuhe getauscht haben [Anm. 1: Ich weiß nicht, ob es heute sehr sinnvoll ist, Marcel Reich-Ranicki auf die »Messerschneide der Identität« zu stellen. Aber ich weiß eines: Wenn er nur ein Hundertstel dessen, was er für die deutsche Literatur getan hat, für die polnische getan hätte, so wäre das viel. Falls Ihnen dieser Text in die Hände kommt, lieber Herr Reich-Ranicki: Es ist noch nicht zu spät].

›Mein Leben‹ ist eine Liebeserklärung an die deutsche Literatur. Eine heute selten gewordene Monogamie, bei vereinzelten Seitensprüngen, am ehesten mit der polnischen Lyrik, Tuwim oder Broniewski. Aber Ranickis Liebe zur Literatur ist nicht blind, sie gibt sich keinen Illusionen hin.

»Ins Ghetto zu kommen, war sehr leicht, heute weiß man das nicht mehr (…) Es war nicht so schwer, hineinzugehen und wieder hinauszukommen. Schwer hatten es die Juden aus anderen Gründen. (…) Angenommen, ein Jude ist aus dem Ghetto entflohen, aber was jetzt?

Spricht er jemanden auf der Straße an: ›Lieber Herr, ich bin Jude, lassen Sie mich übernachten?‹ Dann wird man sagen: ›Du räudiger Jude‹, oder ›Verschwinden Sie!‹ Ganz Warschau war ein Ghetto. Ganz Polen war ein Ghetto.«

Nicht Ranicki, sondern Jan Karski [Anm. 2: »Ich habe es gesehen«, Gazeta Wyborćza, 2.–3. Oktober 1999] ist es, der hier unser gutes, polnisches nationales Selbstgefühl ohrfeigt. Man konnte aus der Stadt Warschau ins Ghetto gelangen und aus dem Ghetto wieder in die Stadt Warschau. Ein so unbedeutendes Detail, dass keine Quiz-Sendung zum Thema Okkupation sich damit abgeben würde. Man konnte, so Ranicki gleichsam in Ergänzung Karskis, man konnte also die beinahe pro forma dastehenden Posten umgehen. Zum Beispiel die »blaue Polizei« der Vorkriegszeit, mit der man sich immer einig werden konnte. Mit den Polen kann man sich immer einig werden. Standen sie zu zweit da, dann galt ein Schema, das so alt war wie die Polizei selbst – der eine hatte ein Herz, der andere nicht. Also musste man diesen anderen bestechen. Ranicki wurde sich mit ihnen einig und floh mit seiner Frau aus dem Ghetto.

Die offizielle, in meiner Heimat bis heute servierte Geschichtslektion kennt nur ein großes Menü – den einen großen deutschen Teufel. Als hätte dieser Teufel nicht viele kleine, eifrige Teufelchen an der Leine gehabt. Polnische Bluthunde auf der Jagd nach der deutschen Wurst, die rings um das waidwunde Ghetto nach Beute schnüffelten.

»Tausende Polen, davon viele Jugendliche, die ohne Schulen und Universitäten aufgewachsen waren, ohne Väter, die in den Kriegsgefangenenlagern saßen, Menschen, die nie etwas gelernt und nichts zu tun hatten, verbrachten ganze Tage damit, argwöhnisch die Passanten zu observieren. Sie waren überall, vor allem in der Nähe des Ghettos und suchten nach Juden, machten Jagd auf Juden. Diese Jagd war ihr Beruf und wohl auch ihre Leidenschaft. Sie erkannten die Juden unfehlbar. Woran? Wenn nicht an den typischen Merkmalen, dann – so hieß es – an ihren traurigen Augen.«

Ranicki ist aus dem Ghetto entkommen. Er verbarg sich mit seiner Frau bis Kriegsende in einem Warschauer Vorort, bei der Familie eines einfachen Polen namens Bolek. Millionen Leser werden auch ihn kennen lernen, deshalb ist ›Mein Leben‹ trotz allem keine Anklage gegen die Polen.

Das Kapitel über den, der Ranicki das Leben gerettet hat, trägt den Titel ›Geschichten für Bolek‹. Tagsüber schlafen die Ranickis auf dem Dachboden, nachts drehen sie Zigaretten. Und abends erzählt der künftige Kulturchef der ›Frankfurter Allgemeinen Zeitung‹ seinen Gastgebern Werke der deutschen Literatur in Comics-Form. Besonders gefallen Bolek Kleist und sein Fürst Friedrich von Hamburg [sic!]. »Der Schlag soll die Deutschen treffen, alle auf einmal, aber dieser Herr Hamburg, der gefällt mir. Angst hat er vor dem Tod, wie alle. Er will leben. Er pfeift auf Ruhm und Ehre. (…) Der Schlag soll die Deutschen treffen, alle auf einmal. Nur schade, dass der jetzt nicht Warschauer Stadtkommandant ist.«

Bolek und seine Frau trinken, wenn sie Geld haben. Diese paar Groschen finden sich immer irgendwie, an jedem Tag. Sie trinken zu zweit und geben von Zeit zu Zeit auch den Kindern Wodka, damit die sich »gewöhnen«. Eines Tages, das heißt, als sie ein bisschen getrunken haben, stemmt Bolek die Arme in die Seiten und fordert den Chef der stärksten Armee der Welt heraus. Hier das am häufigsten zitierte Fragment aus ›Mein Leben‹: »Adolf Hitler, der mächtigste Mann Europas, hat beschlossen: Diese beiden Menschen sollen sterben. Und ich, ein kleiner Setzer aus Warschau, habe beschlossen: Sie sollen leben. Jetzt wollen wir sehen, wer gewinnt.«

Verloren hat Hitler, gewonnen Bolek. Ohne den kleinen Setzer aus Warschau hätte die deutsche Literatur heute ihren »Papst« nicht.

Polen waren es, die ihm das Leben gerettet haben. Ranicki wird das nie vergessen. Aber er wird auch etwas Furchtbares nicht vergessen, das unserem polnischen Helden am Ende unwillkürlich über die Lippen kam: »Ich bitte Sie, sagen Sie niemandem, dass Sie bei uns waren. Ich kenne dieses Volk. Sie werden uns nie verzeihen, wenn sie erfahren, dass wir zwei Juden gerettet haben.«

Ich erkläre meinen deutschen Bekannten, dass Bolek an diesem Tag eins über den Durst getrunken haben muss, wenn er seine paar Nachbarn für das »polnische Volk« nimmt. Aber das ändert nichts daran, dass er überhaupt, selbst im Suff, auf so etwas kommen konnte.

Jerzy Duda-Gracz sollte den Auftrag für ein Denkmal des polnischen Helden im Kampf um die Rettung der Juden bekommen. Da stehen Bolek und seine Frau, wie aus Ranickis Erinnerung gegossen. Halb betrunken zu ihren Füßen ihre Kinder. Über ihnen der nicht sichtbare Dachboden. Die Kinder halten den Finger vor die Lippen, die Frau hält sich den Mund zu und schaut entsetzt in die Höhe. Bolek hat eine Flasche in der einen Hand und klopft sich mit der anderen an den Kopf, die Augen auf seine Frau gerichtet, diese Verrückte, sie muss wohl durchgedreht sein.

JANUSZ RUDNICKI
Magazyn Literacki, März 2000
Aus dem Polnischen von Olaf Kühl

Interview mit dem polnischen Präsidenten Aleksandr Kwaśniewski

Twój Styl: Führen Sie Tagebuch?
Aleksandr Kwaśniewski: Nein. Wenn man Tag für Tag Notizen macht, weiß man nie, ob man sich von Emotionen leiten lässt oder ob man wirklich versteht, was vorgeht. Ich schließe nicht aus, dass ich einmal meine Erinnerungen schreiben werde. Ich lese gerade ›Mein Leben‹ von Marcel Reich-Ranicki. Geboren in Włocławek. Jude. Hat bis 1938 in Deutschland studiert. Ist vor den Nazis nach Polen geflohen. Kam dann ins Ghetto. Das Leben hat ihm ein polnischer Setzer gerettet. War in den polnischen Geheimdiensten tätig. Dann zog er nach Deutschland und wurde ein bekannter Literaturkritiker. Seine Erinnerungen sind jetzt in Deutschland ein Bestseller. So etwas zu schreiben, im Grenzbereich von Tagebuch, Erinnerungen und Literatur, das hielte ich für sinnvoll.«

TWÓJ STYL, Warschau
Aus dem Polnischen von Olaf Kühl

Mit der Lizenz zum Richten

Heine verwies einmal darauf, dass die Juden wussten, was sie taten, als sie nach dem zweiten Tempelbrand nicht die Leuchter und die Opferschalen in die Diaspora mitnahmen, sondern einzig die Heilige Schrift. Sie wurde ihr »tragbares Vaterland«.Wie wenige andere Kulturen hat die jüdische Gewicht und Wert der Schrift betont, das Salz der Auslegung und die Süße des Lesens. In Ermangelung der Heimat hat man gelernt, in und mit der Schrift zu leben. Sie war gleichzeitig Verheißung, Gesetz und Leiden. Doch dieses »tragbare Vaterland« hat auch eine Plage dargestellt, nicht zuletzt für die, die in der Hoffnung auf Assimilierung glaubten, ebenso sehr Deutsche wie jemals Juden zu sein.

Unter den Verwaltern des säkulären Lebens finden sich die Kritiker. Die Frage ist, ob ihre Rolle in der Öffentlichkeit jemals größer war als in derselben Weimarer Republik, die die Hoffnungen auf die Symbiose der deutschen und der jüdischen Kultur zerbersten sah. Viele der profiliertesten waren jüdischer Herkunft. Ohne Kraus, Kerr, Benjamin und Tucholsky fehlten der literarischen Öffentlichkeit der Zeit vier Asse. Da jedoch das kulturelle Leben sie selten ihren Hintergrund vergessen ließ, war ihre Identifizierung mit der deutschsprachigen Literatur zugleich schmerzvoll und passioniert. Täglich sah man sich gezwungen, wie Benjamin schrieb, den »echten jüdischen Salto mortale« zu vollführen, den Versuch, den schlechten Voraussetzungen zum Trotz das Bild des »göttlichen Rechtes als einer Sprache – ja, sogar im Deutschen selbst« zu verehren. – Zu den umtriebigsten Kritikern im heutigen Deutschland zählt Marcel Reich-Ranicki. Schlagfertig und reaktionsschnell hat er wie wenige andere die literarische Öffentlichkeit des Landes seit dem Krieg geprägt. Trotz Ungerechtigkeiten und geringen Anzeichen von Göttlichkeit scheint er nie aufgehört zu haben, an den jüdischen Salto mortale zu glauben. Seit dem letzten Herbst steht Reich-Ranicki erneut auf den Bestsellerlisten. Dieses Mal handelt es sich dabei jedoch nicht um eine kritische Studie, die sich der Literatur widmet, sondern um ein Werk über sein Leben im Zeichen der letzteren.

»Die Literatur ist mein Lebensgefühl«, sagt Reich-Ranicki in ›Mein Leben‹. Nach der Lektüre der teils tiefschürfenden, teils seichteren, aber niemals langweiligen fast sechshundert Seiten der Autobiographie zweifelt kein Leser an der Ernsthaftigkeit dieser Aussage. Hier spricht ein Mann, für den »die musischen Disziplinen« nahezu alles bedeuten – zumindest Seele und Sauerstoff. Gewiss spricht er hier und dort »unter Brüdern«, mit väterlichem Tonfall und wenig Bedachtsamkeit; doch dass es um Leben und Tod geht, ist offenkundig.

Auf den Wegen, die nur der Krieg zu schaffen scheint, wurde Reich-Ranicki für das Zensurbüro der polnischen Armee angeworben. Es folgte eine Zeit, in der er offiziell als Diplomat, aber inoffiziell für den neuen, noch unerfahrenen Geheimdienst tätig war. Als dies vor einigen Jahren allgemein bekannt wurde, schwächte sich seine Stellung im kulturellen Leben Deutschlands. Neues Licht wirft er auf die Angelegenheit in seiner Biographie nicht: List und Lust liegen ihm, aber Rechenschaft in eigener Sache wohl kaum.

Nachdem Reich-Ranickis Buch sich der Zeit nach der Flucht in den Westen mit Frau und Kind im Jahre 1958 zuwendet, bietet es nicht mehr als interessante Anekdoten. Hier müssen Schnappschüsse von Begegnungen mit Schriftstellern die sorgfältig kolorierten Bilder ersetzen, mit denen die Jahre vor jener Zeit geschildert wurden, in der er der berühmte »MRR« wurde – der Kritiker mit der Lizenz zum Richten. Es gibt jedoch Ausnahmen. Zu ihnen zählt der unheimliche Bericht darüber, wie er und seine Frau 1973 einen Empfang im noblen Berlin-Dahlem besuchen. Ein naher Freund und Kollege hatte gerade eine Hitler-Biographie veröffentlicht. Als das Paar eintraf, hatte die Gesellschaft sich bereits um den Ehrengast versammelt, einen »Herrn, der einen sympathischen und lebendigen Eindruck machte«. Plötzlich fühlten sich beide »nicht ganz wohl«. Aber bevor sie sich entschließen konnten, was sie tun sollten, wurden sie dem Gast vorgestellt. Es war Albert Speer.

Die Art von »aufgebrachtem Schweigen«, in dem MRR den Rest des Abends aushielt, umfasst den wahren Schmerz seiner Biographie. Sie weist auf das, was niemals heilt.

»Was wir alle in der Literatur suchen«, heißt es, »ist unser Leiden.« Dieselbe Sprache und Schrift, die Reich-Ranickis tragbares Vaterland werden sollte, erfand auch die schlimmsten Euphemismen, um vom Genozid zu reden. »Zum Entsetzen vor dem Deutschen muss das Glück hinzugenommen werden, das ich ihm zu verdanken habe«: In dieser Sprache heimisch fühlt sich nur, wer etwas vom Salto mortale versteht.

Aris Fioretos
Expressen/Stockholm, 5. März 2000
Aus dem Schwedischen von Johan Schloemann

Agent im Reich der Fiktion

»Um Berlin wiederzusehen, hätte ich auch einen Pakt mit dem Teufel geschlossen. Doch statt des Teufels traten die polnischen Geheimdienste an mich heran, die meine Hilfe in Berlin benötigten« – so erklärt Marcel Reich-Ranicki, der Papst der deutschen Literaturkritik, relativ ungeniert seine Arbeit für das Ministerium für Staatssicherheit.

Marcel Reich-Ranicki, dem 1920 in Włocławek an der Weichsel geborenen Literaturkritiker, der nicht nur zu den Hauptfiguren des literarischen Lebens in Deutschland, sondern auch zu ihren Schöpfern zählt, ist etwas Seltenes gelungen – den Durchschnittsdeutschen für das Reich der Fiktion zu interessieren.

Hätte ich es nicht mit eigenen Augen gesehen, ich hätte kaum geglaubt, dass eine Diskussion über ein paar Bücher, geführt von drei älteren Herrschaften (Sigrid Löffler, Hellmuth Karasek, Reich-Ranicki) und einem geladenen Gast, so sehr zu fesseln vermag. Reich-Ranicki tut dafür, was er kann. Er dirigiert das Quartett so, dass sich um Gottes willen niemand langweilt. Er selbst erträgt keine Langeweile und antwortet auf die häufig gestellte Frage von Journalisten (er hat unzählige Interviews gegeben), nach welchen Kriterien er ein Buch beurteile: Wenn ein Buch mich langweilt, heißt das, es ist nicht gut. Wenn es mich interessiert, frage ich mich, weshalb, und führe eine Analyse durch. Dies hat er mit dem Leser gemeinsam, nur dass Reich-Ranicki mit großer Bildung analysiert.

Wenn er schreibt. Im Fernsehen dagegen vergisst er nicht einen Augenblick, dass die Zuschauer unterhalten werden wollen. Zieht z.B. Karasek ein Buch in den Schmutz und Reich-Ranicki nickt die ganze Zeit schmunzelnd dazu, dann wartet das Publikum gespannt darauf, wie er es dem Autor jetzt geben wird, worauf Reich-Ranicki erklärt: Ich stimme Karasek hundertprozentig zu, und dennoch gefällt mir das Buch. Und er begründet, weshalb.

Er ist hartnäckig, unberechenbar und skrupellos. Als Anna Seghers, die Autorin seines Lieblingsbuchs ›Das siebte Kreuz‹ (er zählt dieses Buch zu den besten Romanen des 20. Jahrhunderts, neben Thomas Manns ›Zauberberg‹) in den 60er-Jahren in der DDR einen Produktionsroman abdrückte (›Das Vertrauen‹), suchte Reich-Ranicki keine Rechtfertigung für sie. »Dieses Produkt der Anna Seghers« –, schrieb er, »ist nicht nur langweilig, geschmacklos und völlig missglückt, sondern außerdem unvernünftig, verlogen und vor allem obszön.«

In Erwiderung auf ein Interview, das der deutsche Schriftsteller Peter Handke dem SPIEGEL 1994 gegeben hatte, schrieb Reich-Ranicki dem Redakteur: »In dem Gespräch mit Peter Handke behaupten Sie, mir fehle bei Handke der Balzac. Darauf antwortete Handke: Ich glaube nicht, dass ihm in meinen Büchern etwas fehlt. Beide Aussagen sind falsch. Balzac suche ich weder bei Handke noch bei irgendeinem anderen zeitgenössischen Autor. Und dennoch fehlt mir etwas in Peter Handkes neuestem Buch, nämlich Intelligenz und Temperament, Humor und Ironie, kurz gesagt Qualität.«

Die Macht, die Reich-Ranicki in der Kulturwelt Deutschlands errungen hat, lässt sich mit der Position keines Literaturkritikers in Polen vergleichen. Man nennt ihn den Literaturpapst. Er selbst pflegt sich das kokett zu verbitten, denn Päpste seien unfehlbar, einen Literaturkritiker dagegen, der nicht irre, habe es noch nicht gegeben. Das ist richtig. So hat Reich-Ranicki Günter Grass' ›Blechtrommel‹ unterschätzt. Dagegen hat er jahrelang den wenig gelesenen zeitgenössischen deutschen Autor Wolfgang Koeppen überschätzt. Das ändert aber nichts an der Tatsache, dass nach jeder Ausstrahlung des »Literarischen Quartetts« die Buchhandlungen einen Boom derjenigen Bücher erleben, die Reich-Ranicki im Fernsehen gelobt hat. Was mit denen geschieht, die er verrissen oder – noch schlimmer – totgeschwiegen hat, daran will man lieber nicht denken.

14 Jahre lang übte er die Funktion des Literaturchefs in einer der bedeutendsten deutschen Tageszeitungen, der ›Frankfurter Allgemeinen Zeitung‹ aus. Die von ihm geleitete Abteilung wurde allmählich zu einem Kultusministerium in literarischen Fragen. Er beschäftigte 100 Rezensenten, durch deren Hände in jenen Jahren alle bedeutsameren literarischen Werke gingen. Die FAZ wurde zur meinungsbildenden Zeitung, ja zur Urteilsinstanz in Sachen Literatur. Sogar Heinrich Böll, der spätere Nobelpreisträger, klagte einmal: »Vor ihm (Reich-Ranicki) gibt es kein Entrinnen.«

Reich-Ranicki war nicht nur Leiter des Literaturteils der FAZ, den er fast zu einer eigenen Zeitung ausbaute, sondern auch Juror bei allen literarischen Wettbewerben, die etwas zählten. Auf die Frage, ob er bei Büchern, die er auszeichnen wollte, nie manipuliert habe, gestand er vor 10 Jahren einem Journalisten, dies sei der Fall gewesen.

Es gibt ganze Bereiche der Literatur, die er unterschätzt hat, z.B. die südamerikanische und die osteuropäische Literatur. Sie sind auf dem deutschen Markt kaum bekannt und wenig beliebt. Vielleicht stehen die beiden Sätze in engem Zusammenhang. Reich-Ranicki hat jahrelang den literarischen Geschmack der Deutschen geprägt. Ganz bewusst und konsequent. Er sagte immer, ein Schriftsteller, der sich vom Kritiker erziehen lasse, lohne die Erziehung nicht. »Aber der Kritiker kann das Publikum erziehen und auf diese Weise zum Erfolg oder Misserfolg eines Autors beitragen.« Gern beruft er sich auf das Beispiel von Thomas Manns ›Buddenbrooks‹, ein Buch, das ohne die Wertschätzung des Literaturkritikers Samuel Lubliner nicht so berühmt und viel gelesen worden wäre.

Das Leben des Marcel Reich-Ranicki ist ein ganz spezifisches Polonicum. Ohne Hitler wäre die polnische Episode in seinem Leben auf die neun Kindheitsjahre beschränkt geblieben, die er in Włocławek verbrachte. Ende der 20er Jahre emigrierte die Familie des Marcel Reich (den Namen Ranicki nahm er erst viel später an) nach Berlin, wo Marcel das Abitur am Gymnasium machte. Als Jude wurde er nicht zum Universitätsstudium zugelassen, obwohl er in Deutsch der Beste auf der ganzen Schule war. Ende 1939 wurde er dafür nach Polen deportiert. Für ihn war das ein fremdes Land, dessen Sprache er kaum noch beherrschte. Bald durchlebte er die Gräuel des Krieges im Ghetto, wo seine gesamte Familie ermordet wurde. Wie durch ein Wunder gelang ihm und seiner Frau die Flucht. Ihr Leben verdanken sie Polen, die ihnen Unterschlupf gewährten.

Nach dem Krieg meldete er sich auf der Suche nach Brot und Arbeit bei der polnischen Armee und wurde dort Militärzensor. Dieses Amt unterstand dem Ministerium für Öffentliche Sicherheit, wovon er, wie er später behauptete, nichts wusste. Schon bald jedoch, im Herbst 1945, nahm er bewusst und offiziell Kontakt zum Geheimdienst auf, der ihn nach Berlin entsandte. Als seine Spionagevergangenheit im Herbst 1994 in Deutschland und Polen bekannt wurde, kam es zum Skandal. Reich-Ranicki gab damals dem SPIEGEL ein Interview, in dem er ohne Umschweife gestand: »Um Berlin wiederzusehen, hätte ich auch einen Pakt mit dem Teufel geschlossen. Doch statt des Teufels traten die polnischen Geheimdienste an mich heran, die meine Hilfe in Berlin benötigten. Ich hatte nicht die geringsten Zweifel (...) Ich war ziemlich sicher, dass es um Nazis gehen würde.«

In Berlin ging er ins Theater und tat ansonsten, wie er behauptet, nichts. Nach Warschau zurückgekehrt, absolviert er dann aber eine Schulung beim Geheimdienst und fährt in doppelter Rolle nach London: als vom Außenministerium entsandter Konsul und als Agent des Ministeriums für Öffentliche Sicherheit mit dem Auftrag, das polnische Exil auszuforschen und darüber an die Zentrale zu berichten. Ein halbes Jahrhundert später in seiner Autobiographie stellt er zwar fest, dass die Einwilligung in diese Arbeit aus seiner heutigen Sicht ein Fehler in seinem Leben gewesen sei, aber er beschreibt diese Tätigkeit auf ärgerliche Weise humoristisch und grotesk.

Reich-Ranicki schreibt: »Im Herbst 1962, als ich schon über zwei Jahre in der Bundesrepublik lebte, kamen zu mir – ich wohnte damals in Hamburg – zwei Beamte vom Verfassungsschutz, einer aus Bonn und einer aus Hamburg. Sie stellten mir einige harmlose Fragen, an irgendwelchen Geheimnissen waren sie nicht interessiert. Offensichtlich hielten sie den polnischen Geheimdienst in jener ersten Nachkriegszeit für kein seriöses Thema. Das alles sei damals – deuteten sie etwas gönnerhaft an – eher läppisch und lächerlich gewesen. Ich hatte keinen Grund, ihnen zu widersprechen.«

Die unerträgliche Leichtigkeit der Autorität

In der Tat, einen persönlichen Grund, ihnen zu widersprechen, hatte der Emigrant Reich-Ranicki, ehemaliger Mitarbeiter der Bezpieka (polnischer Sicherheitsdienst), nicht. Heute, fünfzig Jahre später, wenn der berühmte deutsche Literaturkritiker, der in Deutschland als öffentliche Instanz gilt, zur Feder greift und mit dem oben angeführten Zitat eines der Kapitel der Autobiographie abschließt, möchte der Leser fragen: »Machen Sie Witze oder spielen Sie den Dummen?« Alles, was Reich-Ranicki über seine Agententätigkeit schreibt, ist mit leichter Hand und mit Sinn für Humor verfaßt. Interessanterweise wird für den Autor dieses leicht verdauliche Erzählen nicht durch die

Tatsache getrübt, dass gerade damals »in jener ersten Nachkriegszeit« spezielle Dienste in Polen nicht nur ein »seriöses Thema«, sondern eine entfesselte Kraft waren. Reich-Ranicki kennt die Geschichte Polens und er weiß genau, dass gleich nach dem Krieg der Sicherheitsdienst Zehntausende Menschen, die kurz davor gegen Hitler gekämpft hatten, ins Gefängnis steckte und davon träumte, dasselbe mit den Londoner Emigranten machen zu können, insbesondere mit den Offizieren der Anderson-Armee.

Die doppelte Tätigkeit des Konsuls Ranicki in London (damals hat er diesen Namen angenommen) konnte für die Polen nicht anders als schädlich sein. Selbst wenn er wirklich, wie er sagt, »harmlose Berichte« geschrieben hätte.

KRYSTYNA JAGIEŁŁO
Zycie, 18. März 2000
Aus dem Polnischen von Olaf Kühl und Olga Mannheimer

Ein belesener Jedermann

Dem Autor und Literaturkritiker Marcel Reich-Ranicki gelingt es, deutsche Fernsehzuschauer für Bücher zu begeistern

Es ist gut, dass zu Marcel Reich-Ranickis literarischer Talk-Show am späten Abend niemals Autoren eingeladen werden, denn sie würden womöglich vor laufender Kamera in Tränen ausbrechen oder gewalttätig werden. »Das ist grauenvoller Stil«, so kommentierte z.B. eines der Quartett-Mitglieder in der letzten Sendung den Debütroman des Theaterintendanten Michael Schindhelm.

Der Gastgeber Reich-Ranicki legte nach: »Ja, dieser Autor rührt etwas zusammen und nennt das dann Kunst. Hah! Schrecklich!« Elke Schmitters Roman über eine verbotene Liebe, ›Frau Sartoris‹, wurde ähnlich vehement verrissen. Eine neue Übersetzung von Ford Madox Ford erhielt Lob für ihren »zeittypischen Impressionismus«, während man aber gleichzeitig »passiven Voyeurismus« beklagte.

Die Autoren mag so etwas nicht erheitern, aber das Publikum ist hingerissen. Das »Literarische Quartett« zieht fast eine Million Zuschauer an, und Reich-Ranicki hat sich zu einer einst für unmöglich gehaltenen Kombination aus Literaturkritiker und Fernseh-Kultfigur entwickelt. Jeder kennt die karikaturartigen Posen seines wütenden Stirnrunzelns und seines starken polnischen Akzents. Sein Buch ›Mein Leben‹ ist Deutschlands erfolgreichster Sachbuch-Bestseller, von dem bisher 500 000 Exemplare verkauft wurden. In manchen Buchhandlungen wird der Kritiker sogar als Puppe verkauft.

Reich-Ranicki, dessen achtzigster Geburtstag im letzten Monat ein nationales Medienereignis war, ist seit langem Deutschlands führende Kritikerfigur. Sein Urteil im Fernsehen kann die Verkaufszahlen eines Buches in die Höhe schnellen lassen. »Er ist das Kraftwerk des deutschen Buchmarkts«, sagt der holländische Autor Cees Nooteboom, von dem drei Bücher im Quartett besprochen wurden und davongekommen sind. »Er hat mich mit meinem Buch ›Die folgende Geschichte‹ 1991 in Deutschland bekannt gemacht. Er sagte: ›Dies ist das schönste Buch, das ich in diesem Jahr gelesen habe, obwohl ich nicht sicher bin, ob ich es verstanden habe.‹ Damit hat er den Lesern die Freiheit gegeben, sich ihr eigenes Urteil zu bilden.«

Wie seine Zuschauer liebt auch Reich-Ranicki den Streit. Er hat es sogar gewagt, sich mit dem deutschen Altmeister Günter Grass anzulegen. Vor fünf Jahren nannte Reich-Ranicki Grass' Roman ›Ein weites Feld‹ »miserabel« und »idiotisch«. Grass erklärte Reich-Ranicki für verrückt. Die Wochenzeitung SPIEGEL reagierte mit einer Titelseite, auf deren Fotomontage der tollwütig aussehende Großkritiker den Roman von Grass zerriss. Reich-Ranicki erklärte allerdings später im Fernsehen, dass er viele Werke Grass' bewundere und dass Grass als einziger unter den zeitgenössischen deutschen Autoren den Nobelpreis verdient habe. Als Grass dann später den Preis erhielt, beklagte Reich-Ranicki sich öffentlich: »Obwohl ich ihn als erster öffentlich nominiert habe, hat er mir nicht einmal eine Postkarte geschickt.« Die Schlussfolgerung im Fernsehen: Grass sei »talentiert«, habe aber »keine Manieren«.

In seinem eigenen Buch offenbart Reich-Ranicki seine persönlichen Erfahrungen mit den europäischen Umbrüchen und Tragödien dieses Jahrhunderts. Er wurde in Polen geboren und wuchs in Berlin auf, bis die Nazis seine jüdische Familie zurück nach Polen vertrieben. Im Zweiten Weltkrieg überlebte er das Warschauer Ghetto. In den späten 40er Jahren wurde Reich-Ranicki an das polnische Konsulat in London versetzt und arbeitete dort für den polnischen Geheimdienst – eine Tatsache, die in Deutschland für Aufruhr sorgte, als sie Mitte der 90er Jahre bekannt wurde. Reich-Ranicki war seit 15 Jahren Literaturchef der konservativen deutschen Tageszeitung ›Frankfurter Allgemeine Zeitung‹, als ihm 1988 eine Fernsehshow angetragen wurde. Er stellte strikte Bedingungen und so geriet das »Literarische Quartett« tatsächlich so streng wie möglich: Es gibt nur Reich-Ranicki und seine zwei Sparringspartner Sigrid Löffler und Hellmuth Karasek; dazu kommt jedes Mal ein anderer Gastkritiker oder Redakteur, der vor einer Bücherregal-Attrappe sitzt und die Funken zum Fliegen bringen soll. »Kennen Sie den Unterschied zwischen einem Journalisten und einem Romanautor?«, fragte Reich-Ranicki beim letzten Mal mit seiner grimmigen Stimme: »Ein Journalist sucht nach der genauen Bedeutung jedes einzelnen Wortes. Ein Romanautor sucht nach den Bedeutungen zwischen den Worten.« Hier gab es eine nachdenkliche Pause. Es gibt nicht viele Literaturkritiker, die das Ethos schwieriger literarischer Kunst nicht nur ihren intellektuellen Kollegen, sondern auch einem Massenpublikum vermitteln können.

Autoren werden nicht zum Quartett eingeladen, weil ihre Bücher für sie sprechen sollen. »Wenn ein Autor ein Buch von 500 Seiten geschrieben hat, ist das genug, dann sind seine Kommentare unnötig«, sagt Reich-Ranicki. Er ist zudem davon überzeugt, dass Autoren, ähnlich wie Ärzte und Anwälte, »niemals schlecht über andere reden«, während er selbst seine Meinung gern laut und deutlich verkündet. Er ist Heinrich Heine unendlich dankbar dafür, dass dieser die dunkle und überladene deutsche Dichtung »demokratisiert« habe. Er sieht in Bertolt Brecht einen weitaus besseren Lyriker als Dramatiker und hält ›Katz und Maus‹, nicht die ›Blechtrommel‹, für Günter Grass' bestes Buch. Er bringt für obskure Literaturtheorie nicht viel Geduld auf: »Wir hatten einmal eine Dame zu Gast, die sich über ›Postmodernismus‹ ausließ. Ich fragte sie, was das sei. Sie konnte es uns nicht erklären.« Reich-Ranicki hält die Entscheidungen des Nobel-Komitees grundsätzlich für Fehlentscheidungen. Als die schwedische Akademie ihn 1970 um Vorschläge bat, wurde nur einer der vier Namen berücksichtigt, die er genannt hatte. »Ich nannte Max Frisch, er schaffte es nicht. Ich nannte John Updike, auch er nicht. Ich schlug Graham Greene vor, keine Chance. Ich bekam nur Heinrich Böll durch, der es 1972 schaffte. Die wichtigsten Autoren sind zu gut für diesen Preis.«

Reich-Ranicki hätte es gern, wenn deutsche Autoren sich so klar und deutlich ausdrückten wie er selbst. Und trotzdem fegt er Vorhersagen über den Untergang des Romans oder gar, angesichts eines technologiebegeisterten Zeitalters, den Untergang des geschriebenen Worts beiseite. »Niemand«, knurrt er, »wird die Literatur umbringen. Nicht einmal deutsche Schriftsteller.«

JORDAN BONFANTE
Time Europe, 10. Juli 2000
Aus dem Englischen von Julika Griem

Bilder eines Lebens

MARCEL
REICH-RANICKI
MEIN LEBEN
„Ob ich es wollte oder nicht, wohin ich kam, da war deutsche Literatur."
MARCEL
REICH-RANICKI
MEIN LEBEN
MEIN LEBEN
DVA
DVA
DVA

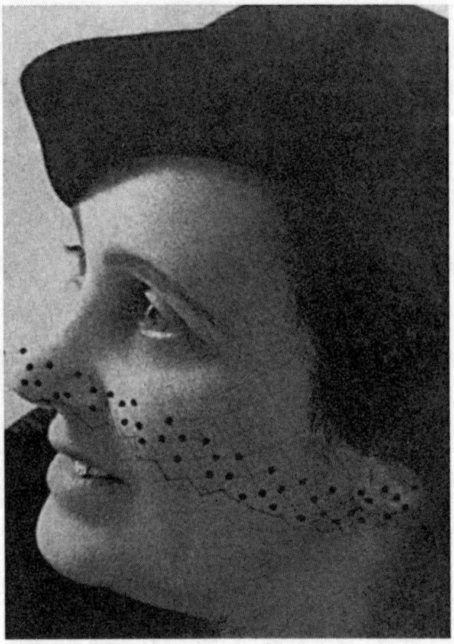

Marcel Reich-Ranickis Mutter Helene Reich, geborene Auerbach, *28. 8. 1884, deportiert 1942

Der Geburtsort Włocławek an der Weichsel, Aufnahme aus der Zwischenkriegszeit

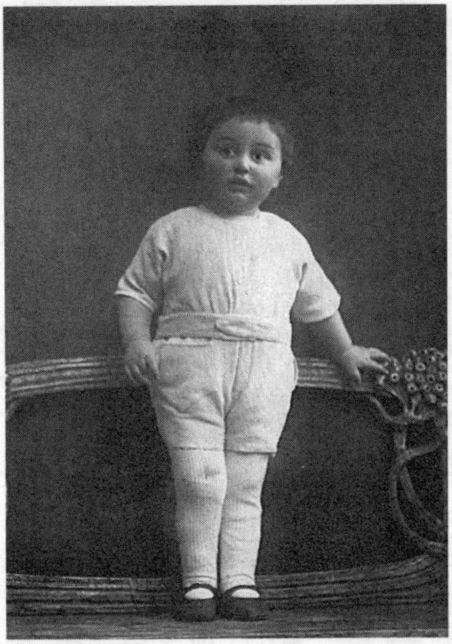

Mit drei Jahren

Mit sechzehn Jahren

Marcel Reich-Ranicki mit seinem Vater David Reich, Kaufmann, *1880, deportiert 1942

Marcel Reich-Ranicki mit Familienmitgliedern

1937: die Abiturklasse des Berliner Fichte-Gymnasiums

Teofila Langnas, 1940

Marcel Reich-Ranicki, Warschau 1942

Mit Teofila und Andrew, Warschau 1956

In Hamburg Anfang der 60er Jahre (Foto: Rosemarie Clausen)

Auf Sylt

Bei der Lieblingsbeschäftigung

Mit Max Brod, Tel Aviv 1967

Mit Siegfried Lenz, Hamburg 1967

Mit Elias Canetti, London 1968

1968 (Foto: Barbara Klemm)

Mit Martin Walser im Frankfurter Römer, 1978 (Foto: Digne Meller Marcovicz)

Auf einer Tagung der »Gruppe 47«

Redaktionskonferenz mit Joachim Fest in der ›Frankfurter Allgemeinen Zeitung‹, 1974 (Foto: Barbara Klemm)

Mit Jurek Becker und Manfred Krug, 1977

Handkuss für Hilde Spiel aus Anlass ihres 70. Geburtstages 1981 in Wien
(Foto: Barbara Klemm)

(Foto: Lütfi Özkök)

(Foto: Brigitte Friedrich)

(Foto: Mara Eggert)

(Foto: J.H. Darchinger)

Mit Ulrike Meinhof, Sylt 1967

Bei der Uraufführung von Fassbinders umstrittenem Theaterstück ›Der Müll, die Stadt und der Tod‹ mit protestierenden Mitgliedern der Jüdischen Gemeinde, Frankfurt 1985 (Foto: Barbara Klemm)

Mit Johannes Gross, 1988 (Foto: Barbara Klemm)

Mit Stephan Hermlin, 1987 (Foto: Barbara Klemm)

Kritikerempfang im Hause Unseld, 1985

Das »Literarische Quartett« in der Urbesetzung 1988: vorne Sigrid Löffler, Marcel Reich-Ranicki, hinten Jürgen Busche, Hellmuth Karasek (Foto: Kövesdi Presse Agentur)

(Foto: ZDF)

Mit Günter Grass

Endgültiger Titel und Entwürfe des SPIEGEL vom 4. Oktober 1993

70. Geburtstag: mit Hans-Wolfgang Pfeifer, Walter Jens, Siegfried Lenz, Ulrich Frank-Planitz und Peter Wapnewski (Foto: Barbara Klemm)

Buchmesse 1999: DVA-Empfang (Foto: Barbara Klemm)

Verleihung des Hölderlin-Preises 2000: mit Staatsminister Michael Naumann und Ehefrau Teofila (Foto: Helmut Fricke)

Der 80. Geburtstag am 2. Juni 2000: mit Thomas Gottschalk und Frank Schirrmacher (Foto: Wonge Bergmann)

Illustrationen zu Erich Kästners ›Lyrischer Hausapotheke‹ von Teofila Reich-Ranicki, entstanden im Warschauer Ghetto

Vor der ehemaligen Schule in der Emser Straße, Berlin 1999 (Foto: Frank Röth)

Tosia und Marcel Reich-Ranicki, 1994 (Foto: Stefan Moses)

Andrew Ranicki und seine Frau Ida Thompson-Ranicki, 1978

Familienausflug mit Schwiegertochter Ida und Enkelin Carla, am Firth of Forth 1999

Im Globe Theatre, 1999

50 Jahre Suhrkamp Verlag, mit Bundeskanzler Gerhard Schröder, 2000
(Foto: Barbara Klemm)

Im heimischen Arbeitszimmer (Foto: Herlinde Koelbl)

Briefe an den Autor

Wolfgang R. Assmann
Oberbürgermeister a.D.

Bad Homburg, 2. Juni 2000

Verehrter, lieber Professor Reich-Ranicki,

wie viel Gutes, Lobendes, Wohlgesetztes, das Bewunderung ebenso ausdrückt wie Dankbarkeit und Zuneigung, werden Sie in diesen Tagen lesen, hören oder erzählt bekommen. Genießen Sie die Huldigungen vorbehaltlos, denn die meisten sind ehrlich gemeint. Wie meine Frau und ich empfinden es viele Menschen als Glücksfall, Sie kennen gelernt, etwas mit Ihnen erarbeitet oder erlebt zu haben. Und staunend konnten wir beobachten, wie der Literaturkritiker, der vor zwanzig Jahren den Gipfel des beruflichen Erfolges erklommen zu haben schien, zehn Jahre später auch noch eine Karriere als Fernsehstar gemacht hatte und nach einem weiteren Jahrzehnt als Schriftsteller gefeiert wird, dessen Lebensbeschreibung nicht nur ein Bestseller wurde, sondern zu den eindrucksvollsten, anrührendsten Büchern gehört, die ich je las, und deren Lektüre in den Schulen zu Recht empfohlen wird. Welche Entwicklung in einem Alter, in dem die meisten Zeitgenossen ermüdet und ein wenig ausgelaugt ihre Rente genießen. Was bei Ihnen so leicht, fast spielerisch aussieht, ist das Ergebnis eines einmaligen Zusammentreffens eines hochlebendigen, jung gebliebenen Geistes mit viel bewunderter Erinnerungsfähigkeit, Sprachgewalt und preußischer Disziplin … Und eins darf man nicht vergessen … Ihre hochverehrte, liebe Frau Gemahlin, ohne die MRR nicht vorstellbar ist. Für die breitere Öffentlichkeit ist diese treue Begleiterin Ihres Lebens erst im letzten Jahr aus dem Schatten des Ehemannes ein wenig herausgetreten. Wir verehren sie seit langem.

Lieber Professor Reich-Ranicki, was Sie für Bad Homburg und Hölderlin getan haben, werden die nun dazu Berufenen am 7. Juni sagen. Meine Frau und ich, wir bleiben Ihnen voll Bewunderung menschlich verbunden und hoffen für Sie und Ihre liebe Frau auf weitere gute, vor allem gesunde und glückliche Jahre. Da dabei ein guter Tropfen helfen kann, lege ich als Ausdruck Assmannscher Glückwünsche Assmannshäuser Roten bei.

Mit besten Grüßen bin ich
Ihr
Wolfgang Assmann

Ingrid Bachér

Düsseldorf, 1. Juni 2000

Lieber Marcel Reich-Ranicki,

gestern sah ich den guten Film von Eva [Demski] und erinnerte mich an lange zurückliegende Zeiten, aber vor allem wieder an Ihr Buch, das für mich so wichtig ist und für das ich Ihnen schon lange danken wollte. Ich finde in ihm gelebt und dokumentiert, was ich immer erhoffte, dass es bestimmend im Leben unserer Gesellschaft existieren möchte und was so radikal ausgelöscht wurde, so dass wir nur noch wenige Nachfahren haben, für die Kultur so untrennbar verbunden ist mit Humanität wie es doch notwendig wäre. Sie wissen, wie wichtig Ihr Buch ist, die Leidenschaft und Güte, die in ihm weitergegeben wird. Güte ist ein altmodisches Wort, aber ich finde kein anderes. Übrigens habe ich immer diese unsentimentale Güte im Zusammenhang gesehen zu der kritischen Schärfe Ihres Urteils, beides erfordert eine Intensität der Wahrnehmung, eine Wachsamkeit. Wir verdanken Ihnen sehr viel. Ich erinnere mich noch gut an die Zeit einer üblen Krankheit – da waren Sie es, der mir mit einem Brief Mut machte, nach meinen Texten fragte, sie druckte. Unvergesslich. Ich denke an Sie an Ihrem Geburtstag

Herzlich
Ihre
Ingrid Bachér

Prof. Dr. Dr. Günter Becker

Mühlenbeck/Summt, 25. Dezember 1999

Sehr geehrter Herr Professor Dr. Marcel Reich-Ranicki!

Ich schreibe Ihnen in dem Bestreben und der Hoffnung, Ihnen eine Freude zu machen, so wie Sie uns (meine Frau und mich) seit Monaten täglich erfreuen. Mehr zufällig begannen wir mit Ihrem Buch ›Mein Leben‹ und waren in vielfacher Weise tief beeindruckt. Jetzt rollen wir gewissermaßen von hinten alle Ihre Bücher und Beiträge auf, die für uns erreichbar sind. Dabei werden Sie von uns nicht gelesen, sondern vorgelesen, d.h. meine Frau liest vor, und ich schaue sie an und höre ihr aufmerksam zu. Das Vorlesen eines Autors, soweit es sich bei der Vorlesenden um eine Verwandte im Geiste handelt, potenziert das literarische Erlebnis, weil es Raum lässt für Gesprächspausen und die Abklärung eventuell unterschiedlicher Auffassungen; mehr noch für die Wiederholung von Worten und Sätzen des Autors, die man sich dann »auf der Zunge zergehen lassen kann«. Weil ich beim Vorlesen meine Frau unentwegt anschaue, weiß ich fast schon im Voraus – ehe der Satz zu Ende gebracht ist –, was sie über Ihre Ausführungen denkt, wie sie begeistert oder nachdenklich ist und ob sie Gedanken austauschen möchte oder nur eine Pause braucht, um das Gelesene voll zu genießen.

Diese Vorbemerkung nur, um anzudeuten, wie aufmerksam wir Ihre literarischen Gedanken anhören und aufnehmen. Dabei bezieht sich unsere Begeisterung rundweg auf alle Aspekte Ihrer Darlegungen: auf die wunderbare Handhabung der Sprache. Ich hatte einmal einen Philosophieprofessor, der extra Französisch lernte, um die Formulierungen der offiziellen Texte der Französischen Revolution auskosten zu können. In diesem Sinne glaube ich, dass man deutsch lernen müsste, um große Teile Ihrer Bücher bis ins Letzte zu erfassen, weil die Vielfalt und Treffgenauigkeit der dabei verwendeten Worte und Sätze nicht ohne weiteres übersetzbar sind. Dazu kommt die Anschaulichkeit der gebrauchten Begriffe, die Vernetzung der Gedanken zu einer Aussage, die nicht immer eindeutig zu sein braucht, weil sie sonst die Komplexität des Inhalts gar nicht zu decken vermöchte; die aber auch absolut eindeutig sein darf, wenn das Temperament mit Ihnen durchgeht, und dann wie eine Droge wirkt, der man sich auch bei abweichender Meinung kaum entziehen kann. Manchmal liegt in dem Wortlaut Ihrer Darlegungen – vor allem, wenn Sie etwas umschreiben, was Sie innerlich tief bewegt – eine solche Melodie der Sprache und des

Ausdrucks, dass man an ein Volkslied erinnert ist, das einem nicht mehr aus dem Sinn kommt.

Der konkrete Anlass zu dem Entschluss, uns bei Ihnen zu bedanken, war der Beitrag über Tucholsky in Ihren Aufsätzen über deutsche Schriftsteller von gestern. Ganz abgesehen von den beziehungsreichen Sprachschöpfungen, z.B. bei Ihrer Aufzählung der Ausdrucksweisen, die Tucholsky inspiriert haben sollen, wie die von »Muttchen und Nuttchen«, finden sich Gegenüberstellungen in Ihren Beschreibungen, die die besprochenen Schriftsteller über das bisher Bekannte hinaus erhellen und interessant machen.

Dabei spielt es zunächst gar keine Rolle, ob und inwieweit man mit Ihrer Einschätzung übereinstimmt. Schon allein die Art und Weise Ihrer Betrachtung eröffnet eine zusätzlich neue Sicht sowohl auf die besprochenen Bücher als auch auf ihre Autoren; in ihrem Mittelpunkt steht nicht der interpretierende Rückblick – der auch –, sondern der aktivierende Ausblick und die Anregung, den behandelten Schriftsteller erneut und aufmerksamer als bisher zu lesen. Insoweit sind Sie – bei allem Gewinn aus der Eigenart und Originalität Ihrer kritischen Betrachtungen, auch einem Sämann vergleichbar, der in seinen »Aufsätzen« vielfältiges Interesse und zusätzliche Neugierde an der Person und den Werken der Besprochenen unter die Leute bringt und sie zum Lesen und Wiederlesen veranlasst. Es würde auch eine unschätzbare Bereicherung der zu oft mit banaler Unterhaltung angefüllten Radio- und Fernsehprogramme zur Folge haben, wenn z.B. Aufsätze von Ihnen über Schriftsteller und deren Werke mit der oben angedeuteten Wirkung systematisch gesendet würden.

Ich könnte in meiner Begeisterung noch viele andere Aspekte anführen, die meine Frau und mich zu Ihren dankbaren Lesern gemacht haben. Es ist darüber hinaus ein schönes Gefühl, auch einmal einen Zeitgenossen so uneingeschränkt als herausragenden Könner zu entdecken und verehren zu dürfen, der sowohl als Kritiker als auch als Schriftsteller alle nur denkbaren Wünsche und Ansprüche in so hohem Maße erfüllt. So ist Ihre Würdigung der Person und Werke von Klabund, die wir gerade lesen, so einmalig treffend, behutsam, liebevoll und über die Zeit hinaus bewegend. Eine Würdigung, wie sie ihm zukommt; überaus verständnisvoll und sprachlich wunderschön.

Die so besprochenen ›Deutschen Schriftsteller von gestern‹, aber auch alle Ihre Leser von heute befinden sich bei Ihnen in guten Händen, den Händen eines Kritikers, eines Schriftstellers und eines Poeten, der die literarische Welt unendlich bereichert und vielen Menschen eine große Freude gemacht hat.

Wir wünschen Ihnen noch viele Jahre fruchtbarer Arbeit und Ihnen und Ihrer lieben Frau noch eine lange gemeinsame und schöne Zeit.

Günter und Christine Becker

Freistaat Sachsen

Dresden, 7. Juni 2000

Sehr verehrter, lieber Herr Reich-Ranicki,

nach Dresden zurückgekehrt gratuliere ich Ihnen nachträglich zu Ihrem 80. Geburtstag auch im Namen meiner Frau sehr herzlich.

Ein Geburtstagsbrief an Sie, verehrter Herr Reich-Ranicki, gleicht dem Unterfangen, das Unmögliche möglich werden zu lassen. Alles was über Sie zu sagen wäre, ist zu vielen Anlässen bereits gesagt worden. Positives wie Negatives ist je nach dem Ansehen, in dem Sie beim jeweiligen Laudator oder Kritiker stehen, zur Gänze über Sie ausgesprochen worden. Lassen Sie mich deshalb als Ministerpräsident eines Landes, das eine lange Grenze mit Polen hat, Ihnen zu Ihrem Geburtstag danken, dass Sie als Mensch polnisch-jüdischer Abstammung nach allem, was Deutschland an Leid über Ihre Gattin und Sie, die Angehörigen und Freunde gebracht hat, nicht aufgehört haben, an das Gute im Deutschen zu glauben und schließlich nach Deutschland zurückgekehrt sind. Sie haben sich bereits in Polen in einer Zeit, in der dort alles Deutsche aus verständlichen Gründen nicht gelitten war, für die deutsche Literatur, deren Kenntnis und Verbreitung eingesetzt.

Die geistig-kulturelle und intellektuelle Debatte wäre um vieles ärmer, wenn sie nicht wider alle vordergründige Vernunft in das Land Ihrer Jugend- und Schulzeit zurückgekehrt wären. Ihre Hinwendung nach Deutschland hat in guter Weise die deutschsprachige Literatur gefördert. Die von Ihnen ausgelöste kontroverse Diskussion mit Schriftstellern und Kritikern hat befruchtend auf die Literatur gewirkt. Mit Ihren Sendungen im Rundfunk und Fernsehen haben Sie bei vielen Menschen das Leseinteresse geweckt. Insbesondere durch das »Literarische Quartett« wurde die Literatur von der Aura des Elitären befreit. Dadurch wurden breite Kreise der Bevölkerung dem Buch erschlossen. Dies bleibt Ihr Verdienst, das durch die Kritik am »Literarischen Quartett« nicht geschmälert wird.

Für die vor Ihnen liegende Zeit wünsche ich Ihnen für das, von dem Sie uns über die ›Frankfurter Allgemeine Zeitung‹ mitteilen, dass Sie sehr wohl wissen, was Sie noch alles tun werden, alle Kraft, Gesundheit und Gottes Segen. Mit freundlichen Grüßen und einem herzlichen Glück-auf aus Sachsen

Ihr
Kurt Biedenkopf

Josef Bźoch

Bratislava, 19. Dezember 1999

Sehr geehrter Herr Reich-Ranicki,

gerade habe ich Ihr Buch ›Mein Leben‹ zu Ende gelesen und es hat mich so ergriffen, dass ich Ihnen schreiben will. Ich bin selber seit über 50 Jahren Literaturkritiker, Autor von einigen Büchern, befasse mich mit der slowakischen, aber zum Teil auch mit der deutschen Literatur, aus der ich einige Bücher auch übersetzt habe. Mindestens teilweise kenne ich Ihr Werk und verfolge regelmäßig Ihre Sendung Literarisches Quartett. Ich bin so zu sagen Ihr kritischer Bewunderer. Was aber Ihre Autobiographie für mich bedeutet, ist kaum auszusprechen. Sie haben ein Buch geschrieben, das zugleich amüsant und lehrreich ist, und in keiner Beschreibung – auch der dramatischsten Abschnitte Ihres Lebens – finde ich das, was so oft den Autor von Erinnerungen verführt – nämlich Selbststilisierung. Und dabei ist es ein Buch, das einen ausgezeichneten Stil hat, es ist mit Charme und Eleganz des Geistes geschrieben. Ihr Werk liest sich nicht nur als persönliche Geschichte, sondern als Geschichte der deutschen Nachkriegsliteratur.

Haben Sie vielen Dank, Herr Reich-Ranicki, für Ihr sinnvolles Leben und für Ihr Buch, das sein Spiegel ist. Ich denke, dass dies das Höchste ist, was ein Mensch, bzw. Kritiker beim Lesen erreichen kann: Freude.

Ihr ergebener
Jozef Bźoch
Bratislava
Slowakei

Isaak & Rozica Ehrlich

Petach-Tikvah/Israel, 6. September 1999

Sehr geehrter Herr Marcel Reich-Ranicki,

ich lese oft die Wochenzeitschrift ›Der Spiegel‹ und habe im Laufe der Zeit von Ihnen gehört. Literaturkritiker, Jude …

Nun habe ich im ›Spiegel‹ No. 32 und No. 33 Ihren Beitrag ›Revolte im Wohlstand‹ und einen Auszug aus Ihren Memoiren gelesen.

Diese »Kostprobe« hat mich sehr beeindruckt.

Es wundert mich, dass die Redaktion des ›Spiegels‹ Ihre Ausführungen zum Abdrucken freigab, da in meinen Augen der Herausgeber, Herr Rudolf Augstein, kein Judenfreund ist. Weiters war ich irrtümlich der Meinung, dass die so verbreitete Zeitung ›Die Zeit‹ ein demokratisches Blatt ist!

Ich erlaube mir ihnen zuzurufen: »Es geschieht ihnen Recht!!«

Was sind wir Juden für ein komisches Volk!! Können wir nicht endlich verstehen: Man will uns nicht!!

Viele vor Ihnen haben es versucht (L. Feuchtwanger) und sind daran gescheitert!!

Sie, sehr geehrter Herr, mit Ihrem Talent und Wissen, hätten bestimmt eine ehrenwerte Position bei uns in Israel gehabt!

Ich bin kein Nationalist, nicht religiös, ein »paschoter« Jude, in Wien geboren, im Jahre 1958 mit Frau und Kind nach Israel eingewandert.

Ich bin zum Entschluss gekommen, dass »ein Bleibe« für Juden nur in Israel in Frage kommt. Ich will nicht, dass meine Kindeskinder dies erleben sollen, was ich durchmachen musste! Mein wohlgemeinter Rat an Sie: Es ist noch heute nicht zu spät »Farbe« zu bekennen! Bemühen Sie sich ein wenig mehr Jude zu sein! Helfen Sie mit Ihrem Wissen Ihren Glaubensgenossen!

Anlässlich des kommenden NEUEN Jahres, wünschen wir Ihnen und Ihrer werten Familie alles erdenklich Gute, Gesundheit und noch viele glückliche Jahre!! AMEN!

Mit besonderer Hochachtung
Isaac Ehrlich

Dr. Dagmar von Gersdorff

Berlin, 22. Mai 2000

Sehr geehrter Herr Reich-Ranicki,

das Buch, in dem Sie Ihr Leben beschrieben haben, ist eine Meisterleistung. Man muss Ihnen während der Lektüre Respekt bezeugen. Sie schreiben konsequent sachlich, unaufdringlich und sehr anschaulich. Was aber – vor allem natürlich in den Situationen, die Unmenschlichkeit und Verbrechen zum Inhalt haben – überzeugt, ist die Tatsache, dass Sie Gerechtigkeit walten lassen. Diese Gerechtigkeit in allen Dingen ist der große Vorzug Ihres Buches.

Das Faszinierende an Ihrer Darstellung ist – neben Formulierungskunst und klarem Stil – der Weg, den Sie gewählt haben, nämlich die Schilderung eines ungewöhnlichen Lebens entlang der Literatur. Das ist so überzeugend gelungen, dass man sich veranlasst sieht, gewisse Autoren endlich zur Kenntnis zu nehmen und ihre Werke zu lesen. Man muss Ihnen für Anregungen und Aufklärungen danken, die Ihre Erinnerungen – neben allem anderen – bieten.

Ein gelungenes Buch von historischem Ausmaß ist zu preisen!
Mit Gratulation und freundlichen Grüßen
Ihre
Dagmar von Gersdorff

Peter Glotz

St. Gallen, 31. Mai 2000

Hochverehrter, lieber Herr Reich-Ranicki,

meine Frau und ich hatten uns schon für Ihren 80. Geburtstag angesagt, mussten dann aber unseren Plan doch umschmeißen, weil meine Frau nach einer langen Krankheit sich die Reise noch nicht zumuten will. Deswegen erlaube ich mir, auf diesem prosaischen Weg Ihnen sehr herzlich meine allerherzlichsten Glückwünsche zu diesem großen, runden Geburtstag zu senden. Ich gratuliere zu der beispiellosen Vitalität, die man in regelmäßigen Abständen beim »Quartett« beobachten kann, und wünsche Ihnen, dass diese Kraft für viele weitere Jahre erhalten bleibt.

Ich freue mich über den Erfolg Ihres Buches. Wenn Sie sich an meine Rezension in der ›Woche‹ erinnern, wissen Sie, dass ich diesen glänzenden Memoiren einen solchen Erfolg gewünscht habe. Vielleicht ist dieser große Geburtstag auch ein Anlass, einmal zu sagen, dass Sie mit Ihrer Literaturkritik aus der literaturkritischen Subkultur Deutschlands fast als Einziger vollständig herausfallen. Ich habe vor 30 Jahren meine Dissertation über Buchkritik in Deutschland geschrieben und habe meine Auffassung seitdem nicht ändern müssen; dass unsere gegenwärtige Literatur im Ausland, von wenigen Ausnahmen abgesehen, nichts bedeutet, hängt sehr mit dem Netzwerk von zwölf Herren und drei Damen zusammen, die mit herzlich wenig Bezug zum Leser und zur Gesellschaft vor sich hinschreiben und ihre Werkimmanenz pflegen. Bei Ihnen hat man immer gewusst, woran man ist. Bei Ihnen spürt man immer, dass Sie den Leser Ihrer Kritik vor Augen haben, dass Sie seine Kommunikationsbedürfnisse berücksichtigen. Ich wünsche Ihnen von ganzem Herzen einen hochgelungenen 2. Juni und Glück und Gesundheit für die kommenden Jahre. Ich freue mich darauf, Sie bald bei irgendeiner Gelegenheit wieder zu sehen. Ich bitte Sie herzlich um Empfehlungen an Ihre Frau.

Mit freundlichen Grüßen
Ihr
Peter Glotz

Nicolaus Harnoncourt

Lohen, 16. Juni 2000

Sehr geehrter (lieber) Herr Reich-Ranicki,

beim Berliner Gespräch anlässlich Ihres Geburtstages saß ein sehr unwissender NH Ihnen gegenüber – (ich fand das Gespräch interessant und anregend und immer wieder überraschend) – jetzt habe ich Ihr Buch gelesen. Es ist mir unter die Haut gegangen, hat mich tief berührt. Und Ihre Frau saß auf dem Sessel daneben und hörte zu. Hätte ich Ihr Buch damals schon gekannt, mir wäre jedes Wort im Hals stecken geblieben.

Ich bin dankbar, dass ich Sie beide kennenlernen durfte (falls man die kurze Begegnung so nennen kann). Vielleicht haben wir einmal in Ruhe, ohne Fernsehen, Zeit füreinander.

Mit herzlichen Grüßen an Sie und einen Handkuss an Ihre Frau,
Ihr
Nicolaus Harnoncourt

Lore Hepner

Santiago/Chile, 8. März 2000

Sehr geehrter Herr Reich-Ranicki,

Sie werden das Wort kennen: »… wenn meine Tante Räder hätte wär' sie'n Omnibus«, denn »wenn« es keine Nazis gegeben hätte und keine Kristallnacht, wäre ich nicht, neunjährig, nachdem mein Vater aus dem KZ Sachsenhausen entlassen wurde, ausgewandert und auf Umwegen in Chile gelandet, wo ich damit zu tun hatte, mit der spanischen Sprache zu kämpfen, um sie zu lernen und sie schließlich zu lieben.

Erst als ich längst erwachsen war, hatte ich das große Glück, langsam und vorsichtig ins deutsche Wort und in die deutsche Literatur eingeführt zu werden. Doch aus Gründen existentieller Ansprüche konnte ich lange Jahre hindurch den deutschen Schriftstellern nicht so viel Zeit und Ruhe entgegenbringen wie es mir am Herzen gelegen hätte. – Eine Lücke blieb. Eine große Lücke blieb. Eine Lücke, die mir oft zu schaffen machte, denn ich musste beruflich viel schreiben, was meistens auf Spanisch von mir verlangt wurde, und wenn dann der Moment kam, wo ich nicht schreiben »musste«, sondern schreiben »wollte«, dann stand ich und stehe heute noch vor dem Dilemma: schreibe ich Spanisch, was mir ohne Frage leichter fällt und in dessen Wortschatz ich mehr zuhause bin, oder lieber Deutsch, was aus irgend einer – vielleicht atavistischen – Quelle aus mir heraus drängt, mich mehr interpretiert, mir näher ist?

Sie werden mir in der Beantwortung dieser Frage nicht helfen können, aber Sie haben mir mit Ihrer Autobiographie, Ihrer unvergleichlichen Darstellung der deutschen Literatur, der klassischen und der zeitgenössischen, eine so wunderbare »Clase Magistral« erteilt, einen so lebendigen und plastischen Lehrgang geboten, dass ich Ihnen von ganzem Herzen danken und Ihnen meine Bewunderung für das von Ihnen Geschaffene, für dieses einzigartige Lebenswerk, aussprechen muss.

Ich gebe zu, nach Ihrem Buch ist mir die erwähnte Lücke in ihrer ganzen Dimension noch viel bewusster geworden. Sie ist wahrscheinlich nicht mehr zu schließen, aber Sie haben mich, zu meiner zukünftigen Lektüre, mit einem Leitfaden ausgerüstet, dessen Wert mir unermesslich erscheint.

Mit freundlichen Grüßen,
Ihre
Lore Hepner

Stefan Heym

Berlin, 2. Juni 2000

Lieber Herr Reich-Ranicki,

Wohl erinnere ich mich an Ihren Besuch zu meinem 85. Geburtstag und an die lustigen und wohlmeinenden Bemerkungen, mit denen Sie mir den schweren Schritt ins postbiblische Alter zu erleichtern suchten. Und obwohl Sie heute immer noch fünf Jahre jünger sind, als ich es damals war, glaube ich dennoch, dass ein wenig guter Zuspruch auch Ihnen von Nutzen sein könnte.

Nun also: da sind, bei Ihnen wie bei mir, das kämpferische Leben und das kämpferische Werk, welche den Blutkreislauf und die grauen Zellen im Gehirn mobil halten und Ihnen wie mir noch einige Jahre versprechen; und da sind die Menschen, die wir geärgert haben – auf Ihrer Seite noch zahlreicher als auf meiner –, und welche jetzt nur noch mit schiefem Lächeln sich neigen und lobpreisen können, gleichfalls ein lebensverlängernder Anblick; und da sind schließlich unsere Frauen, Ihre und meine, deren Wirken und Wesen uns Glück und menschliche Wärme gebracht haben und bringen.

All das ist Gunst des Schicksals, und ich wünsche Ihnen, dass diese Gunst Ihnen auch künftig weiter zuteil werde.

Ihr
Stefan Heym

Hermann Kant

Prälank, 24. Mai 2000

Z. 80.

Lieber Marcel Reich-Ranicki, seit wann brauchen Sie denn Zettel von Grass oder Walser? Hier und herzlich schreibt Ihnen einen
Ihr
Hermann Kant

Prof. Dr. Joachim Knape

Tübingen, 9. März 2000

Lieber Herr Reich-Ranicki,

lassen Sie mich auch auf diesem Wege schon einmal recht herzlich für die Übersendung Ihrer Autobiographie danken. Wir hatten in Tübingen darüber gesprochen, wie man mit einer Autobiographie seinem Leben selbst ein zweites Mal Gestalt geben kann. Ich möchte an dieser Stelle hinzufügen, dass der Leser diesem Leben beim Lesen eine dritte Gestalt in seiner Imagination gibt, denn er wird Thomas Manns Diele doch anders mit seinem inneren Auge sehen als Sie beim Schreiben. Der erste Teil des Buches verbietet mir persönlich jedes geschmäcklerische Kompliment über das erzählerische Gelingen Ihrer Lebensgeschichte. Ich hätte das Gefühl der Unangemessenheit, auch wenn sich viel Bemerkenswertes dazu sagen ließe. Das Buch selbst ist, denke ich, eine der Antworten auf die letzte Ihrer Fragen von Seite 312. Was das für eine Art Zufall war, von dem Sie ja verschiedentlich reden, der das Schreiben dieses Buchs am Ende möglich machte, will ich dahingestellt sein lassen. Jedenfalls ein notwendiger Zufall für die Nachkommenden, weil er dazu führte, dass ein Mann der klaren und prägnanten Feder – wie Sie – dieses persönliche und zugleich historische Zeugnis des Warschauer Kapitels der deutschen Katastrophe ablegen konnte. Ich betone hier gerade diesen Aspekt Ihres Buches, weil er die einzig richtige Alternative zu Walsers Aufruf zum Vergessen ist, ein Aufruf, den ich von Anfang an für dubios gehalten habe. Und, Ihr Buch hat mich zu noch deutlicherer innerer Entschiedenheit gegenüber der gerade ablaufenden erbärmlichen Österreichgeschichte gebracht, über deren Bedeutung ich schon viel nachdenken musste.

Herzlichen Dank und viele Grüße aus Tübingen von
Ihrem
Joachim Knape

Wolfgang Leppmann

München, 7. September 1999

Lieber Freund,

Dein Buch habe ich soeben ausgelesen. Es ist vieles darin, das ich bereits kannte, aber auch viel Neues, bes. natürlich im Persönlichen.

Respekt vor Deiner Zurückhaltung! Das hätte man, der Beispiele gibt es genug, alles auch in ganz anderem Tonfall schildern können. Wie schön, dass Du es *so* gemacht hast. Ich kenne kein anderes Buch, das diese doch weitgehend grauenhaften Jahre so ausgewogen geschildert hätte. Die Lektüre hat mir Appetit auf ein Gespräch gemacht, hoffentlich ergibt sich dazu bald eine Gelegenheit.

Dass Du ein brillanter Stilist bist und Kennerschaft mit Witz zu verbinden weißt, war mir seit vielen Jahren bekannt. Charaktergröße hingegen ist eine Tugend, die auf Redaktionen nicht gerade breit gestreut ist. Noch einmal: Respekt!

Herzlichen Gruß auch an Deine liebe Frau, die ich seit bald vierzig Jahren kenne, ohne dass wir, höfliche Menschen, die wir beide sind, einander jemals anders als mit Frau R.-R. bzw. Herr L. angeredet hätten. – Viele Grüße auch an Tosia also!

Wie immer Dein
Wolfgang

WDR/Der Intendant

Köln, 2. Juni 2000

Sehr geehrter Herr Reich-Ranicki,

Marcel Reich-Ranicki wird 80. Kaum zu glauben!

Ich stehe auf und gratuliere. Der Westdeutsche Rundfunk gratuliert dem hochgeschätzten Literaturpapst. Die gesamte friedliebende Menschheit schließt sich diesem Glückwunsch an.

Ich wünsche Ihnen an Ihrem heutigen Ehrentag Gesundheit, Gesundheit, Gesundheit, weiterhin klaren Kopf und den »literarischen Kampfgeist«, den wir an Ihnen so bewundern und schätzen.

Seit Generationen sind Sie nicht nur der wichtigste Literaturkritiker unseres Landes, sondern die bekannteste Person des Literaturbetriebs. Sie sagen Ihrem begeisterten Publikum, was es zu lesen hat. Es folgt Ihrem Rat gerne und erlebt im Fernsehen – aufs äußerste amüsiert –, wie Sie Ihre Auswahl begründen. Langweilig sind Ihre Bücher und Sendungen jedenfalls nie!

Ihnen ist gelungen, was die Medienwelt bis dahin immer entschieden verneint hatte: Dass aus einem großen Zeitungsmann ein noch größerer Fernsehmann werden kann. Als Sie das Literarische Quartett übernahmen, waren Sie längst die Institution für Literaturkritik in Deutschland. Mit Ihrer streitfreudigen Literatursendung ist es Ihnen gelungen, nicht nur den leidenschaftlichen Lesern des Feuilletons, sondern auch einem größeren Publikum die Liebe zur Literatur nahe zu bringen.

Dabei war Ihre Liebe zur deutschen Kultur, zur Musik und eben vor allem der Literatur Deutschlands durch Ihre Vergangenheit nie beeinträchtigt. Im Gegenteil, gerade auch deutsche Musik und Dichtung haben Ihnen geholfen, diese Jahre Ihres Lebens zu ertragen. Sie haben diesen unversöhnlichen und niemals begreifbaren Widerspruch zwischen Kultur und Barbarei nicht nur durchlitten und ausgehalten, sondern ihn in bewundernswerter Weise auch für uns als Rätsel in Ihrem Buch aufbewahrt.

Die Vergangenheit kann niemand ungeschehen machen. Sie haben daran erinnert, und dies ist wichtig. Aber Sie zeigen uns vor allem, dass wir die Aufgabe haben, unsere Musik, unsere Kunst, unsere Literatur zu achten und unsere Tradition zu bewahren. Dass Sie uns, Ihre Fernsehzuschauer und Leser, immer wieder auf so unnachahmlich unterhaltsame und streitbare Weise belehren, dafür sind wir Ihnen sehr dankbar.

Verehrter Herr Reich-Ranicki, ich wünsche Ihnen einen schönen Geburtstag, weiterhin ungebrochene Schaffenskraft und natürlich vor allem gute Gesundheit. Bleiben Sie uns noch lange erhalten – so wie Sie sind!

Mit herzlichen Grüßen
Ihr
Fritz Pleitgen

Anne Ranasinghe

Colombo/Sri Lanka, 1. Dezember 1999

Lieber Herr Professor,

ich habe gerade Ihre Autobiographie beendet (›Meine Schulzeit im Dritten Reich‹ habe ich früher schon gelesen), und ich möchte Ihnen gern sagen, dass mir das Buch sehr gefallen hat und dass ich sehr viel aus der Lektüre gelernt habe. Ich habe die deutsche Literatur erst sehr spät kennen gelernt (mit über fünfzig; bis 1983 weigerte ich mich, Deutsch zu lesen oder zu sprechen oder auch Deutschland zu besuchen), also erst 45 Jahre, nachdem ich Deutschland als Kind 1939 verlassen habe. Ich schätze Ihren klaren, aufgeräumten und luziden Stil, der unprätentiös und treffend ist. Mir gefällt auch Ihre Direktheit, obwohl ich mir vorstellen kann, dass diese manchmal Schwierigkeiten verursacht.

Ich werde Sie nicht mit meiner Biographie belästigen. Nur soviel: Ich bin Jüdin, 1925 in Deutschland geboren, wurde von meinen Eltern nach England geschickt, als ich dreizehn war, habe einen Professor der Geburtshilfe und Gynäkologie aus Sri Lanka geheiratet und lebe seit fast fünfzig Jahren in Sri Lanka. Ich habe zu schreiben begonnen, als meine jüngste Tochter alt genug war, auf sich selbst aufzupassen (wir haben sieben Kinder), und obwohl Sie sicherlich noch nie von mir gehört haben, bin ich als einzige Jüdin in Sri Lanka sehr bekannt, wo schon eine Menge Bücher von mir (auf Englisch) erschienen sind.

Falls es Sie interessiert: Klaus Harpprecht war 1990 hier und hat mit mir ein Interview geführt. Der MARO-Verlag hat ein kleines Buch mit meinen Gedichten in Deutsch und Englisch herausgebracht. Michael Lentz hat 1985 einen Film über »mein Leben« mit dem Titel ›Heimsuchung‹ gemacht, und Juan Allende-Blin hat ein Hörspiel namens ›Muttersprachlos‹ geschrieben, das meinen Sprachverlust eindringlich dargestellt hat. Dieser Verlust macht mir immer noch sehr zu schaffen und hindert mich daran, Ihnen auf Deutsch zu schreiben. Sie werden mir dies hoffentlich verzeihen. Ich bewundere und beneide Ihre Beherrschung Ihrer Muttersprache; ich bin in der nicht beneidenswerten Lage einer Autorin, die sich in keiner Sprache ganz zu Hause fühlt.

Freunde haben mir Zeitungsausschnitte auch Ihrer Buchbesprechungen geschickt; die letzte, die ich las, behandelte Günter Grass. Ich freue mich auf alles, was demnächst aus Ihrer Feder oder Ihrer Schreibmaschine oder Ihrem Computer kommen wird.

Mit den besten Wünschen
Ihre
Anne Ranasinghe (Katz)

Aus dem Englischen von Julika Griem

Helmut Rückriegel
Botschafter a.D.

Bonn

Lieber Herr Reich-Ranicki,

zu Ihrem gloriosen runden Geburtstag gratulieren meine Frau und ich Ihnen sehr herzlich. Das Furioso der Feiern und Ehrungen zeigt Ihnen, Sie mögen wollen oder nicht, dass Sie, Liebling der Nation, nun doch dazugehören. Wer wie Sie so intensiv zuhause ist in der deutschen Literatur, ja ein Teil von ihr, auch als Kritiker, ist, der wird einfach als Deutscher wahrgenommen.

Vor Jahren sagten Sie, wenn mich meine Erinnerung nicht täuscht, im Fernsehen einmal auf die Frage, ob Sie nun Deutscher seien: nein, »ich lasse mich nicht vereinnahmen«! Da war ich erstaunt, denn ich hatte Sie immer als Landsmann empfunden.

Aber selbst wenn nicht, es ist eigentlich nicht wichtig. Sie sind ein ganzer Kerl, und das ist die Hauptsache! Goethe hat sich ja mokiert über Zeitgenossen, die sich aus dem Leben davon machten. Bereiten Sie uns also weiterhin Freude mit Ihrem Witz und Ihrer Intelligenz, werden Sie hundert – wir wären nicht verwundert. Ad multos annos!

Ihr
Helmut Rückriegel, mit Frau Brigitte

Heiko Schnickmann

Wuppertal

Sehr geehrter Herr Reich-Ranicki,

erst einmal möchte ich Ihnen nachträglich zum 80. Geburtstag gratulieren.

Ich möchte mich bei Ihnen bedanken. Wenn Sie sich jetzt fragen wieso, die Antwort ist einfach: Für Ihr Buch ›Mein Leben‹.

Nur weil Sie Ihr Buch geschrieben haben, bekam ich eine eins in Deutsch. Das geschah auf Grund dreier Geschehnisse, von denen ich erzählen will.

Wir bekamen die Aufgabe auf, ein Literaturreferat von sechs Seiten zu schreiben. Ich beschloss im Nu, mir Ihren Bestseller vorzunehmen, den ich zu meinen 16. Geburtstag geschenkt bekam. Zu meiner Überraschung nahm mein Deutschlehrer den Vorschlag an, und so lieferte ich ihm ein 36 Seiten starkes Literaturreferat über Ihr Buch. Die Note, die ich bekam, war eine eins.

Zu diesem Literaturreferat gehörte ebenfalls ein mündlicher Vortrag, den ich zu einer multimedialen Vorstellung machte, indem ich einen Ausschnitt des »Literarischen Quartetts« zeigte, aus Ihrem Buch vorlas, Sie vorlesen ließ von Kassette aus und eine Projektionsfolie auflegte. Auch hier war ich wieder Kursbester mit der Note eins.

Das dritte und letzte Geschehnis war ein Ehrgeiz, der sich entwickelte, als ich Ihr Buch, des Referates wegen, ein zweites Mal las. Ich wollte die Ihnen zustehende Note in Deutsch auch. Ich wollte diese eins. Ich nervte meinen Lehrer, interpretierte und kritisierte die Literaturreferate der anderen Mitschüler, aber half ihnen auch beim Formulieren eines Satzes, der den Inhalt des Buches wiedergeben sollte.

In der allerletzten Deutschstunde der Sekundarstufe I las unser Deutschlehrer die Noten vor und ich jubelte, denn ich hatte das bekommen, was ich wollte.

Ich bedanke mich also nochmals und verbleibe mit einem Gruß an Sie und Ihre Frau.

Leben Sie lang und in Frieden

Hochachtungsvoll
Heiko Schnickmann

Dr. Brigitte Seebacher-Brandt

Frankfurt, 13. Juni 2000

Sehr geehrter Herr Reich-Ranicki,

sehr verspätet möchte ich mich doch auch noch in die lange Gratulantenschar einreihen dürfen.
Ich war, als ich bald nach Erscheinen Ihr Buch zu Ende gelesen hatte, sehr bewegt – im Besonderen wegen der Worte über Willy Brandt. An jenes Wochenende in Nürnberg, ich meine, es war das Wochenende des 26./27. Januar, erinnere ich mich gut. Am Sonnabend abend war er, aus Thüringen kommend, wo er die SPD wieder begründet und große Kundgebungen gehalten hatte, mit Ihnen verabredet. Als ich ihn am anderen Morgen, ich war direkt nach Nürnberg gefahren, im Hotel traf, war er benommen und aufgekratzt zugleich. Die Begegnung mit Ihnen, die schwer und lustig (Rotwein!) zugleich gewesen sein muss, hat ihm viel bedeutet. Auch Ihr Thomas-Mann-Buch, das Sie ihm widmeten, hat er in hohen Ehren gehalten. Allerdings war er zu jener Zeit noch nicht krank. Gewiss hatten ihn die Ereignisse und die werdende deutsche Einheit mitgenommen, psychisch und auch physisch. Aber die tödliche Krankheit brach erst später aus.

Sein Vermächtnis war die Demut, aus der Stolz erwächst. Es war der Stolz des anti-nazistischen Deutschen. Der Kniefall und das erhobene Haupt haben für ihn zusammengehört. Dass diese Ambivalenz im zeitgenössischen Bewusstsein so wenig Spuren gezogen hat, ist nicht leicht zu verstehen. Um so dankbarer bin ich, dass Sie an Willy Brandt erinnert haben.

Mit guten Wünschen und freundlichen Grüßen
Ihre
Brigitte S.-Brandt

Dieter Wellershoff

Köln, 2. Juni 2000

Lieber Marcel Reich-Ranicki,

eben von einer Auslandsreise zurückgekehrt, erfahre ich, dass Sie heute Ihren 80. Geburtstag feiern. Meine Gratulation kommt also leider mit Verspätung, gewissermaßen als Nachschlag zum sicher riesenhaft angeschwollenen Hirsebrei der Geburtstagspost, durch den Sie sich durcharbeiten müssen. Also ist es geboten, mich kurz zu fassen und nur, stellvertretend für vieles andere, zu sagen: Jeder, der gelebt hat, »kann eine Geschichte erzählen«. Wer aber wie Sie in der Auseinandersetzung mit der Zeit und im Licht- und Schattenwechsel von Glück und Unglück seinem Leben Richtung und einen unverwechselbaren Ausdruck gegeben hat, der kann eine bedeutende Geschichte erzählen. Und das haben Sie getan.

Ich beglückwünsche Sie. Und angesichts Ihrer Spannkraft und vitalen Gegenwärtigkeit, scheint es mir keineswegs verwegen zu sein, Ihnen noch viele glückliche Jahre zu wünschen

Ihr
Dieter Wellershoff

P.S.: Bitte grüßen Sie auch Ihre Frau! Vor vielen Jahren hatte ich bei einer Abendesseneinladung des Verlages den Vorzug, neben ihr zu sitzen.

Thekla C. Wied

München, 22. November 1999

Sehr geehrter Herr Reich-Ranicki,
sehr verehrte Frau Teofila!

Es passiert mir selten, dass ich mich verzweifelt bemühe, immer langsamer zu lesen, obwohl ich die Seiten eigentlich verschlingen möchte, nur damit es nicht zu Ende geht.
»Dem Traum folgen und nochmals dem Traum folgen und so weiter – usque ad finem« (Joseph Conrad)

Welch ein Leben – welch ein Buch! Danke! Ein Blumengruß im frühen Winter möge Sie erfreuen.

Herzlichst
Thekla Carola Wied

Gespräche

»Liebe spielt eine große Rolle«

»Sind Sie auch wirklich vorbereitet, gefällt es Ihnen?« Er eröffnet mit jener streitlustigen Angriffs-Variante, die im »Literarischen Quartett« zu seinem Markenzeichen geworden ist. Da ich nicht antworte (warum jetzt schon?), entsteht eine Pause. Dann fragt er noch einmal: »Wie finden Sie es …« Und diesmal klingt seine Stimme sanft, ja unsicher. Marcel Reich-Ranicki, 79, der charmanteste »Wüterich« des deutschen Kulturbetriebs, hat ein Buch geschrieben – und bangt um es, wie jeder Debütant. Er erzählt, wie er als Kind Kleider mit »Ich-bin-brav«-Stickerei tragen musste. Wie man ihn, den jüdischen Musterschüler eines Berliner Gymnasiums, am 28. Oktober 1938 nach Polen deportierte. Wie er im Warschauer Ghetto ein Mädchen zu trösten versuchte, dessen Vater sich aufhängte, und sie heiratete, zweimal. Als Mitarbeiter des »Judenrates« musste er jene Anordnung übersetzen und aufschreiben, die auch seine Eltern zum Tode verurteilte. Nach Kriegsende polnischer Konsul in England, seit 1958 Literatur-Kritiker in Deutschland. Sein Opus? 638 Essays über 226 Autoren. Nun – die Autobiographie. Eine Jahrhundertgeschichte mit der Erzählkraft alter Sagen-Schöpfer, in Piano statt Forte oder gar Fortissimo. Souverän, ergreifend, zärtlich. Wer ihrem Sog nicht erliegt, hat nie geliebt.

Warum haben Sie eine Biographie und keinen Roman geschrieben?

Aus einem einzigen Grund: Weil ich es nicht kann. Ich gehöre zu den wenigen Menschen in Deutschland, die der Ansicht sind, dies nicht zu können. Denn an sich schreibt in dieser Nation beinahe jeder einen Roman. Suchen Sie mal unter den deutschen Zahnärzten einen, der bisher keinen Roman geschrieben hat.

War es doch nicht eher die Angst vor den Kritikern, die Sie daran hinderte?

(vehement): Überhaupt nicht! Ich habe überhaupt keine Angst vor Kritikern, weil ich schon so oft verrissen worden bin (lacht). Und einen Roman hätte man bestimmt verrissen. Vor allem: In meinem Alter ist es zu spät, um mit dem Romanschreiben anzufangen.

Liest man Ihre Beschreibung der Literatur, entsteht der Eindruck, als hätten Sie sie als eine schusssichere Weste eingesetzt, die Sie vor dem Leben – wann immer auch es zu nahe kommt, es weh tun könnte – schützt. Ist es so?

Nein. Aber es war eine Zuflucht. Und natürlich kann man sich in einer Zuflucht auch schützen.

Sie schreiben »Ich passte nie zu meiner Umgebung«. Aber sind Sie nicht selbst an dieser Außenseiter-Rolle schuld? Wer stets Literatur zwischen sich und der Wirklichkeit aufstellt, kann nur ein Second-hand-Leben führen – und so Außenseiter bleiben.

Da haben Sie Recht. Aber ich habe in der Literatur Schutz gesucht, weil ich diesen Schutz im Leben nicht gefunden habe. Aber ich glaube nicht, dass das Buch ein einziges Klagelied ist. Mir ist im Leben so viel Unrecht wieder nicht geschehen. Manchmal war das Leben sehr gnädig und gütig.

Gab es Tiefpunkte oder Ekstasen, in denen das Buch überflüssig wurde? Wo sie keine Zuflucht wollten?

Nein, die Literatur war immer mit dabei. Und ob sie versagt hat, als wir aus dem Ghetto geflohen sind und irgendwo versuchten, zu überleben? Da hat uns die Literatur nicht viel helfen können. Da kann Literatur nicht helfen.

Aber gerade im letzten Kriegsjahr, als ein polnischer Setzer Sie und Ihre Frau versteckte, »bezahlten« Sie die Unterkunft, das Brot und manchmal ein Gläschen Vodka mit Geschichten. Sie erzählten um Ihr Leben, Nacht für Nacht, wie Scheherezade!

Richtig, der Vergleich ist durchaus berechtigt. Aber die Leute, die uns damals gerettet haben, hätten uns gerettet, auch wenn wir ihnen keine Literatur zu bieten hätten.

Wenn es um die Beschreibung der Wirkung von Büchern geht, werden Sie richtig episch. Aber wenn es um Selbsterlebtes geht – um Ihre Entjungferung, um die Geburt Ihres Sohnes, verstummen Sie rechtzeitig. Ein literarischer Interruptus, der irritiert. Warum?

Darauf gibt es eine Antwort – wir leben in einem freien Land. Es ist das Recht des Autors, über bestimmte Dinge zu schreiben und über andere nicht. Mich langweilt in Autobiographien seit Jahrzehnten alles, was die Autoren über ihre Kinder und Enkelkinder erzählen. Wie intelligent der Fünfjährige war, wie toll die Siebenjährige. Abscheulich …

… aber Sie gehen in Ihrer – Feigheit oder Verweigerung? – sogar so weit, dass Sie uns nicht wissen lassen wollen, ob Sie überhaupt imstande sind, starke Gefühle zu empfinden. Es gibt zwar häufig ergreifende Begegnungen – egal ob mit einer Frau oder Willy Brandt –, die zu Tränen führen, doch Sie beenden die Szene immer mit dem Satz: »In wessen Augen gab es damals Tränen?«

Ja, ja. Ich kann diesen Einwand verstehen, diesen Wunsch nach mehr Mut, eigene Gefühle zu zeigen. Nein, den Mut habe ich nicht.

Wie reagierte Ihre Frau auf die Stellen, wo Sie Ihre Untreue bekunden?

Was heißt untreu? Sie haben das jetzt so simpel gesagt. Es gibt Andeutungen … Wissen Sie, wenn sich zwei junge Menschen kennen lernen, die beide genau 19 Jahre alt sind, und die sind jetzt beide im 80. Lebensjahr, dann zeigt irgendwann die eine oder die andere Person Interesse an einem anderen Menschen. Ich stand vor der Frage: Soll ich das alles verschweigen? Dann hätte ich mein Leben, in dem die Liebe eine große Rolle gespielt hat, verfälscht und entstellt. Ich war mir völlig im Klaren und meine Frau auch, dass man diese Dinge nicht verschweigen darf.

Sie haben also Ihre Ehe durch Ihre Seitensprünge …

(unterbricht): … Nur meine? (Seine Ehefrau, die beim Gespräch dabei ist, lächelt und nickt bekennend.)

Dennoch: Gefährdet nicht jeder Seitensprung die Ehe?

Man kann diese Frage nur vom Resultat her beantworten. Und das Resultat kennen Sie. Sie sehen, wir sind 80 Jahre alt geworden und haben uns nicht getrennt. Nicht für eine Woche, nicht für einen Tag. Wir haben zwar zweimal geheiratet. Aber nicht weil wir uns getrennt haben, sondern weil die polnischen Behörden unsere Heiratsurkunde aus dem Ghetto nicht anerkannten.

Was bedeutet Ihnen die Ehe?

Die Antwort wird Sie sehr enttäuschen – eine Notwendigkeit, um durch das Leben durchzukommen. Ich bin kein Mensch, der zum Alleinleben geboren ist.

Wollten Sie tatsächlich – wie's im Buche steht – schon als Kind ein Kritiker und sonst gar nichts werden?

Ja, ich war unter dem Einfluss eines Mythos in der späten Zeit der Weimarer Republik. Da gab es einen Mythos des Kritikers. In erster Linie Alfred Kerr, über den bei uns zu Hause viel geredet wurde. Mich hat die Wertung der Literatur schon sehr interessiert.

Und als Sie 1958 aus Polen in die Bundesrepublik kamen …

… wollte ich auch Kritiker werden. Aber es gab nicht viel Kritik. Da wurde meist nur der Inhalt referiert und nur selten ein Urteil gefällt.

Und Sie haben versucht, an die Tradition der Berliner Kritik – Alfred Kerr, Alfred Polgar, Kurt Tucholsky, Walter Benjamin – anzuknüpfen, die hier zu Lande nicht gerade beliebt war. Erntete sie so wenig Sympathie, weil sie weitgehend von Juden geschrieben wurde?

Das kann sein. Im Dritten Reich war Kritik verboten, weil Goebbels immer wieder sagte, sie sei eine jüdische Erfindung, fremd dem deutschen Geist. Er hat das so gesagt, als seien die großen deutschen Kritiker wie Lessing, wie die beiden Schlegels oder Fontane Talmud-Forscher gewesen. Man wollte die Kritik als etwas Jüdisches abstempeln. Aber viele Menschen, die meine Kritiken ablehnen, störte nicht, dass ich Jude war. Sie waren vielmehr dagegen, dass ich der Literatur wertend begegnete.

Die Literatur gibt es letztendlich auch ohne Kritiker. Fühlen Sie sich nie als ein – obwohl pädagogisch wertvoller – Edel-Parasit?

Nicht im Geringsten! Im Gegenteil. Ich glaube, dass ich der Literatur geholfen habe.

Gibt es Bücher, die keine Kritik benötigen?

Ja, ganz schlechte Bücher. Jede Literatur von Rang braucht den Kritiker; der mir zeigen kann, was im Buch enthalten ist, was ich vorher nicht wahrgenommen habe.

Verfolgen Sie die Literatur-Szene im Internet?

Nein, das habe ich noch nie gesehen.

Hat denn die Literatur in der heutigen Welt der Globalisierung und der Arbeitslosen noch die gleiche Funktion wie vorher?

Nein, ich glaube das nicht. Die Funktion der Literatur hat sich verändert, unter anderem durch das Fernsehen. Viele finden Ablenkung und Unterhaltung – im Fernsehen. Also halte ich es für dringend nötig, dass die Schriftsteller und die Filmleute zusammenarbeiten.

Wer aber soll heute noch lesen? Die Arbeitslosen, die zwar die Zeit dazu hätten, aber meistens keinen Zugang finden? Oder die entsprechend gebildeten Gestressten ohne Zeit?

Man soll niemanden zwingen, Bücher zu lesen. Es ist völlig überflüssig. Wenn Leute nicht wollen, sollten sie nicht. Man soll niemanden zwingen. Man soll jungen Menschen in der Schule zeigen, wie man eine Novelle oder eine Ballade verstehen kann. Aber wenn sie lieber Fußball spielen als Romane lesen, dann soll man es bleiben lassen. Zur Literatur kommt man freiwillig oder gar nicht.

An welchen Eckwerten orientieren Sie sich eigentlich – was sagt Ihnen, was Gut und Böse ist?

Im Leben oder in der Literatur?

Beides.

Die deutsche Klassik. Goethe und Schiller und Lessing und Heine. Mich hat Literatur in hohem Maße geprägt.

Sie wurden aus der KP Polens ausgeschlossen. Stimmt es, dass Sie 1957 – aus Karriere-Gründen – ein zweites Mal eingetreten sind?

Ich habe, um als Kritiker tätig sein zu können, um die Wiederaufnahme gebeten, was indes nicht erfolgte.

Warum wurden Sie eigentlich Kommunist? Weil das ›Kommunistische Manifest‹ ein – wie Sie schreiben – »wunderbares Stück deutscher Prosa« ist?

Das ist fabelhafte Literatur. Genial! Der Schluss! Die Proletarier haben nichts zu verlieren als ihre Ketten! Das kann man nicht besser sagen. Aber es wäre Unsinn, aus literarischer Begeisterung Kommunist zu werden. Der Grund ist doch der, dass wir beide, meine Frau und ich unser Leben der Roten Armee verdanken.

Das Kommunistische Manifest hat die Welt verändert …

Nein. Man kann mit der Literatur die politische Wirklichkeit nicht verändern. Das ist höchst bedauerlich, aber es ist so. Sie dürfen nicht vergessen, man kann mit guter Literatur niemals Einfluss auf größere Teile des Volkes ausüben. Weil gute Literatur beinahe für das ganze Volk schwer verständlich ist. Wer in Deutschland mit Romanen auf die politische Situation Einfluss ausüben will, muss schlechte Bücher mit einer anständigen Gesinnung schreiben.

Wenn sich aber die deutsche Gegenwartsliteratur der Gegenwartspolitik verweigert – wo bleibt ihre Daseinsberechtigung?

Die besteht darin, dass sie vielen Menschen Freude und Glück bereitet. Schluss. Das ist das Größte, was Literatur machen kann.

Also ist es abwegig, wenn Dichter wie Grass oder Walser in die Mahnmal-Diskussion eingegriffen haben?

In einer Demokratie hat jeder das Recht, sich einzumischen. Aber – gehen manche Autoren vielleicht nur deshalb auf die Barrikaden, weil es mit dem Schreiben nicht recht voran kommt? Vielleicht. Unterschiedlich. Individuell.

Sie haben sich aus der Mahnmal-Diskussion rausgehalten. Glauben Sie, dass sich die Lage der Juden in Deutschland in den letzten Jahren veränderte? Ignatz Bubis hat ja verkündet, er möchte in diesem Land nicht begraben werden, da seine ganzen Bemühungen umsonst gewesen sind.

Bubis, den ich sehr schätze, hat eine bittere Enttäuschung erlebt. Ich nicht. Und das hat einen einfachen Grund. Bubis hat sich für einen Deutschen gehalten und allmählich gemerkt, dass man ihn für einen Juden und keineswegs für einen Deutschen hält. Ich habe mich nie im Leben für einen Deutschen gehalten. Ich war nie ein Deutscher, ich bin es nicht und werde es nie sein. Diese Enttäuschung also, die Bubis erlebte, kann mir nicht passieren.

Hat Sie Ihr Judentum zum Außenseiter gestempelt? Im Grunde genommen werfen Sie in Ihrem Buch der Redaktion von DIE ZEIT *Antisemitismus vor.*

DIE ZEIT wollte mich nicht in der Redaktion haben und erklärte das in einer offiziellen Festschrift von 1996 damit, dass man mich für »rabulistisch« hielt. Der Autor wusste bestimmt nicht, dass »Rabulistik« ein Begriff ist, der immer über und gegen Juden verwendet wurde. Von Richard Wagner und erst recht von Goebbels.

Sie leben weder »mit noch gegen« Gott, Sie gehen nie in die Synagoge. Wie definieren Sie Ihr Judentum?

Ich weiß es nicht. Ich kann nur sagen: Mein Vater war ein polnischer Jude, meine Mutter eine deutsche Jüdin. Ich bin Bürger der Bundesrepublik Deutschland. Schluss. Dass manche Eigentümlichkeiten meiner literarisch-kritischen Arbeit mit meinem Judentum zusammenhängen, ist möglich.

Wie?

Sehen Sie, die Juden haben sich jahrtausendelang damit beschäftigt, die Heilige Schrift zu kommentieren. Vielleicht hat meine Kritik etwas mit der jüdischen Tradition der Textinterpretation zu tun. Ich weiß es nicht.

Der Tod – Sie erlebten ihn nur zu oft. Beschäftigen Sie sich mit ihm?

Täglich. Täglich. Ich fürchte die Nichtexistenz. Wenn das Leben weitergeht – und man erfährt nichts mehr, man ist nicht mehr da.

Könnten solche Gedanken nicht dazu führen, dass Sie doch noch zu Gott finden?

Wenn man bald 80 wird, und niemals diesen Weg gesucht hat, sind Hopfen und Malz verloren.

Frau Reich-Ranicki – beim Gespräch dabei – holt aus ihrer Handtasche Fotos von Sohn und Enkelin. Und dann geht's raus, zum Fotografieren. Wie war's, fragt er sie scheinbar ganz nebenbei: »Bardzo dobrze«, antwortet sie (»sehr gut« auf Polnisch) und greift nach seiner Hand.

Übrigens: Rolf Hochhuth möchte ›Mein Leben‹ dramatisieren. Und vielleicht wird's auch verfilmt. Von Steven Spielberg?!? Und da lächeln die beiden nur und schweigen.

Das Gespräch führte Dana Horáková, Welt am Sonntag, 15. August 1999

Geschmack und Gewissen, das sind seine einzigen Autoritäten

Warum wollen Sie mich langweilen? Es ist heute das siebte Interview.

Und gestern auch schon, bei Ihnen war ständig besetzt.

Ja, das Leben ist schwer, Sie wissen es.

Sie haben sich so ins Medieninteresse gerückt, dann müssen Sie jetzt leiden.

Also los.

Was war für Sie der stärkste Antrieb, eine Autobiographie zu verfassen?

Ich wollte mir Klarheit verschaffen über mich und meinen Weg. Eine Autobiographie schien mir hierzu gut geeignet. Ich habe vieles erlebt, das, so glaube ich, von allgemeinem Interesse ist und was nicht verloren gehen sollte. Dafür habe ich vor allem jenen Teil, der während der deutschen Okkupation in Polen handelt, verhältnismäßig ausführlich geschrieben.

Dann ist die Bezeichnung, die in den Rezensionen auftaucht – »Geschichtsbuch« und »Epochenbuch« – eine zutreffende? Sie haben Ihren pädagogischen Stil in diesem Buch noch verstärkt, es liest sich weniger als Selbstvergewisserung.

Sie haben vollkommen Recht. Aber seit ich schreibe, bin ich bemüht, etwas zu vermitteln. Nur: ich habe kein Messgerät, um Ihre zweite Behauptung zu prüfen. Ebenso kann ich nicht beurteilen, ob diese Bezeichnungen zutreffen. Aber zumindest sind sie schmeichelhaft.

Seit Augustinus verbindet man Autobiographie mit dem Wort »Konfession«. Für ein Bekenntnis braucht man eine höhere Instanz. Welche wäre das für Sie?

Also, natürlich ist mein Buch auch und vielleicht sogar vor allem eine Konfession. Aber ich habe für meine Konfession als Adressaten keine höhere Macht, keine Autorität benötigt.

Könnte Ihre Instanz der Leser sein, dem Sie unbedingt etwas mitteilen wollen?

Ich habe eben gesagt, dass ich keinerlei Instanz kenne, der gegenüber ich mein Buch schreiben würde. Wenn Sie eine solche Instanz unbedingt erfahren möchten: Es ist mein Gewissen und mein Geschmack.

Das Erinnerungsvermögen ist – Ludwig Harig beherzigt dies in seiner Arbeit – ein großer Dichter. Also muss man, wenn man eine Autobiographie schreibt, normalerweise noch mal hinabsteigen zu den Fakten. Wo haben Sie die her, haben Sie Tagebuch geführt?

Ich habe nie in meinem Leben ein Tagebuch geführt. Ich hatte nie Zeit und Muße dazu. Ich habe mich beim Schreiben dieses Buches vor allem auf mein Gedächtnis verlassen. Das war das Wichtigste. Aber: Für die letzten knapp 40 Jahre habe ich alle meine Terminkalender aufbewahrt, die haben mir sehr geholfen. Weil ich da Daten einzelner Begegnungen genau überprüfen konnte. Natürlich habe ich nicht auswendig gewusst, an welchem Tag ich bei Max Frisch zu Besuch war oder an welchem Tag ich von Ulrike Meinhof interviewt wurde. Da konnte ich von den Terminkalendern profitieren.

Frank Schirrmacher hat in der FAZ ihr Buch als eine Liebeserklärung an Ihre Frau interpretiert. Und als eine »der schönsten Liebesgeschichten des Jahrhunderts« bezeichnet. Sehen Sie Ihre Ehe auch so idealisiert, so überhöht?

Nein, Schirrmacher hat das so geschrieben. Es ist nicht meine Sache, mich meinerseits zu dieser Äußerung zu äußern.

Das wollen Sie nicht. Denn eine Liebeserklärung ist ein bewusster Akt, das müssten Sie entweder bejahen oder verneinen können?

Was ich Ihnen dazu zu sagen hatte, steht im Buch. Das reicht, hoffe ich.

Wie viel Anteil hat Ihre Frau an diesem Buch? Hat sie gegengelesen, korrigiert, Einspruch erhoben?

Nein, nein. Sie hat alle Kapitel gegengelesen. Kaum war ein Kapitel zu Ende, eventuell zwei auf einmal, da hat sie sofort gelesen. Ihre kritischen Anmerkungen waren sehr sparsam. Nur hier und da hat sie Korrekturwünsche geäußert

Über Ihre Londoner Zeit erfährt man offensichtlich nichts Neues. Konnten oder wollten Sie nichts zurechtrücken?

Es gibt gar nichts zum Zurechtrücken. Neues erfährt man sehr wohl, ich habe ja über diese Zeit eigentlich nie geschrieben und hier schreibe ich Seiten lang über diese Zeit. Mehr ist dazu nicht zu sagen.

Rechnen Sie mit Verrissen?

Ich bin ein Kritiker. Der aber interessiert sich für die Literatur der Vergangenheit und der Gegenwart. Die Literatur der Zukunft ist meine Sache nicht. Ähnlich ist es mit den Kritiken meines neuen Buches. Ich bekomme jetzt täglich Kritiken geschickt. Das ist die Kritik, wie sie jetzt stattfindet. Wie sie in Zukunft stattfindet, was es noch geben wird, das weiß ich nicht.

Mit einer Autobiographie gibt man sich viel stärker preis als mit Literaturkritiken. Fürchteten Sie nicht, dass Sie ins Kreuzfeuer geraten können?

Natürlich überlegt man sich, wenn man sich eine Blöße gibt, ob das nötig und richtig ist. Man schreibt doch nicht unkritisch vor sich hin.

Aber, Sie vergessen etwas ganz Wichtiges: Wenn ein Literaturkritiker schreibt, jahrzehntelang Kritiken, Essays und Ähnliches, glauben Sie, da hätte er nicht über sich selber geschrieben? Also, es ist sogar ein Buch von mir erschienen, das mir ganz besonders nahe steht, das Buch ›Die Anwälte der Literatur‹. Da hieß es schon im Klappentext, der nicht von mir angeregt war, dieses Buch würde 23 Porträts deutscher Kritiker enthalten, und es verberge sich noch das Bild eines weiteren Kritikers darin, nämlich das Marcel Reich-Ranickis, der hier bewusst oder unbewusst ein Selbstporträt zeichnet. Eine sehr treffende Bemerkung.

Warum setzt man sich über Ängste hinweg? Was treibt Sie dazu, sich dem anstrengenden Rummel auszusetzen?

Was treibt mich dazu, ein Buch zu schreiben, das Erfolg hat? Eine entwaffnende Frage! Ich habe ja das Buch in der Hoffnung geschrieben, dass sehr viele Menschen es lesen werden und offensichtlich wird es, kaum, dass es erschienen ist, von vielen Menschen gelesen.

Das Gespräch führte Cathrin Elss, Saarbrücker Zeitung, 18. August 1999

Herr Reich-Ranicki, obwohl Ihnen Verlage bis zu 500 000 Mark Vorschuss offerierten, haben Sie es stets weit von sich gewiesen, Memoiren schreiben zu wollen. In dieser Woche präsentieren Sie mit ›Mein Leben‹ nun doch Ihre Erinnerungen. Was hat diesen Sinneswandel bewirkt?

Glauben Sie mir, es ist so viel leichter, sich mit Thomas Mann auseinander zu setzen als mit sich selber. Aber da ich allmählich den Boden der Suppenschüssel sehe, habe ich mich gefragt, ob eine Autobiographie nicht vielleicht doch nötig und richtig wäre. Ich fürchtete, meinem Leben als Autor nicht gewachsen zu sein. Über das Ghetto zu schreiben bedeutet, sich an das Ghetto zu erinnern, und sich daran zu erinnern bedeutet, es noch mal zu erleben. Davor hatte ich große Angst.

Nach Ihrer Kindheit in Polen kamen Sie 1929 nach Berlin. Unter welchen Umständen wurden Sie 1938 als 18-Jähriger nach Warschau deportiert?

Es war die erste organisierte Massendeportation. Insgesamt wurden damals rund 18 000 Juden verschleppt. Ein Polizist erschien frühmorgens in meinem Zimmer und präsentierte mir die Ausweisung aus dem Deutschen Reich. Ich durfte fünf Mark mitnehmen und eine Aktentasche. In die steckte ich ein Reservetaschentuch und einen Roman von Balzac, den ich gerade las. Eine falsche Wahl, wie ich später feststellen musste, denn es war ein schwacher Roman. In Warschau fand ich Unterkunft bei meinem Bruder, der Zahnarzt war. Ich war in Polen fremd, isoliert und arbeitslos. Aber kaum hatte die Okkupation begonnen, da war ich gar nicht mehr isoliert, denn immer wieder kümmerten sich Deutsche in Uniform um mich.

Im November 1939 wurden Sie von Soldaten der Wehrmacht gezwungen, mit 30 anderen Juden eine Kaserne zu putzen. Wie sehr hassten Sic damals die Deutschen?

Unsere Bewacher waren kaum älter als ich. Sie machten sich einen Spaß daraus, uns im Chor brüllen zu lassen: »Wir sind dreckige Juden.« Aber zum Hass war ich nicht imstande, und wenn ich ehrlich bin, fühlte ich mich auch nicht erniedrigt oder gedemütigt. Ich habe zwar vor Angst gezittert, dass diese deutschen Barbaren mich erschießen. Aber ich habe innerlich gelacht, als einer von ihnen mich als »jüdischen Untermenschen« beschimpfte. Ich dachte: »Das ist ein dummer Junge, der jetzt die Macht hat, 30 Juden durch den Dreck zu treiben und sie brüllen zu lassen: ›Wir sind jüdische Schweine.‹ Aber das ist lächerlich, das kann man keinen Augenblick ernst nehmen.« Derselbe junge Mann war eine halbe Stunde später glücklich, sich mit mir darüber zu unterhalten, wer der bessere Linksaußen bei Hertha BSC ist. Der sadistische Schinder von eben war plötzlich ein zivilisierter junger Mensch aus Berlin-Gesundbrunnen.

Für die Besatzer waren die 400 000 Juden in Warschau Freiwild. Dennoch haben Sie im Untergrundarchiv des Ghettos mitgearbeitet und an einer Widerstandsaktion der Jüdischen Kampforganisation teilgenommen. Gab es Phasen, in denen Sie sich aufgeben wollten?

Ich war jung, und bei 20-Jährigen war der Wille zu überleben viel stärker als bei 50-Jährigen. Ich war nie überzeugt, dass ich zu den Überlebenden gehören werde, aber ich wusste immer: »Die Deutschen werden diesen Krieg verlieren, wie sie noch nie einen Krieg verloren haben.« Der Grund war eine gewisse Naivität, denn in der Schule in Deutschland hatte man mir beigebracht, dass letztlich die gerechte Sache siegt. Es war für mich einfach unmöglich, dass der Schwachsinn einer bestialischen Figur wie Hitler siegen könnte.

Wegen der Massentransporte ins Vernichtungslager Treblinka gab es Anfang 1943 nur noch rund 35 000 Überlebende im Ghetto. Als im Januar auch Sie mit Ihrer Frau Teofila Richtung »Umschlagplatz« getrieben wurden, gelang Ihnen trotz schussbereiter SS-Posten die Flucht. Ein arbeitsloser polnischer Setzer hat Sie dann anderthalb Jahre lang bei sich versteckt.

Bolek, so hieß der Mann, lebte in einem jämmerlichen Häuschen mit Plumpsklo in einem Vorort von Warschau. Tagsüber verbargen wir uns im Keller oder auf dem Dachboden. Nachts fertigten wir Tausende Zigaretten an, die Bolek auf dem Schwarzmarkt verkaufte.

Wieso hat Bolek sein Leben für Sie riskiert?

Wenn er mehr Wodka als üblich getrunken hatte, sagte er nicht ohne Feierlichkeit: »Adolf Hitler, Europas mächtigster Mann, hat beschlossen: Diese beiden Menschen hier sollen sterben. Und ich, ein kleiner Setzer aus Warschau, habe beschlossen: Sie sollen leben. Nun wollen wir mal sehen, wer siegen wird.«

Was haben Sie tagsüber in Ihrem Versteck gemacht?

Da wir nachts Zigaretten drehen mussten, waren wir am Tag wahnsinnig übermüdet und sind oft eingeschlafen. Wir haben viel über unsere Zukunft gesprochen. Einmal sagte ich zu meiner Frau: »Du wirst mir nicht glauben, aber ich halte es nicht für ausgeschlossen, dass unsere Zukunft in Deutschland sein wird.« So tief war ich überzeugt von der Niederlage Deutschlands und so tief geprägt von jenen, die mich erzogen haben, also Goethe, Schiller, Lessing. Heine und natürlich Thomas Mann.

Gab es bei Bolek Bücher?

Ein einziges. Als ich es sah, hoffte ich, es sei die Bibel. Leider war es ein Gebetbuch.

Haben Sie Gott um Beistand gebeten?

Nein. Ich habe in meinem Leben keinen einzigen Augenblick an Gott geglaubt. Früher hielt ich Gott für eine nicht sonderlich gelungene literarische Figur. Ich glaube, gewiss, aber an Shakespeare und Mozart.

Als es abends mal wieder keinen Strom gab, kam Boleks Frau auf die Idee, Sie Geschichten erzählen zu lassen.

Von da an musste ich das jeden Abend machen, monatelang. Je unterhaltsamer ich erzählte, desto besser wurden wir versorgt. Ich erzählte also um unser Leben. Was ich zum Besten gab, waren auf simple Spannung reduzierte Kurzfassungen von ›Romeo und Julia‹, ›Wilhelm Tell‹, ›Effi Briest‹, ›Aida‹ oder ›Rigoletto‹. Ich musste die Stoffe schamlos verflachen, weil ich zu Menschen sprach, die nie im Leben Namen wie etwa Shakespeare oder Schiller gehört hatten. Die glaubten, dass all diese Geschichten ich erfunden hätte. Als ich einmal den ›Prinzen von Homburg‹ erzählte, sagte Bolek: »Die Deutschen soll der Teufel holen, aber dieser Herr Hamburg, der gefällt mir.«

Wie wurden Sie versorgt?

Unsere Tagesration bestand manchmal aus zwei Mohrrüben oder einer halben Scheibe Brot. Wir haben anderthalb Jahre ein Gefühl nicht gekannt: satt zu sein. Nur rauchen konnten wir, so viel wir wollten, denn Tabak war genug da. Schrecklicher als der Hunger war nur die dauernde Todesangst. Wenn untergetauchte Juden aufgedeckt wurden, hat man sie häufig drei Minuten später erschossen.

Als die Rote Armee Sie 1944 befreite, wurden Sie auf knapp 50 geschätzt. Dabei waren Sie erst 24.

Das ist nicht verwunderlich. Wir waren ausgemergelt, verlaust und in schmutzige Lumpen gehüllt.

Wie alt fühlten Sie sich?

Ich habe mich schon zur Zeit des Abiturs als erwachsener reifer Mensch empfunden. Ich hatte nichts von der Leichtigkeit, wie sie 17-Jährige so oft haben. Ich war ein Außenseiter, der nur das eine Ziel vor Augen hatte: dass man mich als Juden nicht rausschmeißt aus der Schule. Eine wirkliche Jugend hatte ich nie. Die haben mir die Nazis geraubt.

Viele Holocaust-Überlebende haben nie über ihre Erlebnisse gesprochen.

Ich habe nur dann etwas erzählt, wenn ich direkt gefragt wurde. Und ich bin in Deutschland so gut wie nie gefragt worden. Ich war

30 Jahre lang mit Walter Jens befreundet. Er wollte nie etwas über die SS und den brutalen Alltag im Ghetto wissen. Stattdessen fragte er: »Wie stehst du eigentlich zu Kleist?« Die erste Deutsche, die aufrichtig und ernsthaft wünschte, etwas über meine Erlebnisse zu hören, traf ich 1964 in Hamburg. Sie war Mitarbeiterin des Norddeutschen Rundfunks und hat ein Interview mit mir geführt. Ihr Name war Ulrike Meinhof.

Fühlen Sie sich schuldig, zu den Überlebenden des Holocaust zu gehören?

Rings um uns sind alle ermordet worden. Meine Eltern und die Mutter meiner Frau wurden in Treblinka umgebracht, mein Bruder wurde im Lager Poniatowa ermordet, wahrscheinlich hat er im letzten Augenblick Zyankali genommen. Wer wie wir zufällig verschont wurde, kann nicht in Frieden mit sich selber leben. Heute ist die Intensität dieses, sagen wir, Sachverhalts naturgemäß nicht mehr so stark wie vor 50 Jahren, aber vergessen kann man es nicht. Trauer und Angst und das Gefühl, Gezeichnete zu sein: Das bleibt bis zu unserem Ende.

Haben sich bei Ihnen Verhaltensweisen aus dem Ghetto erhalten?

Schmuddelige oder gar unrasierte Juden wurden sofort den für die Gaskammer bestimmten Kolonnen zugewiesen. Deshalb rasierte ich mich im Ghetto zweimal täglich. Das habe ich mir bis heute nicht abgewöhnen können. Wegen der gestreiften Häftlingskleidung in Auschwitz trage ich nie Hemden mit Streifen, übrigens sehr zum Leidwesen meiner Frau. Wenn wir eins der elenden Cafés im Ghetto besuchten, um ein Konzert zu hören, saß ich immer so, dass ich die Tür im Blick hatte. Auch das hat sich bei mir nie mehr geändert.

Ende 1944 wurden Sie der Postzensur der polnischen Armee zugeteilt; ab 1947 arbeiteten Sie dann im Rang eines Hauptmanns für den polnischen Auslandsgeheimdienst. Warum haben Sie das bis 1994 stets verschwiegen?

Aus Angst. Mir wurden von polnischen Stellen die schrecklichsten Konsequenzen angedroht, falls ich etwas über diese Zeit erzähle. Ich habe später erfahren, dass ich im Westen vom polnischen Geheimdienst mit Hilfe von Markus Wolf und der Stasi gesucht wurde. Die Leute vom Bonner Verfassungsschutz waren bei mir und sagten: »Wir sind über Ihre damalige Tätigkeit informiert. Wenn andere Personen etwas wissen möchten, sagen Sie am besten kein Wort.«

1949 wurden Sie Lektor eines polnischen Verlags; 1958 entschlossen Sie sich dann, in die Bundesrepublik zu kommen. Über diesen Schritt schreibt Henryk M. Broder: »Juden, die nach dem Krieg nach Deutschland gekommen sind, wissen, dass es eine monströse Absur-

dität war, sich im Land der Mörder niederzulassen, und wenn sie mit sich selber ehrlich sind, dann wissen sie auch, dass es Verrat an den Ermordeten war.«

Die These ist falsch, aber nicht so dumm. Als ich beschlossen hatte, das kommunistische Polen zu verlassen, gab es ein Land, das mich sehr gelockt hat: die Schweiz. Da wäre ich hingegangen, wenn man mich nur reingelassen hätte. So wie Thomas Mann nach Kilchberg gegangen ist, so wäre ich nach Zürich gegangen, um dort über deutsche Literatur zu schreiben. Aber es gab damals nur zwei Länder, die mich reinließen: Israel und die Bundesrepublik. Und da ich kein Wort Hebräisch kann, kam Israel nicht infrage. Da hätte ich vielleicht in einem Reisebüro tätig werden können, und das hätte ich als Niederlage empfunden, nämlich als noch einen Triumph des Nationalsozialismus. Vor rund 20 Jahren erschien von Sebastian Haffner ein Artikel, der mich sehr gefreut hat. Er schrieb, dass mein Erfolg als Kritiker in Deutschland letztlich ein Triumph ist über Hitler.

Von 1959 bis 1973 waren Sie bei der ZEIT als Literaturkritiker angestellt. Wieso fühlten Sie sich trotz Ihres wachsenden Ruhms »isoliert und vereinsamt«?

Ich las und schrieb im Hamburger Vorort Niendorf, und mein Kontakt mit der Welt ging nur selten über Telefongespräche hinaus. Ich wollte in einem Ensemble, in einem Team sein. Aber in der Redaktion war ich unerwünscht. Ich wurde ausgegrenzt. In meinen 14 Jahren bei der *Zeit* hat man mich zu keiner einzigen Konferenz eingeladen. Das war beleidigend.

Antisemitische Ressentiments in der ZEIT?

Eine leitende Persönlichkeit dieser Zeitung hat mal in kleiner Runde gesagt: »Juden? Sehr begabt. Man darf sie nur nicht in der Redaktion beschäftigen. Dann holen sie andere Juden hinterher, und plötzlich haben wir hier einen ganzen Schwanz von Juden.« Ist das Antisemitismus? Und noch was will ich Ihnen erzählen. Vor drei Jahren erhielt ich eine offizielle Festschrift der ZEIT. Darin fand ich die Notiz über mich, dass die Feuilleton-Redakteure damals »größte Bedenken« hatten, »ob sie einen so machtbewussten, rabulistischen Mann aushalten würden«. Der Begriff »jüdische Rabulistik« kommt oft in antisemitischen Äußerungen von Richard Wagner vor. Er hat ihn, wenn nicht erfunden, so doch popularisiert. Es ist auch eine Lieblingsvokabel von Goebbels gewesen.

Hätten Sie sich denn gern zum Kollegen?

Wahrlich keine dumme Frage. Wahrscheinlich bin ich nicht ganz leicht erträglich. Ich habe ja nicht sehr viele Freunde im Leben gehabt. Aber ich werde Sie verblüffen und die Frage mit ja beantworten. Ich habe immer schwierige Mitarbeiter gesucht, also keine Speichellecker und Zunicker, die mit allem einverstanden sind. Als ich 1973 zur FAZ ging, habe ich dort eingeführt, dass jede von mir geschriebene Kritik zwei Kollegen gegenlesen müssen. Wer bei mir die meisten Stellen beanstandet hat, an dem war ich am meisten interessiert.

Warum bezeichnen Sie in Ihrer Autobiographie Martin Walser als einen »der wunderlichsten Intellektuellen weit und breit«?

Ich halte nicht viel von seinen Romanen, weil ihnen jede Anschaulichkeit fehlt. Aber er ist nun mal Deutschlands gescheiteste Plaudertasche, und das gibt seinen Essays einen originellen und temperamentvollen Ton. Die Rolle allerdings, die er jetzt spielt, finde ich in hohem Maße bedauerlich. Dass er sich in seiner Rede in der Frankfurter Paulskirche zum Wegschauen von nationalsozialistischen Verbrechen bekennt, hat mich tief verletzt. Das war eine Provokation im Sinne des Mottos »Das Ende der Schonzeit«. An den deutschen Stammtischen sind seine bösartigen Anspielungen so verstanden worden: »Man muss den Juden jetzt endlich mal die Wahrheit sagen, gegen sie losschlagen.«

Und dafür haftet Walser?

Ich bin nicht bereit, Martin Walser für einen Dummkopf zu halten. Er hat gewusst, was er redet, und er hat nichts getan, um den vorhersehbaren Wirkungen vorzubeugen.

Sie behaupten, Walser liefere »Argumente für alle, die Juden nicht mögen«.

Die höhnische Art und Weise, wie er sich über das geplante Holocaust-Mahnmal in Berlin geäußert hat – »fußballplatzgroße Kranzabwurfstelle« –, hat ihm den verdienten Zuspruch der extremen Rechten eingebracht. Der Ton und der Stil und die Wortwahl von Walser können nur zur Vergrößerung des Antisemitismus führen. Niemals hat es solche Entgleisungen im Œuvre von, beispielsweise, Günter Grass gegeben.

Bekennende Antisemiten sind eine äußerst rare Spezies. Wie viele Judenhasser, schätzen Sie, gibt es in Deutschland?

Wenden Sie sich mit dieser Frage bitte an Allensbach. Bei einer anonymen Umfrage werden schon einige sagen: »Die Juden mögen glücklich werden – aber auf Madagaskar.« Die Angst, ich könnte als Jude in Deutschland plötzlich ins Gefängnis kommen, ist völlig absurd. Für die Rechtsextremisten sind die Juden doch nicht sonderlich interessant. Für die sind Türken und Pakistani und Afrikaner viel wichtiger. Dass so viele jüdische Gräber geschändet werden, hat nur wenig mit dem Hass gegen Juden zu tun. Es ist das Bedürfnis dieser

Leute aufzufallen, Krach zu machen. Zwei jüdische Gräber geschändet? Die Weltpresse berichtet groß. Drei Türken brutal verprügelt? Keine Drei-Zeilen-Meldung.

Was empfanden Sie, als Ignatz Bubis vergangenen Sonntag in Israel beigesetzt wurde?

Für die Situation vieler Juden in Deutschland war Bubis eine exemplarische Figur. Es war ihm sehr daran gelegen, als Deutscher zu gelten – und er glaubte auch, dies sei ihm gelungen. Es war aber ein Missverständnis, das seine späten Jahre getrübt hat. Er galt überall nicht als Deutscher jüdischen Glaubens, sondern als Jude. Manche meiner Gespräche mit ihm zeigten, dass er sich dessen gar nicht bewusst war.

Herr Reich-Ranicki, Sie haben Ihre Frau 1940 im Ghetto kennen gelernt. Wenige Minuten vor Ihrer ersten Begegnung hatte sich Teofilas Vater erhängt. Über Ihre Tröstungsversuche schreiben Sie: »Ich fasste sie plötzlich an, ich griff zitternd nach ihrer Brust. Sie zuckte zusammen, aber sie sträubte sich nicht.«

Wir haben lange darüber gesprochen, ob diese Formulierung bleiben soll. Aber das ist doch als ein Symbol des Lebens gemeint, ich erzähle ja keine Sexualdetails. Peter Weiss hat in seinem autobiographischen Buch ›Abschied von den Eltern‹ geschildert, wie er mit seiner Schwester im Bett lag. Dann schreibt er, wenn ich mich recht erinnere, den Satz: »Und mein Glied drang in ihre Scheide.« Solche Poesie finden Sie bei mir nicht.

Sie gestehen, mehrmals die Ehe gebrochen zu haben. Wie hat Ihre Frau auf diese Bekenntnisse reagiert?

Ich habe sie gebeten, die Passagen meines Buches, die ins Erotische gehen, besonders genau zu lesen. Aber sie hat keine einzige Korrektur vorgeschlagen. Außerdem mache ich Sie darauf aufmerksam, dass es sich hier um zwei Menschen handelt, die 19 Jahre alt waren, als sie sich kennen lernten, und heute 79 sind. Kein strenger Pfarrer würde erwarten, dass diese Menschen in bald 60 Jahren Ehe nie einen Blick auf andere geworfen haben. Es gab Situationen, unter denen sie viel gelitten hat, und ein paar Mal habe auch ich leiden müssen. Aber diese Liebesverhältnisse konnten unsere Ehe niemals gefährden.

Welche Note hat Ihnen Teofila für Ihre Memoiren erteilt?

Meine Frau ist meinem Schreiben gegenüber eher milde eingestellt. Ihr wichtigster Einfluss besteht darin, dass sie mich öfters auffordert, meine Sichtweisen weniger boshaft zu formulieren. Besonders wenn es um Schriftsteller geht, die wir persönlich kennen und mögen, fragt sie: »Marcel, kannst du das nicht vielleicht ein bisschen delikater oder höflicher ausdrücken?«

Der Autor Philip Roth schreibt über Kritiker: »Früher oder später kommt für jeden Schriftsteller der aus zwei oder drei oder 5000 Wörtern bestehende Peitschenhieb, an dem er nicht bloß die üblichen 72 Stunden, sondern sein Leben lang zu würgen hat.« Sie gelten als Spezialist für solche Hinrichtungen.

Beim Bachmann-Wettbewerb habe ich erlebt, wie eine Autorin nach einem Verriss weinend aus dem Saal gerannt ist. Wenig später wurde eine andere Autorin sehr gelobt und umarmte weinend ihren Freund. Ich bin ganz sicher, dass das Glück der einen nicht möglich war ohne das Unglück der anderen. Tränen des Glücks, Tränen des Unglücks – auch das gehört zur Kritik.

Hochmut heißt es, ist die Schutzhaltung der Verletzten.

Ja, aber Deutlichkeit ist die Höflichkeit der Kritiker. Alle Rezensenten von Rang haben viel mehr getadelt als gelobt. Fontane hat unentwegt verrissen. Seine Theaterkritiken zeichnete er mit »Th. F.«. Das haben die verrissenen Schauspieler übersetzt mit »Theater-Fremdling«. So ist es auch mit unseren Autoren: Die meisten verstehen von Literatur so viel wie Vögel von Ornithologie.

Welche Berufskrankheiten beobachten Sie an sich?

Manchmal habe ich einfach keine Lust mehr, Romane zu lesen, und erhole mich lieber bei Musik. Man sagt ja, dass Marlene Dietrich, wenn sie wirklich Spaß an der Sexualität haben wollte, mit Frauen ins Bett ging. Ich habe eine Ehe mit der Literatur und eine Liebesgeschichte mit der Musik. Eine andere Entstellung, die mit meiner Profession zusammenhängt, ist der Blick für das Exemplarische. Wenn ich etwas beobachte, denke ich oft: »Gutes literarisches Motiv. Gehört in einen Roman.«

Ertappen Sie sich dabei, auch Ihre Frau zu rezensieren?

Das wäre falsch. Der Kritiker Alfred Kerr hat sich mal boshaft über eine, wie er sagte, Romanze von Karl Kraus mit einer Schauspielerin geäußert. Da hat Kraus verärgert geschrieben: »Meine Romanze, Herr Kerr, lag Ihnen nicht als Rezensionsexemplar vor.«

Sie schreiben: »Ich habe noch nie einen Schriftsteller kennen gelernt, der nicht eitel und nicht egozentrisch gewesen wäre – es sei denn, es war ein besonders schlechter Autor.« Woran merken Sie, dass Sie eitel sind?

Natürlich bin ich egozentrischer als ein Metzgermeister. Die Literatur- und Theaterkritiker sind besonders eitel, weil sie Urteile fällen, ohne über einen Kodex zu verfügen. Sie urteilen vor allem mit ihrem Gefühl, also müssen sie sich selber äußerst wichtig nehmen. Dieses Sich-wichtig-Nehmen nennt man eitel. Der eitelste deutsche Autor dieses Jahrhunderts heißt Thomas Mann. Er war ichbezogen wie ein Kind, empfindlich wie eine Primadonna und eitel wie ein Tenor. Und er hatte keine Bedenken zu behaupten, dass alle Kunst menschlichem Sich-wichtig-Nehmen entspringt.

Selbst Ihre rachsüchtigsten Feinde räumen ein, dass Sie der einflussreichste Kritiker in der Geschichte der deutschsprachigen Literatur sind. Ist es vorstellbar, dass Sie einen Nachfolger haben werden?

Ich sehe keinen. Die gewaltige Mordaktion der Nazis hat offenbar Lücken hinterlassen, die sich nicht so bald ausgleichen lassen. Die großen Kritiker der Weimarer Republik waren fast alle Juden. Es ist vielleicht nicht ganz ausgeschlossen, dass ich ein Letzter von dieser Spezies bin – sozusagen der letzte Mohikaner.

Welche Vorkehrungen werden Sie für Ihren 80. Geburtstag im kommenden Juni treffen?

Einen Wunsch habe ich wirklich: keine Reden. Ich habe bereits genug Geburtstagsreden gehört. Schluss! Aber ich hätte schon gern von dem einen oder anderen Autor, der mich für seinen Feind hält und mit mir nichts zu tun haben will, etwas Versöhnliches und Freundliches gelesen.

Das Gespräch führte Sven Michaelson, Stern, 19. August 1999

Sie schreiben, Sie hätten nie Hass empfunden. Wie ist das möglich, nach dem, was Ihnen geschehen ist?

Ich habe das nicht ganz so gesagt. Ich habe nur gesagt, ich hasse und liebe keine Völker, sondern immer Individuen. Das ist etwas anderes. Ich höre es sehr ungern, wenn jemand in der Bundesrepublik sagt, ich liebe die Italiener. Das ist sehr schlecht, denn dieser Mensch, der heute sagt, ich liebe die Italiener, wird morgen vielleicht sagen, ich hasse die Türken. Es ist mir viel angenehmer zu hören, ich liebe die Italienerin Eleonora Canzelli.

Können Sie sich eigentlich als Deutscher fühlen?

Ich war nie ein Deutscher, ich bin es nicht, und ich werde es nicht sein. Ich bin kein Deutscher. Aber ich verwende das Wort »deutsch« hinsichtlich meiner Person oft und gern, doch immer nur als Adjektiv. Das soll heißen: Ich bin ein deutscher Literaturkritiker, ein deutscher Schriftsteller vielleicht. Aber ich bin kein Deutscher.

Sind Sie denn Weltbürger?

Für mich ist das Wort Weltbürger doch zu anspruchsvoll. Ich habe vor vielen Jahrzehnten, darüber befragt, gesagt, ich sei ein Europäer. Aber heute ist ja jeder ein Europäer, da möchte ich dieses Wort nun doch nicht benutzen. Was ich bin, kann ich Ihnen nur so antworten: Mein Vater war ein polnischer Jude, meine Mutter war eine deutsche, eine preußische Jüdin. Ich bin ein Bürger der Bundesrepublik Deutschland. Dass ich heimatlos bin, stimmt nicht, aber meine Heimat ist die deutsche Literatur. Punkt. Schluss.

Als Sie seinerzeit auf dem SPIEGEL-Cover ein Buch von Günter Grass zerrissen, sagte man Ihnen eine Gesinnung wie die der Bücherverbrenner nach.

Alles hat zu tun damit, dass ich in einem wichtigen Augenblick meines Lebens meinen Urlaub in Österreich verbracht habe, in Altaussee. Dort habe ich den Artikel über das Buch ›Ein weites Feld‹ geschrieben. Nun pflegt der SPIEGEL den Text eines Artikels von mir sehr genau mit mir abzusprechen, wenn irgendwas denen fragwürdig scheint, wenn ein Datum nicht ganz richtig ist oder Ähnliches. Aber die Bebilderung machen sie mehr oder weniger, wie sie wollen. Der Umschlag des Heftes mit meiner Kritik war nicht mit mir vereinbart, und natürlich war es eine Fotomontage. Jeder von unserem Fach weiß, dass es geradezu unmöglich ist, ein großes, dickes Buch auseinanderzureißen. Ich bin doch kein Kraftmensch aus dem Zirkus! Die meisten Leser des SPIEGEL haben gar nicht gemerkt, dass es eine Fotomontage war, und haben überdies geglaubt, dass das ein von mir gewünschtes Bild ist. Dass ich je für die Vernichtung von Büchern war oder bin, ist natürlich barer Unfug.

Gibt es eine naturgegebene Feindschaft zwischen Kritiker und Autor?

Na ja, Feindschaft ist übertrieben, aber mir hat einmal Alexander Kluge gesagt: »Man wird von Ihnen gelobt, kriegt eine freundliche Kritik, aber man kann sich auf Sie nicht verlassen. Denn man ist nicht sicher, wie das nächste Buch beurteilt wird.« Und das ist richtig. Es gibt kein Abonnement für lobende Kritiken und auch nicht für Verrisse bei mir. Der Kritiker urteilt von Fall zu Fall und daher naturgemäß sehr unterschiedlich.

Haben Sie Angst vor einem politischen Rechtsruck?

Diese Angst habe ich immer, und die werde ich bis zum Ende meines Lebens haben. Warum? Weil ich das Dritte Reich schon erlebt habe, weil ich gesehen habe, wie sich das Volk in jenen Jahren verhalten hat.

Das Gespräch führten Dagmar Kaindl und Heinz Sichrovsky, News, 19. August 1999

Die Sehnsucht des Kritikers, geliebt zu werden

Der Marcel Reich-Ranicki, der diese Autobiographie schrieb, ist ein anderer als der Kritiker-Papst der Nation. Dieser Marcel Reich-Ranicki ist ehrlich, aber nicht weinerlich, er ist verletzlich, lakonisch, selbstironisch.

Und doch – er ist derselbe. Zum Glück. Denn was wäre das literarische Deutschland ohne dieses widerborstige Kritiker-Tier? Der Beweis ist dieses Telefon-Interview. – Es klingelt lange. Dann: »Jaaa?«

Guten Abend, Herr Reich-Ranicki. Wir wollen über Ihr Buch sprechen. Doch zunächst: Haben Sie je ein Buch gestohlen?

Ja. Einige literarhistorische Werke. Die standen ganz überflüssig in einer Warschauer Buchhandlung herum und waren sehr teuer. Und ich habe sie sehr gebraucht.

Warum haben Sie keinen Roman aus Ihrem Leben gemacht?

Weil mir das Talent zum Romaneschreiben fehlt. Man kann doch nicht mit beinahe 80 Jahren anfangen, einen Roman zu schreiben!

Wie lange haben Sie an Ihrem Werk gearbeitet?

62, 63 Jahre, mein ganzes Leben. Aber direkt daran geschrieben habe ich drei Jahre.

Dachten Sie da an Kritiker?

Während der Arbeit? Überhaupt nicht. Es ist doch normal, dass ein Buch nicht nur gerühmt, sondern auch negativ beurteilt wird.

Und abends im Bett?

Was wollen Sie da wissen?

Ob Sie sich Sorgen um Ihr Kind gemacht haben.

Nein, nein, im Bett beschäftige ich mich mit anderen Dingen.

Sind Sie ein Nachtarbeiter?

Nein, nach dem Abendessen, so um 19 Uhr, schreibe ich nie etwas. Abends lese ich Zeitschriften, ich sehe fern.

Ihre Biographie ist eine wuchtige Gedächtnisleistung. Haben Sie Tagebuch geführt?

Nein, ich habe niemals Tagebuch geführt, leider nicht (lacht). Ich hatte dazu nie die Lust und die Muße. Aber ich habe all meine Terminkalender der letzten 40 Jahre. Die haben mir geholfen.

Wie kamen Sie auf die Idee, Ihre Memoiren zu schreiben?

Meine Frau hat mich dazu gedrängt.

Sie selbst hatten nicht das Bedürfnis?

Na ja, die Furcht war zu groß. Die Furcht einerseits, dass ich es nicht anständig schaffe. Und andererseits, dass ich genötigt wäre, alles noch einmal zu erleben.

Wie ging es Ihnen beim Schreiben?

Unterschiedlich.

Gut? Schlecht? Haben Sie geweint?

Was soll ich mit solchen Fragen? Nein, ich habe – nicht geweint beim Schreiben. Und wenn, dann bin ich nicht verpflichtet, Ihnen darüber Auskunft zu geben.

Beim Lesen muss man sich immer wieder ins Gedächtnis rufen, der Mann war damals 20 oder 30. Waren Sie jemals jung?

Das ist schon eine berechtigte Frage. Wenn man als junger Mensch in ständiger Angst lebt, wenn Freunde und Verwandte deportiert werden und man jeden Augenblick gewahr sein muss, in eine Gewehrmündung zu blicken, dann bleibt man nicht jung. Ich war nie richtig jung. Meine Jugend hat mir das Dritte Reich gestohlen.

Sie wissen, dass Sie nach dieser Autobiographie für Ihre Leser nicht mehr derselbe Reich-Ranicki sein werden. Stört Sie das?

Nicht im Geringsten! Weil Leute falsche Vorstellungen von mir haben, soll ich es bedauern, dass sie jetzt diese Vorstellungen ändern müssen? Nein, da bin ich sehr froh.

Ist das die Sehnsucht des Kritikers, geliebt zu werden?

Ach, meine Liebe. Das ist erstens eine Intimfrage. Lassen Sie mich damit mal in Ruhe. Zweitens wollen alle Kritiker geliebt werden. Das war früher so, dass ist heute so. Das hat schon der große Kritiker Friedrich Schlegel beklagt: »Man findet mich interessant und geht mir aus dem Wege. Am liebsten besieht man mich aus der Ferne, wie eine gefährliche Rarität.«

Dennoch begeben Sie sich immer wieder in die Gefahr, dass man Sie für Ihr Urteil hasst. Haben Sie sich eine Hornhaut an die Seele gezüchtet?

Die Hornhaut entsteht schon von selbst. Es gehört einfach zu diesem Beruf hinzu. Man weiß doch, warum man den Beruf gewählt hat.

Bei Ihnen war's die Liebe?

Ja, das hat mit meinem Verhältnis zur Literatur zu tun.

Sie schreiben, die Literatur ist Ihre Ehefrau, die Musik Ihre Geliebte. Wie hat es Ihre Frau mit Ihnen ausgehalten?

Ich frage Sie ja auch nicht nach Ihrem Eheleben. Das ist schlechte Erziehung. Eines kann ich Ihnen sagen: Wir haben zwar zweimal geheiratet, aber uns nie scheiden lassen (lacht). Sie hat's schon ganz gut mit mir ausgehalten.

Ihre erste Hochzeit fand unter schrecklichen Vorzeichen statt.

Ja, das war während des Krieges, im Ghetto. An dem Tag, an dem die sog. Umsiedlung, also Deportation und Ermordung der Warschauer Juden, verkündet wurde. Ich wusste, dass ich als Übersetzer für den

Judenrat Chancen hatte, vorerst verschont zu werden. Das galt auch für die Ehepartner. Also wurden wir am 22. Juli 1942 in aller Eile von einem Rabbi getraut.

War die zweite Hochzeit denn etwas beglückender?

Ach, nein, die zweite war ein rein formaler Akt. Ein Papierchen war nötig für einen Pass, weil wir mit dem polnischen Schriftstellerverband einen Ausflug nach Moskau und Leningrad machen wollten. Da hieß es plötzlich, wir können keinen Pass kriegen, weil unser Trauschein nicht anerkannt wurde. Das war alles.

Sie schreiben sehr liebevoll über Berlin, die Stadt Ihrer Jugend und Schulzeit. Sind Sie oft hier?

Ja, oft. Ich treffe Menschen, gehe in die Opern, häufig ins Theater. Am 2. September bin ich wieder in Berlin, da habe ich um 14.30 Uhr eine Lesung auf der IFA.

Sie schreiben, dass Sie 1946 in Berlin Ihre Heimatlosigkeit besonders spürten. Sind Sie heute irgendwo zu Hause?

Ach, Gott, ich fühle mich zu Hause in den Büchern, die ich lese. Aber wenn es eine Stadt gibt, die in mir ganz leise und schwache Heimatgefühle auslöst, dann ist es nicht Hamburg, wo ich 14 Jahre gelebt habe, und nicht Frankfurt, wo ich seit 1973 lebe. Sondern Berlin.

Könnten Sie sich vorstellen, nach Berlin zu ziehen?

Nein, der Umzug aus Hamburg 1973 hat schon Mühe genug gemacht.

Wahrscheinlich wegen der Bücher! Wie viele haben Sie denn?

Wahnsinnig viele, ich weiß es nicht. Die Zahl ändert sich täglich, täglich.

Haben Sie sich je in einer Buchkritik geirrt?

Ja, ja, ja. Das kommt vor, ab und zu. Aber es sind häufig die Lobe, die sich als falsch herausstellen, nicht die Tadel. Die meisten Bücher sind doch schlecht. Ich habe schon manch ein Buch eines Debütanten sehr gelobt und nachher ist aus diesem Autor rein gar nichts geworden.

Der zweite Roman ist wohl der Prüfstein?

Nein, der dritte. Im Allgemeinen ist das erste Buch gut, sofern Talent da ist, das zweite schlecht. Und beim dritten entscheidet es sich, ob das ein Schriftsteller oder der Autor von Ein-Buch-Fliegen ist.

Sehen Sie einen Nobelpreis-Kandidaten?

In Deutschland? Letztlich nicht. Nein, wir haben keinen. Aber wer weiß … Ein berühmter General hat mal gesagt, zwei Dinge sind unvorhersehbar: Der Widerstand eines Mädchens und der Ausgang einer Schlacht. Heute kann man den Widerstand eines Mädchens leicht ermessen, aber wer den Nobelpreis bekommt, das kann man nicht voraussagen.

Was meinen Sie, wer sollte bei einer Verfilmung Ihres Werks den Reich-Ranicki spielen?

Das weiß ich nicht, ich weiß ja gar nicht, ob jemand das verfilmen wird. Aber die Idee, es für die Bühne zu bearbeiten, mit der ist schon ein Dramatiker zu mir gekommen.

Das klingt nach Rolf Hochhuth.

Sie sind ein kluges Kind.

Danke. Nun die letzte Frage, von der Sie schreiben, darauf sprängen Schriftsteller in ihrer Eitelkeit sofort an. Also: »Woran arbeiten Sie zur Zeit?«

(lachend) Nein, nein, nein. Ich habe gerade ein Buch fertiggestellt. Geraade! Und jetzt wollen Sie schoooon wissen, was als nächstes kommt. Das ist die geschmackloseste Frage von allen. Eine Frau, die geraaade ein Kind geboren hat, werden Sie die eine Minute nach der Geburt fragen, möchten Sie noch einmal ein Kind haben, und möchten Sie ein Mädchen oder einen Jungen oder vielleicht Zwillinge?

Da haben Sie Recht. Vielen Dank für das Gespräch, Herr Reich-Ranicki. Und viel Spaß mit dem Kind!

Das Gespräch führte Martina Kaden, BZ, 23. August 1999

Alles, was ich geschrieben habe, ist wahr

Warum haben Sie erst jetzt, mit fast 80 Jahren, dieses Buch geschrieben?

Ich hatte dazu überhaupt keine Lust. Ich bin oft bedrängt worden, ein solches Buch zu schreiben. Meine Frau hat mich schon 1943, nachdem uns die Flucht aus dem Warschauer Ghetto gelungen war, aufgefordert, ich müsse all unsere Erlebnisse aufschreiben. Später, je bekannter ich wurde als Kritiker, haben mich auch immer wieder Verleger bedrängt.

Welche Note würden Sie sich selber für das Buch erteilen?

Ich selber gebe mir keine Noten. Das überlasse ich allen anderen. Die Frage, ob ich mit dem Buch zufrieden bin, kann ich nur dahingehend beantworten: Ich war noch nie mit etwas, was ich geschrieben habe, ganz zufrieden.

Haben Sie beim Schreiben etwas über sich erfahren, was Sie nicht wussten?

Ich habe mich doch nicht an den Schreibtisch gesetzt, um mich selber zu erforschen, sondern um ein Buch über mein Leben zu schreiben. Dabei habe ich mir immer wieder Gedanken über zwei Dinge gemacht. Erstens: Wie war das? Zweitens: Interessiert das überhaupt jemanden heute? Ich finde, in den meisten Autobiographien steht zu viel über die frühe Kindheit. Das ist furchtbar langweilig. Ich habe ganz wenig über meine Kindheit geschrieben. Denn ich wollte vermeiden, dass das Buch zu dick wird. Erst wollte ich 300 Seiten schreiben, dann dachte ich, vielleicht 400. Nun sind es 560 geworden, das reicht.

Wie ist das Verhältnis von Dichtung und Wahrheit?

Alles, was ich in dem Buch geschrieben habe, ist wahr. Aber nicht alles, was ich erlebt habe, habe ich in dem Buch beschrieben.

In manchen Kritiken hieß es, dies sei kein wichtiges literarhistorisches Buch, aber eine bewegende Biographie.

Herrgott, das ist genauso, als wenn man jemandem Käse zum Essen offeriert, der dann sagt: Naja, Schinken ist das nicht, aber es schmeckt gut. Ich habe natürlich keine Literaturgeschichte geschrieben, weil ich keine Literaturgeschichte habe schreiben wollen.

Immerhin sagen Sie etwas zur Gruppe 47.

Das schien mir wichtig, dass endlich einmal jemand die Wahrheit sagt, nämlich: Das Unglück war der Name. Er hat dazu geführt, dass die Leute die Gruppe für eine literarische Strömung gehalten haben. Was für ein Quatsch! Es gab keine Literatur der Gruppe 47. Sie hätte

Studio 47 oder Forum 47 heißen sollen. Im Übrigen verdankte die Gruppe ihre Existenz vor allem dem Umstand, dass Hans Werner Richter nicht schreiben konnte.

Was sagen Sie jenen, die bemängeln, dass Sie die Chance verstreichen lassen, Ihre polnische Geheimdiensttätigkeit richtig zu stellen?

Ich habe gewusst, dass meine vielen Gegner sagen werden: Ach, er bagatellisiert, vielleicht war das nicht so unbedeutend, wie er es darstellt. Ich habe es aber genau so dargestellt, wie es war.

Warum verschweigen Sie die Gründe, die zum Bruch der Freundschaft mit Walter Jens geführt haben?

Meine Freundschaft mit Walter Jens war – und das steht im Buch – wahrscheinlich die größte und die längste in meinem Leben. Ich wage die Behauptung: Sie war wichtiger für mich als für ihn. Ich habe versucht, über Jens so gerecht wie möglich zu schreiben. Ich glaube, dass man meine Herzlichkeit sehr wohl merkt. Ich habe mich jedenfalls darum bemüht. Ja, die Sache ist dann auf dramatische Weise zu Ende gegangen. Das steht im Buch drin: Jene, die zum Bruch dieser Freundschaft beigetragen haben, mögen es mit ihrem Gewissen vereinbaren.

Sie nennen aber keine Namen.

Ich wollte auf keinen Fall, dass dieses Buch eine Abrechnung wird.

Sie sind ein friedfertiger Mensch?

Ja. Sie dürfen mir glauben, dass ich den Bruch der Freundschaft mit Walter Jens zutiefst bedauere. Auch bedauere ich sehr, dass er bis heute den Brief nicht beantwortet hat, worin ich ihm vorgeschlagen habe: Treffen wir uns. Sogar Kollegen haben versucht, bei ihm zu intervenieren, um zu einer Versöhnung beizutragen. Denen hat er immer dasselbe geantwortet: Nein, das könne er seiner Familie nicht antun, er könne sich nicht mit mir versöhnen.

Haben sich Verleger oder Autoren beschwert, weil sie in dem Buch unerwähnt bleiben?

Siegfried Unseld hat sich lediglich beschwert, dass ich ihn einen Manager genannt habe. Viel lieber hätte er als Verleger tituliert werden wollen. Empört über das Buch geäußert hat sich angeblich Joachim Fest, der freilich behauptet, es nicht gelesen zu haben. Den schönsten Brief habe ich von dem Historiker Eberhard Jäckel erhalten, der sagt, dass das Buch für die Geschichtsschreibung von größter Bedeutung sein wird.

Halten Sie weiter an dem Vorwurf fest, es habe Ihnen gegenüber antisemitische Ressentiments in der Zeit-Redaktion gegeben?

Das ist eine komplizierte Angelegenheit.

Haben Sie die Replik von Dieter E. Zimmer gelesen?

Ja.

Was antworten Sie ihm?

Ich schätze Zimmer außerordentlich. Ich habe ihn häufig öffentlich gelobt. Aber sein Artikel in der ZEIT ist leider wirr und enthält nicht wenige Fehler. Ich hätte, behauptet er, den Posten des Literaturchefs der ZEIT nicht bekommen können, weil ich weder bereit noch fähig zur Teamarbeit war. Zimmer hätte hinzufügen sollen: er habe sich geirrt, denn kaum dass ich die ZEIT verlassen hatte, war ich 15 Jahre lang Literaturchef der FAZ und, wie sich erwiesen hat, zur Teamarbeit sehr wohl fähig.

Zimmer behauptet, Sie seien nie zu Feuilleton-Konferenzen eingeladen worden, weil es nicht üblich war, freie Mitarbeiter teilnehmen zu lassen.

Wozu die Belehrung, da dies ja in meinem Buch auf Seite 430 zu lesen ist? Zimmer protestiert gegen die Vermutung, bei dem Verhältnis der ZEIT zu mir habe möglicherweise Antisemitismus eine Rolle gespielt. Auch ich widersetzte mich zunächst einem derartigen Verdacht, musste aber der 1996 erschienenen offiziellen Geschichte der ZEIT entnehmen, dass man »einen so machtbewussten rabulistischen Mann« – wie ich es sein soll – nicht haben wollte. Warum hat diese offizielle Darstellung der ZEIT sich eines von Goebbels oft verwendeten Ausdrucks der nationalsozialistischen Kampfpresse bedient? Als ich das las, war ich nicht mehr ganz sicher, welche Motive die ausschlaggebenden waren. Wie auch immer: Dieter E. Zimmer ist der Letzte, den ich antisemitischer Regungen verdächtigen könnte. Nur hätte er auf diesen irreführenden Beitrag verzichten sollen.

Das Gespräch führte Sven Siedenberg, Süddeutsche Zeitung, 11. September 1999

Woran haben Sie im Warschauer Ghetto geglaubt?

Wenn überhaupt, dann an die Musik. Nur an die Musik.

Tosia: Die Musik gab uns Erleichterung, sie lenkte uns ab. Aber ich kann nicht sagen, dass ich an die Musik geglaubt habe.

Warum glauben Sie nicht an Gott? Hat Ihnen der Holocaust den Glauben genommen?

Das hat damit nichts zu tun. Ich war nie Mitglied der jüdischen Gemeinde. Ich war seit 1934, dem Jahr meiner Konfirmation, nie – mit einer unwichtigen Ausnahme – in der Synagoge. Mir war das schon als Kind unbegreiflich, dass jemand einen gedruckten Text liest und das für ein Gebet, ein Gespräch mit Gott hält. Ich habe diese Texte im Gebetbuch sehr wohl gelesen. Sie haben mich nicht beeindruckt und sehr enttäuscht, ich hielt sie für indiskutabel. »Gelobt sei der Ewige, der Ewige ist einzig, gepriesen sei der Name des Ewigen, denn Er ist einzig, gelobt sei Gott.« Und immer wieder ein und dasselbe. Was soll das? Und warum soll er gepriesen werden? Von Gott habe ich am wenigsten Hilfe während der Shoah erwartet und gespürt.

Also war das Judentum für Sie nur eine Schicksalsgemeinschaft?

Zunächst einmal ja. Mich hat ja niemand gefragt, ob ich Jude sein wollte. Man wird hineingeboren und muss sich damit abfinden. Hinzu kommt das Bewusstsein, dass ich von deutschsprachigen Juden sehr viel gelernt habe. Es ist also auch eine Art Kulturgemeinschaft.

Welche Juden meinen Sie?

Heine und Börne, Schnitzler und Döblin, Freud und Kafka, Kerr, Karl Kraus, Polgar und Tucholsky, Mahler, Schönberg.

Hat Sie die eigene Geschichte, die Sie jahrzehntelang verdrängen mussten, um zu leben, durch die Beschäftigung mit Ihrer Biographie wieder eingeholt?

Ja und nein. Schon wahr, ich musste allerlei verdrängen, um leben zu können. Aber nicht in den letzten Jahrzehnten, sondern in den ersten zehn Jahren nach ’45. In dieser Zeit habe ich nicht einmal mit meiner Frau darüber geredet. Wir hatten auch gar keine Zeit dazu, weil wir uns um den Lebensunterhalt und die Arbeit kümmern mussten.

Ist das Erlebte jetzt, nach der Arbeit an dem Buch, viel gegenwärtiger als vorher?

Tosia: Oh ja. Wir haben vor jedem einzelnen Kapitel gemeinsam über die Erlebnisse gesprochen. Wir haben unsere Erinnerungen ergänzt. Mein Mann hat ja ein viel besseres Gedächtnis als ich. Ich hatte viele Dinge einfach vergessen.

Aber oft hat auch meine Frau mich an Details erinnert, die mir nicht gegenwärtig waren. Wir waren da schon aufeinander angewiesen.

Ist Ihnen durch das Buch Ihr Jüdischsein bewusster geworden?

Nein, überhaupt nicht. Nein. Mein Verhältnis zum Judentum hat sich im Laufe der vergangenen 30, 40 Jahre nicht geändert.

Ignatz Bubis ging das anders, er wurde zunehmend von seiner deutsch-jüdischen Identität eingeholt …

Die Tragik von Ignatz Bubis war einfach: Er bildete sich ein, er sei ein Deutscher. Er beschwerte sich immer wieder, wenn ihm jemand sagte: Gestern habe ich Ihren Botschafter getroffen – und den israelischen meinte. Oder wenn jemand sagte: Ihren Urlaub verbringen Sie in der Heimat? – und Israel meinte. Bubis wurde als Deutscher anerkannt, aber als Jude empfunden. Das hat ihn furchtbar geärgert. Mir kann das gar nicht passieren. Ich war nie Deutscher, ich werde es auch nie sein. Ich lasse das Wort deutsch in Bezug auf meine Person zwar gelten, aber immer nur als Adjektiv. Nie als Hauptwort. Ich bin ein deutscher Kritiker, ein deutscher Literat. Aber ich bin kein Deutscher.

Empfinden Sie so etwas wie kulturellen Patriotismus?

Auch das nicht. Meine Schwester pflegt zu sagen: Es gibt nur deutsche Musik und Chopin, der Rest ist unwichtig. Ich bin sehr für Chopin, aber da hat sie doch etwas übertrieben.

Verstehen Sie Bubis' Entscheidung, in Israel beerdigt zu werden?

Mir ist das vollkommen fremd. Ich wünsche nicht, bestattet zu werden. In Israel nicht, in Polen nicht und in Deutschland nicht. Es ist mir völlig egal, wo die Einäscherung stattfindet. Aber eines empfehle ich: Dort, wo ich sterbe, sollte die Einäscherung stattfinden. Wenn ich während eines Urlaubes in der Schweiz sterbe, bitte: keinen Transport! Den Fall kann man in der Schweiz sehr gut erledigen. Hast du verstanden, Tosia?

Tosia: Ja. Muss ich das jetzt verstehen?

Du sollst dich zumindest daran halten.

In Ihrem Buch beschreiben Sie die Angst vor dem deutschen Rohrstock, vor der deutschen Barbarei, vor dem deutschen Konzentrationslager. Andererseits bewundern Sie die deutsche Kultur. Ihre Liebe gehört der deutschen Literatur. Was überwiegt?

Das bleibt immer ambivalent. Es gibt sogar Bindungen an einzelne Individuen, deren Rolle sehr dubios war. Ein Beispiel: Gustaf Gründgens hat auf mich eine starke Wirkung ausgeübt.

Thomas Mann und Adolf Hitler verkörpern für Sie »die beiden Möglichkeiten des Deutschtums«. Wo steht die Waage zwischen Barbarei und Kultiviertheit?

Ganz klar: auf Seiten von Thomas Mann. Was immer ich denken

mag über diesen Herrn Schröder an der Spitze, ja. Aber dass diese Herren je die Absicht haben könnten, neue Konzentrationslager zu schaffen, das glaube ich nun wirklich nicht. Wir haben eine liberale und vernünftige Verfassung. Es mag Rechtsextreme geben, aber das ist doch vorerst eine sehr kleine Minderheit. Tosia, spürst du Antisemitismus, wenn du auf der Frankfurter Fressgasse einkaufen gehst?

Tosia: Nein. Aber ich weiß doch, dass er da ist. Ich bin sehr verunsichert, wenn ein Taxifahrer mich fragt: Sind Sie Jüdin?

Das allein ist ja noch kein Antisemitismus. Auf diese Frage gibt es auch folgende Antwort: Sind Sie Jude? Ja. Ich auch.

In der ›Welt‹ hat Alphons Silbermann Ihnen vorgeworfen, dass Sie Ihr Judentum früher immer versteckt hätten.

Das ist eine Gemeinheit sondergleichen. Und ich habe Herrn Silbermann auch schon einen Brief geschrieben. Wenn er das nicht zurücknimmt, werde ich ihn mit der härtesten Strafe belegen, die es gibt: Ich werde keine Zeile mehr von ihm lesen. Sein Vorwurf ist Unsinn. In dem ersten Buch, das ich in Deutschland herausgegeben habe – es war 1960 –, steht, dass ich im Warschauer Ghetto war. Ja, glaubt vielleicht irgendjemand, dass im Ghetto vor allem chinesische Katholiken untergebracht waren? Ich habe mein Judentum nie versteckt, aber ich bin auch nie mit meinem Judentum hausieren gegangen.

Angenommen, Sie wären bei Walsers Rede in der Paulskirche dabei gewesen. Wären Sie – so wie Bubis – beim Applaus sitzen geblieben?

Ich weiß nicht, ob ich so schlagfertig gewesen wäre. Es war eine schlimme Rede. Mehr oder weniger antisemitische Akzente gibt es bei Walser schon eine Weile. Das ist nichts Neues, leider.

Würden Sie Walser als antisemitischen Schriftsteller bezeichnen?

Nein, auf keinen Fall. Er ist natürlich kein Antisemit, aber es reizt ihn, dem Slogan »Ende der Schonzeit« – nämlich für die Juden – zu folgen. Seine Rede in der Paulskirche 1998 wurde als trotziges Bekenntnis zum Wegschauen von nationalsozialistischen Verbrechen verstanden und als Aufruf zur Nachahmung seines Verhaltens. Er hat wiedergegeben, was an vielen deutschen Stammtischen zu hören ist – und er hat für diese Stammtische und für alle, die die Juden nicht mögen, neue Formulierungen geliefert. Walser ist viel zu intelligent, um nicht zu wissen, was er mit seiner Rede anrichtet. Bald ein Jahr ist seitdem vergangen, und man hat von ihm kein Wort der Korrektur oder der Klarstellung gehört. Und es war auch kein Wort von ihm nach dem Tod von Ignatz Bubis, mit dem er ja stundenlang öffentlich diskutiert hat, zu vernehmen. Gebeten um eine Äußerung über Bubis, sagte er entschieden ab. Ich finde das unwürdig und kleinlich.

Das klingt so, als würden Sie Walser doch für einen antisemitischen Schriftsteller halten?

Er ist vor allem ein sehr ehrgeiziger Schriftsteller, der das dringende Bedürfnis hat aufzufallen.

Glauben Sie, dass es je wieder eine deutsch-jüdische Symbiose geben wird?

Ich bin da sehr skeptisch. Die deutsch-jüdische Symbiose war eine höchst einseitige Angelegenheit. Man kann nicht gerade sagen, dass die Liebe der Juden zu den Deutschen je erwidert wurde.

Wie wichtig sind die Juden für die deutsche Kultur?

Man kann sich die moderne Musik ohne Schönberg und Mahler nicht vorstellen, die moderne Psychologie nicht ohne Freud, die moderne Physik nicht ohne Einstein und die moderne Soziologie nicht ohne Marx. Alles deutschsprachige Juden. Zu den überragenden Malern dieses Jahrhunderts gehören auch Juden, also Chagall oder Modigliani, aber nur wenige deutsche Juden wie etwa Max Liebermann. In der Literatur sieht die Sache anders aus: Kafka, Döblin, Schnitzler – alles Juden. Die großen Dirigenten waren Juden, von Pianisten, Geigern und Regisseuren nicht zu reden. Also es ist schon unübersehbar, dass die Juden in der Kultur Deutschlands eine größere Rolle spielen als beispielsweise in Italien oder in Frankreich.

Es ist doch bestimmt kein Zufall, dass Ihre Memoiren genauso heißen wie die von Richard Wagner: ›Mein Leben‹.

Doch. Ich wollte keinen originellen Titel, sondern den einfachsten, den es gibt: ›Mein Leben‹.

Was verbindet Sie mit Wagner, dem Antisemiten, Geizhals, Neidhammel und genialen Komponisten?

›Die Meistersinger von Nürnberg‹ sowie ›Tristan und Isolde‹.

Warum sind ausgerechnet ›Die Meistersinger von Nürnberg‹, die deutsche Nationaloper schlechthin, Ihr Lieblingswerk?

Das ist, anders als ›Tristan‹, ein ganz breites Werk. ›Tristan‹ ist ein herrliches und tiefes, aber vergleichsweise schmales Werk. In den ›Meistersingern‹ findet sich alles, die große Oper, das Musikdrama, das Singspiel und sogar die Operette. Außerdem beschäftigen sich die ›Meistersinger‹ mit meinem Beruf. In dieser Oper geht es doch auch um mich. Diese Oper zeigt, wie ein Kritiker aus einem weltfremden Künstler einen richtigen Autor macht.

Gibt es jemanden, der sich das ernsthaft von Ihnen wünscht?

Martin Walser zum Beispiel. Vor vielen Jahren fragte er mich vor angeschalteten Fernsehkameras: Wie soll der moderne Roman aussehen? Und ich Idiot habe einen Fehler gemacht. Ich habe ihm nämlich geantwortet. Das hätte ich nie tun dürfen. Wagner hat das viel besser gelöst: Der törichte und tumbe Tenor Stolzing fragt den hier als Kritiker fungierenden Hans Sachs: Wie fang ich nach der Regel an? Sachs antwortet: Ihr stellt sie selbst und folgt ihr dann. Sie sehen: Das ist tatsächlich eine Oper über meinen Beruf.

Man sagt, Wagner habe in Beckmesser einen jüdischen Kritiker karikiert.

Ich kenne die Theorie. Eine der schönsten Stellen der Oper, das Ende des zweiten Aktes, nachdem Beckmesser in einer pogromartigen Szene verprügelt wurde, ist von einer Musik untermalt, die zärtlich und Mitleid erregend ist – das komponiert keiner, der nur karikieren oder bloßstellen will.

Wagners Antisemitismus hat auch mit dem Neid auf seine jüdischen Komponistenkollegen Meyerbeer und Halévy zu tun. Ist Neid eine Wurzel des Antisemitismus?

Oh ja. Eine besonders wichtige sogar.

Leiden Sie unter dem Neid, der Ihnen begegnet?

Selbstverständlich. – Tosia: Aber das begleitet meinen Mann doch schon seit vielen Jahren, seit wir in Deutschland sind.

Neid ist die aufrichtigste Form der Anerkennung.

Diese Anerkennung habe ich in höchstem Maße genossen. Und sie wird mir auch jetzt wieder zuteil, weil das Buch ›Mein Leben‹ sich so gut verkauft.

Im Warschauer Ghetto spielte Musik eine wichtigere Rolle als Literatur. Warum sind Sie nicht Musikkritiker geworden?

Es gibt einen einzigen Grund: weil ich nicht gelernt habe, ein Instrument zu spielen.

Diese Begründung überzeugt mich nicht. Sie können doch auch keine Romane schreiben wie Thomas Mann. Für Kritiker gilt der Satz von Karl May: Man muss kein Kunstschütze sein, um zu sehen ob jemand ins Schwarze getroffen hat.

Halt! Den Text von Thomas Mann kann ich lesen, die Partitur von Richard Strauss leider nicht.

E. T. A. Hoffmann hat gesagt: Musik ist die höchste aller Künste, weil sie ihr letztes Geheimnis nie preisgibt.

Den Satz kannte ich nicht, aber er ist gut. Meine Leidenschaft für die Musik ist vielleicht sogar eine Spur größer als für die Literatur, aber mir fehlten die Voraussetzungen, um Musikkritiker zu werden. Es ist unglaublich: Ich habe im Ghetto mit dem Klavierspielen begonnen. Aber glauben Sie etwa, ich hätte nach 1945 Zeit und Geld gehabt, Klavierunterricht zu nehmen? Ich wäre sehr gerne Musikkritiker geworden.

Könnte es sein, dass Musikkritik schwieriger ist als Literaturkritik, weil sie über einen Gegenstand berichtet, der in einer anderen Sprache verfasst ist, einer vergleichsweise schwer übersetzbaren Semiotik gehorcht?

Gerade das hätte mich enorm gelockt.

Aber hätten Sie in der Musikkritik genauso brillieren können wie im Literaturfach?

Eventuell. Der originellste Musikkritiker, den wir heute haben, heißt, glaube ich, Joachim Kaiser. Er schreibt zwar leider zu schnell und ist von der Manie besessen, seine Texte zu diktieren, sie sozusagen hinzuplappern, aber dabei gelingt ihm doch manche überzeugende, ja virtuose Formulierung. Er weiß enorm viel und hat großen Einfluss. So eine Rolle, wie Joachim Kaiser sie heute in Deutschland spielt, die hätte ich vielleicht auch gespielt.

Gibt es einen zeitgenössischen Literaturkritiker, den Sie schätzen?

Jawohl. Den Germanisten Peter von Matt. Den habe ich auch als Kritiker entdeckt.

Das ist ein Schweizer Universitätsprofessor, der nebenbei Rezensionen schreibt. Sie müssen schon einen Vollblutkritiker nennen.

Das gibt's gar nicht. Ein solcher Vollblutkritiker war Günter Blöcker, jetzt 86 Jahre alt. Aber leider hat er vor 16 Jahren aufgehört zu schreiben. Jetzt bin ich vielleicht der Einzige, vielleicht der Letzte.

Sie haben sich selbst einmal als »letzten Mohikaner« in der Reihe großer jüdischer Kritiker bezeichnet. Polgar, Tucholsky, Kerr, Benjamin – produziert die jüdische Kultur auf dem Feld der Kritik eine besondere Begabung?

Ja, aber es gibt auch große nichtjüdische Kritiker. Ihering etwa.

Bedeutend, aber etwas trocken, oder?

Er sprüht Leder, schrieb Kerr. Übrigens gibt es noch einen: Friedrich Sieburg. Mit erstklassigem Ariernachweis. Aber Sie haben schon Recht: Im Bereich der Kritik haben Juden im späten 19. und im 20. Jahrhundert eine enorme Rolle gespielt. Dafür gibt es zwei Gründe. Erstens: Viele Juden wären gerne Professoren geworden. Doch war das im Kaiserreich und auch noch in der Weimarer Republik beinahe immer unmöglich. Also wurden sie Journalisten, oft Kritiker. Zweitens: Auf Grund der jahrhundertelangen Bemühungen um die Interpretation der Thora und des Talmud ist die Tradition der Textinterpretation unentwegt gepflegt worden. Das mag eine besondere Begabung erzeugt haben.

In Ihrem Buch schreiben Sie: »Die Juden haben keine Schlösser und Paläste erbaut, keine Türme und Dome errichtet, keine Reiche gegründet. Sie haben nur Worte aneinandergereiht. Es gibt keine Religion, die das Wort höher schätzen würde als die mosaische.«

Richtig, aber dann gab es so einen Trottel, der hat mir in seiner Kritik vorgeworfen, die Juden hätten doch ein Reich gegründet: den Staat Israel. Quatsch! Israel mag alles sein, aber doch wirklich kein Imperium, kein Reich.

Als 16-Jähriger beschlossen Sie, Kritiker zu werden. War Kerr da Ihr Vorbild?

Ja, aber nur bedingt. Kerr war der berühmteste Kritiker der Weimarer Republik. Er interessierte mich sehr; aber ich wollte nicht schreiben wie er. Kerr wollte die Kritik neben der Lyrik, Epik und dem Drama als vierte Gattung der Literatur etablieren. Das geht aber nicht. Die Kritik muss der Literatur dienen, nicht umgekehrt.

Kritiker Ihrer Memoiren sind sich ziemlich einig darin, dass der erste Teil des Buches, also die Zeit bis 1945, wesentlich besser gelungen ist als der zweite. Könnte es sein, dass sie Recht haben?

Hundertprozentig. Keine Frage. Ich lese das ungern, aber es stimmt natürlich. Selbstverständlich ist der Stoff im ersten Teil viel dramatischer und aufregender. Kapitel über Thomas Bernhard oder Elias Canetti sind natürlich nicht so eindringlich wie der Hunger im Warschauer Ghetto. Aber will man mir etwa vorwerfen, dass ich nach '45 nicht mehr gequält worden bin, dass ich nicht mehr hungern musste? Ein Dramatiker hat mir vorgeschlagen, man solle aus dem ersten Teil ein Theaterstück machen. Eine, befürchte ich, abwegige Idee. Natürlich wollte er nur, dass ich sage: Und Sie sind der Autor.

Wer war das, Rolf Hochhuth?

Na hören Sie, das kann ich Ihnen doch jetzt hier nicht bestätigen!

Wie geht es dem Kritiker, wenn er selbst kritisiert wird?

Wie jedem Autor. Er kann nur drei Dinge sagen: Der Kritiker hat Unrecht, der Kritiker ist bösartig, der Kritiker reißt Zitate aus dem Zusammenhang.

Das schönste Kompliment hat Ihnen wohl Frank Schirrmacher gemacht: »Reich-Ranicki hat eine der schönsten Liebesgeschichten des Jahrhunderts geschrieben.«

Ich muss sagen: Mit der bisherigen Kritik kann ich sehr zufrieden sein. Ich bin ganz gut davongekommen.

Über welches Kapitel in Ihrem Leben haben Sie am meisten geschwiegen?

Es gibt in meinem Leben einige erotische Episoden, die nicht in die Öffentlichkeit gehören. Es gibt die Beziehung zu einer Frau, die noch lebt. Von ihr erhielt ich – vor vielen Jahren – ein ganzes Päckchen Briefe. Daraus hätte man wohl ein schönes Kapitel machen können. Aber das wollte ich nicht.

Dabei haben Sie doch auch so über erotische Eskapaden recht freimütig geplaudert. Wie kommen Sie, Frau Reich-Ranicki, mit der Veröffentlichung des ganz Privaten zurecht?

Tosia: Es hat mich nicht überrascht. Ich wusste ja von den Dingen. Wir haben oft darüber geredet. Wir haben alles, jedes Kapitel, miteinander besprochen.

Und meine Frau hat alles akzeptiert. Nur einen Satz hat sie gestrichen, aber der betraf keine Freundin, sondern sie selbst. Ein harmloser Satz.

Tosia: Wissen Sie, der Schluss des Buches hat mich sehr gefreut.

Das Zitat von Hofmannsthal: »Ist ein Traum, kann nicht wirklich sein, dass wir zwei beieinander sein.«

Tosia: Ja. Eine schönere Liebeserklärung kann es doch nicht geben.

Welche Phase Ihres Lebens war die schönste?

Tosia: Gleich nach dem Krieg. Alles war neu. Wir hatten das Leben und viel Hoffnung.

Ich würde Ihnen eine andere Antwort geben: Die 15 Jahre, in denen ich den Literaturteil der FAZ geleitet habe, das war schon eine sehr schöne Zeit. Ich konnte machen, was ich wollte, ich war da, wo ich hinwollte.

Sind Sie ein fröhlicher Mensch?

Ja.

Tosia: Na ja, himmelhochjauchzend, zu Tode betrübt. Das bist du.

Oft ist der Clown der Traurigste im ganzen Zirkus.

Sagen wir so: In jeder Komödie steckt auch eine Tragödie. Dass ich auch depressive Phasen habe, unterliegt keinem Zweifel.

Wenn Sie heute noch einmal geboren würden, und Sie könnten wählen, als Jude oder als Nichtjude auf die Welt zu kommen …

… dann würde ich selbstverständlich als Nichtjude geboren werden wollen. Da gibt es keinen Augenblick des Zweifels. Es ist kein Vergnügen, einer Minderheit anzugehören. Ich weiß: Herr Bubis und seine Frau würden sagen: Nur Jude möchte ich sein. Aber das gilt nicht für mich. Sie wissen nicht, was man für einen täglichen Kummer hat.

Auch der Philosemitismus ist eine Plage?

Natürlich. Neulich traf ich einen sehr gebildeten Menschen, der mir den ganzen Abend erzählen wollte, warum Mendelssohn für ihn der größte Komponist sei. Warum erzählt er mir das wohl?

Tosia: Glauben Sie mir: Man gehört nun wirklich nicht freiwillig einer verfolgten Minderheit an.

Aber es wäre auch unanständig, eine verfolgte Minderheit zu verlassen.

Sie haben in Ihrem Buch geschrieben: »Wir haben überlebt, ohne es verdient zu haben.« Ist das ein Satz, der Sie immer wieder einholt?

Ja, das trifft zu. Nur: Wer hat es denn verdient? Jeder Jude, der den Holocaust überlebt hat, muss sich diese Frage stellen: Warum gerade ich? Wir stellen uns diese Frage oft. Jedes Jahr, das wir seither erleben dürfen, ist uns geschenkt worden. Jetzt schon 55 Jahre. Aber mein Bruder, der viel bessere Chancen hatte als ich, ist von den Nazis ermordet worden. Warum?

Gründet Ihre Liebe im gemeinsamen Leiden?

Natürlich.

Tosia: Ja, damals waren wir zusammen in der Hölle – und auch im Himmel.

Das Gespräch führte Mathias Döpfner, Die Welt, 18. September 1999

Der Kritiker als Erzähler

Herr Reich-Ranicki, Sie haben durch die Deutschen ungeheures Leid erlitten. Sie haben in den Konzentrationslagern Ihre engsten Verwandten, Mutter, Vater und Bruder, verloren. Dennoch sind Sie, 1958, von Polen nach Deutschland übersiedelt. Wenn man Ihre Autobiographie liest, findet man als Argumente für dieses Übersiedeln vor allem die Literatur und die Musik. Waren da auch Menschen, die Ihnen Anlass zu diesem Neuanfang gaben?

Meine Entscheidung von 1958, nach Deutschland überzusiedeln, hatte sowohl politische als auch berufliche Gründe. Ich wollte mit meiner Familie raus aus der kommunistischen Welt. Und ich wollte meine Tätigkeit als Kritiker deutscher Literatur auch außerhalb Polens kontinuieren. Die Bundesrepublik bot sich als wichtigste Möglichkeit an. Sie war zudem das einzige Land, das verpflichtet war, mich hineinzulassen, da ich 1938 aus dem Deutschen Reich deportiert worden war.

Ist Ihr Verhältnis zu Deutschland so sachlich? Eine Arbeitsgrundlage, mehr nicht?

Aber was suchen Sie? Mein Verhältnis zu diesem Land, das ist ja auch mein Verhältnis zum Theater in diesem Land, zu den Konzerten, zu der Literatur, die hier entsteht. Dinge, die mir äußerst wichtig sind, die mir in jeder Hinsicht nahe stehen.

Der ehemalige israelische Botschafter in Deutschland, Avi Primor, hat gesagt, Deutschland sei bezüglich totalitärer Strömungen wie ein geheilter Alkoholiker – seit langem trocken, aber jederzeit in Gefahr, rückfällig zu werden.

Das ist doch wohl übertrieben. Ich glaube nicht, dass die Gefahr dieses Rückfalls wirklich sehr groß ist.

In Ihrem Buch stellen Sie die Frage, warum Sie den Holocaust überlebt haben, nicht aber Ihr Bruder. Gibt es so etwas wie das Schuldgefühl des Überlebenden?

Ich habe mir die Frage gestellt, warum ich überlebt habe und er nicht, der doch allem Anschein nach bessere Chancen hatte. Aber Schuldgefühle, nein, das ist nicht das richtige Wort.

Sie greifen in ›Mein Leben‹ Martin Walser an, dessen Friedenspreisrede in Frankfurt Sie zutiefst getroffen habe. Er habe, so schreiben Sie, wiedergegeben, was an den Stammtischen zu hören sei. Der Philosoph Dieter Thomä sagt, Walsers Rede sei typisch für aktuelle Debattenbeiträge – wie Sloterdijks »Menschenpark«-Äußerungen und Handkes Einlassungen zum Balkankrieg –, die keine Argumente, sondern diffuse »Atmosphären« lieferten.

Es ist gewiss kein Zufall, wenn Walser eine Rede von rund einer Stunde hält, von deutscher Vergangenheit unentwegt spricht, aber das Wort »deutsche Verbrechen« oder »deutsche Schuld« oder andere Schlüsselworte überhaupt nicht vorkommen. Walser ist kein Mensch, der eine solche Rede unbedacht hält. Ich weiß gar nicht, warum man in seinem Fall von Atmosphären redet – seine Rede war nicht atmosphärisch diffus, sondern von Kalkül bestimmt. Es ist vollkommen klar, warum gewisse Worte darin nicht vorkommen.

Ralph Giordano hat den Begriff von der »zweiten deutschen Schuld« geprägt: Dass die wichtigen Täter von Nazideutschland in der Bundesrepublik selten wirklich belangt wurden – und dass die Kinder nie genau wissen wollten, was ihre Eltern getan hatten. Was sagt Ihnen der Begriff?

Darüber hab ich mir nie Gedanken gemacht. Ich habe mir allerdings Gedanken gemacht, warum mein ehemaliger enger Freund Walter Jens nie von mir wissen wollte, wie das eigentlich im Ghetto war. Wir haben uns jahrzehntelang unterhalten, viele Stunden lang, und er war überhaupt nicht an meiner Vergangenheit interessiert. Er war nie Nazi, er war nicht in der Wehrmacht, aber Erlebnisse im »Dritten Reich« und im okkupierten Polen haben ihn nicht interessiert, ich weiß nicht warum. Verlangen Sie nicht, dass ich das alles erkläre.

Hatten Sie bisweilen das Gefühl, über die Beschäftigung mit der Literatur das Leben versäumt zu haben?

Gewiss, aber das ist schon lange her. Ich hatte zuletzt dieses Gefühl während meines Aufenthalts in Hamburg, von 1959 bis 1973. Das war eine sehr einsame Zeit, da befasste ich mich wirklich nur mit Lesen und Schreiben. Ich fühlte mich in Hamburg während meiner Anstellung bei der ZEIT in viel höherem Maße isoliert als in Frankfurt.

Sie haben in ›Mein Leben‹ über das distanzierte Verhältnis der ZEIT-Redaktion zu Ihrer Person geklagt. Daraufhin antwortete jüngst in der ZEIT der damalige Literatur-Chef Dieter E. Zimmer.

Der Artikel von Dieter E. Zimmer hat mich, gelinde gesagt, verwundert. Er enthält viele Irrtümer, Missverständnisse und leider auch Unwahrheiten. Zimmer behauptet nun, es sei nicht üblich gewesen, freie Mitarbeiter einzuladen. Erstens, dies war sehr wohl üblich, zweitens war ich eben kein freier Mitarbeiter, sondern fest angestellt – nicht anders als Herr Zimmer selber.

Zimmer schreibt, es sei überflüssig gewesen, Sie einzuladen, da man mit Ihnen oft telefoniert hätte.

Da stellt er die Sache auf den Kopf. Man telefonierte mit mir viel, weil man mich in der Redaktion nicht sehen wollte. Man mochte mich nicht, das kommt vor. Auf die Idee, das könnte mit Antisemitismus zu tun haben, bin ich nie gekommen. Das habe ich zu meiner Überraschung viele Jahre später erfahren – aus der 1996 erschienenen offiziellen Geschichte der ZEIT.

Darin steht doch viel Freundliches über Sie.

Ja, aber dort wird auch gesagt, man habe mich nicht in die Redaktion holen wollen, weil man mich für einen »machtbewussten, rabulistischen Mann« hielt. Das hat mir die Augen geöffnet. Rabulistik ist ein antisemitisches Wort, das im 19. Jahrhundert häufig verwendet wurde – unter anderem von Richard Wagner. Und es wurde oft gegen Juden in der nationalsozialistischen Kampfpresse verwendet, zumal in Artikeln von Joseph Goebbels. Dieses Wort, gegen mich gerichtet, empfinde ich als eine Unverschämtheit. Es kann nicht missverstanden werden.

In Ihrer Autobiographie verzichten Sie auf alle Stimmungsmalerei. Selbst die schlimmsten Situationen im Ghetto sind mit erschütternder Nüchternheit gezeichnet.

Das hat mit meiner Mentalität zu tun. Dahinter steckt kein taktischer Beschluss. Auch glaube ich, dass eine nüchterne Darstellung derartiger Verhältnisse am überzeugendsten ist. Die poetische Darstellung des Grauens führt beinahe immer zur unzulässigen Beschönigung der Wirklichkeit.

Hatte das Schreiben dieses Buches für Sie einen therapeutischen Effekt?

Nein. Von Therapie kann man nur dort sprechen, wo es vorher eine Krankheit gab. Ich weiß nicht recht, welche Krankheit es war, die da hätte therapiert werden können.

Aber eine traumatische Erfahrung …

Ich verstehe. Aber dennoch: Das Schreiben dieses Buches hat nichts an meiner Person geändert.

Kann es sein, dass ein großer Teil der Deutschen durch Sie zum ersten Mal die Realität des Ghettos erfährt?

Das müssen Sie andere fragen. Aber dass viele Leute zum ersten Mal erfahren haben, was das Ghetto war, glaube ich schon.

Etwas, was die Leute an Ihren öffentlichen Auftritten fasziniert und wovor sie sich immer ein wenig fürchten, ist Ihr blitzschnelles Urteil, das strikte Ja-nein-Prinzip Ihrer Rhetorik. Das Donnerschlaghafte Ihrer Argumentation. Warum setzen Sie das ein?

Aber im »Literarischen Quartett«, wenn Sie darauf anspielen, reden wir über Dinge, die wir gerade gelesen haben. Wir sind ja vorbereitet. Und, mein Lieber, ich beschäftige mich mein Leben lang mit Literatur. Ich habe da meine festen, aber natürlich veränderbaren Ansichten, meine im Laufe eines langen Lebens angesammelten Kenntnisse. Was das Donnerschlaghafte angeht: Im Fernsehen kann man doch nicht zagen und stottern. Das funktioniert nicht mit dem meist unerträglichen »Jein«.

Wie viel Schauspielerei ist in Ihren Auftritten?

Von bewusster Schauspielerei kann nicht die Rede sein. Unbewusst, nun ja – wenn ich mir Gedanken mache um eine pointierte Formulierung und davor eine kleine Kunstpause setze, das gehört zum Gewerbe. Wenn ein Rechtsanwalt im Gericht plädiert – ist bei ihm Schauspielerei im Spiel? Aber natürlich! Wenn man öffentlich redet, muss man um Wirkung bemüht sein. Wenn Sie das Schauspielerei nennen wollen, nun gut.

Das Gespräch führte Peter Kümmel, Stuttgarter Nachrichten, 12. Oktober 1999

Ritterschlag für den Außenseiter

Herr Reich-Ranicki, von Ihrer Autobiographie ›Mein Leben‹ wurden in neun Monaten eine halbe Million Exemplare verkauft, das Buch steht seit 33 Wochen auf Platz eins der SPIEGEL-Bestsellerliste. Triumphgefühle?

Dieser Erfolg ist für mich natürlich eine unerhörte Überraschung. Ich habe nie damit gerechnet. Der Verlag hat gezögert, ob er 50 000 oder 70 000 Exemplare drucken soll. Ich habe geraten: 50 000 – die Hälfte wird liegen bleiben. Der Erfolg ist auch eine Überraschung für viele Kollegen Schriftsteller …

… Kollegen?

Ich darf in aller Bescheidenheit sagen, dass keiner der Romane, die etwa Martin Walser oder Günter Grass in den letzten zehn Jahren veröffentlicht haben, eine auch nur vergleichbare Auflage erreicht hat. Das freut mich, weil ich von diesen Herren oft zu hören bekam, ich sei überhaupt nicht kreativ, ich könne ja nur – als Kritiker – etwas schreiben, wenn sie, die Schriftsteller, vorher etwas produziert hätten. Walser hat mir einmal gesagt: »Wenn ich und meine Kollegen aufhören zu schreiben, sind Sie arbeitslos.« Da freut es mich doch, dass mein Buch jetzt gezeigt hat: So abhängig von Walser & Co. bin ich nun doch nicht.

Hat einer dieser Schriftsteller Ihnen gratuliert, und sei es nur mit einem »Willkommen an Bord«?

Kein Einziger von ihnen hat mich angerufen oder mir eine Postkarte geschickt – ausgenommen Siegfried Lenz, mit dem ich seit Jahrzehnten befreundet bin. Er hat mir gesagt: Du bist ein Erzähler. Das klang wie ein Ritterschlag.

Glauben Sie, Heinrich Böll, lebte er noch, hätte sich ähnlich verhalten wie Lenz?

Glauben Sie, wenn Böll eine Frau gewesen wäre, dass er dann zu den Lesbierinnen gehört hätte? Im Ernst: Ich weiß es nicht.

Wenn Grass und Walser im Buchhandel schlechter abgeschnitten haben als nun Sie – folgt das, statt aus Ihrer Brillanz, nicht schlicht aus der literarischen Schwäche des Spätwerks dieser Autoren?

Ja selbstverständlich, ich habe ja über die ›Unkenrufe‹ und das ›Weite Feld‹ von Grass geschrieben, dies seien schlechte Romane; und ich finde auch das letzte Buch von Walser, ›Ein springender Brunnen‹, schwach – nicht bloß weil Walser in diesem Buch den Eindruck erweckt, er habe das, was er früher über Auschwitz und die Deutschen publizierte, ein bisschen wieder vergessen.

Angenommen, Sie hätten Ihr Buch – als das eines anderen Autors – rezensiert, was hätten Sie daran kritisiert?

Ich hätte erklärt: Ich bin befangen. Joseph Roth hat einmal einen ›Selbstverriss‹ veröffentlicht. Die Sache hatte nur einen Haken. Wenn Sie diesen tapferen Selbstverriss genau lesen, merken Sie: Es ist eine Hymne.

André Gide warnte einmal: »Memoiren sind immer nur halb ehrlich.« Sind Ihre wirklich ehrlich?

Jeder Autobiograph schont sich selbst, auch wenn er sich das Gegenteil vorgenommen hat. Ich habe auch einiges weggelassen. Ursprünglich wollte ich beschreiben, auf welche Weise wahrscheinlich meine Eltern – nach dem Abtransport aus dem Warschauer Ghetto – umgekommen sind, ich habe es dann gelassen. Stattdessen habe ich über die letzten Stunden eines jungen Ehepaars in Treblinka geschrieben; ich kannte die Leute gar nicht, habe aber deren überstürzt verlassene Wohnung im Ghetto gesehen – eine Tasse, noch halb mit Tee gefüllt, stand auf dem Tisch, auf dem Schrank lag ein Familienfoto. Natürlich gab es Probleme bei erotischen Kapiteln. Dass meine Frau diese Kapitel vor der Veröffentlichung gelesen und akzeptiert hat, ist klar. Ich habe eine große Liebesgeschichte in meinem Leben nur erwähnt, in ein paar Zeilen: die Beziehung zu einer jungen Psychologin. Ich besitze von ihr sehr viele Briefe in polnischer Sprache. Eine ausführliche Schilderung hätte vorausgesetzt, dass ich all diese Briefe noch einmal durcharbeite. Ehrlich gesagt: Ich war dafür zu faul.

Ist der Autobiograph nicht doch einer, der sein Leben erdichtet?

Das Wort »Dichter« ist in Bezug auf meine Person zu hoch gegriffen. Aber natürlich bildet das Buch nicht die Wirklichkeit ab, da wäre es ja mindestens 2000 Seiten lang geworden. Und wie man die Dinge darstellt, nun ja … ich habe da von Egon Erwin Kisch gelernt, der wurde einmal gebeten, etwas über den Spanischen Bürgerkrieg zu schreiben; es sollte Amerikaner beeindrucken, damit sie Geld für die republikanische Armee spenden. Kisch hat gesagt: Wenn ich schreibe, wie die Menschen leiden, wird dies kaum jemanden rühren, aber wenn ich ausmale, wie im Zoo in Madrid die Tiere hungern, das wird die Leser aufregen. Und er hat tatsächlich so etwas geschrieben. Darum ist bei mir auch weniger von den täglichen Leiden der Ghettobewohner zu lesen, doch relativ viel über die Musik dort und über die Liebe. Manchen Leser hat es vielleicht berührt zu erfahren, dass man den Musikern vor dem Konzert zu essen gab, damit sie besser spielen konnten. Hungrig die Posaune blasen, das ist sehr schwer.

Hatten Sie Aufzeichnungen?

Nur ganz wenige.

Haben Sie Ihre Erinnerungen durch Archivstudien gestützt?

Nein. Meine Erinnerungen an das Warschauer Ghetto habe ich allerdings überprüft, indem ich sie mit einer wissenschaftlichen Studie zum Thema verglich.

Was ist mit Ihren Erinnerungen an die Nachkriegszeit – Dieter E. Zimmer von der ZEIT hat Ihre Version, man habe Sie dort zwar beschäftigt, als Person aber draußen gehalten und unter alten Vorurteilen leiden lassen, öffentlich bezweifelt.

Dazu nur eine Episode, die in meinem Buch nicht steht: Es heißt, ich hätte die ZEIT schließlich nur deshalb verlassen, weil ich mehr Geld wollte – klar doch, der Jude will mehr Geld! Auch wenn das nicht öffentlich gesagt wurde. In Wahrheit war es so: Ich fühlte mich schlecht behandelt, weil ich bei mehreren Gehaltserhöhungen übergangen worden war. Ich wurde zur Mitherausgeberin Gräfin Dönhoff geschickt. Sie hat mir ungefähr eine Stunde lang erklärt, wieso sie mein Gehalt nicht erhöhen könne. Ich habe ihr schließlich gesagt, es gehe mir weniger ums Geld, doch ich wolle ungern dort arbeiten, wo ich offensichtlich benachteiligt würde. Ich bäte darum, mein Gehalt wenigstens symbolisch zu erhöhen, und seien es nur 10 oder 50 Mark im Monat. Die Gräfin hat auch diesen Vorschlag schroff abgelehnt. Da wusste ich, dass ich die ZEIT verlassen musste.

In dem Kapitel über die schwierige Freundschaft zum Tübinger Rhetorikprofessor Walter Jens verschweigen Sie den Hauptgrund des Streits: dass sein Sohn Tilman Jens Ihr Wirken beim polnischen Geheimdienst in den ersten Nachkriegsjahren öffentlich gemacht hat. Walter Jens behauptet, Sie hätten von ihm verlangt, er solle öffentlich mit seinem Sohn brechen – was er dann abgelehnt habe.

Das ist eine empörende Erfindung oder, bestenfalls, ein Missverständnis. Ich habe ihn vielmehr um einen persönlichen Brief mit einer deutlichen Distanzierung vom »Elaborat« seines Sohnes gebeten, niemals um eine öffentliche Erklärung.

Gilt noch die alte Vereinbarung zwischen Jens und Ihnen, dass, je nachdem wer von Ihnen vor dem anderen stirbt, der Überlebende eine »große Würdigung« des Freundes verfassen wird?

Jens hat sich in letzter Zeit mehrfach auf diese Vereinbarung berufen. Er, ein Christ, hat ein manisches Bedürfnis, über meinen Tod zu sprechen. Nein, die Vereinbarung gilt nicht mehr. Sollte ich vor ihm sterben, möge er bitte schweigen. Wie auch immer: Es war meine längste und wichtigste Freundschaft.

Ein anderer Ex-Freund von Ihnen bestreitet Ihre Darstellung, was eine heikle Begegnung mit Albert Speer und den Historikerstreit der achtziger Jahre betrifft: Joachim Fest, der damalige Feuilleton-Herausgeber der FAZ.

Ich habe da nichts erfunden.

Fest hat – in einem Interview des Berliner ›Tagesspiegel‹ gesagt, Sie hätten die Freundschaft zu ihm, wie zu anderen, »zerstört: durch Rechthaberei, Illoyalität und … Grobschlächtigkeit«. Er bescheinigt Ihnen eine »Destruktionsmanie«.

Ich bedaure das, aber es regt mich nicht auf. Ich habe Fest ja auch gekränkt. Es gibt wunderbare Ehen, und nach 10, 15 Jahren gehen sie auseinander. So ist das auch mit meiner Freundschaft zu Fest. Der Hauptgrund des Zerwürfnisses sind die Thesen des Historikers Ernst Nolte, der in der FAZ die Schuld der Nazis bagatellisiert hat – Fest hat sich, obwohl er es mir versprochen hatte, nie wirklich von Nolte distanziert. Selbst als der von ihm geförderte Nolte später erklärte, der Massenmord an den Juden sei nicht das Werk der Deutschen, sondern der »europäischen Faschismen und Antisemitismen«, und in einem SPIEGEL-Gespräch Juden mit Ungeziefer verglich, hat Fest geschwiegen.

Halten Sie es für möglich, dass Sie sich mit Fest eines Tages doch versöhnen?

Das ist leider unwahrscheinlich.

Fest, der den Fall Nolte sicher anders beurteilt als Sie, hat erklärt, er habe Ihre Memoiren nicht gelesen. Haben Sie denn sein neues Buch über Albert Speer gelesen?

Nein, so viele Seiten über Albert Speer – ich bitte Sie! Das können Sie nicht verlangen.

Haben Sie als junger Mann in Berlin Speer gesehen?

Nein, aber ich habe 1936 im Olympiastadion Speers Lichtdom erlebt.

War es erhebend?

Nicht erhebend, aber effektvoll.

Von den deutschen Nachkriegskanzlern würdigen Sie in Ihrer Autobiographie nur Willy Brandt. Was sagen Sie zum Kanzler Gerhard Schröder?

Anfang der neunziger Jahre habe ich mit Schröder, damals war er noch niedersächsischer Landesvater, einen ganzen Abend zusammengesessen. Er fragte mich, was er für die Kultur tun könne. Ich sagte, in Hannover seien doch Friedrich und August Wilhelm Schlegel geboren. Warum er nicht an der dortigen Universität ein Institut für Kritik einrichte und nach einem dieser Schlegels benenne. Schröder fand den Vorschlag »genial« und wollte ihn realisieren, aber bis heute habe ich nie wieder etwas davon gehört.

Interessiert sich auch das Ausland für Ihre Memoiren?

Die polnische Ausgabe wird jetzt ausgeliefert. Außerdem kommt das Buch auf Französisch, Englisch, Spanisch, Niederländisch und Italienisch. Weitere Ausgaben werden folgen. Die Franzosen wollten das Kapitel über Wolfgang Koeppen nicht haben, niemand in Frankreich habe je diesen Namen gehört. Nun, das Kapitel bleibt drin. Eine amerikanische Version wird es vorläufig nicht geben. Die Amerikaner wollten nur die Zeit bis 1945 – die deutsche Nachkriegsliteratur interessiert sie nicht. Das erlaube ich natürlich nicht.

»Von Anfang an fiel ich aus dem Rahmen, ich war ein Außenseiter«, heißt es in Ihrem Buch. Und: »Dass es so bleiben würde, konnte ich schwerlich wissen.« Gilt das noch heute?

Bis ich zur FAZ kam, wollte mich doch keine Redaktion haben. Bei der ZEIT sollte ich nicht einmal meine Manuskripte selbst abgeben, die haben sie lieber mit einem Taxi abholen lassen. Als ich Anfang 50 war, habe ich zu meiner Frau gesagt: Es ist vorbei, niemand will mich mehr.

Das Gefühl hat man mit 50 manchmal.

Ja, und kurz darauf kam ich zur FAZ.

Und dann wurden Sie mehr und mehr ein Medienstar.

Gut, durch das Fernsehen sind viele auf mich aufmerksam geworden. Meinen Sie das?

Der gewaltige Erfolg Ihres Buchs stützt kaum noch die Außenseiterthese.

Wenn Sie das von mir erwarten, können Sie es bekommen: Ich fühle mich heute nicht mehr an der Peripherie.

Kann es sein, dass die Verehrung, die Sie in Deutschland ernten, auch eine Form der Wiedergutmachung ist? Dass man Sie aus einem schlechten Gewissen heraus rühmt?

Dazu kann ich wenig sagen. Das sehen Sie bestimmt genauer als ich. Ich glaube aber nicht, dass es in meinem Buch eine Stelle gibt, wo ich die Deutschen schone. Ich schildere etwa die Szene im Warschauer Ghetto, wo zwei deutsche Offiziere ins Konzert kommen und nur lauschen. Ich schildere das als Sensation: Deutsche haben sich wie zivilisierte Menschen benommen, unglaublich!

Es heißt, nach dem Tod von Ignatz Bubis seien Sie der populärste Jude in Deutschland.

Vielleicht stimmt das, doch der Unterschied ist gewaltig. Ich habe mit ihm vor seinem Tod oft gesprochen, ohne ihn ganz überzeugen zu können. Bubis hielt sich für einen Deutschen mosaischen Glaubens, und er hat immer wieder die Enttäuschung erlebt, dass man ihn gefragt hat: »Sehen wir uns nächste Woche bei Ihrem Botschafter?« Womit der Botschafter Israels gemeint war. Diese Enttäuschung kann mir nicht widerfahren. Ich habe es schon oft gesagt: Ich bin kein Deutscher. Ich war es nicht, ich bin es nicht, ich werde es nie sein. Aber: Man kann mir mein Deutschtum nicht aberkennen. Und mein Deutschtum hat sehr viel zu tun mit deutscher Literatur und deutscher Musik.

Haben Sie nie mit dem Gedanken gespielt, nach Israel zu gehen?

Nie! Keine Sekunde, völlig absurd! Ich war in Israel zwei, drei Mal. Ich fühle mich dort ziemlich fremd. Ich kann kein Hebräisch, ich kann die Aufschriften nicht entziffern. Ich kenne dort niemanden. Was soll ich da? Ich bin nicht einmal Mitglied der Jüdischen Gemeinde, gehöre keiner religiösen Vereinigung an. Was hätte ich in Israel denn machen sollen? Selbstverständlich habe ich überlegt, in ein anderes Land als Deutschland zu gehen.

In die Schweiz?

Natürlich wäre es ein Traum für mich gewesen, 1958 statt nach Frankfurt nach Zürich zu ziehen. Dort hätte man mich nach meinem Bankkonto gefragt, aber ich hatte nur fünf Dollar in der Tasche. Wenn ich Literaturkritiker sein wollte, konnte ich nur in ein großes deutschsprachiges Land gehen.

Warum haben Sie damals nicht Berlin gewählt?

Nur aus politischen Gründen. Ich hatte Angst, in West-Berlin zu leben: Wenn nun doch die Russen kommen? Nein.

Sie haben oft in Österreich Urlaub gemacht. In diesem Jahr nicht. Hat das mit Haider zu tun?

Klar, ich werde dort keinen Urlaub mehr verbringen. Außerdem hat mir mein Arzt dringend geraten, Urlaub an der Ostsee zu machen.

Kurz nach der Feier aus Anlass Ihres 80. Geburtstags erhalten Sie in Bad Homburg den Hölderlin-Preis. Haben Sie gezögert, den Preis anzunehmen?

Nein, warum?

Hölderlin ist nicht gerade Ihr liebster Lyriker. Sie misstrauen grundsätzlich »großen Sehern« und »Orakelsprüchen«.

Ich bewundere Hölderlin sehr, aber eines werde ich in meiner Rede nicht verschweigen: Das unkritische Verhältnis zu Hölderlin mache ich nicht mit. In Deutschland darf niemand ein Wort gegen ihn sagen. Im Verhältnis zu ihm, ganz anders als zum Beispiel bei Kleist, spielt etwas eine entscheidende Rolle: das Element des Mitleids.

Wären Sie denn gern Hauslehrer bei der Bankiersfamilie Gontard gewesen wie Hölderlin?

Ich hätte wahrscheinlich auch ein Verhältnis mit der Dame des Hauses angefangen. Aber bedenken Sie bitte: Hölderlins ›Parzen‹-Lied habe ich mit größtem Respekt in der ›Frankfurter Anthologie‹ besprochen. Sein Gedicht ›Hälfte des Lebens‹ ist ein Höhepunkt deutscher Poesie.

Wie lange werden Sie das »Literarische Quartett« noch machen? Es gibt Gerüchte, zum Jahresende sei Schluss.

Wenn es aufhören wird, werde ich Sie rechtzeitig informieren. Ich habe jedenfalls genug Angebote für danach.

Herr Reich-Ranicki, wir danken Ihnen für dieses Gespräch.

Das Gespräch führten Volker Hage, Mathias Schreiber und Martin Doerry, Der Spiegel, 22. Mai 2000

Wie man die Macht der Medien zähmt

Klaus Bölling: Herr Reich-Ranicki, in wenigen Tagen feiern Sie Ihren 80. Geburtstag, und ich vermute, das schönste Geburtstagsgeschenk haben Ihnen die Leser Ihrer Autobiographie gemacht. Ihr Bucherfolg überstrahlt ja den der meisten deutschen Schriftsteller unserer Tage. Bei den Lesereisen quer durch die Republik sind Sie den lesenden Deutschen näher gekommen als durch den Bildschirm, auf dem Sie das Publikum auch durch Ihre komödiantischen Talente beeindrucken konnten. Wie reflektieren Sie diesen Erfolg?

Ich bin meinen Lesern in der Tat näher gekommen. In allen Lesungen war die Stille fabelhaft und die Reaktion eigentlich ideal. Aber noch wichtiger sind in dieser Hinsicht die Briefe, die ich erhalte. Die Zahl dieser Briefe ist gigantisch. Ich kann nicht sagen, wie viele es sind, ob es 1200 oder 1600 sind. Natürlich habe ich nur einen kleinen Teil der Briefe gelesen. Worauf ich den Erfolg dieses Buches zurückführe? Ich wäre Ihnen sehr dankbar, wenn Sie mir die Frage beantworten könnten. Das Buch hat eine Eigentümlichkeit, von der sehr viele Leser, auch Kritiker sprechen: Es wirkt authentisch. Die Leute glauben mir. Das Buch scheint die Leser nicht zu langweilen und ist offenbar, das wird von vielen betont, leicht lesbar. Ich war immer der Ansicht und bin der Ansicht, dass der Autor sich Mühe geben soll, damit der Leser sich nicht so viel Mühe geben muss. Andererseits: Das Buch bedient, ohne dass es meine Absicht gewesen wäre, sehr verschiedene Lesergruppen. Es ist für Leute geschrieben, die sich für Literatur interessieren. Es ist lesbar für Leute, die sich nicht für Literatur, wohl aber für Zeitgeschichte interessieren.

Bölling: Auch für latente Antisemiten vielleicht?

Bestimmt. Von dem Buch wurden in Deutschland jetzt knapp über eine halbe Million Exemplare verkauft; da sind sicherlich auch viele Antisemiten unter den Lesern …

Peter Gauweiler: … und Philosemiten …

Ich sehe da den großen Unterschied nicht. Philosemiten sind nur umgekehrte Antisemiten. Aber ich muss Ihnen gestehen, und da ist keine Spur von Koketterie dabei: Dieser Erfolg hat mich absolut verblüfft und sprachlos gemacht. Ich will nicht verheimlichen, dass ich bei dem jetzigen Erfolg daran denken musste, dass mir im Laufe der Jahre und Jahrzehnte gewisse deutsche Schriftsteller – ich meine vor allem Günter Grass und Martin Walser – gern sagten, ich sei völlig abhängig von ihnen. Wenn sie nichts produzierten, könne ich nichts machen. Ich könne nur über die Bücher anderer schreiben. Ich habe damals Walser gesagt: »Wenn Sie und alle anderen deutschen Autoren aufhören Romane zu schreiben, kann ich noch über amerikanische oder englische Bücher schreiben, ich kann auch über Thomas Mann oder Fontane oder gar über Heine schreiben. So groß ist die Abhängigkeit von euch nicht. Als ich dieses Buch, das ja nun ein erzählendes Buch ist, publiziert habe, da habe ich mir im Stillen gedacht, vielleicht bekomme ich eine Postkarte von Grass oder Walser in dem Sinne: »Sie sind ein schrecklicher Mensch, Sie haben uns Unrecht getan. Aber das, was Sie da geschrieben haben, ist nicht so schlecht.«

Bölling: Kamen solche Karten?

Keine einzige. Es kam natürlich sofort ein Anruf von Siegfried Lenz, aber das ist mein Freund seit über 40 Jahren. Sonst keine einzige Postkarte dieses Inhalts, aber man hat mir wiederholt, was einer dieser großen Schriftsteller über mich gesagt hat: »Er hat viele Jahre lang über unsere Bücher genörgelt und uns das Geschäft verdorben. Und jetzt hat er uns auch noch die Leser weggenommen.«

Gauweiler: Heute entscheiden – Daumen nach oben, Daumen nach unten – die Medien über Leben und gesellschaftlichen Tod einer Existenz. Sie haben das auch mehr als einmal am eigenen Leibe erfahren müssen. Was kann man tun gegen solche Macht, die vermeintlich außerhalb jeder Kontrolle ist? Was kann man tun, dass die Macht der Medien nicht immer wieder mit Menschen so umgeht, wie es Shakespeare im ›King Lear‹ formuliert: »… wie Kinder, die zum Spaß Fliegen quälen«?

Es gibt nur eine Möglichkeit, dagegenzuwirken: einen Teil der Macht an sich reißen und sie selber ausüben. Ich bin 1973 von der FAZ zum Chef der Literatur berufen worden, unter anderem deshalb, weil das Literaturblatt der FAZ unlesbar war. Ich habe gleich am ersten Tag einem nicht unbekannten deutschen Autor sein Manuskript zurückgeschickt, ihn angerufen – weil das milder ist, wenn man es mündlich sagt, als wenn man es im Brief schreibt – und ihm gesagt: »Ich schicke Ihnen das Manuskript nur aus einem einzigen Grund zurück: Es sind darin mehrere Absätze, die ich nicht verstehe. Was ich nicht verstehe, versteht der Leser auch nicht, glaube ich. Sie müssen sich auf mein Niveau einstellen. Es tut mir leid, ich weiß, dass es für Sie eine Qual ist, sich auf niedrigem Niveau zu äußern, aber wenn Sie für das Blatt weiterarbeiten wollen, was ich wünsche, müssen Sie mit meinem Niveau schon rechnen.« Das war ein relativ junger Autor, der da völlig unverständliches Zeug geschrieben hatte. Ich habe versucht, in der FAZ gegen die Ungerechtigkeiten des Machtapparates der Medien zu wirken, was nur in Grenzen möglich war. Dann kamen die Leute vom ZDF auf die Idee, mir eine Sendung anzuvertrauen. Nach einigen Gesprächen entstand das »Literarische Quartett«. Es ist ein Versuch, gegen die ganze Medienmacht zu wirken. Der wichtigste Erfolg des »Literarischen Quartetts« ist es, Büchern, die erfolglos geblieben waren, zu einem größeren Echo zu verhelfen.

Bölling: Die Buchhändler sitzen stets vor dem Bildschirm …

Sie wissen, dass die deutsche Nation nicht danach giert, Bücher über Auschwitz zu lesen. Ruth Klüger hat ein kluges Buch mit dem Titel ›weiter leben – eine Jugend‹ über Auschwitz geschrieben. Sie erhielt die positiven Kritiken, die sie verdiente, und es wurden sechs, siebentausend Exemplare verkauft. Aber am Tag nach unserer Sendung konnte der Verleger die Tür zu seinem Büro kaum öffnen, weil die deutschen Buchhandlungen so viele Bestellungen gefaxt hatten. Binnen kurzer Zeit wurde das Buch über hunderttausendmal verkauft. Gegen das »Literarische Quartett« ist viel gesagt und geschrieben worden. Und es hat in der Tat allerlei Schwächen und Fehler. Aber es hat für die ernste Literatur eine Wirkung, die noch nie im Fernsehen erreicht wurde. Das Gerücht, die Sendung würde zu Ende gehen, hat schon vor Monaten zu Telegrammen von Verlagsverbänden und ähnlichen Institutionen geführt: »Um Gottes willen, das muss weiter bleiben!«

Gauweiler: Aber wir reden ja nicht nur über Literatur-Kritiker, sondern über das Machtgefühl der Medien, George Orwell, Big Brother. Davor kann ja offenbar nicht einmal der Artikel 1 des Grundgesetzes, dass die Würde des Menschen unantastbar sei, schützen.

Was heißt, die Würde des Menschen ist unantastbar? Da beginnt schon die Diskussion. Jeder empfindet den Satz anders. Sie werden von den Redakteuren im Fernsehen oder von Kritikern hören, dass sie gerade um die Würde zu verteidigen in der Sache so scharf agieren mussten.

Gauweiler: Also soll alles erlaubt sein in der Fernsehgesellschaft?

Nein, nein. Ich glaube nicht, dass alles erlaubt sein sollte. Und ich weiß sehr gut, wie viele Dinge gesendet werden, die nicht gesendet werden sollten. Ich bin auch nicht der Ansicht, dass es unbedingt nötig ist, immer wieder den Koitus im Fernsehen zu filmen. Es gibt ja Programme, die uns das jeden Abend vorführen.

Bölling: Und deutsche Bühnen …

Da probiert ein jeder, was er mag, heißt es im Vorspiel zum ›Faust‹. Wissen Sie, auf deutschen Bühnen ist das nicht das Schlimmste. Romeo und Julia liegen ja bei Shakespeare zusammen im Bett, und die spielen dort nicht Skat, das ist ziemlich sicher. Dass da ein Koitus angedeutet wird, ist nicht falsch. Wenn aber vor der Schlacht bei Fehrbellin die Stabsoffiziere, alles preußische Aristokraten, den Plan der

Schlacht erörtern und einer nur zwei Schritte von ihnen entfernt auf der Bühne zu pinkeln beginnt – das hat eine junge Frau inszeniert –, da frage ich: Muss das sein? Sie sagt, ja, der muss auch mal. Dann frage ich: Ja, aber mit Kleistschen Versen?

Bölling: Nicht nur Golo Mann hat Ihnen eine überlegene Kompetenz als Literatur-Kritiker bescheinigt in seinem Briefwechsel mit Ihnen. In unserer klischee-süchtigen Zeit haben Sie irgendwann den Titel eines Literatur-Papstes angehängt bekommen. Nun sind Ihre Urteile, das werden Sie von sich selber auch nicht behaupten wollen, nicht unfehlbar. Wollen Sie unsere Begegnung heute nicht zum Anlass nehmen, dieses Etikett des Literatur-Papstes abzustreifen?

Ich habe schon bei verschiedenen Gelegenheiten gesagt, dass ich diese Bezeichnung für sinnlos halte, weil sie immer mit Unfehlbarkeit assoziiert wird. Ich kenne keinen einzigen Kritiker in der ganzen Geschichte der deutschen Literatur-Kritik, der unfehlbar gewesen wäre. Aber, wissen Sie, ich habe längst aufgehört, dagegen irgendwas zu sagen.

Gauweiler: Wenn es um Weltanschauung geht, habe ich das Gefühl, dass in Ihrer Brust mehr als zwei Seelen ruhen. Einerseits rühmen Sie sich, in der mehr konservativen FAZ häufig expressis verbis linke Autoren, also auch Kommunisten gebracht zu haben. Andererseits haben Sie sehr scharf sozialistische Lebenslügen entlarvt, zum Beispiel, wenn Sie über die DDR-Autorin Christa Wolf schreiben: »Hat sie denn überhaupt begriffen, dass sie jahrzehntelang einer schlechten, einer üblen Sache gedient, dass sie zur Rechtfertigung der Existenz eines verbrecherischen Staates beigetragen hat?« Und zum Dritten überraschen Sie jetzt in Ihrem Buch mit einer heutzutage unüblichen Objektivität bei der Beschreibung Ihrer Jugend im Dritten Reich und haben bei Ihren Lehrern am Fichte-Gymnasium auch dann sympathische Einzelheiten festgehalten, wenn Sie gleichzeitig diese Lehrer als relativ überzeugte Anhänger des Regimes vorgestellt haben. Ein richtiger Linker tut doch so was nicht …

Wahrscheinlich war und bin ich kein richtiger Linker. Zu den Autoren, die ich geschätzt und gerühmt habe, gehört auch Christa Wolf. Ich habe den Roman ›Nachdenken über Christa T.‹ als erster deutscher Kritiker gelobt und gerühmt. Wie ich später erfuhr, hat man einen Satz aus dieser Kritik auf der PolitBüro-Sitzung, auf der dieses Buch erörtert wurde, von mir zitiert – gegen Christa Wolf. Mein Satz lautete: »Christa T. ist an der Leukämie gestorben. Aber sie hat gelitten an der DDR.« Da haben die gesagt, der Feind hat dein Buch durchschaut. Aber jetzt zu dem, was Sie hier von mir zitiert haben über Christa Wolf: Es ist falsch zitiert. Ich bin der Letzte, der Christa Wolf oder irgendeinem der DDR-Autoren vorwerfen würde, dass er DDR- oder SED-Anhänger war. Ich selber war Kommunist bis Ende 1949. Ich hatte Grund, der kommunistischen Partei beizutreten. Ich stehe dazu. Und ich bin sehr schnell aus der Partei ausgestoßen worden – mit gutem Grund. Bei Christa Wolf geht es um einen ganz anderen Punkt. Ich war empört, als sie jene berühmte Rede auf dem Alexanderplatz gehalten hat, in der sie die Kühnheit hatte, sich mit keinem Wort zur eigenen Schuld zu bekennen. Sie kam nur mit einer Idee: Das Ganze noch einmal! Wir müssen noch einmal versuchen, den Sozialismus zu bauen, jetzt solle man vom Sozialismus »träumen« und ihn vom Kopf auf die Füße stellen. Ich fand das ungeheuerlich. Das ist das eine. Das andere: Sie begann in jener Zeit, sich als Opfer der SED zu stilisieren und wurde auch von manchen ihrer Anhänger in der Bundesrepublik in diesem Sinne präsentiert. Da habe ich mir erlaubt zu sagen, das sei nun nicht ganz in Ordnung.

Gauweiler: Die literarische Biographie von Geistesriesen wie Knut Hamsun oder Bertolt Brecht lässt sich nicht erzählen, ohne ihr politisches Engagement festzustellen und zu werten. Gleichwohl lagen diese beiden Poeten mit ihren Befürwortungen grausam daneben. Der eine für Hitler, und der andere für Stalin. Irrungen dieser Art sind unter den Literaten leider keine Ausnahme. Wie ist es zu erklären, dass immer wieder hoch begabte Wortkünstler sich durch besonders missratene politische Äußerungen artikulieren?

Es ist unmöglich, über Hamsun zu schreiben, ohne auf sein Verhältnis zu Hitler zu sprechen zu kommen. Es ist unmöglich, über Brecht zu schreiben und den Kommunismus auszusparen. Aber ich bin tief überzeugt, dass Brecht niemals an den Kommunismus ernsthaft geglaubt hat. Brecht hat den Kommunismus gebraucht für das, was der Inhalt seines Lebens war: für das Theater, für die Literatur. Er hat den Kommunismus gebraucht – als ideelles Fundament, als Impuls und Thema für sein Werk, als Motor.

Bölling: Sie sind als Homo Politicus eigentlich kaum in Erscheinung getreten. Mit dem Thomas-Mann-Thema »Geist und Macht« haben Sie sich naturgemäß Ihr ganzes Leben lang beschäftigt. Richard von Weizsäcker hat vor geraumer Zeit beklagt, dass die Repräsentanten des Geistes in unserem Land eher Distanz, zuweilen sogar Resignation gegenüber der politischen Macht zeigen. Finden Sie das Weizsäckersche Urteil zutreffend?

Es ist im Großen und Ganzen nicht falsch. Aber wenn es um mich geht: Sie haben vollkommen Recht, ich bin im Grunde kein politischer Mensch. Ich bin einmal im Leben einer politischen Partei, der kommunistischen Partei Polens, beigetreten. Das hat mit meiner Biographie zu tun und mit der Tatsache, dass meine Frau und ich nie überlebt hätten, sondern von Deutschen ermordet worden wären wie meine Mutter, mein Vater, mein Bruder, die Eltern meiner Frau, wenn nicht die Russen gekommen wären. Ich glaube sogar, wenn die Russen zwei Wochen später gekommen wären, hätten wir auch nicht mehr gelebt. Und damit hat auch zu tun, dass ich mich damals entschieden habe, in Polen zu bleiben und der kommunistischen Partei beizutreten. Beides war falsch. Ich habe später, 1949/1950, den Fehler erkannt und beschlossen, nie wieder einer politischen Partei beizutreten. So wird es bleiben.

Bölling: Wir haben es seit geraumer Zeit mit einem signifikanten Anwachsen des Rechtsradikalismus zu tun, zumal in einigen der ostdeutschen Bundesländer. Teilen Sie meine Einschätzung, dass sich die Intellektuellen in unserem Land diesem bedrohlichen Phänomen gegenüber auffällig schweigsam verhalten?

Ja.

Bölling: Warum äußern Sie sich nicht mit Ihrer gewachsenen moralischen Autorität, die ja nicht zuletzt Resultat dieses wunderbaren Bucherfolges ist?

Weil ich nicht dazu da bin, das deutsche Volk politisch in irgendeinem Sinne zu erziehen. Ich maße mir an, dem deutschen Volk zu sagen, was ich für gute oder schlechte Literatur halte. Aber ich habe noch nie gesagt, das Volk solle nur die CDU wählen oder nur die SPD und solle dies und jenes machen. Ich mische mich im Grunde genommen in politische Angelegenheiten überhaupt nicht ein. Es sei denn, die Politik greift in die Literatur ein. Ich will auch nicht hören, dass man mir sagt: »Sie sind doch gar kein Deutscher.« Was richtig ist. Ich bin kein Deutscher. Ich werde es nicht sein.

Bölling: Mich überzeugt das nicht. Denn Sie sind für die ganz große Mehrheit der Gebildeten – oder sagen wir bescheiden – der lesenden Deutschen schon eine moralische Autorität, auch wegen Ihrer jüdischen Biographie. Da kann es Sie doch nicht unberührt lassen, dass dort der Ungeist sich wieder frech hervorwagt.

Nein, vor diesen Rechtsradikalen, vor diesem Ungeist habe ich Angst. Große Angst. Es ist mir wahrlich nicht gleichgültig. Aber ich kann nicht die Nation aufrufen zur Wachsamkeit, weil ich immer die Antwort hören könnte, ich sei befangen, ich sei nicht objektiv. Natürlich bin ich befangen. Natürlich bin ich in dieser Sache nicht objektiv.

Gauweiler: Herr Reich-Ranicki, Sie haben einmal gesagt, an der Literatur interessierten Sie vor allem die Leiden des Individuums …

Na ja, und wie die Leiden ausgedrückt werden …

Gauweiler: Für viele Intellektuelle ist der Pfälzer Helmut Kohl eher eine Reizfigur. Aber bei objektiver Beobachtung ist er mit seiner historischen Wirkung doch auch ein über die Maßen bedeutender Mann. Muss man im Kohl-Drama nicht unseren Hauptdarsteller irgendwie vor dieser lustvollen Entehrung durch seine zahlreichen Widersacher in Schutz nehmen? Und gibt es gegen den historischen Erfolg dieses Mannes als Rettungsmittel wirklich nur den Hass?

Während dieser ganzen Vorgänge im Zusammenhang mit der Spendenaffäre habe ich unentwegt an eine literarische Parallele denken müssen – nämlich an die Königsdramen von Shakespeare.

Gauweiler: Welche standen denn vor Ihrem geistigen Auge?

Ich dachte an alle Königsdramen von Shakespeare, aber nicht in erster Linie an die Zentralfiguren, also nicht an Richard II. oder Richard III., sondern an die vielen kleinen Leute, die sich rings um den jeweiligen König betätigen. Es ist genial, wie Shakespeare gezeigt hat – um nur dieses Beispiel anzuführen –, dass jene, die vor dem König knieten, kaum dass er nicht mehr die Macht hat, die Ersten sind, gegen ihn zu reden. Shakespeare hat das fabelhaft vorausgesehen. Ich halte ihn für den größten Schriftsteller, der je auf Erden gelebt und geschrieben hat. Jetzt zu Kohl selber: Ich kann Ihnen nur sagen, ich habe nie an irgendeiner Jagd und an Attacken gegen Kohl teilgenommen, niemals. Ich habe nie gegen ihn gehetzt, ihn, da ich mich nicht für einen politischen Menschen halte, auch nie kritisiert.

Bölling: Fanden Sie denn sein Verhalten tadelsfrei?

Natürlich nicht. Aber ich fand, dass nicht ich berufen bin, ihn zu kritisieren. Und ich bin auch nicht berufen, ihn heute zu verteidigen.

Bölling: Sie sollten uns sagen, ob Sie die pessimistische Einschätzung von Ignatz Bubis teilen, der kurz vor seinem Tod gesagt hat, dass er in Wahrheit für die Normalisierung zwischen jüdischen und nichtjüdischen Deutschen wenig ausgerichtet habe. Ist Normalisierung überhaupt das richtige Wort?

Na ja, es kommt nur darauf an, wann man die Normalisierung erreichen könnte. Solange die Täter und die Opfer von damals leben, wird die Normalisierung nicht erreicht werden. Das ist gar nicht möglich. Bubis hat eine große Niederlage erlitten, das ist richtig. Und die Niederlage besteht darin, dass er sich ungeheure Illusionen gemacht hat. Irgendwann gegen Ende seines Lebens hat er seine Irrtümer und Illusionen vielleicht erkannt. Ich habe das Meinige getan und ihm immer wieder gesagt: »Sie werden in diesem Land respektiert. Aber als Jude respektiert.« Er hat es nicht geglaubt. Bubis hat seine Rolle und seine Situation in diesem Land völlig verkannt. Er hat den Leuten sehr imponiert. Zu Recht. Weil er im Stande war, lange, vernünftige, intelligente Vorträge frei zu sprechen. Wenn deutsche Professoren sagen sollen »Wir freuen uns, Sie alle zu begrüßen«, dann haben die ein Blatt in der Hand.

Bölling: Herr Reich-Ranicki, Menschen, die Sie gut zu kennen meinen, sagen, dass Sie von einem beachtlichen Ego angetrieben werden, weshalb Sie sich zu keiner dauerhaften Freundschaft entschließen konnten …

Dass ich zur Freundschaft unfähig bin? Ich bitte Sie! Mit Siegfried Lenz bin ich seit 1957 befreundet. Mit Walter Jens war ich 30 Jahre eng befreundet. Ich habe über ihn mehrfach geschrieben und aus den Neuauflagen meiner Bücher kein rühmendes Wort über ihn weggelassen oder geändert. Auch in meinem Buch ›Mein Leben‹ ist ihm ein Kapitel gewidmet. Ich habe, wie mir auch von anderen bestätigt wurde, denkbar nobel über ihn geschrieben und alles Skeptische oder Bedenkliche ausgespart. Aber er verübelt mir, dass es in meinem Buch heißt, sollte er sich als Tourist in ein Bordell verirren, würde er dort Kamillentee ordern. Wenn ich geahnt hätte, dass ihn das Wort »Kamillentee« kränkt, hätte ich mit Sicherheit »Whisky« geschrieben. Er hat viele Vorzüge, aber der Sinn für Humor gehört nicht dazu. Es gibt auch andere Menschen, mit denen ich in diesem Land befreundet bin. Mir die Unfähigkeit zur Freundschaft vorzuwerfen, ist ein Zeichen der Unkenntnis. Ich war nie mit Günter Grass befreundet. Günter Grass' Verhältnis zu mir war immer lieb und gut und freundlich, wenn ich das letzte Buch von ihm gelobt habe. Aber wenn ich das nächste nicht so gelobt habe, dann war die Beziehung beendet. Bis zum nächsten Fall, wo ich wieder freundlich war. Ich war eine Zeit lang mit Sarah Kirsch befreundet, mit Ulla Hahn und Klaus von Dohnanyi bin ich es bis heute.

Bölling: Und Ihr Ego?

Was meinen Sie: Egozentrik? Verliebt in mich selber? Narziss?

Bölling: Nein. Narzissmus nicht. Aber doch ein beträchtliches Quantum Eitelkeit.

Na, das ist doch die Voraussetzung der Kritik! Kritik besteht darin, dass man in aller Öffentlichkeit über die literarische Arbeit anderer Menschen ein Urteil fällt, aber keinen Kodex hat. Fontane hat gesagt, dass es mit den Prinzipien und einem Paragraphen-Kodex nicht gehe. Mein Gefühl ist hier aufgerufen. Damit muss ich reagieren. Ich muss mit meiner ganzen Person im Theater sitzen oder ein Buch lesen. Und plötzlich spüre ich etwas: Das ist ja gut, was ich lese. Aber ich weiß nicht, warum das so gut ist. Da habe ich Erfahrung. Der Teufel soll mich holen, wenn ich nicht Argumente finde, um das Buch zu verteidigen, das mir gefällt. Verstehen Sie? Ich muss mich selber beobachten. Eitelkeit? Wenn ich nicht eitel wäre, könnte ich nicht Kritiker sein.

Gauweiler: Unsere Schlussfrage beschäftigt sich mit Ihrem Verhältnis zum dritten Gebot »Du sollst den Feiertag heiligen«. Und sie schließt Gretchens Frage an Faust ein: »Heinrich, wie hältst du es mit der Religion?«

Ich bin ein ganz areligiöser Mensch. Und ich bin es nicht geworden, ich war es von Anfang an. Mir ist alles Religiöse fremd. Ich war niemals Mitglied der jüdischen Kultusgemeinde und werde es nie sein. Und ich wünsche, dass an meiner Beerdigung, wenn eine stattfindet, kein Rabbiner und kein Kantor teilnimmt. Wenn Sie nach dem siebten Tag der Woche fragen: Ich friere, wann ich will. Und ich habe oft am Sonntag viel gearbeitet – wie es sich so ergeben hat. In den zehn Geboten muss man überhaupt eine große Leistung der Juden sehen. Übrigens: Du sollst nicht begehren deines nächsten Weib – na gut. In denselben zehn Geboten steht auch, du sollst nicht ehebrechen. Zweimal also steht dasselbe in den zehn Geboten.

Gauweiler: Vielleicht hat das einen Grund …

Ja. Aber du sollst nicht töten, steht nur einmal.

Das Gespräch führten Klaus Bölling und Peter Gauweiler, Welt am Sonntag, 21. und 28. Mai 2000

Diese Werke sollte ein Abiturient gelesen haben

Eine solche Auswahl ist natürlich sehr subjektiv, so wie auch mein jetzt erschienenes Buch ›Hundert Gedichte dieses Jahrhunderts‹. Schüler sollten vor allem wenig Romane und stattdessen viele Erzählungen lesen. Aus Gründen des Umfangs.

Beginnen wir mit der frühen deutschen Literatur: Von Walther von der Vogelweide müsste man drei Gedichte oder vier lesen und zeigen, dass es die ganz große deutsche Lyrik schon damals gegeben hat. Man kann dann einen großen Sprung bis zur Barockzeit machen und dann einige Gedichte von Gryphius und von Hofmannswaldau behandeln. Aus dem 18. Jahrhundert sollte man den Schülern gleich Lessing geben. ›Emilia‹ oder ›Nathan‹ – sie sind aus verschiedenen Gründen gleich wichtig. Dann Goethe. Was soll man vom ganzen Goethe durchnehmen? ›Faust I‹ auf jeden Fall, ›Werther‹ und ›Iphigenie‹, und Lyrik, frühe Lyrik, ›Sesenheimer Lieder‹ zum Beispiel. Von Schiller bitte unbedingt einige Balladen, vor allem ›Die Kraniche des Ibykus‹, und von den Dramen zumindest ›Kabale und Liebe‹ und den ›Don Carlos‹.

Dann kommen die Romantiker. Ohne Kleist und Hölderlin kann man keine deutsche Literatur machen. ›Prinz von Homburg‹ – das ist das Größte, was Kleist geschrieben hat. Man muss den Schülern zeigen, dass ein ungeheurer Mut dazu gehörte, ein Stück über einen preußischen General zu schreiben, der vor Angst zittert, weil er seinen Tod fürchtet. Von Hölderlin würde ich einige der kürzeren Gedichte empfehlen, etwa ›Die Hälfte des Lebens‹ – das ist einer der Höhepunkte der ganzen deutschen Literatur. Ganz wichtig: Heine, Lyrik und Prosa.

Und dann das 20. Jahrhundert: Einige Gedichte von Rilke und Trakl. Thomas Manns ›Buddenbrooks‹ und den ›Zauberberg‹, womöglich beide. Ich würde ein Buch von Joseph Roth, etwa den ›Radetzky-Marsch‹ vorschlagen und von Musil den ›Zögling Törleß‹. Leute im Schulalter lesen gern Bücher über die Tragödien von Schülern. Deshalb auch vom ganzen Hermann Hesse ›Unterm Rad‹. Das genügt. Dann Kafka: Seine Romane müssen nicht sein, dafür Parabel-Geschichten: ›Hungerkünstler‹ und ›Verwandlung‹, ›Strafkolonie‹ – Texte, die kürzer sind. Einen größeren Roman sollte man auf keinen Fall vergessen: ›Berlin Alexanderplatz‹ von Alfred Döblin.

Und dann die Literatur nach 1945: Ich würde sagen, Grass' ›Katz und Maus‹ sollte man machen. Natürlich Lyrik. In jeder Schule wird die ›Todesfuge‹ von Celan gelesen. Und dann bitte drei, vier Gedichte von Ingeborg Bachmann, von Benn und mindestens zehn Gedichte von Brecht.

MARCEL REICH-RANICKI
(Antwort auf die Frage von Klaus Bölling und Peter Gauweiler nach einem Kanon für Abiturienten)
Welt am Sonntag, 21. Mai 2000

Die Debatte mit Günter Grass

Der späte Freispruch

Er hat es verdient. Kein anderer deutschsprachiger Schriftsteller wäre in Frage gekommen. Die Schwedische Akademie, deren zuweilen absurde Entscheidungen dem Prestige des Nobelpreises nie etwas antun konnten, hat in Günter Grass einen würdigen Preisträger gefunden. Jahrelang hat die Akademie gezögert und vertagt, jahrzehntelang wurde das Ausbleiben der Ehrung bedauernd und zuletzt nur noch mit routiniertem Hohn kommentiert. Jetzt hat Grass den letzten Nobelpreis dieses Jahrhunderts erhalten. Am Ende des deutschen Schreckensjahrhunderts steht symbolisch ein großer geistiger Sieg.

Wir verneigen uns vor dem Preisträger und seinem Werk, wir grüßen den mittlerweile 73 Jahre alten Autor, der die Ehrung heiß ersehnte. Doch in Respekt und Glückwunsch mischen sich ein wenig Verlegenheit und Beklemmung. Keinem, der das öffentliche Schreiben und Wirken von Günter Grass begleitete, konnte entgehen, wie sich der Zeitgenosse auf geradezu unheimliche, aber auch zutiefst anrührende Weise zu überleben begann. Wie hatte er mit seinen Büchern und Reden in den sechziger und siebziger Jahren die so genannte kritische Öffentlichkeit in Entzücken versetzt. Wie herrlich die Farben, die er am Nachthimmel der deutschen Seele entzündete – im Wahlkampf von 1972, in den die Nachricht vom Nobelpreis an Heinrich Böll platzte, illuminierte Günter Grass wie ein chinesischer Feuerwerker mit seinen Auftritten und Aussagen den Himmel über dem Land.

Nicht ohne innere Bewegung erlebte man in den letzten zwei Jahrzehnten, wie verzweifelt er versuchte, diese Erfolge zu wiederholen. Aber da war kein Feuerwerk mehr. Da war, um einen anderen Nobelpreisträger zu zitieren, große Erwartung und kleines Paff-paff. Er zerfiel mit seiner Partei, der SPD, und seine Warnungen und Proteste wurden immer wunderlicher, seine Bücher immer miserabler. Vermutlich hat niemals ein Nobelpreisträger ein schlechteres Buch zustande gebracht als Grass mit seiner ›Rättin‹. In Deutschland stand er nicht nur für eine Literatur, der das große Thema abhanden gekommen ist, sondern auch für eine abgelegte, nur noch in Restbeständen der SPD physisch greifbare Lebensform.

Man hat gesagt, der Nobelpreis für Heinrich Böll sei – keine zwanzig Jahre nach Kriegsende – so etwas wie das demokratische Reifezeugnis für die Bundesrepublik gewesen. Wenn das damals so war, dann spricht heute alles dafür, dass der Nobelpreis an Günter Grass der demokratische Rentenanspruch für das wieder vereinigte Land ist.

In einer imposanten, retardierenden Gebärde zeichnet die Akademie noch einmal die Generation aus, die neben dem Wirtschafts- das Literaturwunder ermöglichte. Mehr noch, und diesen Zusammenhang muss man langsam buchstabieren: hier wurde auch ein Urteil über jene Generation gesprochen, die einst unter dem traumatisierenden Titel der Hitler-Jugend heranwuchs.

Grass gehört – neben Walser und Enzensberger – zu den letzten großen Schriftstellern des Landes, die den Krieg noch bewusst erlebt haben. Aus dieser Jugend- und Inkubations-Erfahrung hat er seine moralische Autorität zuletzt noch in den Fragen der Wiedervereinigung abgeleitet. Spätere Zeiten werden ihn viel näher an der Seite Helmut Kohls sehen, als Grass es heute selbst für möglich hält. Kohls Wiedervereinigungskunst war der politische Triumph der Jugend von 1945, Grass' Nobelpreis ihr geistiger.

Erst jetzt, im Herbst des Jahres 1999, kann diese auf die eine oder andere Weise immer wieder alarmierte, besorgte und zutiefst verwundete Generation in Ruhestand gehen. Die Stigmatisierung durch die nationalsozialistische Prägung und der lebenslange, geradezu obsessive Verdacht, es könnte aufbrechen, was damals in den Seelen angelegt worden ist – dies alles hat die alte Republik bis in ihre kleinsten Verästelungen durchdrungen. »Es war einmal ein Spielzeughändler«, heißt eine unvergessene Passage in der ›Blechtrommel‹, »der hieß Markus und nahm mit sich alles Spielzeug aus dieser Welt.« Rückkehr in die verlorene Unschuld, das war der künstlerische Antrieb dieser Generation. Das schwedische Urteil, das muss man wissen, ist auch ein Freispruch.

Wie merkwürdig muss dies alles den heute Regierenden vorkommen. Der Kanzler findet »toll«, dass Grass geehrt wurde. Es bedarf keiner anderen Äußerung, um das Feierabendhaft-Beschauliche des Vorgangs zu verstehen. Mit dramatischer Wucht ist einst die Verleihung an Böll über die Deutschen gekommen. Jetzt fehle, so sagte damals Franz Josef Strauß, nur noch Günter Grass, dann sei die »andere Republik« komplett. Damals wurde ein Zeitgenosse geehrt. Heute ein polternder, fast übrig gebliebener Patriarch, dessen größtes Werk vierzig Jahre zurückliegt.

Zweimal hat die Schwedische Akademie in diesem Jahrhundert deutsche Schriftsteller sehr spät für sehr weit zurückliegende Werke geehrt. Thomas Mann für die ›Buddenbrooks‹ und jetzt Günter Grass für die ›Blechtrommel‹. Beide Bücher erzählen von einem Deutschland, das zum Zeitpunkt der Erzählung längst untergegangen war. Thomas Mann spricht von Lübeck und von Hanno und vom Bürgertum, Günter Grass (in seinen besten Büchern) von Danzig und vom

Oskar und von den Nazis. Dort der elegisch-verträumte Spätling, hier der verwachsene und recht bösartige Zwerg. Es gab eine Generation in Deutschland, die fühlte sich als Abkömmling des lebensschwachen Hanno, und es gab eine Generation, die fühlt in sich die Erbschaft des bucklicht Männlein. In beiden Figuren ist sich das Land selbst begegnet.

So hat der Nobelpreisträger Günter Grass einen der letzten Mythen dieses so aufgeklärten Landes geschaffen. Danzig war längst symbolischer Ort des Jahrhunderts. Ein Ort der großen Katastrophe. Jetzt ist es in der Geschichte der Deutschen auch ein Ort der Befreiung geworden.

FRANK SCHIRRMACHER
Frankfurter Allgemeine Zeitung, 1. Oktober 1999

»Ich bedaure nichts«

Kritiker Marcel Reich-Ranicki über sein schwieriges Verhältnis zum Nobelpreisträger Günter Grass:

Herr Reich-Ranicki, viele Prominente, darunter der Bundespräsident, der Bundeskanzler, der Schriftsteller Martin Walser und viele andere, freuen sich öffentlich, dass Günter Grass den Nobelpreis bekommen hat. Freuen Sie sich auch?

Ich habe die Nachricht, dass Grass den Literatur-Nobelpreis erhält, im Taxi vom Züricher Flughafen zum Hotel gehört und habe zu meiner Frau, die neben mir saß, gesagt: Na also, endlich! Es ist gut so, dass er den Preis bekommen hat.

Das klingt fast wie ein Seufzer der Erleichterung.

Nach so vielen Jahren musste endlich ein deutschsprachiger Schriftsteller wieder den Nobelpreis erhalten – Heinrich Böll bekam ihn 1972, Elias Canetti 1981, danach: Fehlanzeige.

Um der deutschsprachigen Literatur willen gönnen Sie Grass die Ehre, aber eigentlich, sein Werk …

Nein, nein. Wenn Sie einen Augenblick überlegen, welche Möglichkeiten es jetzt, außer Grass, noch gab, dann fällt Ihnen ein Stein vom Herzen, dass gerade er ihn bekommen hat. Soll ich etwa Namen nennen?

Aber bitte!

Stellen Sie sich vor: Martin Walser wäre der Preis zugefallen, das wäre ein schwerer Schlag für mich. Oder gar dem dümmlichen Peter Handke! Eine Katastrophe. In Stockholm ist allerlei möglich. Grass – immerhin!

Was spricht gegen Walser?

Ich habe neulich das Wort von Außenminister Joseph Fischer gehört: »Ich habe nicht nur gelernt: Nie wieder Krieg! Ich habe auch gelernt: Nie wieder Auschwitz!« Das hat, glaube ich, Grass gelernt; Walser nicht unbedingt.

Grass hat 1990 »dem deutschen Verlangen nach Wiedervereinigung« den »Zivilisationsbruch Auschwitz« entgegengehalten und gesagt, er fürchte sich vor einem »geeinten« Deutschland, das wieder voll »handlungsfähig« werde. Stimmen Sie damit überein?

Ich halte diese Verbindung von Auschwitz-Gedenken und Bedenken gegen die Wiedervereinigung für absoluten Unsinn. Diese Äußerungen gehören zu den vielen politischen Dummheiten, die wir von Grass zu hören bekommen haben. Nur: Er hat den Preis nicht als Politiker erhalten, sondern als Sprachkünstler.

Aus Schweden hört man, mit der Preisvergabe an Grass werde auch dessen »unbeugsames politisches Engagement« gewürdigt. Preist die Stockholmer Akademie den Einheits-Skeptiker Grass mit Absicht jetzt, wo Deutschland von Berlin aus regiert wird – etwa mit dem Hintergedanken: Nun sollen die Deutschen mal nicht übermütig werden?

Ich kann in das Herz der Juroren nicht schauen. Diese politischen Interpretationen der Nobelpreis-Entscheidungen waren auch in früheren Fällen meist spekulativ und übertrieben. Ich glaube, dass Grass den Preis vor allem als Erzähler verdient hat, und er hat ihn nur deshalb bekommen, weil Deutschland endlich wieder an der Reihe war und weil er einige schöne, sehr schöne erzählende Werke geschrieben hat.

Welche sind das?

Ich schätze ganz besonders die Novelle ›Katz und Maus‹ und die Erzählung ›Das Treffen in Telgte‹ – das sind zwei in sich vollkommene erzählende Arbeiten. Grass hat Glanzvolles in dem Roman ›Die Blechtrommel‹ geschrieben, ich sage deutlich: *in* der ›Blechtrommel‹.

Nicht der Roman als ganzer?

Nein, nein. Vor allem der letzte Teil, der in Düsseldorf spielt, ist völlig missraten, obwohl er eine geniale Episode enthält: die Szene im Zwiebelkeller. Als ganze sind auch die späteren Romane nicht gelungen, weder die ›Hundejahre‹ noch ›Die Rättin‹, auch nicht ›Der Butt‹.

Lässt sich vereinfacht sagen, woran Ihrer Meinung nach all diese Romane gescheitert sind?

Das Hauptproblem für Grass ist wohl die Unmöglichkeit, eine Romanfabel zu finden, in der er ausdrücken könnte, was er über ein bestimmtes Thema zu sagen hat. In der ›Blechtrommel‹ gibt es eine originelle Fabel – die Geschichte des Zwerges Oskar Matzerath, der Glasscheiben in Stücke singt. Bis zu dem Augenblick, in dem der Zwerg plötzlich wächst und dann in Düsseldorf agiert – das sind dann große Dummheiten. Solange Oskar in Danzig lebt, ist es schon ein bedeutender Roman. Aber sonst? Die Gedanken, die Grass hatte, etwa zur Friedensbewegung, zur Rolle der Frau in Deutschland und Ähnliches, haben regelmäßig zu so fatalen Fabeln geführt wie der ›Rättin‹…

… einem tierischen Übermenschen, der die atomare Weltzerstörung überlebt hat …

… das ist doch großer Mumpitz. Wissen Sie, es ist sehr merkwürdig, aber man kann sagen: Grass ist als Romancier weltberühmt geworden, aber er ist überhaupt kein Romancier. Seine eigentlichen literarischen Leistungen sind Erzählungen, lange Erzählungen, keine Kurzgeschichten, die kann er auch nicht. Er ist, das ist vielleicht das Wichtigste, ein Poet, auch in den schwachen Romanen sind immer wieder große Passagen von enormer sprachlicher Kraft, mit unvergesslichen Bildern. Ich habe einmal gesagt: Die beiden größten lebenden Sprachkünstler im deutschen Raum sind Wolfgang Koeppen und Günter Grass. Grass war damals empört. Der Superlativ hat ihn beleidigt. Ich weiß nicht, warum. Wahrscheinlich wollte er hören: Der Größte ist Grass. Nun ist Koeppen längst tot. Und jetzt antworte ich auf die Frage nach dem wichtigsten lebenden Sprachkünstler in der deutschen Prosa: Mein lieber Günter Grass, Sie sind es, Sie sind doch der Größte!

Walser lebt auch noch.

Walser ist ein großes plauderndes Talent, Grass ein großes poetisches Talent. Das ist ein gewaltiger Unterschied. Grasssche Bilder haben oft eine überraschende poetische Intensität, sie prägen sich ein. Walser schreibt sehr griffig und amüsant, aber nicht so anschaulich wie Grass. Nein, Grass allein ist von den lebenden Autoren hier zu Lande nobelpreiswürdig – leider.

Wieso »leider«?

Weil es schlecht für die Mitbewerber ist: Keiner von ihnen schreibt besser.

In Ihrem Buch ›Die Anwälte der Literatur‹ rühmen Sie aber Walser. Er sei »vom Geschlecht jener, welche lieben, wenn sie schreiben«. Das gefiel Ihnen 1983 besser als das Credo von Grass, »alles Schöne« sei »schief«.

Ich stehe dazu. Nur: Das Wort über Walser bezieht sich bloß auf eins: auf seine Essays. Seine Essays über Hölderlin, Heine, Robert Walser und andere sind Liebeserklärungen an diese Schriftsteller. Das sind beachtliche Texte. Das gilt überhaupt nicht für seine Erzählungen. Diese Erzählungen, etwa die ›Lügengeschichten‹, sind völlig tote Prosa, das ist nichts Lebendiges.

Hat Grass den Nobelpreis auch für seine Lyrik verdient?

Unbedingt. Die wird immer wieder unterschätzt. Der Debütband ›Die Vorzüge der Windhühner‹, aber auch die spätere Sammlung ›Ausgefragt‹. Da gibt es vollkommen überraschende Bilder und Situationen. Etwa in dem Gedicht über Fritz Kortner mit dem Titel ›König Lear‹ – ein Glanzstück. Ich mag auch das Liebesgedicht ›März‹ aus ›Ausgefragt‹, das endet mit den Worten: »Komm. Zieh dich aus.« Schluss. Fabelhaft. Die Gedichte sind auch rhythmisch sehr stark.

Bedauern Sie den großen Verriss, den Sie 1995 über den Grass-Roman ›Ein weites Feld‹ im SPIEGEL veröffentlicht haben? Es gab damals ja viel Streit.

Ich bedaure außerordentlich, dass dieser Verriss mit einem Titelbild verbunden wurde, auf dem ich ein Buch zerreiße. Die Kraft, die man braucht, um ein dickes, ordentlich gebundenes Buch in zwei Hälften zu reißen, die habe ich gar nicht. Von der Kritik selber bedaure ich nichts.

Das Titelbild war eine Fotomontage nach einem Werbebild des ZDF zum »Literarischen Quartett«.

Das gleiche Bild im ZDF und im SPIEGEL – aber nur im SPIEGEL hat es viele Tausende aufgeregt. Seid doch froh, dass ihr so eine Wirkung habt. Etliche Leute haben geglaubt, ich hätte das Buch wirklich zerfetzt, dabei war es nur eine Fotomontage. Diese Wirkung hat mich gestört, weniger das Bild selber.

Es nahm einen Buchtitel von Ihnen beim Wort: ›Lauter Verrisse‹.

Ich hätte diesen Titel nie wählen sollen. Das war ein Fehler. Darum habe ich später in gleicher Aufmachung, zum gleichen Preis Kritiken unter dem Titel ›Lauter Lobreden‹ veröffentlicht. Aber jahrelang wurde nur ›Lauter Verrisse‹ gekauft. Unter uns: Die Verrisse habe ich nachträglich seltener bedauert als die Lobreden. Die Verrisse stimmen leider meistens. Aber wenn man lobt, vor allem wenn man einen jungen Autor lobt und dann zusieht, was sich später, bei seinen nächsten Arbeiten, herausstellt … oh, là, là!

Wenn Sie heute auf ›Ein weites Feld‹ zurückschauen: Was stört Sie nach wie vor am meisten?

Theodor Fontane läuft da als Bote durch die Treuhand-Flure. Sein Chef fährt auf diesen Rädern, was sind das noch, ja: auf diesen Rollschuhen herum – was soll der Blödsinn! Das Buch hat überhaupt eine törichte Konzeption, auch wenn dieser Roman, wie alle anderen Grass-Romane, einige schöne Episoden enthält.

Nach dem Erscheinen Ihrer Kritik hat Grass einer Illustrierten anvertraut: »Mit diesem Mann spreche ich nicht mehr.« Hat er seitdem mit Ihnen irgendwann ein Wort gewechselt?

Nein.

Wird es denn jetzt dazu kommen? Grass hat vergangenen Donnerstag überraschend versöhnliche Töne gegenüber seinen Kritikern angestimmt.

Meinen Sie, er wird mir dafür danken, dass ich in mehreren Interviews der vergangenen Jahre gesagt habe, wenn ein deutscher Schriftsteller den Nobelpreis verdient, dann Günter Grass? Nein, das wird er nicht tun: Wahrscheinlich wird es auch jetzt kein Gespräch zwischen uns geben.

Haben Sie ihm zum Nobelpreis gratuliert, etwa mit einem Telegramm?

Nein.

Werden Sie es noch tun?

Nein. Warum sollte ich? Er hat mir auch noch nie zu irgendetwas gratuliert. Es gratulieren ihm nun so viele Menschen, ich werde mich da nicht hineindrängen.

In Ihren Memoiren ›Mein Leben‹ tritt der junge Grass auf. Wie haben Sie ihn kennen gelernt?

Das war in Warschau, im Frühjahr 1958. Ich habe einen Nachmittag mit ihm verbracht, ich schrieb ja über deutsche Literatur, etwa über Martin Walser, Siegfried Lenz, Alfred Andersch, Wolfgang Koeppen, und da interessierte mich auch dieser junge deutsche Dichter. Er machte einen sonderbaren Eindruck; er hatte so einen merkwürdigen Blick. Später erfuhr ich, dass er unmittelbar vor unserem Treffen eine ganze Flasche Wodka getrunken hatte. Aber er ging aufrecht und stramm geradeaus. Er war schon ein derber Typ.

Grass hat 1982 über Sie gesagt: »Marcel Reich-Ranicki, den ich 1958 in Warschau kennen lernte, war, wann immer er über Literatur sprach, geprägt von den Normen des sozialistischen Realismus. Und diese Verengung der Literatur bestimmt ihn auch heute noch.« Erinnern Sie sich?

Natürlich, das hat er doch seitdem alljährlich fünfmal wiederholt. Immer wieder dasselbe. Die Wahrheit ist, dass ich ganz am Anfang meiner literaturkritischen Tätigkeit in Polen – in ›Mein Leben‹ kann man das nachlesen – in der Tat unter dem Einfluss des sozialistischen Realismus stand, ich kannte nichts anderes. Aber ungefähr 1954/55 habe ich mich davon befreit. Grass habe ich erst drei Jahre später getroffen. Wissen Sie, ich muss Grass dankbar sein: Er wehrt sich gegen negative Kritik, er betet seit Jahren dasselbe herunter, aber niemals, immerhin, gibt es bei ihm antisemitische Akzente.

Kann es wirklich zwischen Ihnen, dem bekanntesten deutschen Literaturkritiker, und Grass, dem nunmehr nobelpreisgekrönten, bekanntesten deutschen Erzähler, niemals einen Konsens darüber geben, was ein guter Roman ist?

Nein, ich glaube, das ist gar nicht möglich. Grass hat einen ganz anderen Geschmack als ich. Er konnte lange mit Thomas Mann nichts anfangen – erst als er den Thomas-Mann-Preis bekam, wurde das etwas anders. Er nennt als sein Vorbild Alfred Döblin. Aber er hat noch nie über ein Buch von Döblin etwas geschrieben – nur einmal einen Essay über Döblins ›Wallenstein‹-Roman, aber wenn man genau hinschaut, behandelt er da auch nur ein ›Wallenstein‹-Kapitel. Aber es ist ja nicht nötig, dass wir uns in literarkritischen Angelegenheiten einigen.

Der Satz von Grass »Alles Schöne ist schief« könnte ja auch so gemeint sein: Ein geschlossener Roman, der die Welt aus der Sicht eines Autoren-Ichs und anhand eines Helden schildert, muss heute an der Komplexität der Wirklichkeit scheitern, muss »schief« und fragmentarisch sein – wie ja auch Robert Musil an seinem Romanprojekt ›Der Mann ohne Eigenschaften‹ gescheitert ist. Wäre damit ein scheiternder Romancier Grass nicht zu rechtfertigen – trotz Thomas Mann, dem, vielleicht nicht ganz so modernen, Gegenbeispiel?

Ach Gott, die Romane von Gabriel Garcia Márquez, etwa ›Hundert Jahre Einsamkeit‹, sind nicht gescheitert und sind dennoch wunderbare Romane, geschrieben in diesem Jahrhundert und durchaus modern. Dass ein Roman in diesem Jahrhundert scheitern muss, um modern zu sein – das sagt man so hinterher. Natürlich ist Musil an der formalen Konstruktion des ›Mannes ohne Eigenschaften‹ gescheitert, nicht an der Komplexität der Wirklichkeit.

Sie besitzen eine Zeichnung von Grass. Wie sind Sie daran geraten?

Ich habe einmal abends, während einer Tagung der »Gruppe 47«, beim Wein erzählt, wie ich, nach der Flucht aus dem Warschauer Ghetto, die Leute, die meine Frau und mich versteckt hatten, mit Geschichten aus der Weltliteratur unterhalten habe, nachts, als es keinen Strom gab. Grass fragte mich: Darf ich das verwenden? Ich sagte: ja. Jahre später hat er das Motiv in ›Aus dem Tagebuch einer Schnecke‹ aufgegriffen, sehr stark verändert – der Geschichtenerzähler wird bei ihm »Zweifel« genannt und spielt Marionettentheater –, für meinen Geschmack hat er es verschlechtert; als ich ihn dann wieder traf, sagte ich zu ihm, ob er mich nicht am Honorar beteiligen wolle. Grass wurde blass. Ich schlug ihm vor, er solle mir eine Grafik schenken. Er war einverstanden, ich sollte nur ein Blatt auswählen. Ich entschied mich für eine Nonne. Das Bild zeigt eine Nonne und trägt die – doppelsinnige Widmung: »Für meinen Freund (Zweifel) Marcel Reich-Ranicki«. Ein denkwürdiger Tag. Wir haben damals bei ihm auch einen Butt gegessen.

Wenn man diese Geschichten hört, wünscht man sich doch, dass Grass und Reich-Ranicki mal wieder zusammensitzen und einen Wein trinken.

Es kann doch, Herrgott noch mal, so bleiben, wie es ist. Wir müssen keinen persönlichen Kontakt zueinander haben. Sein Verhältnis zu mir hängt immer nur davon ab, wie ich sein letztes Buch beurteilt habe. Das ist das Übliche bei allen Autoren.

Trotzdem wünschen wir uns jetzt ein Gipfeltreffen zwischen Kritikerpapst und Nobelpreisträger.

Sagen Sie das dem Grass. Wer immer mit mir Frieden schließen wollte und will – ich habe noch nie die zur Versöhnung ausgestreckte Hand zurückgewiesen. Umgekehrt allerdings war es oft so.

Wenn Sie die Galerie der Literatur-Nobelpreisträger überblicken: Wurden da die jeweils bedeutendsten Autoren der verschiedenen Sprachen geehrt?

Nein und noch mal nein. In den meisten Fällen haben die jeweils zweitbesten Autoren den Nobelpreis erhalten, also nicht Marcel Proust, sondern Anatole France, nicht Henrik Ibsen, sondern Björnson, nicht Isaak Babel, sondern Iwan Bunin, nicht Strindberg, sondern Selma Lagerlöf, nicht Brecht, sondern Hesse.

Was passiert in einem Autor, den der Nobelpreis weltberühmt gemacht hat. Kann er danach noch so unbefangen schreiben wie vorher? Knallt er – mehr oder weniger – durch? Hat er Angst, der nächste Text werde ihn blamieren?

Ich glaube, die Wirkung ist meist anders. Nach der Nobelpreis-Ehrung schreiben die schwachen Schriftsteller, die den Preis natürlich zu Unrecht bekommen haben, noch schlechter als vorher. Aber die guten Schriftsteller schreiben eher besser, ihnen schadet die Bestätigung nicht.

Dann dürfen wir im Falle Grass jetzt hoffen?

Ja selbstverständlich. Da kann er über mich reden, was er will. Ich kann nur sagen: Der Kerl, der Grass wird uns alle noch überraschen mit irgend etwas sehr Schönem. Vielleicht mit keinem Roman von 700 Seiten, vielleicht mit einer Erzählung von 25 Seiten. Das wissen wir ja nicht. Aber ich wünsche es ihm – und mir.

Und das wird dann auch im »Literarischen Quartett« gerühmt?

Was gut ist, wird im »Literarischen Quartett« gern und ausführlich gelobt.

Herr Reich-Ranicki, wir danken Ihnen für dieses Gespräch.

Das Gespräch führte Mathias Schreiber, Der Spiegel, 4. Oktober 1999

»Halt's Maul, Oskar!«

Der Literatur-Nobelpreisträger Günter Grass bricht im ›Woche‹-Gespräch mit Oskar Lafontaine, beklagt die Macht der »Feuilleton-Yuppies« und antwortet auf seinen Erzfeind Marcel Reich-Ranicki:

Ist die Verleihung des Nobelpreises an Sie mehr als die Würdigung des Lebenswerkes eines deutschen Jahrhundert-Schriftstellers? In der FAZ wird der Nobelpreis zum »Freispruch« des Auslandes für die verwundete Generation von 1945 erklärt; die ›Welt‹ geht sogar so weit, Ihnen die Preiswürdigkeit abzusprechen, den Preis hingegen allen Deutschen umzuhängen und ihn zum Symbol des »Verzeihens« für die Deutschen zu erklären. Wie haben Sie darauf reagiert?

Zum Teil lachend, zum Teil mit Kopfschütteln, auch mit einem Achselzucken, denn mir sind diese Stimmen seit Jahrzehnten vertraut. Da versuchen einige ihr Süppchen zu kochen. Ich finde das kleinlich.

Ist die Wendung der ›Welt‹, der Preis treffe zwar den Falschen, die Deutschen aber dürften Genugtuung empfinden, nicht geradezu infam?

Es zeigt sich wieder einmal, wie eng der Horizont dieser Menschen ist und wie unfähig sie zur Freude sind.

Frank Schirrmacher in der FAZ beginnt seinen Leitartikel mit dem Satz, Sie hätten den Nobelpreis verdient, interpretiert dann aber die Verleihung als »demokratischen Rentenanspruch für das wieder vereinigte Land«. Ist er das?

Das ist einfach borniert. Und eine Lüge obendrein. Er ist nicht einmal in der Lage, die Begründung der Stockholmer Akademie, die bis zu meinem letzten Buch ›Mein Jahrhundert‹ reicht, zu Ende zu lesen. Aber ich möchte diesen Yuppies im Feuilleton jetzt auch nicht zu viel Aufmerksamkeit zukommen lassen.

Warum wird denn wieder mal ein Nobelpreis zur nationalen Frage gemacht, und zwar mit Vokabeln wie »Freispruch«, »Verzeihen«, »demokratischer Rentenanspruch«? Soll da ausgerechnet Ihr Nobelpreis zum Instrument für den Schlussstrich unter die NS-Vergangenheit werden?

Manches liest sich in der Tat wie ein erweiterter Kommentar zu Martin Walsers Rede in der Frankfurter Paulskirche. Aber dagegen muss ich Walser in Schutz nehmen. Er hat seine Rede über Auschwitz als »Moralkeule« aus persönlicher Betroffenheit gehalten. Meiner Meinung nach hat er dabei falsche und gefährliche Begriffe benutzt, aber eben doch als ein sensibler Mann, während die von Ihnen zitierten Kommentare einfach nachgeplappert klingen – mit der Wurst nach der Speckseite geworfen.

Was ist denn mit »demokratischer Rentenanspruch« gemeint? Wer zahlt da Rente an wen?

Ich möchte zu Schirrmachers Gunsten annehmen, dass er selbst nicht versteht, was er geschrieben hat. Soll etwa jetzt die Demokratie in Rente gehen? Für mich gehört dieses eigenartige Bild zu den sehr kurz gedachten, wenn überhaupt gedachten Bemühungen, allerorten die »Berliner Republik« zu etablieren. Also all das wegzuräumen, was an 40 Jahren Schuldemokratie hinter uns liegt. Wir haben ja wenigstens einige Lektionen in Deutschland verstanden und auch Konsequenzen daraus gezogen. Das soll nun zu Ende sein: abermals ein Schlussstrich. Es soll etwas Neues anfangen, ohne dass dieses Neue durch irgendetwas belegt wäre – außer durch den Etikettenschwindel des Begriffs »Berliner Republik«. Wenn der Nobelpreis, was ich bezweifle, meinem Wort ein wenig Schubkraft verleiht, kann ich den Bundeskanzler nur auffordern, den untauglichen Begriff »Berliner Republik« schleunigst aus dem Verkehr zu ziehen.

Zur Schubkraft des Nobelpreises schreibt die ›Welt am Sonntag‹: »Freilich liegt in diesem Punkt auch eine Gefahr. Man muss fürchten, dass Grass den Nobelpreis missversteht, nämlich als Auftrag, ein politisches Wächteramt mit der ihm eigenen Unbedingtheit nun erst recht wahrzunehmen.« Liegt der Autor dieser Zeilen also richtig?

Er hat den Nagel auf den Kopf getroffen! Ich sehe es als Verpflichtung an, und zwar als bleibende Verpflichtung, aus den Lektionen meiner Jugend politische Konsequenzen zu ziehen: Ich war bei Kriegsende 17 Jahre, erst Mitglied der Hitlerjugend, dann Luftwaffenhelfer, zum Schluss Soldat. An diesen Erfahrungen habe ich bis heute zu tragen, sie treiben mich an, wie übrigens viele Autoren aus meiner Generation. Und das hat dem Land gut getan, denn immer dann, wenn in den zurückliegenden 40 Jahren ein Schlussstrich gezogen werden sollte, hat die Literatur die Wunde offen gehalten.

Warum tun sich die Konservativen eigentlich immer noch so schwer mit Ihnen – selbst im Augenblick eines solchen Triumphes? Weil Sie einer der letzten Unbotmäßigen aus den Auseinandersetzungen der Nachkriegszeit sind?

Das mag sein. Aber ich möchte etwas korrigieren, vielleicht liegt da die Wurzel. Sie sprechen von Konservativen. Wenn es doch Konservative wären! Konservativ ist für mich kein Schimpfwort. Es gibt ja aufgeklärte Konservative – nur leider in Deutschland zu wenige. Das, worüber wir hier reden, ist eine reaktionäre Verbocktheit.

Es wird ja nun wirklich immer einsamer um Sie. Sie haben unlängst ein Rundfunk-Gespräch mit Walser geführt und dabei vertrat er die skurrile These, er könne nur noch zu solchen Themen öffentlich Stel-

lung nehmen, die er in seiner persönlichen Lebenspraxis auch umzusetzen in der Lage sei. Das ist der Abschied aus jedem öffentlichen Diskurs …

Ich kann nur hoffen, dass Walser das nicht durchhält. Und so wie ich ihn kenne, wird er es auch nicht durchhalten. Am Rande gesagt: Das gehört zum Liebenswerten an Walser. So kenne ich ihn aus der Gruppe 47: Er stellt die unmöglichsten Thesen auf, will davon aber ein Jahr später nichts mehr wissen. Aber diese Thesen waren oft so verrückt, dass man darüber in ein interessantes Streitgespräch geraten konnte.

Sie haben seine Paulskirchen-Rede kritisch kommentiert, aber zunächst nur vorsichtig, bis eben zu jenem Gespräch, in dem Sie sehr deutlich geworden sind. Warum nicht schon früher?

Weil ich es unsäglich finde, dass nach einer kritikwürdigen Rede, wie sie Walser gehalten hat, sofort die Keule des Faschismus-Vorwurfs rausgeholt wird. In dieser Rede findet sich nichts Antisemitisches, nichts Nazistisches. Dennoch enthält sie gefährliche Thesen, das bezeugt auch der Beifall, den er bis in die ›Nationalzeitung‹ hinein bekommen hat. Und Walser hat diese Thesen später in seinem Gespräch mit Ignatz Bubis bei der FAZ leider noch verschärft. Bubis musste sich dadurch verletzt fühlen, schwer getroffen. Etwa durch die Frage, was er denn als Jude bei dem rechtsradikalen Straßenterror in Rostock-Lichtenhagen zu suchen gehabt habe. Ich hatte gehofft, dass Walser sich zumindest in diesem Punkt, mit einigem Abstand und nach dem Tod von Bubis, korrigieren würde. Das ist leider nicht geschehen. Mein Gespräch mit ihm wurde dadurch zum Schluss bedrückend.

Wie ist Ihr Verhältnis zu Walser nach diesem Gespräch?

Ich hoffe, dass unsere Freundschaft stark genug ist, auch das auszuhalten.

Ignatz Bubis ist am Ende seines Lebens zu dem Ergebnis gekommen, er habe fast nichts erreicht. Stimmt das?

Ignatz Bubis hat sich auf unvergleichliche Weise bemüht, die zerbrochene Tradition der Juden in Deutschland zu kitten, nein, nicht zu kitten, eher die Bruchstellen deutlich zu machen und neu anzuknüpfen. Natürlich haben die Widerstände, die er zu spüren bekam – und so musste er auch Walsers Rede verstehen –, Enttäuschung bei ihm ausgelöst, und zwar so stark, dass er am Ende sein Werk als gescheitert ansehen musste. Aber ich stimme dem nicht zu. Ich glaube, dass es sehr viele Bemühungen geben wird in Deutschland, das fortzusetzen, was Bubis für gescheitert hielt. Es wird nicht scheitern.

Teilen Sie nicht eine Erfahrung mit Bubis: die der Ausgrenzung?

Ich kenne diese Erfahrung sehr gut, und andere mit mir. Während des Prozesses der deutschen Einigung haben Walter Jens, Jürgen Habermas und ich sehr früh Widerspruch nicht etwa gegen die Einigung, wohl aber gegen die rücksichtslose Besitznahme des Ostens durch den Westen erhoben. Ein, zwei Jahre lang wurden wir als eine Art deutsche Dreierbande wie in einem Komplott gemeinsam ausgegrenzt. Wir haben ins Leere hinein gesprochen.

Hat sich an diesem Klima etwas verändert?

Das ist im Grunde nach wie vor so. Nur diejenigen, die mir damals vorgeworfen haben, ich sei der Schwarzseher der Nation, ich sei ein Feind der Wiedervereinigung, schweigen heute, weil selbst die düstersten Prognosen über die deutsche Einheit von der Wirklichkeit übertroffen worden sind.

Warum fallen jüngere Kritiker in den Feuilletons oft noch hämischer über Sie her als die einschlägig bekannten älteren?

Das sind die alten Vatermord-Spiele, die sind erlaubt. Bedauerlich ist allerdings, dass diese Kritiker immer an der Oberfläche bleiben und man manchmal nicht einmal sicher ist, ob sie das Buch, über das sie urteilen, auch wirklich gelesen haben. Dadurch entsteht dieser vermessene, durch nichts belegte Anspruch des Sekundären, sich vors Primäre zu schieben.

Die ›Blechtrommel‹, ja, die ganze ›Danziger Triologie‹ ist von der Kritik einhellig gelobt worden. Ihre nachfolgenden Bücher hingegen nicht. Woran mag das liegen?

An der Qualität der Bücher. Das macht sie natürlich umstritten.

Ihr Erzfeind Marcel Reich-Ranicki hat im SPIEGEL die Frage aufgeworfen, ob es nun nicht an der Zeit sei, sich zusammenzusetzen. Haben Sie dazu Neigung?

Als der SPIEGEL-Titel erschien, auf dem Reich-Ranicki meinen Roman ›Ein weites Feld‹ zerriss, hat er auch das Tischtuch zwischen uns beiden zerrissen. Er behauptet, die Fotomontage sei ohne sein Wissen entstanden, aber er hätte dieses Bild verhindern können. Er hatte zudem die Möglichkeit, den SPIEGEL wegen Missbrauchs zu verklagen. Er kann das nicht wie einen Lapsus behandeln. Das hat mich tief verletzt. So einfach ist das nicht zu begradigen.

Aber wenn Sie ihm nächste Woche auf der Frankfurter Buchmesse begegnen würden, dann gäben Sie ihm die Hand?

Dann würde ich ihm das sagen. Es ist ja nicht so, dass ich ihm aus dem Weg gehen oder um die Ecke schleichen würde. Das ganz gewiss nicht. Ich habe Jahrzehnte unter ihm leiden müssen und hatte trotzdem immer ein vergnügliches Verhältnis zu ihm, weil ich ihn auch nicht überschätzt habe, wie viele das tun. Ich kenne seine Grenzen und ich weiß, dass er seine beste Zeit noch in der Gruppe 47 hatte, als andere Kritiker ihm widersprachen und er sich diesem Widerspruch stellen musste. Der Größenwahn ist bei ihm erst durch die Macht der Medien, insbesondere des Fernsehens, entstanden. Allein schon, dass er sich nicht zu schade ist, sich mit Stichwortgebern zu umgeben, ist ein Jammer für ihn.

Meinen Sie, dass sich die Schriftsteller wieder organisieren sollten, in einer neuen Gruppe 47?

Das wäre notwendig. Wir deutschsprachigen Autoren leben alle in der Vereinzelung. Aber wir brauchen einen stärkeren Austausch, die Diskussion über literarische und gesellschaftliche Tendenzen. Es gibt mittlerweile Ansätze und ich möchte dazu aufrufen, sie zu verstärken.

Das Nobelpreis-Komitee hat in seiner Begründung Ihren »Spatenstich« in die Vergangenheit gepriesen, Ihren » Scharfblick für verdummenden Enthusiasmus«. Hat dieses Urteil Wirkung auf die deutsche Gesellschaft?

Ich weiß es nicht. Ich wäre schon zufrieden, wenn ich das, was ich nach dem Tod von Heinrich Böll versucht habe, noch ein paar Jahre fortsetzen könnte – vor allem aber, wenn es bei der jüngeren Generation der Schriftsteller endlich eine Fortsetzung fände. Aber da bin ich nicht sonderlich hoffnungsvoll: Viele sind derartig eingeschüchtert durch das Yuppie-Feuilleton, dass sie sich kaum mehr an politische Kontroversen herantrauen. Der Ruf nach neuer Innerlichkeit bis ins Mystifizierende hinein ist unüberhörbar, und allzu viele folgen dem.

Die jüngeren Autoren haben sich aus der Diskussion über die gesellschaftlichen Zustände verabschiedet …

Vielleicht sind ja auch manche nur in einer abwartenden Position. Sie sollen bitte damit beginnen, aus den Startlöchern zu kommen, bevor ich in der Kiste verschwinde. In den neuen Bundesländern gibt es heute eine ganze Reihe von jüngeren Autoren, denen es so geht wie mir unmittelbar nach dem Krieg. Ich wollte mich damals auch allein artistisch austoben und habe hübsche Eiertänze um meine Themen aufgeführt. Als ich begriff, wie töricht und vergeblich dieses Ausweichen war, habe ich mich an die ›Blechtrommel‹, an ›Katz und Maus‹, an ›Hundejahre‹ gemacht. Und so wird es diesen jungen Autoren auch gehen. Die neuen Länder sind der gesellschaftliche Boden dafür, der Umbruch birgt einen gewaltigen Stoff, der dringend gehoben werden müsste.

Und wem trauen Sie das zu?

Es gibt ja schon Ansätze dafür, bei Thomas Brussig zum Beispiel, bei Ingo Schulze und Jens Sparschuh. Und das sind nicht die Einzigen. Die in den Feuilletons gepflegte These, die jungen deutschen

Autoren könnten nicht mehr erzählen, ist von vorne bis hinten Unsinn.

Dennoch ist der große Roman über die deutsche Wiedervereinigung von Ihnen gekommen.

Lassen Sie denen doch etwas Zeit.

Aber es sind schon zehn Jahre vergangen.

Wann war der Krieg zu Ende? '45. Wann kam die ›Blechtrommel‹ raus? '59. Solche Dinge brauchen Zeit.

Zumindest im Westen hat man den Eindruck, dass Ihre Art zu schreiben im Aussterben begriffen ist. Liegt das vielleicht daran, dass die nach dem Krieg geborenen Autoren gar keinen Erfahrungsschatz mehr haben, der sie zu großer Literatur befähigen könnte?

Kriegserlebnisse und Katastrophen sind ja nicht die einzige Voraussetzung für große Literatur. Auch die 68er Generation hat ihre Gesellschaftserfahrung gemacht. Nur ist daraus zu wenig Literatur entstanden. Und Ende der 70er, Anfang der 80er-Jahre ist eine Art Geniekult unter jüngeren Autoren entstanden, der sich in Seher-Gabe und Erhabenheitsgesten erschöpft. Sie wähnen sich ohne Vorgänger, ohne Meister, vom Himmel gefallen.

Welche Romanstoffe soll eigentlich die Internet-Generation noch erzählen?

Die Faszination des Internets ist begrenzt, damit wird man eine Zeit lang spielen. Aber diese Pseudo-Kommunikation ist etwas für kleine und mittlere Talente. Alles wird wieder aufs Buch zurückkommen. Wir brauchen wieder eine subversive Literatur.

Subversiv wogegen?

Zum Beispiel gegen den gewaltigen Flurschaden, den der Neoliberalismus anrichtet. Wenn jüngere Autoren die 4 Millionen Arbeitslosen sähen, wenn sie wahrnähmen, dass in einem reichen Land eine wachsende Zahl von Kindern unterhalb der Armutsgrenze leben muss, dann könnten sie die Folgen des Neoliberalismus erkennen. Dann sähen sie, dass wir einen Gesellschaftsvertrag mutwillig gebrochen haben, die soziale Marktwirtschaft nach Ludwig Erhard, der heute – gemessen an dem, was die Neoliberalen posaunen – ein Linker wäre. Ich glaube im Übrigen, die Neoliberalen wiederholen die Fehler der Kommunisten: Sie werden an ihrer eigenen Ideologie, ihren eigenen Dogmen scheitern.

Wird es eine Diskussion über neue Formen des Sozialismus geben?

Ganz gewiss. Die Missstände sind ja offensichtlich. Die Parteien, die sich sozialistisch und sozialdemokratisch nennen, müssten nur mehr Selbstbewusstsein an den Tag legen. Wer sich von seiner eigenen Geschichte verabschiedet, der lebt nicht mehr lange. Die alten Forderungen der Französischen Revolution sind nach wie vor aktuell:

Gleichheit, Freiheit, Brüderlichkeit – und der Ruf nach Solidarität.

Und die Vergesellschaftung der Produktionsmittel?

Natürlich nicht. Die Kontrolle der Produktionsmittel und der Kapitalströme ist heute viel wichtiger. Aber das ist tabu.

Sie haben Ihr ganzes Leben lang mit der Sozialdemokratie gekämpft und gelitten. Was empfinden Sie angesichts der augenblicklichen Krise der SPD und der Abrechnung Oskar Lafontaines mit Gerhard Schröder?

Die SPD ist ein Jahr an der Regierung und sie hat einiges in Bewegung gesetzt. Aber sie versteht es nicht, die durchaus vorhandenen Leistungen darzustellen. Es hat ihr zudem an Mut gefehlt, bei Antritt der Regierung die ganze Wahrheit auf den Tisch zu legen und zu sagen, wir übernehmen nach 16 Jahren Kohl eine und eine halbe Billion Schulden – Ergebnis einer Einheit auf Pump. Das ist das eine. Und jetzt muss ich etwas sagen – ungern, aber es muss sein. Ich habe Oskar Lafontaine immer für einen hoch begabten Politiker gehalten – mit seiner Weitsicht, mit seinem Temperament, auch mit seinen Unarten und seinen rhetorisch-charismatischen Möglichkeiten, manchmal bis an die Grenze der Demagogie. Aber diese Unarten, so schien es, waren unter Kontrolle. Ich wünschte mir, wir hätten heute einen Herbert Wehner. Der hätte diesen unreifen Fünfziger übers Knie gelegt und verhindert, dass dieser Egomane mit Linksanspruch heute in der ›Welt am Sonntag‹ und der ›Welt‹ Interviews gibt gegen die eigene Partei. Es passiert bei mir selten, dass ich Freundschaften aufkündige. Sie sind belastbar. Die mit Lafontaine ist zu Ende. Denn der Schaden, den er seiner eigenen Partei zufügt, ist zu groß und ich kann ihm an dieser Stelle nur zurufen: Halt's Maul! Trink deinen Rotwein, fahr in die Ferien, such dir eine sinnvolle Beschäftigung!

Klarer geht's nicht …

Lafontaine hat jeden Anspruch verspielt. Dass jemand als Finanzminister zurücktritt, obgleich er hätte wissen können, was auf ihn zukommt, ist denkbar und möglich. Aber den Parteivorsitz – er war ein guter Parteivorsitzender, so sah es aus – hinzuschmeißen, das Bundestagsmandat niederzulegen und dann wenige Monate später aus der Ecke zu kommen und seine Abrechnung zu veröffentlichen, das finde ich unentschuldbar. Ich bin aus der SPD ausgetreten, hatte Gründe dafür – den Asyl-Beschluss, und solange sich da nichts rührt, ist mit mir auch nicht mehr als Mitglied zu rechnen –, aber ich bin weiter ein demokratischer Sozialist und ich kann nur sagen: Die Linke in der SPD soll sich nicht verwaist vorkommen. Es geht auch ohne Oskar Lafontaine.

Trauen Sie Gerhard Schröder Kanzleramt und Parteivorsitz zu?

Ich habe ein kritisches, aber nicht unfreundliches Verhältnis zu Schröder. Er ist noch nicht ganz in der Rolle des Bundeskanzlers. Und ihm mangelt es noch an inhaltlicher Substanz, das ist durch Show alleine nicht zu machen. Das weiß er selber. Die weit schwierigere Aufgabe für ihn wird sein, in die Rolle des Parteivorsitzenden hineinzuwachsen. Er wird kein Willy Brandt werden, er wird kein August Bebel werden. Aber er könnte von Hans-Jochen Vogel lernen. Ich habe immer noch die Hoffnung, dass er es schaffen wird.

Kommen wir zurück zum Nobelpreis: Schreibt es sich in Zukunft schwerer unter diesem gewaltigen Dach?

Als der Nobelpreis über mich kam, war ich ganz froh, dass ich ihn nicht im Alter von 40 oder 45 Jahren bekommen habe. Da wäre er wahrscheinlich für mich eine größere Last gewesen. Einfach wird es sicher nicht. Aber weil meine Bücher immer umstritten waren, habe ich eine gewisse Technik entwickelt, solche psychologischen Lasten wegzuschieben. Das weiße, unbeschriebene Blatt ist erschreckend genug. Es bedarf nicht weiterer Schrecken. Und ich glaube, ich werde die Kraft haben, mich auf dieses weiße Blatt zu konzentrieren.

Haben Sie schon ein neues Buch im Kopf?

Bei mir ist es so mit Ideen: Die klopfen einmal an. Da höre ich weg. Ein paar Wochen später klopft die Idee noch mal an und dann sage ich: Was willst du? Beim dritten Anklopfen mache ich eine Notiz. Nun gibt es wieder so ein paar Dinge …

Wie viele Male hat diese Idee schon geklopft?

Das verrate ich nicht.

Also kein Ende der Sisyphus-Existenz …

Nein, ich liebe ja meinen Stein.

Die Woche, 7. Oktober 1999

Ich warte auf Ihr nächstes Buch

Nach vierzig Jahren Kritik: Eine Antwort auf Günter Grass.

Mein lieber Günter Grass,

Sie betrüben mich – wieder einmal. Ich meine Ihr Interview in der ›Woche‹ vom 7. Oktober, genauer: Ich meine Ihre Äußerungen im Zusammenhang mit meiner Person. Heiter wollte ich Ihnen antworten, mit Humor und Ironie. Aber dann habe ich beschlossen, auf Scherze und Witze und dergleichen zu verzichten. Es geht ja um eine sehr ernste Sache – ernst für Sie und ernst für mich.

Wir kennen uns schon über vierzig Jahre, ich schreibe über Ihre Bücher seit bald vierzig Jahren. Sind Sie sich dessen bewusst, dass uns ungleich mehr verbindet als trennt? Was uns verbindet, lässt sich mit einem Wort sagen: die Literatur. Und noch etwas: Sie hätten, sagen Sie, Jahrzehnte unter mir leiden müssen. Ich glaube es Ihnen. Aber auch ich habe in diesen Jahrzehnten viel gelitten – an Ihnen, an Ihren Büchern.

Halten sich diese unsere Leiden die Waage? Wohl nicht, aber ich bin sicher, dass ich Ihnen ungleich häufiger ein Unrecht angetan habe als Sie mir. Sie meinen möglicherweise, daran sei mein Charakter schuld, ich glaube, dass dies eine unvermeidbare Konsequenz meines Berufes ist. Zu Urteilen gehören leider auch Fehlurteile. Und wer gar über ästhetische Phänomene urteilt und dies tut, ohne über einen Kodex zu verfügen, der kann Irrtümern nicht entgehen.

Sie wissen es so gut wie ich: Die Kritik der Literatur ist eine höchst fragwürdige Institution, aber ohne Kritik gibt es kein literarisches Leben. Wer Bücher veröffentlicht, muss sich von anderen in der Öffentlichkeit sagen lassen, was diese Bücher taugen. Wie reagiert ein Autor auf böse Kritiken? Manche (wie Thomas Mann) ballen die Faust unter der Bettdecke, andere (wie Zuckmayer) wollen ihren Zorn produktiv machen und den Rezensenten mit ihrem nächsten Buch beschämen. Dann aber gibt es Autoren, die – wie Sie, mein lieber Günter Grass – ihr Leid in Artikeln und Interviews klagen. Sie machen es aber diesmal etwas umständlich.

Als der SPIEGEL vom 21. August 1995 erschien, auf dessen Umschlag ich Ihren Roman ›Ein weites Feld‹ zerreiße, hätte ich auch das Tischtuch zwischen uns beiden zerrissen. Sie sagen, ich hätte diese Fotomontage verhindern können, ja ich hätte die Möglichkeit gehabt, den SPIEGEL hinterher wegen Missbrauchs zu verklagen. Sie machen also mich verantwortlich für die grafische Ausstattung eines SPIEGEL-Heftes. Und hier liegt der Hase im Pfeffer. Denn, erstens, stimmt nicht, was Sie behaupten und zweitens, meinen Sie überhaupt nicht, was Sie da sagen.

Die Fotomontage ist vom SPIEGEL verwendet, aber nicht erfunden worden. Sie stammt aus der Werbung des Zweiten Deutschen Fernsehens für das »Literarische Quartett«. Mir hat das Bild natürlich nicht gefallen, aber andere fanden es amüsant. Ich hielt das Ganze nicht für wichtig genug, um dagegen zu protestieren. Dass der SPIEGEL gerade dieses Bild übernehmen will, habe ich nicht gewusst, zumal ich im Urlaub war.

Warum sollte ich es eigentlich wissen? Noch nie hat sich der SPIEGEL mit mir in solchen Angelegenheiten verständigt, auch nicht, als man mich auf einem Titelbild als eine widerliche, abstoßende Bulldogge zeigte. Ich bin im SPIEGEL für jedes Wort in meinen Artikeln verantwortlich – und sonst für gar nichts. Und Ihr Einfall, ich, der ich noch nie in meinem Leben einen Prozess angestrengt habe, hätte den SPIEGEL wegen einer verunglückten und in der Tat geschmacklosen Fotomontage verklagen sollen, ist absurd.

Aber Ihnen geht es in diesem Interview überhaupt nicht um das Umschlagbild. Sie weichen auf dieses Bild aus, um nicht zu verraten, was sie vor allem schmerzt: Es ist meine ausführliche Kritik Ihres Romans ›Ein weites Feld‹ – eben in dieser Nummer des SPIEGEL. Ich glaube auch zu wissen, warum meine Kritik Sie so tief getroffen hat: Sie können sich des Verdachts nicht erwehren, dass ich in einigen wichtigen Punkten Recht haben könnte – und das möchten Sie nicht öffentlich zugeben.

Das Tischtuch zwischen uns sei zerrissen, sagen Sie. Das stimmt, aber nicht das Bild ist daran schuld, sondern die Tatsache, dass ich Ihre Romane ›Die Rättin‹, ›Unkenrufe‹ und ›Ein weites Feld‹ durchaus nicht schätze und eindeutig abgelehnt habe. Die Idee, es sei jetzt an der Zeit, dass wir uns wieder einmal zusammensetzen, stammt nicht von mir, sondern vom SPIEGEL. Ich habe geantwortet, es könne so bleiben, wie es ist: »Wir müssen keinen persönlichen Kontakt zueinander haben.« Aber ich habe gleich hinzugefügt: »Wer immer mit mir Frieden schließen wollte und will – ich habe noch nie die zur Versöhnung ausgestreckte Hand zurückgewiesen. Umgekehrt allerdings war es oft so.«

Zugleich werfen Sie mir in Ihrem Interview Größenwahn vor. Endlich kann ich Ihnen erwidern: Recht haben Sie, so ist es. Ohne Größenwahn gibt es keine Kritik – und das gilt natürlich auch für mich. Und gibt es ohne Größenwahn Literatur? Vielleicht ist es gerade der Größenwahn, der uns – allem Ärger zum Trotz – verbindet?

Sie brauchen meine Freundschaft nicht, und ich brauche auch nicht die Ihrige. Aber ich brauche, wie wir alle, Ihr nächstes Buch. Und vielleicht, wage ich zu vermuten, brauchen Sie ein wenig meine Kritik. Denn wie dubios meine Kritik auch sein mag, so ganz schlecht ist sie wohl doch nicht, wenn ich, mein lieber Günter Grass, als einziger deutscher Kritiker mehrfach und in aller Öffentlichkeit den Nobelpreis für Sie vorgeschlagen habe. Dass er Ihnen jetzt zugesprochen wurde, ist mir, ob Sie es glauben oder nicht, eine ganz große Genugtuung.

Ich weiß, es passt Ihnen nicht: Wir sitzen im selben Boot. Und vielleicht werden wir auch irgendwann (viel Zeit haben wir leider nicht mehr) am selben Tisch sitzen und miteinander reden: über die Kritik, die schreckliche, und über die Literatur, die schöne, die wunderbare. Ich gratuliere Ihnen zum Nobelpreis und ich grüße Sie, mein lieber Günter Grass, sehr herzlich und nicht ohne Sentimentalität.

MARCEL REICH-RANICKI
Frankfurter Allgemeine Zeitung, 9. Oktober 1999

Wir haben verstanden

Nach fünfzig Jahren Demokratie: Auch eine Antwort auf Günter Grass.

Oskar Lafontaine ist Pensionär. Man könnte auch sagen, er ist Schriftsteller mit Rentenanspruch. Denn Lafontaine hat ein Buch geschrieben. Als Fortsetzungsgeschichte wird es im Augenblick in den Zeitungen gedruckt. Niemand weiß, wie es mit dem Buch ausgeht. Nur ganz wenige kennen das ganze Manuskript. Da gibt es Abrechnungen, aber auch Anrührendes. Einen Bericht über das Attentat etwa. Das alles ist, wie gesagt, noch nicht zu Ende erzählt, das alles ist noch im Fluss. Doch schon meldet sich die Literaturkritik. »Halt's Maul, Oskar!«, ruft Rezensent Günter Grass in dem historisch zu nennenden Interview mit der ›Woche‹ vom Donnerstag. »Halt's Maul. Trink deinen Rotwein, fahr in die Ferien, such dir eine sinnvolle Beschäftigung!«

Das also versteht Grass unter Rentnerdasein. Maul halten, Rotwein trinken, in die Ferien fahren, stets auf der (aussichtslosen) Suche nach einer sinnvollen Beschäftigung. Rentner schreiben keine Bücher, sondern halten, in Grass' Terminologie, das Maul. Jetzt erst wird erkennbar, warum er sich in dem gleichen Interview so sehr über eine Formulierung in einem ehrerbietigen Leitartikel in dieser Zeitung aufregt. Hier las man vor einigen Tagen: Wenn der Nobelpreis für Böll 1972 so etwas wie das »demokratische Reifezeugnis« für die Bundesrepublik gewesen war, dann ist der »Nobelpreis an Günter Grass der demokratische Rentenanspruch für das wieder vereinigte Land«. Grass dazu: »Das ist einfach borniert. Und eine Lüge obendrein. Ich möchte zu Schirrmachers Gunsten annehmen, dass er selbst nicht versteht, was er geschrieben hat. Soll etwa die Demokratie in Rente gehen? Für mich gehört dieses eigenartige Bild zu den sehr kurz gedachten, wenn überhaupt gedachten Bemühungen, allerorten die ›Berliner Republik‹ zu etablieren.« Wir müssen den Gunstbeweis von Grass ausschlagen. Doch, der Autor ist zwar ein fragwürdiger Zeuge, aber er versteht immerhin noch, was er geschrieben hat. »Demokratischer Rentenanspruch« heißt: das bis zum sozialdemokratischen Kanzler verbreitete Gefühl, man habe für Zivilität, demokratisches Bewusstsein, Pluralität in fünfzig Jahren Bundesrepublik gearbeitet und müsse sich nicht täglich neu gegen die »Faschismus-Keule« (Günter Grass) zur Wehr setzen. Es heißt: Die fünfzig Jahre waren demokratische Jahre. Es heißt: dass unsereiner und die Jüngeren von dem zehren, was die Generation des Preisträgers demokratisch erwirtschaftet hat. Und dass er selbst nicht unschuldig daran ist, dass wir seinen Alarmismus nicht mehr hören können.

Grass weiß das genau. Wogegen also wehrt er sich? Ohne Zweifel leidet er, der im Zeichen des Generationenkonflikts groß und bedeutend wurde, an dem Generationenkonflikt, der sich nun schon seit langem an ihm selbst entzündet: an Vätern, ja Großvätern, die nicht abtreten wollen. Der Anschlag jeder Väter- und Müttergeneration auf die nachfolgende: dass man ihre alt gewordenen Erfahrungen und Erkenntnisse als die eigenen übernehmen soll. Das ist es, was Grass sich wünscht. Deshalb erträumt er sich für die Jugend von 1999 die Gruppe 47 von 1947. Deshalb bietet er Romanstoffe an (»zum Beispiel gegen den gewaltigen Flurschaden, den der Neoliberalismus anrichtet«). Deshalb beunruhigen ihn junge Schriftsteller, die »sich ohne Vorgänger, ohne Meister« wähnen. Deshalb schließlich sagt er, in der wohl abgründigsten Vision seines Gesprächs: »Sie sollen bitte damit beginnen, aus den Startlöchern zu kommen, bevor ich in der Kiste verschwinde.«

Begreift er nicht, dass wir ihn verehren für vieles, was er schrieb? Aber dass wir erschrecken vor der Gesellschaft, die er sich als kommend erträumt? Erschrecken vor der Langeweile, der Vorhersehbarkeit und dem Wiederholungsmuster eines Armchair-Mahner-Warner-uneinverstanden-und-immer-auch-ungehalten-Seins? Kurzum: vor all dem, was der Nobelpreis für Literatur offensichtlich jetzt angerichtet hat?

FRANK SCHIRRMACHER
Frankfurter Allgemeine Zeitung, 9. Oktober 1999

Zum Achtzigsten

Star und Außenseiter

Wenn deutsche Schriftsteller den Mut hätten, ihre Mordphantasien in die Tat umzusetzen, Marcel Reich-Ranicki wäre nie achtzig Jahre alt geworden. Denn Reich-Ranicki ist Literaturkritiker. Und wie man mit so einem umgehen soll, das hat schon Goethe, selbst öfter von Kritik entnervt, formuliert: »Schlagt ihn tot den Hund, er ist ein Rezensent!«

Nun ist Marcel Reich-Ranicki nicht nur irgendein Rezensent. »Großkritiker« wird er genannt oder »Literaturpapst«. Reich-Ranickis Gestus ist oft der eines Scharfrichters. Sein Freund Hans Weigel, selbst Kritiker, hat diesen Stil einmal so charakterisiert: »Marcel Reich-Ranicki ist das Urbild des Autoritären, des Sich-Selbst-Absolut-Setzens. Er schreibt nicht ›Ich finde den Autor X.Y. unbegabt‹, sondern ›Der Autor X.Y. ist unbegabt‹. Er verbreitet Angst und Schrecken (…)« Doch andererseits kann der »gefürchtetste, meistgehasste« Kritiker der Republik (so Joachim Kaiser), wenn er Autoren gut findet, sie fördern, protegieren, ermuntern, wie eine Mutter ihr Kind. Uwe Johnson und Ruth Klüger zum Beispiel hat Reich-Ranicki »gemacht«, ebenso die Lyrikerin Ulla Hahn. Er ist oft genug gegen den Strom geschwommen: In der Hochzeit des Kalten Krieges hat er sich für den damals im Westen verfemten Brecht stark gemacht und Autoren der damaligen DDR aus der bundesdeutschen politischen Schmuddelecke geholt.

Für viele Rezensenten wie Leser waren die beeindruckendsten Passagen seiner Autobiographie Reich-Ranickis Erinnerungen an sein Leben und Überleben im Warschauer Ghetto, und die zarte Beschreibung der Liebe zu seiner Frau Teofila, die er dort kennen lernte. Natürlich gehört Grundwissen über die Schoa im Allgemeinen und das Warschauer Ghetto im Besonderen zum Wissensstandard wenigstens der halbwegs Gebildeten. Doch viele Leser haben einen Begriff dessen, was das Ghetto war, erst durch Reich-Ranickis Memoiren bekommen. Das spricht zum einen für die literarische Kompetenz des Verfassers; zum anderen beweist es wieder einmal, dass das Abstraktum Schoa nachvollziehbar erst dann wird, wenn es anhand konkreter Menschen und deren Schicksale erfahrbar gemacht wird. Und schließlich wird in diesen Memoiren sichtbar, was Marcel Reich-Ranickis Leben geprägt hat: Sein Judesein.

»Ein Intellektueller, unverkennbar, ein jüdischer zumal«. So hat ihn Siegfried Unseld charakterisiert. Dabei hat Reich-Ranicki nie zu denen gehört, die ihr Judentum demonstrativ vor sich hertragen. Im Gegenteil: Sein Verhältnis zur hiesigen organisierten Judenheit ist von höflicher Distanz geprägt. Er ist nicht religiös; das Clanhafte mancher jüdischer Kreise ist seine Sache nicht. Und dennoch ist Reich-Ranicki, trotz aller Prominenz, Ehrungen und Lobpreisungen, in Deutschland immer der Jude im Max Frisch'schen Sinn gewesen und geblieben: Der Berliner Gymnasiast, dem die Zulassung zum Studium verweigert wurde; der ZEIT-Autor, der sich bei dem Hamburger Blatt subtil ausgegrenzt fühlte; der Literaturchef der FAZ, dessen Unbehagen bei einem von Herausgeber Joachim Fest zu Ehren ausgerechnet Albert Speers ausgerichteten Empfang beim Gastgeber auf Unverständnis stieß: Ein Außenseiter, ein Jude, ein Überlebender im Land der Täter. »Diese deutsche Frage betrifft mein ganzes Leben, sie steht im Mittelpunkt meiner moralischen und politischen, ja meiner seelischen Existenz und meines beruflichen Daseins. Also bin ich mitverstrickt, mitbeteiligt, vielleicht mitverantwortlich«, hat er anlässlich der Walser-Bubis-Debatte geschrieben (bei der er übrigens beide Antagonisten ob ihres Übereifers schalt).

Achtzig Jahre alt wird Marcel Reich-Ranicki am 2. Juni. Über die Hälfte dieser Lebenszeit hat er die deutsche Literatur geprägt. Er wird gefürchtet, gehasst, bewundert, er hat Einfluss. Und – was ihn von anderen Figuren des deutschen Literaturlebens wohltuend unterscheidet – er ist unterhaltsam. Walter Jens hat es einmal auf den Punkt gebracht: »Man stelle sich vor, es gäbe den Mann nicht (…) Mein Gott, wäre das langweilig!«

MICHAEL WULIGER
Allgemeine Jüdische Wochenzeitung, 25. Mai 2000

Der Herr der Bücher

Was bedeutet Einfluss eines Literaturkritikers? Ist damit gemeint, welchen Einfluss er auf das Entstehen von literarischen Werken nimmt, so zeigt sich das wohl erst mit einiger Verspätung. Was aber den Einfluss auf die um ihn herum exerzierte Literaturkritik betrifft, so darf man schon jetzt sagen, dass Reich-Ranickis Vorbild gewirkt hat. Philologische Literaturkritik ist heute in Deutschland seltener als ehedem. Stattdessen geben Temperament, Wille zum Urteil, Aufmerksamkeit für Stimmungen und Sorgfalt bei der Wahrnehmung der Sprache des Autors, was Klarheit, Intelligenz aber auch Musikalität angeht, heute die Maßstäbe ab, nach denen Kritiker avancieren. Auch die schärfsten Gegner Reich-Ranickis sind ihm ähnlicher, als sie wahrhaben wollen.

Aber hat seine Kritik Einfluss auf die Literatur seiner Zeit genommen? Vorerst darf man sagen, wenn auch vergröbernd, dass der zunehmende Erfolg einer Fraktion der deutschsprachigen Literatur nach dem Zweiten Weltkrieg einhergeht mit der beachtlichen Karriere Reich-Ranickis. Die jüngeren Autoren der legendären Gruppe 47, diejenigen, die erst Ende der 50er-Jahre in Erscheinung traten, verdrängten ältere Repräsentanten der deutschen Literatur, deren einst berühmte Namen heute fast vergessen sind: Frank Thiess, Gerd Gaiser, Werner Bergengruen – um nur einige zu erwähnen. Bei diesem Paradigmenwechsel spielte Reich-Ranicki in den 60er-Jahren eine bedeutende Rolle, wobei Gerechtigkeit gegenüber Einzelnen – hier nur Heimito von Doderer, Arno Schmidt oder Günter Eich zu nennen – nicht immer seine Sache war. Aber wenn Reich-Ranicki gelegentlich für sich reklamiert, er habe ein wenig dazu beigetragen, dass Heinrich Böll 1972 den Nobelpreis für Literatur erhielt, so kommt darin ein Interesse zum Ausdruck, das man literaturpolitisch nennen könnte. Er ist weit davon entfernt, Böll für einen begnadeten Prosaisten zu halten. Da steht für ihn unter den Autoren seiner Zeit Wolfgang Koeppen an erster Stelle. Aber als Kritiker hat er gesellschaftspolitische, traditionsbestimmende und kommunikationsfördernde Selbstverpflichtungen vor Augen. Gesellschaftspolitisch: sozial-liberal, skeptisch, individualistisch. Traditionsbestimmend: Leute wie Theodor Fontane und Thomas Mann sollen die nächstliegenden Meister sein. Kommunikationsfördernd: Der Autor soll klar schreiben, die Intelligenz seiner Leser fördern und – vor allem – nie langweilig sein. Eklatante Verstöße gegen eines der drei Gebote können ausreichen, Marcel Reich-Ranickis wütenden Zorn hervorzurufen. Regelmäßige Verstöße gegen alle drei zementieren das Desinteresse des Literaturkritikers an dem Schriftsteller, der sich ihrer schuldig macht. So, wie es literarische Erfolgsgeschichten gab, die zu Ende gingen, als Reich-Ranickis Ansehen seinem Zenit zustrebte, so gibt es gegenwärtig, wo er den Zenit erreicht hat, literarische Erfolgsgeschichten, deren Protagonisten er mit Misstrauen, ja mit Ablehnung sieht: Peter Handke und Botho Strauß. Auch hier sieht es so aus, als begleiteten gesellschaftspolitische Tendenzwenden die wechselnden Reichweiten seiner Kritikertätigkeit. Unberührt von solchen Diskussionen freilich ist Marcel Reich-Ranicki als Entertainer und als moralische Instanz längst zu einer öffentlichen Autorität geworden, die auch denen etwas sagt, die wenig mit Literatur und gar nichts mit Literaturkritik anfangen können. Der erstaunliche Erfolg seiner Autobiographie ›Mein Leben‹

bestätigt den Befund. Von vielen Lesern wird das, was er aus der Zeit erzählt, als er als Jude im von Deutschen besetzten Polen überleben musste, als eindringlicher empfunden als das, was er über seine Karriere in der Bundesrepublik berichtet. Der Erzähler hat den Kritiker übertroffen, der Appell an das moralische Bewusstsein dringt tiefer als das Plädoyer eines Ruhestörers in der Gegenwart. Denn das, um den Titel eines seiner besten Bücher aufzugreifen, will Reich-Ranicki als Kritiker immer sein: ein Ruhestörer.

JÜRGEN BUSCHE

Thomas Manns Triumph über Hitler

Merkwürdig ist – rein lautlich – sein Deutsch: das rollende »R«, die Zwischenvokale zwischen Konsonanten – Karritikerr, Farrau Löffalerr … Er kam ja als Kind aus Polen nach Berlin und verbrachte dort seine Gymnasialzeit. Solche Jahre prägen, auch sprachlich, und Berlin prägt besonders; er aber berlinert gar nicht. Brachte er die Aussprache mit, behielt sie bei und nahm sie wieder mit, als man ihn nach Polen deportierte? Oder veränderte sich sein Deutsch dort? Sein Deutsch ist aber nicht das der Polen, das wir zum Beispiel vom Papst kennen. Also die (leicht nachzuahmende) unverwechselbare Artikulation des Deutschen fesselt mich als Sprachwissenschaftlicher. Woher kommt sie? – Dann seine Verehrung für Thomas Mann, seine Liebe zu ihm. Da finde ich nun nichts merkwürdig. Umso mehr als diese Liebe ihn nicht daran hindert, ganz andere Autoren ebenfalls zu lieben: Brecht zum Beispiel, den Lyriker vor allem, und Kafka oder Roth. In seinen Erinnerungen nennt er die für ihn wichtigsten beiden Deutschen des 20. Jahrhunderts: Adolf Hitler und Thomas Mann. Wenn einen etwas freuen muss an der beispiellosen Karriere Reich-Ranickis, dann dies, dass sie ein gewaltiger Triumph ist über Hitler. Man wünschte sich, Hitler hätte die Gelegenheit, sich schwarz zu ärgern über diese phantastische Niederlage – für ihn.

HANS-MARTIN GAUGER

Zwei Kannen in Warschau

Immer diese leibhaftige Lebensstofflichkeit der Bücher. Und immer diese Lebenszeichen und der Überlebenstrotz der Literatur. Aber dass er dann auch noch das gerettete Leben nicht der polnischen Politik, sondern der deutschen Literatur verschrieb – welch renitente Treue, welche Lesergläubigkeit gegenüber der mörderisch missbrauchten deutschen Sprache. Aber er schrieb zunächst polnisch und für Polen. Und der, der ihn erstmals folgenschwer in ›Sinn und Form‹ des Deutschen herüberholte, war Peter Huchel.

Der Anlass: Erich Weinert war gestorben. Da lässt Huchel, der aus vielen SED-Nestern beschossene Chefredakteur, an allen DDR-Skribenten vorbei eine polnische Würdigung von Marceli Ranicki fürs 2. ›Sinn und Form‹-Heft des Jahres 1953 übertragen, setzt sich damit auch souverän über ein stalinistisches Schreibverbot für diesen Ranicki hinweg, dem man in Warschau »Kosmopolitismus« und »ideologische Entfremdung« vorgeworfen hatte. An Ranickis Weinert-Porträt überraschen heute der Anspruch und die Ziele eines spiegelbildlichen Selbstentwurfs. Es zeichnet die Entstehungsgeschichte einer seit Heine singulären dichterischen Popularität, die sich dem »Bemühen um größte Verständlichkeit, Einfachheit und Klarheit des künstlerischen Ausdrucks« verdanke. Als Gegenbeispiel müssen Gedichte des eitel-mächtigen ›Sinn und Form‹-Begründers Johannes R. Becher herhalten: Sie seien »für den Durchschnittsleser nicht verständlich«. Majestätsbeleidigung!

Hätte Brecht nicht gegen die Abrechner wütend Front gemacht, wäre Huchels Anspruch auf ungegängelten Freimut schon damals, nicht erst 1962, am Parteibeton zerschellt. Denkwürdig ist das Datum (15. August 1956), an dem Huchel und Ranicki sich erstmals in Warschau begegnen: Brechts Todesnachricht wirft ihren Schatten. Hat Ranicki am Schattenort dem 17 Jahre älteren Dichter offenbart, dass er 1942 durch Kopien zum in zwei Milchkannen und zehn Blechbüchsen vergrabenen Ghetto-Archiv beigetragen hatte? Peter Huchel, 1972: »Zwei Kannen in Warschau,/ vergraben/ in Erde und Feuer./ Es geht durch Wolken/ stürzender Asche/ die Stimme hinab,/ die Erben zu rufen.«

WOLFGANG HEIDENREICH

Kampf um Ludwig Greve

Wer ihn feiert, feiert kein Lamm. Marcel Reich-Ranicki ist auch unter den Löwen der Literaturkritik ein extremer Fall: aufgrund seiner Macht, Autoren zu verhindern oder zu ermöglichen, durch temperamentvolle Subjektivität, Schroffheit, durch besessene Liebe zur Literatur und nicht zuletzt durch – Zuverlässigkeit. Ich gebe ein Beispiel für diese fünf Tugenden.

Im September 1984 sandte ich ihm drei Gedichte Ludwig Greves mit der Bitte, eins für die ›Frankfurter Anthologie‹ interpretieren zu dürfen. Greve war der Herkunft nach Jude, legte aber – aus Abneigung gegen einen »Schicksalsbonus« – den größten Wert darauf, nicht als solcher herausgestellt zu werden. Ich wollte einen damals fast Unbekannten vorstellen, der seit seinem Gedicht »Mein Vater« (1966) in meiner Rangordnung einen ersten Platz einnimmt. Marcel Reich-Ranicki antwortete prompt: »Halten Sie diese Gedichte wirklich für Poesie? Oder sind es ehrenwerte und redliche Wiedergutmachungsinstinkte, die Sie veranlassen, ein Gedicht gerade des Autors Greve für unsere ›Frankfurter Anthologie‹ zu interpretieren? Bitte, missverstehen Sie mich nicht, und nehmen Sie mir auch meine Direktheit nicht übel: ›Die Frankfurter Anthologie‹ ist am allerwenigsten eine Rubrik für Gefälligkeiten.«

Das war Direktheit in einer Gewichtsklasse, die mir neu war. Ich war empört, fasste mich und schrieb zurück: »Ihr Brief ist ein einziges Missverständnis. Sie suchen nach Gründen, aus denen ich Greves Gedichte ›Mein Vater‹, ›Playback‹ oder ›Hannah Arendt‹ für die ›Frankfurter Anthologie‹ vorschlage. Der Grund ist sehr einfach: Ich halte diese Gedichte für ausgezeichnet. ›Wiedergutmachungsinstinkte‹? ›Gefälligkeiten‹? Ist das Ihr Umgang mit Ihren Autoren?«

»Jawohl: aufrichtig, sachlich und direkt«, erwiderte er. »In manchen Fällen wäre ein diplomatischer Umgang gewiss angebracht, nur fehlt mir dazu leider die Zeit. Nichts lag mir ferner, als Sie zu kränken, aber es ist nicht nur meine Ansicht, sondern auch die der Redakteure, die hier arbeiten, dass die von Ihnen vorgeschlagenen Gedichte von Ludwig Greve recht schwach sind.« Er bot ein Gentleman's Agreement an: Ich sollte zunächst über einen anderen Autor schreiben, dann über Greve, freilich im Bewusstsein, es in der FAZ mit widerspenstigen Lesern zu tun zu haben. Ich erklärte mich bereit, so zu handeln, »während das Schwert der vereinigten FAZ-Redaktion an einem Rosshaar über mir hängt«.

Dies Sache kam zustande nach einem langwierigen Briefwechsel, schwierig durchaus auch zu meinen Lasten. Es gab Tatzen von seiner Seite: »Die Zusammenarbeit mit Ihnen hat noch nicht begonnen und wird schon qualvoll.« »Natürlich haben wir uns wieder einmal gewundert, dass es einem Germanisten so schwer fällt, bis 60 zu zählen.« – Seufzend gestehe ich, dass das kritische Feuer dieses pädagogischen Provokateurs eine beachtliche Stilhilfe war.

Am 3. Januar 1987 erschien die Interpretation von Greves Gedicht

»Mein Vater« und erregte Aufmerksamkeit. Uwe Wittstock, damals noch Redakteur bei der FAZ, später Lektor bei S. Fischer, hat mir erzählt, dass diese »Affäre« ihm einen entscheidenden Anstoß gab, Greves gesammelte Gedichte bei S. Fischer herauszubringen. Sie erschienen im Frühjahr 1991 unter dem Titel ›Sie lacht und andere Gedichte‹ und machten ihn mit einem Schlag berühmt. Er hat es noch erlebt, bevor er im Sommer des gleichen Jahres vor Amrum ertrank.

Marcel Reich-Ranicki hat Wort gehalten und einem Autor – vielleicht gegen seine anhaltende Überzeugung? – zum Durchbruch verholfen. Kein übler Grund, ihm zu danken.

Uwe Pörksen
Badische Zeitung, 27. Mai 2000

Meister deutlicher Worte

Kein Kritiker wurde und wird in Deutschland so geliebt: Am 2. Juni feiert Marcel Reich-Ranicki seinen 80. Geburtstag

Er kann lospoltern, dass sich die Engel im Himmel vor Schreck die Ohren zuhalten. Leidvoll haben Autoren von Grass bis Walser erfahren müssen, wie Marcel Reich-Ranicki sich bei ihren Büchern geärgert oder, noch schlimmer, gelangweilt hat.

Das ist die schwerste Pein, die man ihm antun kann. Seit er das Warschauer Ghetto überlebt hat, scheint es so, als ob er keine Zeit mehr verschenken wolle. Deshalb sind seine Kriterien ziemlich einfach: »Ein Buch, das mich nicht langweilt, ist gut.«

Aber solche Bücher sind sehr, sehr selten. Dann kann man zusehen, wie Reich-Ranicki sich quält, wie er leidet und sich demonstrativ in seinem unbequemen »aspekte«-Sofa windet, bis endlich auch Frau Löffler ausgeredet hat: die Stirn in tiefe Falten gelegt, mit den Augen rollend, der Mund eine Ekelspalte, aus der verächtlich zischend sein letzter Seufzer dringt: »Das hat mit Literatur nichts zu tun.«

Die Literaturkritik als Serviceleistung fürs Publikum und nicht als akademisch verquältes Minderheitenprogramm – das ist sein Verdienst. Selbstverständlich erfüllt das »Literarische Quartett« jedes Mal alle Erwartungen seiner Gegner: Es ist oberflächlich, polemisch, subjektiv. Aber auch im zwölften Jahr ist die Sendung so einflussreich, dass sie unbekannte Bücher zu Bestsellern machen kann. Den

Entertainer Reich-Ranicki plagt deswegen kein schlechtes Gewissen, im Gegenteil: »Wenn man mich fragt, ob ich Macht ausübe, kann meine Antwort nur lauten: Das will ich aber hoffen!«

Achtzig Jahre und kein bisschen leise – nein, das stimmt nicht; das ist nur die Rolle, die der Kritiker für sein Publikum spielt. Pointen pflastern seinen Weg bis in die Samstagabendshows. Er bekam sogar den »Bambi« und stellte sich das goldige Rehlein ganz oben ins Regal.

Wenn Reich-Ranicki die Tür hinter sich zumacht, verwandelt sich der Unterhaltungskünstler in einen sehr nachdenklichen Menschen. Was viele nicht wissen: Die Erkennungsmelodie des »Literarischen Quartetts« stammt aus einem Streichquartett Beethovens, das im Warschauer Ghetto häufig gespielt wurde. Reich-Ranicki versteht dieses Zitat als Dank an die Musiker, die den Überlebenswillen ihrer Zuhörer stärkten. Die meisten wurden umgebracht. Diese Vergangenheit bleibt immer gegenwärtig, aber es hat Jahre des Zögerns gedauert, bis Reich-Ranicki die Kraft fand, sich diesen Schrecken mit seiner Autobiographie ›Mein Leben‹ noch einmal zu stellen.

Von der Kritik und vom Publikum begeistert aufgenommen, erlebte er damit einen der größten Bucherfolge seit 1945. Ein an tragischen Erfahrungen reiches Leben, eine ergreifende Liebesgeschichte, ein politisches Zeitbild und Lehrstück – Reich-Ranicki hat sich das Buch geschrieben, das er als Roman immer von anderen erwartete. Nun gilt er endgültig als Klassiker. Der überwältigende Erfolg hat ihm, der sonst immer mit seinen vielen Feinden kokettiert hat, vielleicht zum ersten Malt gezeigt, dass er in Deutschland geliebt wird – obwohl er ein Kritiker ist.

WERNER FULD
Focus, 29. Mai 2000

Er ist der Liebhaber unter den Literaturkritikern

Es besteht kein Zweifel daran, dass dieses Leben in weiten Teilen im Widerstand gelebt wurde – im vielleicht gar nicht bewussten Widerstand gegen den Schmerz, die leidvolle Erinnerung, die eigene Geschichte. Dieser Widerstand hat es produktiv und erstaunlich gemacht. Vermutlich sind nur wenige Biographen prominenter deutscher Kulturschaffender des 20. Jahrhunderts so sehr durch die Dramaturgie des späten Triumphs charakterisiert wie die von Marcel

Reich-Ranicki. Im Alter von 50 Jahren wähnte er sich am Ende seiner Karriere, mit 80 hat er jetzt deren Zenit erreicht. Das ist fast beispiellos, merkwürdig unzeitgemäß und ermutigend.

Erst im hohen Alter war es Marcel Reich-Ranicki möglich, über sein Leben zu schreiben. Er teilt dieses Schicksal des Verstummens mit vielen Verfolgten. Wer leben wollte, musste Teile seiner Erinnerung anästhesieren. Viele den Gaskammern nur knapp Entronnene fielen ihren Verfolgern noch zum Opfer, als diese längst tot waren. Wer spricht, erlebt noch einmal, macht die Täter und ihre Taten wieder lebendig. Marcel Reich-Ranicki schwieg, er schwieg von sich und seiner Geschichte, von seinen ermordeten Eltern, wenn er nicht ausdrücklich – wie zuerst von der jungen Journalistin Ulrike Meinhof im Jahr 1964 – darüber befragt wurde. Er schwieg, indem er von anderen, über fremde, fiktive oder reale Geschichten schrieb und sprach – zum Beispiel über Goethe und Thomas Mann, über Heine und Brecht, über die Brüder Schlegel und Alfred Kerr.

Sein Schreiben und Sprechen über die deutsche Literatur brachte ihm hohen Respekt und schließlich Ruhm ein – aber auch unübersehbar viele Feindseligkeiten. Seine vor etwa einem Jahr erschienene Autobiographie aber, das Persönlichste, das er je veröffentlichte, löste Erstaunen und Begeisterung, Rührung und ein Interesse aus, das jenem für die Tagebücher Victor Klemperers ähnlich ist. ›Mein Leben‹ – man muss es hier nicht nacherzählen. Es wurde auch deshalb – nicht nur im Buch, sondern wohl auch in Wirklichkeit – ein Erfolg, weil es von einer langen, ungewöhnlichen Liebesgeschichte getragen wird – der Liebe zu seiner Ehefrau Teofila.

Das Buch, nun gut eine halbe Million Mal verkauft, räumte auch bei scharfen Kritikern des Kritikers Vorurteile aus. Ein differenziert denkender, ein streitbarer, ein mutiger, verwundbarer, mitunter großherziger, lebenshungriger, neugieriger und leidenschaftlicher Mann trat da vor den Vorhang – wie immer ohne Sentimentalität, wie immer mit Stolz, wie immer so, dass nicht alle, aber doch viele Fragen offen bleiben.

Was hat Reich-Ranicki in einer Zeit, in der Sprach- und Gedankenlosigkeit Millionen zu fesseln vermögen, berühmt, zu einem Medienstar gemacht, der allen billigen Klischees widerspricht und dessen Ratschlägen dennoch Tausende folgen? Reich-Ranicki ist nicht nur der für seine analytische Brillanz bewunderte oder aber kritisierte Vereinfacher, der Platz machen will für das Lesenswerte, er ist nicht nur der tapfere Streiter, der offenbar sagen muss, was er denkt, nicht nur der freiwillig und unfreiwillig unterhaltsame Rhetoriker, nicht nur der Schwärmer unter den Kritikern, er ist vor allem – und wer die Literatur liebt, muss ihn dafür zumindest herzlich verehren – der rückhaltlos hingerissene, vitale und selbstvergessene Liebhaber unter den Kritikern. Vielleicht entgeht ihm manche formale Finesse, sicher gibt es Zartfühlendere als ihn, gewiss verzichtet er darauf, seine Kritik mit Theorie gegen germanistische Einwände zu imprägnieren.

Aber all das hindert ihn merkwürdigerweise nicht daran, seit Jahrzehnten Urteile über Qualität zu fällen, die, wie sich vor allem aus größerem zeitlichem Abstand herausstellt, Bestand haben, denen auch die Hüter höherer akademischer Einsichten immer wieder zustimmen müssen. Sein unverzagtes Plädoyer für Klarheit und Verständlichkeit ist ein Stück aufklärerischer Menschenfreundlichkeit. Mit seiner bekennenden Kritik hat er die deutsche Streit- und Lesekultur der Nachkriegszeit geprägt.

Über Jahrzehnte hinweg hat er darunter gelitten, dass er immer ein Außenseiter gewesen sei. Außerordentliche Begabungen sind immer Außenseiter – eine völlig verständliche, aber unsinnige Klage dieses klugen Kopfes also. Jedoch: Das späte Wunder in der Biographie des Mannes, der am Freitag seinen 80. Geburtstag feiert, wurde kürzlich in einem SPIEGEL-Interview offenbar. Er fühle sich nun nicht mehr so sehr »an der Peripherie«, nicht mehr wirklich als Randfigur. In der Tat: Er gehört dazu – in die Gegenwart der Literatur und in die Reihe der bedeutendsten deutschen Literaturkritiker seit der Romantik. Es ist dies eine weitere überraschende Wendung, ein kleiner Sieg, ein später Triumph in diesem Leben – gut erzählt oder gut gelebt. Manchmal, sagte er einmal in einem Interview mit dem ›Badischen Tagblatt‹, sei er höher gesprungen, als er eigentlich habe springen können. Man darf ihm gratulieren.

KIRSTEN VOIGT
Badisches Tagblatt, 31. Mai 2000

Krakauer Reflexionen, Marcel Reich-Ranicki gewidmet

Berlin, auf halbem Wege zwischen Madrid und Moskau, liegt nur 50 km vor der polnischen Grenze: Folglich kann man nicht sagen, Polen sei schon Osteuropa. Wer eine Stadt wie Krakau ansieht – der sieht auch, dass der Veit-Stoß-Altar dort ebenso seinen legitimen Platz hat wie einer in Nürnberg.

Dies alles bedenkend, geht man durch die wundervolle Stadt in nächster Nähe der fürchterlichsten aller Ortschaften: Auschwitz – wie könnte man nicht auch daran denken, dass Wiener Jüdinnen, während vergast wurde, Wiener Walzer spielen mussten, bis auch sie vergast wurden … Und wie könnte man als deutscher Literat nicht auch an jenen deutschen Literaten denken, an Marcel Reich-Ranicki, dessen Eltern wie Schwiegereltern und dessen Bruder samt Frau, zwar nicht in Auschwitz, doch in Treblinka vergast wurden … anders als er, der mit Frau durch Flucht und dank der Güte eines Menschen mit dem Vornamen Bolek und dessen Frau im April 1943 Unterschlupf fand, bis zum Tage der Befreiung Warschaus durch die Rote Armee …

Wenn jeder, der schreibt, schon deshalb Reich-Ranicki zum 80. Geburtstag gratulieren muss – er gratuliert ja damit auch sich selber –, dass erstmals seit Alfred Kerr im deutschsprachigen Raum wieder einer da ist, der die Literatur-Kritik und das Lesen überhaupt so populär gemacht hat, dass sie zu öffentlichen Angelegenheiten wurden, mit denen »man« – ist jedermann! – sich auseinander setzen muss, will er nicht als Hinterwäldler verschrien werden.

Das ist sehr viel. Ja, ist das Höchste, dass jemand, der rezensiert, nicht nur für die Literatur, sondern für den geistigen Haushalt der Nation beisteuern kann. Wer will bezweifeln, dass Reich-Ranicki dies geleistet hat seit nun schon fast anderthalb Generationen? (Die Wirkungsdauer einer Generation sind 30 Jahre – auch wenn Alfred Kerr einst seinen Verriss einer Piscator-Inszenierung mit dem frech fröhlichen Hinweis schloss: »Eine Generation, lieber Erwin, hält heute nur noch drei Jahre«.) Der Hinweis auf Kerr bedarf der Ergänzung, dass Reich-Ranickis Stil nicht gespreizt ist – er würde nie, wies der Breslauer getan hat, sein eigenes Gesicht: »Antlitz« nennen.

Rolf Hochhuth
Basler Zeitung, 31. Mai 2000

M. R.-R. 80

Früher, als es noch Tankwarte gab, pflegte Reich-Ranicki, wenn jemand etwas allzu Geläufiges von sich gab, zu sagen: Das weiß doch jeder Tankwart. Dass ihn selber einmal jeder Tankwart kennen würde, dass sich die Talkshows um ihn reißen und Hunderttausende seine Autobiographie lesen würden, hätte er sicherlich nie für möglich gehalten, schon gar nicht damals, als er 1958 aus Warschau in den

Westen emigrierte, ein nicht mehr ganz junger, fast unbekannter und vollkommen mittelloser Literaturkritiker.

Berühmte Literaturkritiker hat es in Deutschland einige gegeben, aber nie einen wie ihn. Seine Vorgänger und Vorbilder wie Börne oder Kerr waren bekannt allein in der literarischen Welt. Deren Grenzen grandios zu überschreiten; eine internationale Berühmtheit zu werden; eine Wirkungsmacht zu erzielen, die Gedeih und Verderb von Büchern, Autoren, Verlagen mitbestimmte; schließlich die literarische Erziehung einer ganzen traditionsvergessenen Nation in die Hand zu nehmen – all dies ist unglaublich, aber es geschah. Damals, als es noch Tankwarte gab, war Reich-Ranicki umstritten, man warf ihm seine gelegentlich überpointierten Verrisse vor, man unterstellte ihm, nie vom sozialistischen Realismus losgekommen zu sein, man vergte ihm, dass er so einfach, amüsant und lesbar schrieb, als sollte jeder Tankwart es verstehen können.

Das ist lange vorbei. Heute ist M. R.-R. mehr als eine literarische Instanz. Er ist, und das hat sein erstaunliches Buch ›Mein Leben‹ bewirkt, eine öffentliche Figur ersten Ranges geworden, die man respektiert, sogar verehrt und die man auch in Dingen um Rat fragt, die mit Literatur nichts zu tun haben. Aber nur die Literatur ist seine Heimat und das Objekt seiner rastlosen Liebe. Die Wege ihrer Popularisierung und Förderung, die er gefunden oder wiedergefunden hat, waren zahllos und so gut wie alle vom Erfolg gekrönt: vom Stadtschreiberamt bis zum Ingeborg-Bachmann-Wettbewerb, von der literarischen Umfrage bis zur ›Frankfurter Anthologie‹ in der FAZ und schließlich zum »Literarischen Quartett«.

Es ist nicht leicht, die Gründe dieses Erfolgs zu benennen. Natürlich gab es die Gunst der Umstände. Das literarische Leben war dürftig: eine Hand voll Autoren, Kritiker, Feuilletons. Der Traditionszusammenhang war gerissen, der Hunger nach jemandem, der einem die Schätze der deutschen Literatur zugänglich machte, war groß. Entscheidend war jedoch die unbedingte Hingabe Reich-Ranickis an die Literatur, sein unbeirrter Glaube an ihre Notwendigkeit. Das unterscheidet ihn von uns allen. An ihren einzelnen Hervorbringungen zweifelte, verzweifelte er oft, an der Literatur als Institution niemals.

So könnte er denn, nunmehr 80 Jahre alt und auf der Höhe seines Ruhms, glücklich und zufrieden sein. Liest man seine Autobiographie, so sieht man jedoch, dass er im Grunde seines Herzens nicht frei ist von tiefer Trauer und Zerrissenheit. Es scheint, als könne die Menge an Glück und Erfolg, die er erkämpfte und gewann, das Maß des Entsetzens, das er im Ghetto und angesichts der Vernichtung seiner Familie erfuhr, niemals aufwiegen. Bedrückend die Zahl der

Freunde, mit denen er sich entzweite. Legendär seine Hassausbrüche. Seltsam, bei aller Großzügigkeit, die Kleinlichkeit, die ihn zuweilen befällt.

Ich habe viel von ihm gelernt, wahrscheinlich mehr, als ich ihm danken kann. Wo immer er sei, hat Joseph Roth einmal von sich selber gesagt, sei es hell, klar und entschieden. Das gilt auch für Marcel Reich-Ranicki.

ULRICH GREINER
Die Zeit, 31. Mai 2000

Eine neue Öffentlichkeit für das Geistesleben

Wie das »Literarische Quartett« entstand und erfolgreich wurde: Eine Bemerkung zum 80. Geburtstag von Marcel Reich-Ranicki

In seiner Autobiographie ›Mein Leben‹ berichtet Marcel Reich-Ranicki davon, dass im Sommer 1987 »zwei gebildete Herren vom Zweiten Deutschen Fernsehen« ihn aufgesucht hätten – Dieter Schwarzenau der eine, Johannes Wilms der andere –, um ihn für eine regelmäßige Literatursendung im ZDF zu gewinnen. »Ich dachte mir« – so schreibt er weiter –, »ich werde verschiedene Bedingungen stellen, bis die Herren resigniert aufgeben.« Und die Bedingungen waren: Es solle jede Sendung mindestens 60, besser 75 Minuten dauern. Teilnehmen sollten – außer ihm – nur noch drei Personen, auf keinen Fall mehr. Er selbst müsse – so erfahren wir weiter – »zwei Funktionen ausüben, also Gesprächsleiter sein und zugleich einer der vier Diskutanten«.

Um die – aus seiner Sicht – »überflüssige« Verhandlung zu beenden, fuhr er schließlich noch ein »besonders schweres Geschütz« gegen das visuelle Medium auf: In der geplanten Sendung dürfe es keinerlei Bild- oder Filmeinblendungen geben, keine Lieder oder Chansons, keine Szenen aus Romanen, keine Schriftsteller, die aus ihren Werken vorläsen oder, in einem Park spazieren gehend, diese Werke gütig erklärten. Auf dem Bildschirm sollten ausschließlich jene vier Personen zu sehen sein, die sich über Bücher äußern und, wie zu erwarten, auch streiten würden.

Nicht ohne Mitgefühl zieht Reich-Ranicki dann siegesgewiss ein Zwischenfazit seiner Attacke: »Nur wer das Fernsehen kennt, weiß, was die beiden Herren gelitten haben.« Doch seine Rechnung ging – gottlob – nicht auf: Was die Herren litten, waren die Geburtswehen des »Literarischen Quartetts«, das am 25. März 1988 zum ersten Mal über den Bildschirm ging. Dass dabei von Anfang an, neben Marcel Reich-Ranicki in seiner Doppelrolle, stets Sigrid Löffler, Hellmuth Karasek und jeweils ein anderer Gast teilgenommen haben, ließ die Rechnung und Bedingung des Jubilars programmlich allerdings voll aufgehen: Die von ihm geforderte Konstruktion und Konstellation war auf Dauer angelegt, und sie hielt bis heute.

Die Sendung wurde ein großer Erfolg: 66 Folgen gingen inzwischen über den Bildschirm, 350 Bücher wurden vorgestellt, gelobt oder verrissen – meist beides zugleich – und dennoch oder gerade deswegen ist das Interesse weiterhin ungebrochen. Nach jeder Sendung stiegen die Auflagenzahlen der besprochenen Bücher sprunghaft an, und nicht selten setzte sich die am Bildschirm begonnene Debatte in den Feuilletons der Zeitungen oder den Literaturmagazinen der Radiosender fort. Das Geistesleben unserer Zeit wurde auf diese Weise in einem größeren Rahmen öffentlich, es fand sein Forum, fand im »Quartett« sein Gesicht.

Marcel Reich-Ranicki hat seine Chance mehr als genutzt: Literarisches war für ihn nie nur Sache der angeblich gebildeten Kreise, die in Salons oder auf Partys Literatur, aber auch Kunst und Musik zur wohlfeilen Ware des gesellschaftlichen Geschwätzes oder Geschäftes verkommen lassen; für ihn war Literatur immer ein Teil der menschlichen Kultur, der nicht soziologisch vorbestimmt war. »Kultur für alle«, diese Forderung des langjährigen Kulturdezernenten und heutigen Präsidenten des Goethe-Instituts Hilmar Hoffmann, war auch Reich-Ranickis Verständnis von Literatur.

»Literatur für alle« – das war seine Vision, der er sich mit persönlichem Engagement und intellektueller Leidenschaft immer wieder aufs Neue verschrieben hat: in den Feuilletons der ›Welt‹ und der Zeit, im Literaturblatt der ›Frankfurter Allgemeinen Zeitung‹ und eben nicht zuletzt im »Literarischen Quartett« des ZDF. Und hier ging eine weitere, persönliche Rechnung auf: Erst im Fernsehen hat er – so noch einmal seine Autobiographie – jene »breite öffentliche Wirkung auf das Publikum« gefunden, die er in seinem langen Kritikerleben zuvor als Schreiber nie in solchem Maße finden konnte.

Das ZDF hat Marcel Reich-Ranicki dafür zu danken, denn im täglichen Kampf um Qualität und Quote, im Balancement zwischen Markenprogramm oder Trash-Fernsehen haben er und sein Team vom »Literarischen Quartett« auch die Vision von einem besseren Fernsehen hoch gehalten. Auf dieser Bühne wünsche ich ihm – und uns –

noch viele gute und vor allem gesunde Jahre des öffentlichen Diskurses über die Literatur, die ja sein Leben ist.

DIETER STOLTE
Allgemeine Zeitung Mainz, 1. Juni 2000

»Herrlich! Grrrässlich!«

Das Fernsehen gratuliert Reich-Ranicki zum 80. Geburtstag

Am 25. März 1988 begann der Medien-Ruhm des Marcel Reich-Ranicki. Damals hatte im ZDF »Das Literarische Quartett« seinen Fernseh-Einstand mit einem fulminanten Literaturpapst als absoluter Chef im Feuilleton-Ring.

Wenn so einer achtzig Jahre alt wird, weiß das Medium, was die Stunde geschlagen hat, zumal der Scharfrichter über das geschriebene Wort nun auch als Bestseller-Autor (›Mein Leben‹) mit Günter Grass konkurrieren kann. Schon vor dem Geburtstag am 2. Juni liefern 3sat, ARD und ZDF ihre Glückwunschsendungen ab: »Lobgesänge und Verrisse« nennt Jürgen Miermeister seinen Versuch über den Kritiker-Zar. Reich-Ranicki porträtiert sich in diesem »poetischen Film« (so der Autor) praktisch selbst, indem er über seine Lieblingsschriftsteller parliert. »Papier und Passion« ist der Beitrag der ARD überschrieben, der von der Reich-Ranicki-Freundin Eva Demski stammt. Die Schriftstellerin sucht nach den biographischen Spuren, aber vor allem nach der »Seele des Kritikers«.

Das ZDF schenkt seinem Literatur-Star ebenfalls große Aufmerksamkeit: Am 2. Juni strahlt es zunächst die 60-minütige Hommage »Der Literaturpapst« aus. Darin versuchen Roger Willemsen und Reinhold Jaretzky, dem Phänomen MRR auf die Spur zu kommen. Ab 1.50 Uhr legt dann der Sender noch nach, mit einer großen Marcel-Reich-Ranicki-Nacht, betitelt »Herrrlich! Grrrässlich!«, die von Stephan Reichenberger und Alex Rühle zusammengestellt wurde und die etwa drei Stunden dauern wird. Der Kritiker ist dort in seinem eigenen Wort-Zirkus zu bestaunen, aber auch in anderen Sendungen wie etwa »Leo's Magazin«, »Wetten, dass …?«, »Boulevard Bio« oder »Drei nach neun«.

Frankfurter Rundschau, 1. Juni 2000

Der Vorhang weit offen

Er begleitet die deutsche Literatur nicht nur seit Jahrzehnten mit kritischer Stimme, sondern vermag sie auch wie kaum ein anderer zu vermitteln: Zum 80. Geburtstag von Marcel Reich-Ranicki

Das Urteilen über Literatur kann man lernen; einen Roman, ein Gedicht analysieren, Komposition und Handlungsaufbau, Charaktere und Stilmittel in ihrem inneren Verhältnis oder in ihrer Beziehung zu Absicht und Publikum kritisch einschätzen: darin mögen ihm manche Kollegen gleichkommen. Aber das ist nur eine Aufgabe der Literaturkritik, unverzichtbar zwar, aber doch nicht hinreichend. Ihr Leser will auch berührt werden, angesteckt, er will spüren, erleben, dass da ein Buch ist, das ihn angehen könnte in Abwehr oder Zustimmung. Daher hat Friedrich Schlegel den Literaturkritiker einen »Wiederkäuer« genannt, der nicht nur die Machart einer Geschichte, sondern sie selber erzählen können muss. Die Literatur ist ja ein besonderes Organon von Qualität, immer bleibt sie auf diese unsere Welt und zugleich ein anderes Universum bezogen, in dem – nach dem Vers des Novalis – »nicht mehr Zahlen und Figuren/ sind Schlüssel aller Kreaturen«.

Reich-Ranicki ist es als Kritiker, Schriftsteller und Redner bis heute nicht müde geworden, die durch nichts ersetzbare Bedeutung der Literatur für unser geistiges Weiterleben fassbar und einleuchtend zu machen. In eben dieser Profession ist er vielleicht der letzte Repräsentant jener deutsch-jüdischen Kultursymbiose, deren Entstehung und Scheitern er selber in einer großen Rede verfolgt hat. Ihr Titel ›Die verkehrte Krone‹ entstammt einer ganz anders gemünzten Bemerkung Rahel Varnhagens, doch ist daraus ein eindringliches Symbol für dieses deutsche Thema geworden.

Wie groß die Widersprüche sind und wie kompromisslos Reich-Ranicki seine Einreden formuliert: Die Gegensätze sind aufgehoben in einem grenzenlosen, auch grenzenlos versöhnlichen Kulturpatriotismus, dem freilich jede Weihe und Engstirnigkeit fehlt. Dieser manchem so verhasste Kritiker und Polarisator der deutschen Literaturszene ist doch zugleich ein großer Vermittler, der souverän auch mit seinen Irrtümern umgeht und niemals selbst nach hartem Streit es versäumt hätte, seine Versöhnungsbereitschaft zu signalisieren. Solche Freiheit des Geistes zeichnet ihn als Kritiker und Redner gleichermaßen aus – wie für ihn Kritik, ganz im aufklärerischen Verständnis, immer lebendiges Gespräch mit der Lesewelt und umgekehrt jede Rede, jede Unterhaltung ein kritisches Ereignis darstellt.

Denn eben darin unterscheidet sich der Redner vom bloß der stummen Schrift verschworenen Autor: Er redet sein Publikum an, auch wenn er schreibt, und die Frische von Reich-Ranickis Beredsamkeit gibt selbst noch Büchern Leben, die schon halbtot zur Welt gekommen sind. Womit das Amt des Kritikers nicht zum Arzt und das »Literarische Quartett« nicht zum Sanatorium gemacht werden soll. Denn die Tugend des Kritikers ist immer eine streitende, er vereinigt in sich Stimme und Gegenstimme, der Dialog ist sein eigentliches Medium. Die heilsame Spur, die Reich-Ranickis kritische Beredsamkeit zurücklässt, und zugleich die schönste Wendung jeder seiner Reden ist für mich die freie Selbsteinordnung unter das höhere Leben der Literatur.

GERT UEDING
Berliner Morgenpost, 2. Juni 2000

Ein Kerl, der eine Meinung hat

Marcel Reich-Ranicki zum 80. Geburtstag

Superlative haben etwas Unvornehmes, meist sind sie ja auch nicht berechtigt. Aber das muss wahr sein: Einen zweiten Kritiker wie Marcel Reich-Ranicki kennt die deutsche Literaturgeschichte nicht. Niemand hat wie er das literarische Urteil einer größeren Öffentlichkeit so dominiert, niemand wurde so gefürchtet, niemand wurde mit seiner kritischen Arbeit so bekannt. Heute, zu seinem 80. Geburtstag, ist Reich-Ranicki die populärste Erscheinung im literarischen Leben Deutschlands, allenfalls Günter Grass kann in dieser Hinsicht mithalten. Und so ist es ein schöner Erfolg und ein richtiger: richtig, weil aus seiner mehr als vierzig Jahre währenden Arbeit in Deutschland fast zwangsläufig sich ergebend, dass er nun auch der erfolgreichste Autor der letzten Jahre ist.

Seine Autobiographie ›Mein Leben‹, im letzten Herbst erschienen, ist inzwischen weit über 500 000 Mal verkauft worden. Einen solchen Erfolg hat es im seriösen Fach seit Jahrzehnten nicht mehr gegeben. Gerade hatte er in seinen Erinnerungen noch geschrieben: »Es gibt Literatur ohne Kritik, aber keine Kritik ohne Literatur. Anders ausgedrückt: Erst kommt das Fressen und dann die Moral, erst die Poesie und dann die Theorie, erst die Literatur und dann die Kritik.« Und schon stellten die Leser den Kritiker, diesen Kritiker, vor die Literaten.

Und das kam vermutlich so: Zunächst wollte man einfach mehr von jenem Mann wissen, der eine solch überwältigende Fernsehpräsenz besitzt, der in jeder Runde ein Garant der Unterhaltung ist. Dann aber muss etwas dazugekommen sein, eine Kettenreaktion privater Leseempfehlungen. ›Mein Leben‹ traf die Deutschen.

Doch ist es mit dem Hinweis auf den Stoff dieses Lebens nicht getan. Es ist etwas Anderes, was die Faszination der Öffentlichkeit ausmacht, und vorläufig darf man es vielleicht das Verhältnis des Autors zu sich selbst nennen. Es berichtet ein Literaturkritiker über sein Leben, aber von Literatur ist nicht viel die Rede, und wenn, dann anekdotisch. Was den Autor an den von ihm bewunderten Büchern bewegt und beschäftigt, erfahren wir nicht. Für keinen hat er sich eingesetzt wie für Wolfgang Koeppen, es gibt auch ein Koeppen-Kapitel, aber der Autor Koeppen, genauer: die Größe oder Eigenart seines Werkes, bleibt undeutlich. Immer wieder erklärt Reich-Ranicki, wie viel Literatur und Musik ihm bedeuten, und keinen Moment wird der Leser das bezweifeln. Aber warum Kleist, Dostojewski oder Thomas Mann so gewaltig, beglückend, verstörend oder tröstlich sind, das wird nicht erklärt: ›Mein Leben‹ ist der Bericht eines Kunstschwärmers, der im Übrigen ganz als ein vernünftiger, gefestigter Mann erscheint. Hier schließen sich sein Verhältnis zur Kunst und das seines Publikums zusammen.

Dabei täte man Reich-Ranicki Unrecht, würde man übersehen, dass er in die Kritik einen neuen Ton der Klarheit gebracht hat. Das mulmige Reden, das bis in die 60er-Jahre in Westdeutschland gern geübt wurde, hat er verachtet, seine Kritiken waren deutlich, im Urteil wie in der Argumentation. In einem Vortrag, es ging um Alfred Döblin, gestattete er sich vor einem irritiert aufschauenden Auditorium die Frage: Was wollte der Dichter damit sagen? und, die Irritation genießend, fuhr er fort: Diese Frage gelte als primitiv, aber nur bei denen, die sie nicht beantworten könnten. Nun gibt es auch noch andere Gründe, die Frage für zweifelhaft zu halten, aber man sieht doch, was die Attraktivität Reich-Ranickis ausmacht: die Bereitschaft, just auf jene Fragen einzugehen, die sich der normale Leser stellt. Liegt es daran, dass er notgedrungen Autodidakt war, nie die Gelegenheit zu einem Universitätsstudium hatte? Er selbst deutet es an, aber die meisten Autodidakten neigen zur Bildungsprotzerei. Warum er nicht?

Weil er von dem unbedingten Willen durchdrungen ist, interessant zu sein, interessant für sein jeweiliges Publikum. Ihm sagt er, was es mit den Büchern auf sich hat: Sind sie spannend oder langweilig, einfach oder verwirrend, erotisch oder nicht erotisch? In solchen Alternativfragen liegt auch die Problematik des Kritikers Reich-Ranicki. Subtil sind seine Gedanken nicht immer, spätere Leser werden in seinen Besprechungen weniger Interessantes finden als wir heute etwa bei Alfred Polgar oder Ludwig Marcuse. Auch die Betrachtung der Literatur als Ausdruck ihrer Zeit ist seine Sache nicht. Nicht uncharakteristisch sein »Fehler«, wie er es heute selbst nennt, 1967 in seinem Bericht über die Tagung der Gruppe 47 in Pulvermühle ganz außer Acht gelassen zu haben, wie dieses Treffen von demonstrierenden Studenten umfunktioniert wurde, ein Vorschein der Politisierung der Literatur.

Einem breiten Publikum heute aber sind die handfesten Hinweise gerade recht. Reich-Ranicki hat erkannt, dass die straffe Alternative die Öffentlichkeit am schnellsten penetriert, und ganz in diesem Sinne fällt sein Urteil in der Regel klar aus. »Ein Kerl muss eine Meinung haben«, fand Alfred Döblin; in dem Sinne ist Marcel Reich-Ranicki ein ganzer Kerl. Man hat ihm vorgeworfen, mit seiner publizistischen Durchschlagskraft, die von großer Geschicklichkeit innerhalb des Betriebs komplettiert wird, die literarische Öffentlichkeit zu dirigieren, doch ist dem entgegenzuhalten, dass jedenfalls die Maßstäbe seines Urteilens offen zu Tage liegen. Getäuscht wird da gewiss niemand.

Ist es Hexerei? wird Verdis Falstaff gefragt, was seine Erfolge ausmache, und dieser antwortet: Oh nein, nur der Zauber der Persönlichkeit. Zuletzt ist es wohl dies, die vulkanhafte Persönlichkeit, mit der der Kritiker sein Publikum, namentlich im Fernsehen, bezwingt. Die Vitalität, der Wille zur Selbstbehauptung, gibt seinem Auftreten diese unbedingte Kraft, und seine literarischen Empfehlungen profitieren davon. Was solcher Vitalität imponiert, wird selbst vital sein.

Nicht immer war er so. Die Bilder der ersten Nachkriegsjahre, die sich in einem gerade erschienenen Bildband studieren lassen, zeigen einen melancholischen Mann, traurig noch in einer glücklich scheinenden Familienszene. In furchtbaren Qualen hat er sich behaupten müssen, sie haben ihn gerüstet auch für die besseren Jahre. Wer hätte mehr Recht als Marcel Reich-Ranicki, sich in die erklärungslose Liebe zur Literatur und Musik fallen zu lassen?

Stephan Speicher
Berliner Zeitung, 2. Juni 2000

Der Dompteur will Tiger sein

Verbeugung in langsamer Bewegung: Zum achtzigsten Geburtstag von Marcel Reich-Ranicki

Sie sind die beiden Großmächte des Feuilletons der Bundesrepublik gewesen: MRR und FJR. Das Verhältnis war seit den siebziger Jahren spannungsreich. Immer wieder attackierte der eine den anderen: sei es wegen Thomas Mann oder Bertolt Brecht, sei es wegen Ulla Hahn oder Wolfgang Koeppen. Selten waren die Auseinandersetzungen temperamentvoller als damals. Aber erst heute geschieht, was Jahrzehnte nicht geschah: Der fast siebzigjährige Fritz J. Raddatz gratuliert dem achtzigjährigen Marcel Reich-Ranicki zum Geburtstag. Ein Gruß, so vieldeutig wie das Verhältnis der beiden, und doch auch eine Art melancholisches Gipfeltreffen. Wir haben MRR davon erzählt. Daraus ist eines jener Neugier- und Neuigkeitsgespräche entstanden, wie sie typisch für ihn sind.

Er ist ein Berserker mit Charme, ein Polterer mit leisen Tönen, ein Liebender voller Hass: Marcel Reich-Ranicki, Unikum und Unikat. Ist der sich selber so Wohlgefällige nun lediglich ein literarisch verschminkter Thomas Gottschalk der in Leinen gebundenen Gummibärchen oder ein Kritiker von Urteilskraft und Hingabe? Mir scheint, er ist von alldem etwas – doch zusammengenommen auch etwas mehr. In jedem Fall erfrischend undeutsch in Witz, Temperament und Fahrlässigkeit. Gewiss, den Klatschsüchtigen umgibt ein Meer von Klatsch, den Anekdotenliebhaber ein Morast von Anekdoten; kaum ein deutscher Schriftsteller, der nicht von Intrigentelefonaten – »Er schreibt mit dem Telefonhörer« –, Zurückweisungen – »Er kann nicht lesen« – oder dem falschen Grundgesetz dieses Mannes zu berichten wüsste: »Er liebt wohl die Literatur, aber leider liebt sie ihn nicht zurück«, soll Martin Walser gesagt haben. Eine hübsche Sottise, wie sie der Verspottete am ehesten goutieren mag; denn kaum einer hat wie er so verschmitztes Vergnügen am Ballwechsel. Allein, ganz stimmt sie nicht.

Ohne jede Frage ist Marcel Reich-Ranicki ein Besessener, ein Rasender fast, der sein Leben lang letternsüchtig ganze Bibliotheken verschlang. Rügenswert vermag ich das nicht zu finden. Lobenswert eher: Langweilig ist dieser Mann nie. Noch im Streit – und ich lebe mit ihm im Streit; besser gesagt: durch Streit entfernt von ihm – ist er geistreich, schnell, voller Esprit. Nur noch mit Hermann Kesten verband mich eine so amüsant-antipodische Gegnerschaft. Wir waren uns nie einig; das aber lachend beim Wein. Wein reimt sich vielleicht nicht so gut auf Ranicki, seine wenigen Freunde wissen an den erfolgreichen Lebenserinnerungen zu loben, er habe einen Kollegen – der Name ist mir entfallen – Kamillentee im Bordell trinken lassen. Da wüsste man natürlich gern, was der Memoirenschreiber denn in diesen Etablissements zu bestellen pflegt; ich, in meiner Jugend Maienblüte – wenn Jane Rowohlt, ganz Lady, zu ihrem Manne sprach: »O Ledig, are you going to the Puff tonight?« – besuchte sie nicht der Getränke wegen.

Der Kerl ist also boshaft. Das soll gepriesen sein. Kenntnisreich ohnehin. Will man ihm das vorwerfen? Er ist auch taktlos. Hätte ich etwas zu vergeben, ich vergäbe ihm auch das. Wenngleich ich Verrisse in Form von »Lieber Günter Grass«-Briefen, also in der Ranmacher-Pose eines gedruckten »Ihr Tee, Frau Gräfin«-Oberkellners nicht schätze; ein wenig Distanz wäre vornehmer gewesen – und, sonderbarerweise, das Urteil gültiger.

Die Urteile des Marcel Reich-Ranicki also. Ein weites Feld wollen wir es nicht nennen. Jedennoch: In das Geflenne über die vielen Fehlurteile kann ich nicht einstimmen. Selig ist, wer frei davon – Reich-Ranicki ist ein fleißiger Mann, also hat er viele (mag sein: ein bisschen sehr viele) Unglücke verursacht. Beifahrer machen keine Unfälle; und ein Beifahrer war er gewiss nie. Mir schienen seine oft kränkenden Schroffheiten – Améry, Bachmann – unfair, seine gelegentlichen mesquinen Verdikte – Uwe Johnson – kenntnisreich, doch kunstfern. Allein: Wer weiß, wer weiß, ob er nicht auch ein wenig im Recht war, ob die ›Jahrestage‹ (deren Kürzung für die amerikanische Ausgabe der sonst so störrische Autor widerspruchslos hinnahm) nicht doch arg viel ungeschnitztes Holz haben lassen stehn. Literaturkritik – meinetwegen: Literaturgeschichte – war und ist immer ein Gewebe hochfahrender Irrtümer, da ließe sich ein gar proper Bändchen edieren. Durchaus möglich, dass auch meine vehemente Ablehnung von Peter Weiss' ›Ästhetik des Widerstands‹ einen Ehrenplatz darin einnähme. Zu leugnen ist nicht – er selber würde es vermutlich nicht leugnen –, dass Reich-Ranicki besonders grob und verletzend danebenballerte; Dürrenmatts Zeichnung des Kritikers als Triumphator über einer Schädelstätte.

Es war, glaube ich, Friedrich Sieburg, der keineswegs wippend vor Vergnügen konstatierte: Wer nicht unter Literaten gelebt, der kann nicht wissen, was Hass ist. Wir alle kennen die Rasiermesser-Sätze der Madame Kurt Weill, nommée Lotte Lenya, etwa »das blasse flammende Arschloch Wiesengrund« oder »dieser stupide Brecht, dieser chinesisch-augsburgische Hinterwäldler-Philosoph«. Noch dieser Tage schmähte, ganz unbewiesen, Franz Xaver Kroetz den Kollegen Grass einen »geborenen Denunzianten«.

Auch zum Geburtstag soll nicht geleugnet werden: Marcel Reich-Ranickis selbst gewählte Devise, er schriebe nicht an oder für oder gegen die Schriftsteller, er schriebe für ein (möglichst: sein) Publikum, hat ihm gar oft den Holzhammer in die Hand gedrückt; nicht das Florett eines Joachim Kaiser. Noblesse stand nie auf seiner Fahne gestickt.

Aber auch zum Geburtstag darf nicht geleugnet werden: Marcel Reich-Ranicki hat zugleich unglaublich viel für die Literatur getan. Wenn über unsereins – bestenfalls – in den feinen wie unfeinen Literatenkneipen gelobhudelt oder gespottet wird: über ihn in den Wartezimmern der Zahnärzte. Über ihn, über sein Urteil, über seine Emphase wie seine Donnerworte streiten Leute, die sonst wohl über Automarken, Zweitwohnungen, Drittfrauen oder Ferienreisen streiten. Ich finde es hybride, dem Mann dieses Verdienst abzuschnöden. Er hat es auch für sich getan? Eitel? Davon sind wir anderen, in mönchische Kutte gehüllt der Sache ergeben und unser Licht stets behutsam unter den Scheffel stellend, natürlich ganz frei; so frei wie die Menschen mit den reinen Gewissen – rein, weil nie benutzt. Es ist, um des Gerühmten Lieblingswort zu benutzen, Mumpitz.

Indes die Sache nicht so einfach ist. Mein Einwand gilt nicht dem Resultat seiner Arbeit, sondern der Methode. Womit auch zusammenhängen mag, dass dieser populäre Hervorheber keine Entdeckungen gemacht hat; lassen wir mal Ulla Hahn aus dem Spiel und Wolfgang Koeppen – den wir ohne ihn vermutlich mit ö schrieben – beiseite. Auch den Harry Heine und den aus nichtherrschaftlichem Hause stammenden lübischen Senatorensohn vermag man nicht ernsthaft als »Entdeckung« an der literarischen Börse zu notieren. Durchgesetzt, wie der weiland mächtige Ihering den weiland unbekannten Brecht, von des greisen Fontanes Kampf für den jungen Gerhart Hauptmann zu schweigen, hat er keinen. Woher dieser hinterhereilende Ungehorsam?

Marcel Reich-Ranickis Kosmos ist aus Papier. Weltlos. »Ich bin unpolitisch«, sagt er schmollstolz von sich. Ich erinnere mich eines langen Sylt-Spaziergangs mit ihm, es war im vergangenen Jahrhundert, zu jener Zeit, als die ZEIT ihn kränkte, wenn zwar druckte, und er mir Leid tat. Es war ein betörender Tag mit Brandung, Gischt und

Möwenschrei. Die Sonne, eine glühende Orange, versank. Mein Begleiter war angewidert, er verwies die Natur zurück dorthin, wo sie hingehörte, in die Literatur, er zitierte Heines »Das Fräulein stand am Meere / Und seufzte lang und bang, / Es rührte sie so hehre / Der Sonnenuntergang. // Mein Fräulein! sein Sie munter, / Das ist ein altes Stück; / Hier vorne geht sie unter / Und kehrt von hinten zurück.« Und befahl barsch: »Wobei wir beim Wesentlichen wären« – und dann schwammen auf den Wellen Neuerscheinungen, und alle Kritikerkollegen gingen in ihnen unter und das Dünengras wisperte wie Telefone, aus denen schirpte »Auflage, Klappentext, unbrauchbar, Lesungen, Werbung, großartig«.

Weltlose Literatur aber gibt es nicht. Nicht von Homer bis Kafka, und selbst der Autor, mit dem er – anderes eher nicht – den Vornamen gemeinsam hat, Proust also, selbst dieser geschmäcklerische Fältler der Taft- und Seidenroben von Marquisen und Duchessen, engagierte sich für Dreyfus. Folglich gibt es, gab es bisher auch nie je ernsthafte Literaturbetrachtung jenseits von Raum und Zeit; nicht in den wunderbaren Essays des großen Thomas Mann, nicht in den brillanten Kafka/Joyce/Benn/Brecht-Kritiken des wohl etwas kleineren Kurt Tucholsky. Alfred Kerr oder Siegfried Jacobsohn, Karl Kraus oder Walter Benjamin (alle untereinander so eng befreundet, wie der Hass nur binden mag): weltlos? Unpolitisch? Kein namhafter ernst zu nehmender Literaturkritiker hat Texte nur als geglückten oder missglückten Zusammenhalt von Buchstaben, Wörtern, Sätzen gelesen. Ein falscher Konjunktiv, das Verwechseln von umsonst und vergebens, unstimmige Bilder oder Peter Handkes Basiliskenblick: gewiss Katastrophen. Die wirklichen Katastrophen jedoch spielen sich anders und anderswo und anderswie ab. Das ist ja das Geniale etwa an Sartres gigantisch-analytischem Flaubert-»Roman«, diese atemberaubende Zusammenschau der Dialektik von Psychologie und Gesellschaft, dieser Spannungsbogen zwischen je und moi, des sozialen und des individuellen Ich. Man kann die berühmte Szene, als Emma Bovary den Duc de Laverdière – Liebhaber der Marie-Antoinette – mit seiner um den Hals geknoteten Serviette bei Tisch beobachtet, der Diener muss ihm die Speisenfolge ins taube Ohr dröhnen, als Daumier-Karikatur eines alten Mannes sehen; man kann sie aber auch als Analyse des Ancien Régime lesen.

Es wirkt wie eine Verweigerung, dass Marcel Reich-Ranicki sich dem entzieht. Er hat dem sein – höchst erfolgreiches – Prinzip entgegengesetzt: das Prinzip Macht. Ach, ach, dieses Mächtchen eines Literaten, ein gar fadenscheinig Gewand, dem Spotteswind ausgesetzt wie den Unbilden wahrer Macht; ein Schopenhauer-Futter sollte jeder

Kluge sich da einnähen. Ranicki formuliert diese Strategie der Macht ganz ungeniert, zumal in jüngsten Interviews, so beflissen geführt, dass Herr Boelling vor Eifrigkeit Heinrich mit Thomas Mann verwechselt, oder so auf den Knien ihrer Herzen fragend, wie das die geradezu rührenden Kollegen des SPIEGELS vermögen, wenn es ihnen in ihren Kramladen passt. Der Jubilar sagt da zwei verblüffende Dinge. »Ich bin kein Deutscher«, wiederholt er seine verstörende Formulierung aus einem tags zuvor fast wortgleich publizierten Interview mit der ›Welt am Sonntag‹. Da seine fragefaulen Satrapen es versäumten, sei hier nachgeholt: »Was sind Sie denn?« Ich zum Beispiel fand es seit Jahren höchst unangemessen, wenn einer seiner zehn Jahre älteren Feinde stets verächtlich von diesem gebildeten Leser als von »dem Polen« sprach. Hübsch, aber so falsch wie Gottfried Benns Urteil über Rilke: »Nicht ganz schlecht für einen Tschechen.« Würde Susan Sontag oder Saul Bellow sagen: »Ich bin kein(e) Amerikaner(in)«? Das ist so einer der knallenden Holzschnitt-Sätze, umstandslos und bar jeder Erläuterung, die gewiss – wie seine oft zugespitzten Kritiken – dem Publikum eingängig sind; erfolgreich also. Doch haben sie auch die lärmende Eindringlichkeit von »Gott hat mitgebohrt«. Eine klingende, aber leere Schelle. Fragen unerlaubt. Es hätte eines Günter Gaus bedurft, der Hannah Arendt einst so behutsam wie beharrlich dazu führte, den Schmerz und den Schatten aufzuhellen, der diesen Satz einhüllt.

So hat Marcel Reich-Ranicki – das darf mit Bewunderung gesagt werden – sich sein eigenes Kategoriensystem geschaffen. Wobei letztlich gleichgültig ist, ob man es akzeptiert, teilt oder ihm widerspricht. Folgsamkeit und Gefolgschaft erwartet er womöglich nicht. Doch ein eigenes Koordinatensystem – heiliger Enzensberger, Mathematikspezialist, korrigieren Sie mich – kann der Mensch sich nicht schaffen; das ist vorgegeben, historisch wie erkenntnistheoretisch. Wer das ändern, sich zurechtbiegen will, muss straucheln.

Interessanterweise strauchelt Ranicki, der nun wahrlich sich auskennt in der Geschichte der Literatur, in Genres, Formen und Grenzüberschreitungen, strauchelt bei Einschätzung des eigenen Buches. Als wolle er die lustige Oscar-Wilde-Bosheit »There is no fiction except autobiography« variieren, ernennt sich der auflagengekrönte Memoirenschreiber zum Erzähler. So müssen wir nun Boris Jelzins Erinnerungen als einen Hobelspan vom Baume Tolstois auflesen und die des Helmut Schmidt als Epopöe aus dem Geiste der ›Buddenbrooks‹? Wie heißt doch gleich jenes Lieblingswort des Meisters …?

Es berührt einen: wie da ein Mann hoher Verdienste, enzyklopädischen Wissens und von Urteilskraft offenbar seit Monaten morgens an den Briefkasten läuft – haben sie mir geschrieben, ist wenigstens eine Karte da, von Grass, von Walser, werden sie mich loben, achten; werden sie mich zählen zu den Ihren? In den Arm nehmen möchte man den Menschen, den Nicht-Papst, der kniet und die Teppiche der Literatur küsst und sich verletzlich zeigt, indem er noch einmal wahr macht den Satz des von ihm glanzvoll interpretierten Tucholsky: Hass aus Liebe. Hätte ich einen Degen, so senkte ich ihn; aus der Hand gegeben wäre er damit nicht. Voller Vergnügen las ich im soeben erschienenen ›Ravelstein‹-Roman von Saul Bellow dessen Gratulation; denn niemand anderen als den Jubilar kann er gemeint haben: »His intellect has made a millionaire of him. It's no small matter to become rich and famous by saying exactly what you think – to say it in your own words, without compromise.«

So gratuliere ich, der ich mich nie überwinden konnte, zu seinen Verächtern zu gehören, mit dem Wunsch: Er möge Grandezza haben in den Jahren, die da noch kommen sollen: seine und unsere mit ihm.

Fritz J. Raddatz
Frankfurter Allgemeine Zeitung, 2. Juni 2000

Ich verstehe die Welt nicht mehr

Ein Gespräch im Hause Reich-Ranicki über den abwesenden Herrn Raddatz

Es gibt Neuigkeiten …

Schießen Sie los!

Ich komme gerade aus Hamburg …

Was? Gibt's was Neues über Augstein?

Nein. Aber Sie dürfen sich heute schon Ihren Geburtstagsblumenstrauß anschauen.

Um Gottes willen: keine Blumen! Was soll ich armer Mann mit Blumen anfangen?

Die Blumen stammen von Raddatz, und es sind auch keine Blumen. Er hat einen Geburtstagsartikel geschrieben.

Das ist mal was Neues. Ich muss gestehen, dass mich am meisten die Geburtstagsglückwünsche derjenigen interessieren, die bis jetzt zu meinen Feinden oder Gegnern gehört haben. Zeigen Sie schon her!

Ich erzähle Ihnen lieber, was da stehen wird. Raddatz lobt Sie, wie heutzutage nur er loben kann. Aber er sagt, außer Koeppen und Ulla

Hahn hätten Sie niemanden entdeckt.

Das ist doch wohl was: Koeppen und Ulla Hahn. In aller Bescheidenheit darf ich daran erinnern, dass ich 1958 als Erster in der Bundesrepublik (übrigens in der FAZ) einen damals hier ganz unbekannten Autor gerühmt habe: Franz Fühmann. Ich habe 1964 – wiederum als Erster – Peter Bichsels erstes Buch gepriesen und 1965 Rolf Dieter Brinkmanns Erstling. Waren das, mit Verlaub, keine Entdeckungen? Hat jemand in diesem Land früher als ich auf Wolf Biermann hingewiesen? Wer hat vor mir Hans-Joachim Schädlich gelobt? Wer hat in den siebziger Jahren Hermann Burger durchgesetzt? Alles keine Entdeckungen?

Er geht noch weiter: er sagt, Ihre Lieblinge Heine und Thomas Mann seien ja kaum Entdeckungen zu nennen …

Jawohl! Und Goethe auch nicht und Fontane und Kafka – alles Autoren, über die ich geschrieben habe. Soll ich über die Großen der Vergangenheit schweigen, weil man ihre Werke kennt?

Ist Ihre Literatur »jenseits von Raum und Zeit«, wie unser Gast- und Starautor schreibt?

Mein Lieber, hier sehen Sie mich –

– betroffen?

… sprachlos! Ohne Worte! Alles, alles hat man mir im Laufe der Jahrzehnte vorgeworfen – dies nun denn doch noch nicht! Habe ich über Joseph Roth und Arnold Zweig, über Anna Seghers und Christa Wolf »jenseits von Raum und Zeit« geschrieben? Ich verstehe die Welt nicht mehr.

Raddatz beanstandet Ihre Äußerung »Ich bin kein Deutscher«. Susan Sontag oder Saul Bellow hätten nie gesagt, sie seien keine Amerikaner.

Warum sollten sie es? Sie sind in Amerika geboren, haben dort ihr ganzes Leben verbracht, niemand hat sie als Nichtamerikaner beschimpft, sie aus ihrem Land vertrieben und ihre Eltern ermordet. Ich aber bin in Polen als polnischer Jude geboren. Ja, ich bin Bürger der Bundesrepublik. Aber den Anspruch, ein Deutscher zu sein, will und kann ich nicht erheben.

Sie hätten sich zum Erzähler ernannt …

Das haben andere getan. Sie zum Beispiel. Dass es – ob gut oder schlecht – ein erzählendes Buch ist, hat bisher niemand bezweifelt.

Raddatz, Ihr großer Counterpart, spricht vom »Hass« unter Literaten.

Ich halte das für absolut falsch. Es stimmt überhaupt nicht. Es gibt bei Schriftstellern natürlich viel Neid und Eifersucht. Die Schriftsteller reden schlecht übereinander. Nur: wie ist es mit den Zahnärzten? Den Professoren? Den Journalisten? Das ist kein besonderes Kennzeichen der Schriftsteller. Und ich? Ich habe in meinem Buch ausdrücklich geschrieben, ich empfinde keinen Hass, ich bin immer zur Versöhnung bereit.

Man merkt Ihrem ehemaligen Gegenspieler doch an, dass er voller Respekt und Sympathie ist. Und das in dieser Zeitung, wo er doch weiß Gott was hätte machen können. Ist es nicht auch das: ein Versöhnungsangebot?

Jawohl. Und ich freue mich, dass er das geschrieben hat. Und ich werde es mit Vergnügen in der Zeitung lesen. Mir gefällt die Idee, meinen eigenen Geburtstagsartikel zu rezensieren. Raddatz und ich – immerhin haben wir uns fast ein Jahrzehnt – ich in der FAZ in Frankfurt, er in der ZEIT in Hamburg – an wichtiger Stelle gegenübergestanden. Und wir waren beide immer auch für Remmidemmi, ein bisschen Pfiff, Leben in der Bude.

Raddatz, den ich für einen der ganz großen Feuilletonchefs in der deutschen Zeitungsgeschichte halte, fragt sich vielleicht, was Sie nach Ihrem Bucherfolg eigentlich noch machen wollen …

Ich kann die Leute beruhigen: ich weiß sehr wohl, was ich noch alles tun werde. Da soll sich mal keiner falsche Hoffnungen machen. Also, mein Lieber, was haben Sie noch für Neuigkeiten?

Das Gespräch führte Frank Schirrmacher am Vorabend des 2. Juni; Frankfurter Allgemeine Zeitung, 2. Juni 2000

Ganz für sich im Mittelpunkt

Zum 80. Geburtstag von Marcel Reich-Ranicki

Ein Experte für die Deutung der Körpersprache äußerte einmal, man sähe an Marcel Reich-Ranickis Auftritten im Fernsehen, wie wohl sich der Literaturkritiker in seiner Haut fühle. Das entspannte, raumgreifende Dasitzen, die unverkrampfte Beinhaltung, die Beweglichkeit des Oberkörpers, das dynamische Auf und Ab von Armen und Schultern und natürlich das muntere Mienenspiel: Dies alles verrate ein mit sich hoch zufriedenes Gemüt. Mag sein. Verblüffend ist allerdings, dass die Fotografien einer von Frank Schirrmacher herausgegebenen Bildbiographie diesen Reich-Ranicki ganz anders zeigen. Im Fernsehen dominiert tatsächlich der Eindruck einer gewaltigen, ausgelassenen Präsenz.

Die Fotografien dagegen deuten auf Verschlossenheit, Insichgekehrtheit, zweiflerische Missvergnügtheit. Oft lacht oder lächelt die untere Gesichtshälfte, die obere aber nicht. Oft ist der Blick verhangen und auffallend bezugs- und ausdruckslos. Er richtet sich zwar direkt zum Betrachter, aber er kommt ihm nicht entgegen. Oft sieht es so aus, als stünde Reich-Ranicki zwar im Mittelpunkt, aber dort ziemlich für sich. Das Fernsehen hat sein Talent zur Ubiquität gefördert. Er kann überall auftreten, passt überall hin, neben Joachim Kaiser und neben Thomas Gottschalk. Die Fotografien lassen ahnen, dass er dieses Talent nicht deshalb besitzt, weil ihm nichts zu blöd, zu fremd, zu unvertraut ist, sondern weil er überall einen Rest Fremdheit behält, der ihm vertraut zu sein scheint.

Es gibt den Typus des vitalen Melancholikers, und er, Marcel Reich-Ranicki, verkörpert ihn recht gut. Dieser Typus scheint die Quellen der Selbstsicherheit voll auszuschöpfen, was ihn befähigt, entschlossen und überaus erfolgreich zu agieren, wenn er es für richtig hält, auch wuchtig und hemmungslos. Seine Vitalität verdankt er indes nicht dem Umstand, dass er die Melancholie besiegt hätte, sondern im Gegenteil der Einsicht, dass es zwecklos und vor allem ihren realen Beweggründen gegenüber respektlos wäre, sie überhaupt bekämpfen zu wollen. Er hat ein Abkommen geschlossen, das der Melancholie eine dauerhafte Existenz in den Kulissen einräumt und dafür dem Ego ein volles Bespielen der Lebens- und Berufsbühne gestattet.

Da er gewohnt ist, sein Temperament gegen den inneren Druck von Trauer und Trauma durchzusetzen, ist er auch in der Lage, äußeren Druck als mobilisierende Herausforderung zu begrüßen. Aufschlussreich sind Marcel Reich-Ranickis Äußerungen über seinen Einstand bei der FAZ: »Freundlich und angenehm war mein erster Tag in der Redaktion der Frankfurter Allgemeinen durchaus nicht. Beinahe alle Redakteure und Sekretärinnen des Feuilletons gaben sich nicht die geringste Mühe, vor mir zu verbergen, dass ich unwillkommen sei. Das mir zugeteilte Zimmer war verwahrlost, das Mobiliar in einem erbärmlichen Zustand. Hatte man das zu meiner Begrüßung so arrangiert? Aber das alles überraschte mich nicht sonderlich, es entmutigte mich überhaupt nicht, es störte mich kaum: Der offensichtliche Widerstand spornte mich erst recht an. Meine Laune war gut, und sie wurde auch noch von Tag zu Tag besser. Sofort begann ich intensiv zu arbeiten: Briefe zu diktieren, Manuskripte zu redigieren und vor allem zu telefonieren …«

Dass ein jüdischer, aus Deutschland vertriebener und verfolgter Intellektueller, nach Deutschland zurückgekehrt, eine in der Epoche nach dem Zweiten Weltkrieg beispiellose Rolle als Kritiker erreichte, ist weniger erstaunlich, als es auf viele wirkt. Marcel Reich-Ranicki hat die Begeisterung für deutsche Literatur in ein persönliches Heimatgefühl und dieses in den persönlichen Anspruch auf Wohn- und Verwaltungssitz im literarischen Leben verwandelt. Von der Fähigkeit, das zu tun, hing vermutlich die Bewältigung der Skrupel ab, das Land als Wohnsitz zu akzeptieren, das zur deutschen Literatur gehört. Der Verdacht, die deutsche Öffentlichkeit hätte, eben weil Reich-Ranicki Jude ist, seine Macht nicht anzutasten gewagt, ist unplausibel. Schon deshalb, weil es Reich-Ranicki unterließ, vielleicht sogar sich untersagte, Angriffe auf sein Wirken mit der Unterstellung antisemitischer Ressentiments abzuwehren.

Und Angriffe gab es ja. Einmal dahingestellt, was an ihnen sachlich berechtigt ist und war: Immer gab es in der Kritik am Kritiker einen irrationalen Überschuss an Dämonisierung und Verachtung, der nichts anderes als negative, also unreife Faszination ausdrückt. Wer ihn ohne Ironie als Papst bezeichnet, muss sich sagen lassen, dass es unter anderem die Überbeschäftigung der Häretiker mit seiner Person ist, die ihn in seiner Unverfehlbarkeitsrolle bestätigt – und dass es, zumal in der Nachfolgegeneration der Kritiker, niemanden gab, der genug Lust, Wettbewerbsgeist oder Potenz besessen hätte, sich zum Gegenpapst zu machen. Wer ernsthaft glaubt, Reich-Ranicki könne der deutschen Literatur durch schiere Machtausübung schaden, kann von der Literatur nicht übermäßig viel halten. Direkt oder indirekt, von ihm ist zu lernen. Seine Eitelkeit ist demonstrativ genug, um jeden, der glaubt, nach der Lektüre eines Buches aus seiner Meinung einen Zeitungsartikel machen und seinen Namen darunter schreiben zu müssen, darauf hinzuweisen, dass bei dieser Tätigkeit immer Eitelkeit im Spiel ist. Die Überlegenheit seines literarischen Instinkts gegenüber seinem literaturtheoretischen Intellekt ist so offensichtlich, dass sie jedem Kritiker die Einsicht abnötigt, in welchem Maß sein Urteil auf Geschmack, Vorlieben und Abneigungen beruht.

URSULA MÄRZ
Frankfurter Rundschau, 2. Juni 2000

Heimat ist ihm nur die Literatur

Der Kritiker als Popstar und Kultfigur: Heute feiert Marcel Reich-Ranicki seinen 80. Geburtstag

Ein Literaturkritiker als Popstar, als Kultfigur, von der in Buchhandlungen Fan-Artikel in Form von Quietschpuppen verkauft werden – dass es einmal so weit kommen würde, hätte Marcel Reich-Ranicki früher wohl selbst für unwahrscheinlich gehalten. Wenn er heute seinen 80. Geburtstag feiert, wenn er Glückwünsche von Freund und Feind entgegennimmt, von Autoren, Verlegern, Buchhändlern, Journalisten, Politikern, dann dürfte er recht zufrieden und milde gestimmt sein.

Sein Lebenstrauma, das Bewusstsein existenzieller Gefährdung und später immer noch des Ausgegrenztseins, des Nichtdazugehörens, scheint endgültig überwunden, längst ist Reich-Ranicki da angekommen, wo er sich schon immer hingehörig wähnte, nicht an die Peripherie, sondern mitten ins Zentrum des deutschen Literaturbetriebs. Es war ein einsamer, langer und zeitweise lebensgefährlicher Weg.

Selbst diejenigen, die seine apodiktischen, mitunter auch recht eigenwilligen, fast immer jedoch originellen literarischen Urteile ablehnen, können ihm angesichts dieser Lebensleistung den Respekt nicht versagen.

MATTHIAS GRETZSCHEL
Hamburger Abendblatt, 2. Juni 2000

Sein Leben

Wahrscheinlich ist es der größte Triumph seiner Kritikerlaufbahn: dass er jetzt doch noch ein »eigenes«, ein erzählendes Werk verfasst hat. Und vielleicht ist dies eine der größten Kränkungen seiner Kritikereitelkeit: dass diejenigen, die ihm vorwarfen, dass er von ihren Werken zehre, ihm nicht zum Aufstieg in ihre Zunft gratulierten. Wenigstens bleibt die Genugtuung, dass kaum einer der von ihm gelobten oder geschmähten Schriftsteller eine solche Auflagenstärke zustande gebracht hat: Eine halbe Million Mal ist Marcel Reich-Ranickis Autobiographie ›Mein Leben‹ verkauft worden, zig Übersetzungen sind schon im Umlauf. Und so »berühmt« (eins seiner liebsten Worte) wie die berühmtesten Schriftsteller ist er heute sowieso. Doch außer dem Freund Siegfried Lenz, dessen Bücher er wohlweislich nie rezensierte, hat ihn keiner der Seinen zu seinem Debüt beglückwünscht. Kein Grass, kein Walser. Nicht einmal eine Postkarte. Das hat ihn gewurmt.

Ach Grass, ach Walser! Reich-Ranicki kann ja nicht aufhören, ihr Tun und Lassen auf sich zu beziehen; das »Sichwichtignehmen«, das hat er bei Thomas Mann gelernt, ist eine der mächtigsten Triebfedern für »Geist, Kunst, Moral« und Erfolg. Die andere ist unbestritten Reich-Ranickis Glaube an die Literatur – eine bestimmte Sorte von Literatur. Brecht, Mann, Fontane sind ihre Ahnen, aber auch Büchner, Heine und Kleist. Er hat ihnen zahllose Aufsätze und viele Bücher gewidmet, sowie auch jenen, denen er sich am nächsten wähnt, den »Anwälten der Literatur«: Lessing, Polgar, Kerr und Tucholsky. Schriftstellern wie Wolfgang Koeppen, Thomas Bernhard und Hermann Burger hat MRR zuverlässig die Treue gehalten, genauso treu aber ist er den Feinden: Handke zuerst, Botho Strauß sodann (der kommt in ›Mein Leben‹ gar nicht vor) und seinen Lebenslänglichen, Martin Walser und Günter Grass, ohnehin. Dass Reich-Ranicki dem Buchtitel ›Lauter Verrisse‹ den Wiedergutmachungsakt ›Lauter Lobreden‹ an die Seite stellte, hat nicht viel genützt: Der SPIEGEL-Titel, der den Kritiker als Kampfhund mit triefenden Lefzen ein Buch fetzend zeigt, wurde sein Markenlabel. Dürrenmatt zeichnete den von den Medien zum »Papst« gesalbten Priester einer realistischen Literatur auf einer »Schädelstätte«. Soll man MRR glauben, dass er das nur bedauert?

Die rhetorische Frage ist eins der häufigsten Stilmittel seiner Texte, die erste, die er gesprächsweise stellt, heißt: »Was gibt's Neues?« Reich-Ranickis zweitgrößte Leidenschaft, das Telefonieren, verdankt sich dem Umstand, dass er dem Gehör mehr als allen anderen Sinnen traut; einen »Ohrenmenschen« hätte Canetti ihn wohl genannt. MRR hört sich selbst auch gerne reden, zu Recht: Er ist ein amüsanter, pointensicherer Plauderer, unkonventionell und um keine Wertung verlegen. Seine größte Stärke ist auch seine größte Schwäche: eine geradezu grandiose Furchtlosigkeit. »Größenwahn« hat Günter Grass ihm bescheinigt.

Ja, er urteilt rasch, ohne falsche (und richtige) Rücksichten, selbstsicher und stets nach denselben Kriterien: Langweilig darf es nicht sein. Jeder, der dreimal das »Literarische Quartett« gesehen hat, kennt seine Urteile auswendig; es liegt aber an MRR, dass man sich das Quartett nicht nur dreimal, sondern jedes Mal anschaut – und es trotz den immergleichen Kriterien und Ritualen nicht langweilig wird. Dass die Unterhaltungssendung im Fernsehen mit Literaturkritik wenig zu tun hat, weiß er selbst; Reich-Ranicki versteht sich als Diener am Leser: Literatur populär machen, Büchern, die ihm gefallen, ein Publikum bringen – das will er und das gelingt ihm; man munkelt, dass MRR sich nach jeder Sendung die Auflagenzahlen durchtelefonieren lässt. Dennoch: Als sein eigentliches Terrain hat er stets seine Arbeiten für die Zeitung begriffen – als freier Kritiker für die ›Frankfurter Allgemeine‹ und für ›Die Welt‹ ganz zu Beginn, als Autor der ZEIT sodann und als FAZ-Literaturchef zuletzt. In dieser Eigenschaft hat er auch die »Frankfurter Anthologie« ins Leben gerufen, die wöchentliche Lyrik-Kolumne in der Feuilleton-Beilage der FAZ. Wenn nun (im Insel-Verlag) seine ganz persönliche Auswahl der ›Hundert Gedichte des Jahrhunderts‹ erschienen ist, darf man sicher sein, darin einem Gedicht von Ulla Hahn zu begegnen.

Wie einer wird, was er ist, kann man in seiner Autobiographie nicht nachlesen; Reich-Ranicki verbietet sich jede empfindsame Reflexion und dem Leser jegliche Einsicht in seinen Seelenhaushalt. Es sprechen die Fakten, die kalte Fraktur der Ereignisse.

Die Kapitel über die Jahre im Warschauer Ghetto können niemanden kalt lassen – und zwar gerade wegen ihrer emotionalen Enthaltsamkeit. Der blanke Ton, die umstandslos geradeaus preschende Diktion, die nach innen hin abgedichtete So-war-es-Rhetorik (welche das Buch streckenweise sogar »langweilig« macht) – hier haben sie ihre Begründung und ihre Rechtfertigung. Mehr noch: Es gebührt Reich-Ranicki das traurige Prädikat, ein diskreter Stilist des Grauens zu sein. Das ist die Wahrheit und nichts als die Wahrheit: der apodiktische Gestus – der an anderen Stellen auch manches Faktische ausspart –, er wird durch die Autorität dieses Schicksals beglaubigt. – Doch wirkt dieser unerbittliche Stil mitunter auch arm. ›Mein Leben‹ verzeichnet die Stationen der Biographie weitgehend chronologisch. Das Buch liest sich über weite Strecken wie ein Who's who der deutschen Nachkriegsliteratur, ein Familien-Album des sich etablierenden Literaturbetriebs – pointenverliebt und umstandslos von Zuneigung oder Antipathie geprägt.

Wer das alles noch ein wenig anschaulicher haben möchte, kann den Bildband zur Hand nehmen, den Frank Schirrmacher, einst Reich-Ranickis Nachfolger, jetzt zum Geburtstag herausgebracht hat: ›Marcel Reich-Ranicki. Sein Leben in Bildern‹. Den Privatmann wird man hier ebenso selten antreffen wie in ›Mein Leben‹ (zwei Fotos zeigen den jungen Vater mit Baby und Fläschchen), der Band bebildert, von einigen Aufnahmen aus Kindheit und Jugend abgesehen, die

Geschichte eines Erfolgs. Auch hier verdankt sich die ikonographische Inszenierung des Stars den vielen Begegnungen mit bedeutenden (auch eins seiner Lieblingsworte) Zeitgenossen; so dass man sich manchmal schon fragt, wieso eigentlich immer ein Apparat zur Hand war. Der Bildband zeigt den »Geschäftsführer des literarischen Weltgeists« nicht nur als »Herrn der Bücher«, sondern zugleich auch als Herrn der Posen. Und doch widerstrebt manches Foto (das haben Bilder so an sich) der Laufrichtung dieser Absicht.

Marcel Reich-Ranickis Leben ist ein Kapitel deutscher Literaturgeschichte, allemal aber ist es ein Leben, das den Katastrophen des letzten Jahrhunderts abgetrotzt wurde. Ein ganz und gar untypisches und doch exemplarisches Leben: Die unwahrscheinliche Geschichte eines polnischen Juden, der nach dem Krieg, nach Vertreibung und Deportation, nach der Ermordung seiner Angehörigen in den Lagern von Treblinka in Deutschland eine beispiellose Karriere machte – weil die deutsche Literatur ihm ein »Asyl« geworden war, aus dem ihn niemand mehr vertreiben konnte. Der Vorwurf, dass MRR seinen Ruhm auch seinem Schicksal verdankt, ist ihm nicht erspart geblieben. Man muss es wohl anders sagen: dass er in dem Land, das ihn verfolgte, durch seinen Einsatz für die Literatur an der Demokratisierung der Bundesrepublik mitgewirkt hat, dafür dürfen die Deutschen ihm dankbar sein.

Andrea Köhler
Neue Zürcher Zeitung, 2. Juni 2000

Der Unantastbare

Deutschlands Kritikerpapst Marcel Reich-Ranicki wird achtzig

Als Marcel Reich-Ranicki seinen 75. Geburtstag feierte, schien er den Zenit seines Wirkens erreicht zu haben. Das 1988 aus der Taufe gehobene »Literarische Quartett« schaffte als Publikumsmagnet Rekordquoten, längst hatte er die engen Grenzen des Kritikermetiers hinter sich gelassen. Wer gedacht hatte – immerhin war von einem Manne im recht fortgeschrittenen Alter die Rede –, dies ließe sich nicht steigern, wurde in den letzten Jahren eines Besseren belehrt: Marcel Reich-Ranicki ist der Unantastbare dieser Republik geworden. Wovon Bundeskanzler, Sportler oder Filmstars träumen, gelang ihm mit der

Beharrlichkeit eines Egozentrikers, der die einmalige Chance sofort be- und ergriff, eine allumfassende mediale Figur zu werden.

Geglückt ist Reich-Ranicki dies durch einen Coup, vor dem sich Literaturkritiker normalerweise – aber wie ließe sich bei diesem Jubilar von »Normalität« reden? – hüten. Er griff selbst zur Feder, vermied es klug, sich ins Haifischbecken der Belletristik zu begeben, und schrieb unter dem schlichtanmaßenden Titel ›Mein Leben‹ eine Autobiographie, die inzwischen zu den erfolgreichsten Büchern des letzten Jahrzehnts zählt.

Und gewiss, zu erzählen hatte er viel und viel Erschütterndes, weniger über die Scharmützel des Literaturbetriebs denn über seine Zeit im Warschauer Ghetto. Seit' an Seit' marschiert er nun mit jenen (meist viel schlechter verkaufenden) Romanautoren, deren Werke er jahrzehntelang mit einem einfachen, an realistischen Erzählformen geschulten Instrumentarium zerpflückte und die in ihm selten den Freund und unparteiischen Richter sahen. Im Nachhinein ist man klüger; das gilt auch für Kritiker, und so hat ihm die Vielzahl seiner Fehlurteile (zuletzt etwa über Martin Walsers ›Ein springender Brunnen‹) nicht dauerhaft geschadet. Medienprofi, der er ist, kokettiert er mit ihnen … und lässt Sekunden später wieder das Fallbeil seiner Adhoc-Kritik niedergehen.

Seine Widersacher, so scheint es, haben unterdessen resigniert. Viele, die heute im Feuilleton wirken, zögern nicht, sich ihm unterwürfig zu nähern, befragen ihn in ausschweifenden Interviews nach seinen Ess- und Spaziergewohnheiten und äußern Missbilligung nur, wenn die Partystunde vorgerückt ist und kein Verdächtiger zuhört. Den Bücherpapst Reich-Ranicki zu schelten, das riecht nach Neid und Übellaunigkeit, und so hat man sich darauf verständigt, in ihm den ultimativen Förderer der Literatur zu sehen. Auch die (nicht wenigen) Autoren, die ihn aus tiefstem Herzen ablehnten, sind längst in ein lethargisches Schweigen verfallen, das weiß, dass Volkstribune zumindest eine Zeit lang vor jedem Angriff gefeit sind.

Es ist sinnlos, Michael Schumacher, Alfred Biolek oder Angela Merkel zu attackieren – was kümmert es die stolze Eiche, wenn sich die Wildsau an ihr reibt? Mancher sehnt deshalb den Moment herbei, da Reich-Ranickis Lebenswerk mit seinem eigentlichen Schlussstein versehen werde: mit der Verleihung des Georg-Büchner-Preises. Diese hohe Auszeichnung ist zwar literarischen Werken im engeren Sinne vorbehalten, doch im Falle von Marcel Reich-Ranicki würden wir alle ein Auge zudrücken.

Die Laudatio übernähme er selbst, und die Kluft zwischen Kritik und Literatur wäre ein für alle Mal geschlossen. Zum Achtzigsten hat es – vermutlich ein Versehen – noch nicht gereicht, doch der 2. Juni 2005, wenn der Unantastbare seinen 85. Geburtstag begeht, wäre auch ein passendes Datum.

RAINER MORITZ
Rheinischer Merkur, 2. Juni 2000

Reich-Ranicki. Meine Enzyklopädie

Marcel Reich-Ranicki wird 80. Wir gratulieren mit einem Sonderdruck: Seine fundamentalsten Sätze aus dem »Literarischen Quartett«

Anfang Die Weltliteratur besteht aus Debütromanen. Das ist doch immer so: Der erste Roman ist das Wichtigste und dann kommt gar nichts mehr. Also, vielleicht sagen wir mal *Goethe*, der hat mit einem Debütroman angefangen. Und der war sehr gut. (»Literarisches Quartett« vom 14.1.1993)

Anthropozentrismus Mich interessiert in der Literatur eigentlich nur der Mensch. *Mäuse und Kühe* interessieren mich nicht. (18.2.1991)

Benn, Gottfried Einer der dümmsten Sätze, der je von einem deutschen Lyriker gesagt wurde, stammt von Benn: Bei jedem Lyriker gebe es fünf oder sechs gute Gedichte. Ich weiß nicht, warum dieser Satz immer wieder zitiert wird. Bei Goethe finde ich 56 oder 76 gute Gedichte. Und bei Heine 16 oder 26. (25.3.1988)

Berlinroman Das gibt's überhaupt nicht. Was ist denn das für'n Unsinn. Das ist Quatsch! *Alexanderplatz*, nein, nein, nein, nein, nein. Also Balzac hat viele Romane geschrieben, die in Paris spielen, aber es gibt keinen einzigen Parisroman von Balzac. Berlin ist natürlich in ›Berlin Alexanderplatz‹ nicht das Thema. Ein Roman zeigt die Erlebnisse, die Leiden von Menschen. Eine Stadt kann nur die Szene, den Hintergrund geben. (5.3.1999)

Bernhard, Thomas Man kann überhaupt nicht Literatur machen, ohne zu übertreiben. Die ganz großen Schriftsteller waren ja pure Übertreibungskünstler. So'n *Shakespeare* hat doch übertrieben wie'n doller Kerl. Bei Thomas Bernhard ist die Übertreibung ganz extrem. (5.3.1999)

Christentum Dieses »Literarische Quartett« ist keine Veranstaltung im Rahmen der Woche der Brüderlichkeit. Was schlecht ist, ist schlecht, und es muss gesagt werden. (18.2.1991)

Desinteresse Wozu soll ich eigentlich ein Buch über Kalkutta lesen? Mich persönlich interessiert Kalkutta überhaupt nicht. Wenn ich aber ein Buch über Kalkutta lesen möchte, dann doch nicht von einem Poeten, der dahin gefahren ist für drei oder vier Monate, der sich etwas umgesehen hat. Was hat er dort gesehen? Schmutz, Gestank, Elend, Armut. Das wissen wir doch. (30.9.1988)

Empfindung Es kommt nicht auf die Beschreibung der physiologischen Prozesse an, das kann jeder; es ist nicht schwer zu beschreiben, wie ein *Penis in eine Vagina* dringt oder ein Bleistift in eine Tasche gesteckt wird. Es kommt darauf an zu zeigen, was die Frau oder der Mann oder gar beide während dieser Sachen empfinden. (10.3.1989)

Erotik Wenn ich die deutsche Literatur der letzten zwanzig Jahre lese, die ist ja unerhört unerotisch. Da war zum Beispiel der große Thomas Bernhard – vollkommen unerotisch. Oder Grass: eigentlich immer unerotisch. Siegfried Lenz – immer Martin Walser – beinahe immer. Wenn sich das deutsche Volk nach seinen Schriftstellern von heute richten würde, es würde sich überhaupt nicht mehr *vermehren*. Da sieht man, wie gering der Einfluss dieser Schriftsteller ist. (10.10.1991)

Feld, ein weites Wertlose Prosa, langweilig und unlesbar. Keiner hat den Grass dazu aufgefordert, über die Wiedervereinigung zu schreiben. Mir wär viel lieber, wenn Grass über die Liebe zu seiner Frau geschrieben hätte. Interessiert mich viel mehr als seine Ansichten zur Wiedervereinigung. (24.8.1995)

Feministische Theorie Diese Antonia Byatt hält nichts von der feministischen Literaturwissenschaft – allein das macht sie schon sympathisch. Der Teufel soll mich holen, wenn Herr Karasek das nicht mit Vergnügen gelesen hat. Geben Sie's zu! (13.5.1993)

Goebbels, Joseph Grass sagt seit zehn oder 15 Jahren immer wieder, die deutsche Kritik sei schlecht. Das ist ja seit Lessing bekannt und jeder Autor, der verrissen wurde, wiederholt es. Grass will, dass die Kritiker nur über die Bücher informieren. Das wollte – mit Verlaub – Joseph *Goebbels* auch. Und Grass muss endlich belehrt werden, es ist höchste Zeit: Kritik ist unter anderem dazu da, die literarischen Werke zu werten und zu beurteilen. (24.8.1995)

Goethe, Johann Wolfgang von Wissen Sie, wer sympathisch war? *Walther von der Vogelweide*. Denn von dem wissen wir gar nichts. Und wenn wir über einen Dichter viel wissen, dann ist er arg unsympathisch. Thomas Mann war sehr unsympathisch, Brecht ebenfalls, Heine auch sehr fragwürdig und Goethe, na, keine sympathische Figur. (3.6.1988)

Gordimer, Nadine Ihre Bücher sind künstlerisch so schwach, dass ich wetten möchte, sie kriegt den Nobelpreis. Zumal sie ja auch noch weiblichen Geschlechts ist. (18.2.1991)

Handke, Peter Es gibt deutsche Schriftsteller, wenn die kompletten Schwachsinn ihrem Verlag liefern, dann hat der Verlag zwei Möglichkeiten: zu drucken oder abzulehnen. Lehnt er ab, dann geht dieser prominente Schriftsteller zu einem anderen Verlag. Zwölf andere Verlage sind glücklich, wenn sie Handke bekommen. Ob ein Buch gut oder schlecht ist, ist für einen Verleger eine sekundäre Überlegung. Das Entscheidende ist: Bringt es Geld oder bringt es Geld nicht? (24.8.1995)

Heimat Ich bin eurozentrisch veranlagt! Ich bin und will eurozentrisch sein und das kann mir keiner verwehren! Meine Welt ist zwischen Athen und Dublin oder zwischen Lissabon und Stockholm. (15.12.1996)

Hunde Es ist, glaube ich, der Peter Handke ein Autor, der seit vielen Jahren schon auf den Hund gekommen ist, man kann sagen, auf den metaphysischen Hund. Und Botho Strauß ist auf den ideologischen Hund gekommen. Er schreibt Unsinn! (25.4.1997)

Indien Ich kann Ihnen voraussagen, was Martin Walser in Kalkutta schriebe: einen Roman über den Bodensee. (30.9.1988)

Irland Ich habe einen Widerwillen gegen die irische Literatur, ich kann das nicht ertragen, immer die Slums und immer wird gesoffen und ein bisschen gekotzt zwischendurch. Elend und muffiger Katholizismus. (15.12.1996)

Joyce, James Das weiß man, dass der ›Ulysses‹ in Deutschland maßlos überschätzt wird. Er wird ja nur deshalb so überschätzt, weil ihn kaum jemand gelesen hat. (14.5.1990)

Kafka, Franz Ganz unter uns: Ich hab nicht gern Insekten. Ob das ›Die Fliegen‹ sind bei Sartre oder diese Geschichte von Kafka, die nicht zu seinen allerbesten gehört. Insekten verführen die Autoren. (31.3.1994)

Kempowski, Walter Kempowski ist ein wackerer Sammler, fleißig, hat vier Bände gesammelt und wir danken Gott, dass es nicht fünf geworden sind. (24.2.1994)

Kindheitserinnerungen Sind meist langweilig in der Literatur. Deswegen sind auch in Autobiographien, die immer so früh anfangen, die ersten Kapitel meist die schwächsten. (23.8.1992)

Kirsch, Sarah Wenn Sie wüssten, wie viel Arbeit es mich gekostet hat, Sarah Kirsch Gedichte abzuverlangen, sie immer wieder anzurufen oder ihr Briefe zu schreiben: Sarah, ich und die ganze deutsche Nation warten auf Ihre nächsten Gedichte, könnten Sie nicht was schicken? (26.12.1988)

Langeweile Das höchste ästhetische Kriterium! Es gibt kein höheres für mich! Für mich ist ›Der Zauberberg‹ ein spannender Roman, deswegen ist er so gut und für mich ist dieses ›Finnegan's Wake‹ kein interessantes Buch, obwohl es literarhistorisch eine hohe Bedeutung haben mag. (12.2.1990)

Liebe Ich geb es zu, das mag ja gegen mich sprechen, aber ich interessiere mich für Liebesgeschichten von Intellektuellen. Die Liebesgeschichten von *Bauern* können vielleicht auch sehr aufregend sein, aber das ist nicht ganz mein Fach. (10.10.1991)

Literarisches Quartett Uns wird von Zuschauern oft vorgeworfen, dass wir die Bücher nicht hinreichend loben. Wir sind nicht der verlängerte Arm der Werbeabteilungen deutscher Verlage. (12.12.1993)

Literaturgeschichte Das haben wir doch alles im *Expressionismus* schon gehabt, wie böse die Bäume sind und die Straßen und die Wege. (19.11.1992)

Mann, Thomas Die langjährige Freundin und Ehefrau von Philip Roth, Claire Bloom, hat jetzt in der englischen Presse Interviews erteilt, dass ihr Mann an einer sexuellen Obsession leidet. Dieser Informationswert ist ungefähr so, wie wenn meine Frau der Presse heimlich mitteilen würde, dass ich Thomas Mann schätze. Ist auch allmählich bekannt. (18.10.1996)

Nobelpreis Den Nobelpreis sollte wohl erst Updike bekommen und dann Philip Roth, aber es werden beide ihn nicht bekommen, denn es wird sich ja sicher noch irgendjemand aus dem Sudan finden. Dass die nicht schreiben können, spielt gar keine Rolle. Eben weil sie nicht schreiben können im Kongo, muss man denen den Nobelpreis geben. (5.3.1992)

Nouveau Roman Claude Simon war für mich immer der langweiligste und schlechteste Repräsentant des Nouveau Roman. Butor hat zwei, drei fabelhafte Bücher geschrieben, der Robbe-Grillet war schon schwächer; die Nathalie Sarraute sehr interessant und unmöglich war Claude Simon. Der hat dann vor elf Jahren ein Buch geschrieben, über das überall publiziert wurde: endlich ein gutes Buch von Claude Simon. Drei Jahre später hat er den Nobelpreis bekommen. Das wissen wir ja, dass den Nobelpreis immer zweitrangige Autoren bekommen. Hat ihn Strindberg bekommen? Nein, Selma Lagerlöf. Hat ihn Brecht bekommen? Nein, Hermann Hesse. In Stockholm lieben sie nicht sosehr die hervorragende Ware. Grass wird ihn deshalb schon noch kriegen. (14.1.1993)

Obsession Ich komme auf mein *Steckenpferd* zurück, nicht zum ersten Mal im »Literarischen Quartett«: Ich glaube nicht an den großen, umfangreichen Gegenwartsroman in deutscher Sprache. Darauf antwortet man mir: aber die ›Buddenbrooks‹! Ja, es ist neunzig Jahre her. Heute können die Schriftsteller die Welt in einem Panoramaroman von sechs-, siebenhundert Seiten nicht mehr in den Griff bekommen. Ich bin von meiner These überzeugt. Sie ist so lange richtig, bis ein Roman entsteht, der sie widerlegt. (6.5.1991)

Postmoderne Was ist ein postmoderner Roman? Bitte sagen Sie es mir! Ich weiß es nicht, ich möchte mal endlich belehrt werden, denn postmodern ist Blödsinn. Nicht in der *Architektur*, das ist nicht mein Gebiet. Da weiß ich nur: Es ist hässlich. Aber in der Literatur ist das der bare Blödsinn. (12.10.1989)

Qual Der Alfred Andersch schrieb im Roman oft solche Sätze wie: Mir gelingt dieser Roman nicht, es fällt mir so schwer weiterzuschreiben, ich weiß nicht, wie ich das jetzt weiterschreiben soll. Ja, bitte, wenn's dir nicht gelingt, dann hör auf, den Roman zu schreiben und quäle uns nicht mit deinen misslungenen Werken. (12.2.1990)

Rezeptionsästhetik Ich erwarte, dass ich nicht gelangweilt werde. Das ist mein Hauptverhältnis zur Literatur. (30.9.1988)

Schreibblockade Manchmal ist eine Schreibblockade für die Leser ein *Segen*, das wollen wir nicht vergessen. (15.12.1994)

Sexualität Es gibt ja Leute, die sagen, dass das ab und zu Spaß macht. (10.3.1989)

Tod Wenn in einem Buch Liebe und Tod ganz stark vorkommen, wenn's ein schlechter Autor ist, dann gleitet er bei diesen Themen in den Keller und es ist nur Kitsch. Wenn's aber ein guter Autor ist, dann geht's sofort in die Höhe und ein Buch wird in dem Augenblick aufregend und interessant. (25.3.1999)

Unseld, Siegfried Er traf mich, nahm mich in die Ecke eines Zimmers und sagte: »Ich muss dir etwas Vertrauliches sagen, nur dir sage ich es. Ich bringe im Herbst ein Buch. Das ist ein Meisterwerk, das ist ein Genie, ein Jahrhundertbuch. Und bitte denk daran, dass es ein richtiger Kritiker beurteilt. Weißt du, ich dachte an …« Und dann hatte er schon einen Namen genannt, wer vielleicht das Buch besprechen könnte. Unseld sprach mit so einer ungeheuerlichen Suggestivität auf mich ein, dass ich schon zu denken begann, das könnte ja ein interessantes Buch sein. Ich bin häufig darauf reingefallen, weil er so suggestiv sprach und mit einer solchen Kraft das Buch empfohlen hat. Wenn ich das Buch nachher gelesen habe und ihn gefragt habe: »Sag mal, unter uns, was hast du mir da angedreht? Das ist ein ganz schwaches, missratenes Buch.« Kein Wort mehr, er hat schon wieder vom nächsten Buch geredet. Glücklich der Autor; der einen solchen Verleger hat! (26.12.1988)

Updike, John Also, man lernt hier das Amerika von heute kennen.

Mich interessiert das überhaupt nicht! Mich interessiert nicht, wie Amerika so aussieht! Der Mann interessiert mich als Typ überhaupt nicht, so'n kleiner Autohändler mit seinen Ambitionen, ist doch abscheulich. (8.10.1992)

Verleger Freunde, was ist denn ein guter Verleger? Ein guter Verleger ist jemand, der ein schlechtes Buch gut verkaufen kann. (26.12.1988)

Vögeln Also, das ist doch die Schilderung der Sexualität, wie wir sie so in der Weltliteratur noch nicht hatten. Hauptmotiv ist ein Wort, ich muss es hier aussprechen. Es gibt Kapitel, wo man unentwegt lesen muss: Wir werden ficken, wir haben gefickt, wir wollen ficken, wir wollen noch mal ficken. Das ist alles, mehr hat Updike nicht zu bieten. Manchmal kommt »vögeln«. Das ist eine Abwechslung und das sieht man dann mit Freude. (24.8.1995)

Völkerkunde Die Verleger wissen nicht mehr, was sie drucken sollen: Engländer, Amerikaner, Franzosen, Italiener reichen nicht. Jetzt kommen alle, Holländer, Dänen – und das ist gut so, dass die kleinen *Völker* nun auch auf dem deutschen Markt sind. (31.3.1994)

Walser, Martin Der schreibt seit 25 Jahren einen Roman nach dem anderen. Die meisten werden von der Kritik überwiegend negativ beurteilt, viele sind total vergessen. Und zu Recht. Dennoch: Er stolpert von einer Niederlage zur nächsten und ist unaufhörlich ein bekannter, ein eigentlich immer berühmter werdender Schriftsteller. Das hat Gründe. Und einer der Gründe ist gerade das, was ihm sehr verübelt wird: dass er nicht aufhört, regelmäßig Bücher zu publizieren. (30.9.1988)

Wiederholung Seit Jahren wiederhole ich das und ich erkläre hiermit zum 95. Mal: Jeder Roman – bitte nicht ›Zauberberg‹ oder ›Buddenbrooks‹! – der mehr als 500 Seiten umfasst, ist schlecht. Bis zum Gegenbeweis werde ich das wiederholen. Kommt ein Roman von mehr als 500 Seiten und er wird gut sein, bin ich bereit, vor laufender Kamera auf die Knie zu fallen. (14.1.1993)

Zwang Ich nörgele über die meisten Bücher, die gelesen werden. Ich kann nicht anders: Ich muss nörgeln. (9.12.1991)

Zwist Wir werden uns nicht einigen und wir sollen und müssen uns nicht einigen. Freunde, wir sehn betroffen den Vorhang zu und alle Fragen offen. (25.4.1997)

Die Zitate stammen aus 66 Sendungen des »Literarischen Quartetts« von 1988 bis 2000. Protokolliert hat sie Alex Rühle.

Süddeutsche Zeitung Magazin, 2. Juni 2000, Nr. 22

Eine vertrackte Liebesgeschichte

Marcel Reich-Ranicki ist der Literaturkritiker Deutschlands. Heute wird er 80 Jahre alt. Der Schriftsteller Peter Schneider gratuliert

Nun wird er also achtzig und ist noch immer kein bisschen leise. Man weiß ja: Das Quartett, in dem er manchmal die Geige, die Bratsche und das Cello gleichzeitig spielt, schließt den Vorhang nur, um ihn zwei Monate später wieder aufzumachen. An den Ruhestand, den die einen ihm gönnen und den die anderen dringend herbeiwünschen, ist bei einem Reich-Ranicki gar nicht zu denken – der Begriff, so scheint es, wurde auf einem anderen Planeten erfunden.

Einem Schriftsteller, der mit Ende siebzig seinen größten Bucherfolg schrieb, braucht man nicht umständlich zu gratulieren, das tun derzeit – zu Hunderttausenden – seine Leser. Gibt es für einen Autor einen schöneren Glückwunsch als eine 11. Auflage? Aber nachdenken darf und soll man darüber, wie diese einzigartige Karriere zustande kam. Nicht genug damit, dass der Rezensent berühmter und reicher ist als fast alle, die er rezensiert hat. Er ist wahrscheinlich der einflussreichste Kritiker in der Geschichte der deutschen Literaturkritik – nicht unbedingt ein Papst, aber wohl der einzige Popstar des Literaturbetriebes.

Es trifft sich, dass ein gemeinsamer Freund, ein Weggenosse von Reich-Ranicki, ins Nachbarhaus gezogen ist und dort in Augenhöhe neben mir wohnt. Manchmal winken wir uns von Erker zu Erker zu. Wenn man Andrzej Wirth, den polnischen Emigranten und Theaterprofessor, nach den Anfängen von Reich-Ranicki fragt, wird eine Konstante von Reich-Ranickis Lebensweg deutlich. 1954 haben sich die beiden in Warschau kennen gelernt. Beide waren Mitglieder im polnischen Schriftstellerverband. Der junge Wirth war Feuilleton-Redakteur einer großen Warschauer Wochenzeitung und interpretierte, edierte und übersetzte für das polnische Publikum jene deutschen Schriftsteller, die man unter der kommunistischen Zensur bekannt machen durfte: Vor 1956 war Johannes R. Becher gefragter als Bert Brecht. Der sieben Jahre ältere Ranicki, einer der ganz wenigen, der mit seiner Frau dem Ghetto und dem Transport nach Auschwitz entkommen war, schrieb als Mitarbeiter eines polnischen Verlages Gutachten, auch über Wirths Projekte.

1945, erklärt Andrzej Wirth, »war Ranicki 25 Jahre alt; fünf Jahre davon hat er, von der Welt abgeschnitten, im Keller gesessen. Natürlich hat er die sowjetischen Truppen als seine Befreier gesehen und ist in die kommunistische Partei eingetreten.« Erkennbare Vorteile habe Ranicki jedoch von seiner Parteizugehörigkeit nicht gehabt, eher im Gegenteil. Denn Wirth, der nicht in der Partei war, genoss eine viel größere Bewegungsfreiheit als der Kollege Ranicki, der damals bereits in Ungnade gefallen war und lange unter seinem Namen nichts mehr veröffentlichen durfte. Beide übersetzten gemeinsam Schriftsteller ihrer Wahl: Kafka, Böll, Dürrenmatt, Frisch, Brecht.

»Es war eine sehr bescheidene Wohnung«, erinnert sich Wirth, »deren runder Esstisch gleichzeitig als Arbeitstisch diente und bei jedem zweiten Satz wackelte, weil draußen der Zug vorbeifuhr.« In der Übersetzungsarbeit ergänzten sich die beiden prächtig und hatten Spaß dabei; Wirth, der Kolakowski-Studienkollege und Doktor der Philosophie, fühlte sich für das Poetische zuständig, Ranicki, Absolvent eines preußischen Gymnasiums, für Prosa. Gelegentlich ärgerte man sich über die unterschiedliche Bezahlung: Wirth, der »Poet«, wurde pro Zeile bezahlt, Ranicki, der »Prosaist«, musste sich mit einem Seiten-Honorar begnügen.

Das Seltsame, Anrührende, heute fast Unbegreifliche an diesem Literaturnarren, fährt Wirth fort, sei gewesen, dass er, ein polnischer und von den Nazi-Deutschen von Geburt an zum Tode bestimmter Jude, die deutsche Sprache und Literatur unerschütterlich liebte, sie mehr liebte und sie auch besser beherrschte als die polnische. Das literarische Deutsch – wer weiß das und kann es sich heute vorstellen? – konnte im besetzten Polen nur unter größter Gefahr in konspirativen Gymnasien unterrichtet werden – so hat Andrzej Wirth sein Deutsch gelernt. Hölderlin und Goethe waren für die Tornister der deutschen Herrenmenschen bestimmt, in den Jackentaschen eines polnischen Jünglings hatten sie nichts zu suchen.

Vielleicht haben wir hier den Anfang der vertrackten Liebesgeschichte zwischen Marcel Reich-Ranicki und dem deutschen Publikum berührt. Diese Geschichte hatte und hat etwas mit Literatur, aber auch etwas mit Schuld und Sühne zu tun, mit einem Wunsch nach Bestrafung und Katharsis – und am Ende mit Dankbarkeit.

Es lag ja in den fünfziger Jahren für einen polnisch-jüdischen Überlebenden des Nazi-Wahns nicht eben nahe, nach Deutschland zu emigrieren. Deutschland war und ist nicht das Land, in dem sich die politischen Flüchtlinge der Welt die Freiheit versprechen. Die klassischen Emigrationsländer für die Polen waren England, Frankreich und die USA. Marcel Reich-Ranicki gab der Kompass-Nadel der Emigration eine andere Richtung – und zwar zu einer Zeit, da in Polen jeder deutsche Laut, gleichviel, wer ihn äußerte, der Mördersprache zugeordnet wurde. Dieser polnisch-jüdische Emigrant hatte seine Liebe zur deutschen Literatur und ihren humanistischen Traditionen verteidigt zu einer Zeit, da die Deutschen selber diese Traditionen verrieten und sich in atemberaubendem Tempo barbarisierten. Als er nach Deutschland emigrierte, brachte er den Deutschen etwas zurück, das in den Augen vieler für immer verspielt und diskrediert war – ihr von ihnen selbst verratenes Kulturerbe. Und er hat es ihnen dann – mit dem drohend hin und her schüttelnden Zeigefinger – wieder eingebläut.

Mit seinen immer auf Eindeutigkeit zielenden Urteilen hat er zuweilen die Grenze, die zwischen dem Verriss eines Buches und der moralischen und persönlichen Diskreditierung eines Autors liegt, überschritten. Damit ist er zum Pionier eines Kritikstils geworden, der im deutschen Feuilleton inzwischen Routine geworden ist. Dass seine Urteile keinem Kodex und keinem Programm folgen – wer wird dies einem Kritiker verdenken, der sein Verfahren folgendermaßen beschreibt: »Ich muss mit meiner ganzen Person im Theater sitzen oder ein Buch lesen. Und plötzlich spüre ich etwas: Das ist ja gut, was ich lese. Aber ich weiß nicht warum … Der Teufel soll mich holen, wenn ich nicht Argumente finde, um das Buch zu verteidigen, das mir gefällt.« Dass seine Urteile natürlich doch einer – eher konservativen – Ästhetik folgen, macht ihre Wirksamkeit aus und ist der Preis des Erfolges.

Beherzt und instinktsicher hat Reich-Ranicki einen leeren Stuhl im Literaturbetrieb besetzt, an dem so gut wie alle Kollegen mit elitärer Gebärde vorbeischritten. Er hat sich als Anwalt der Interessen des Lesers angeboten, und die Leser fühlen sich von ihm wie von keinem anderen Kritiker vertreten. Dies ist wohl der wichtigste Grund für das Andauern seines Erfolgs. Während die Feuilletons jede Herbstsaison nach einem neuen, unerhörten Schreibstil fahnden und den neuen Beckett, Musil oder Kafka suchen, vertrat Reich-Ranicki unbeirrbar das Recht des Erzählens und der Zugänglichkeit von Literatur. Am Ende ist er der Einzige, der die Stirn hat zu sagen: »… kein Zweifel, ein hochinteressantes, ein kunstvolles, ein brillantes Buch. Ich habe es nach dreißig Seiten weggelegt, weil es unaussprechlich langweilig war«. Dabei kommt ihm ein Kunststück zustatten, das wenigen gelingt. Er hat aus seinem polnischen Akzent und seinem S-Fehler ein unverwechselbares, persönliches Merkmal gemacht, das inzwischen drei Generationen von Deutschen – vom Großvater bis zum Zehnjährigen – begeistert und gekonnt nachahmen. Ich kennen niemanden, der von Reich-Ranicki spricht und nicht sofort eine Probe davon abgibt, wie gut er ihn nachahmen kann. Dabei stellt sich heraus, sein S und sein rollendes R ist beinahe so populär und gut nachahmbar wie

Charlie Chaplins Gang. Sehr geehrter Herr Reich-Ranicki, ob es Ihnen nun gefällt oder nicht. Ich glaube, dies ist der wahre Ruhm.

PETER SCHNEIDER
Der Tagesspiegel, 2. Juni 2000

Die Reich-Ranicki AG

Der Literaturkritiker wird heute 80 Jahre alt. Seine Ich-Aktie steht auf Höchstkurs

Marcel Reich-Ranicki inszeniert die Selbstdarstellung als Kritiker, als Literaturpapst und Autorenschreck lustvoll. Es ist ihm bewusst, dass er längst ein Markenzeichen, ein Markenartikel geworden ist. Seine Stimme, das bedrohlich rollende »R«, der jäh auffahrende Diskantschrei und das explosionsartige Lispeln werden auf jeder Party und sogar in Werbespots parodiert. Und wenn ein Lexikonverlag, eine Plattenfirma den Absatz steigern wollen, dann greifen sie in Werbung und PR gerne auf das Reich-Ranicki-Branding zurück. Also agiert der Kritiker als Unternehmer in eigener Sache. Und als Vorstandsvorsitzender der Reich-Ranicki AG kann er zufrieden sein mit der Kursentwicklung der Ich-Aktie.

Den vorläufigen Höhepunkt in der Marktbewertung bewirkt die Veröffentlichung der Autobiographie Reich-Ranickis. Das Buch wird ein spektakulärer Erfolg und übertrifft mit einer bisher verkauften Auflage von mehr als einer halben Million die Verkaufszahlen der meisten von Reich-Ranicki besprochenen und protegierten Bücher. Im Jahr 2000, zum 80. Geburtstag Marcel Reich-Ranickis, steht seine Ich-Aktie auf Höchstkurs.

In keiner Branche wirkt Erfolg, vor allem kommerzieller Erfolg, so provozierend, ja unanständig wie in der deutschen Literaturszene. Neid macht einsam. Marcel Reich-Ranicki hat gelernt, mit Einsamkeit und Neid zu leben. Mitunter scheint er den Neid fast zu genießen – als aufrichtigste Form der Anerkennung. Das Bild vom hemmungslos den Shareholder-Value pflegenden Ich-Aktionär ist allenfalls die halbe Wahrheit.

Die andere, die dunkle Seite seines Lebens hat Marcel Reich-Ranicki nach langem Zögern selbst enthüllt. Die schrecklichsten Kapitel des eigenen Lebens, diese Erinnerungen prägen sein Buch ›Mein Leben‹ und gehören zu den eindringlichsten Kapiteln deutschsprachiger Autobiographik. Wer sie liest, wer die persönlichen Traumata kennt, versteht Marcel Reich-Ranicki besser; seine Unruhe, seinen Ehrgeiz und seine euphorisch-depressive Ambivalenz.

Reich-Ranicki wollte oder musste immer weg, raus, woanders hin. Raus aus dem kleinen Kaff Włocławek an der Weichsel, rein in die große Kulturmetropole Berlin, raus aus der tödlichen Bedrohung und Barbarei des Warschauer Ghettos, hinein in die Sicherheit einer zivilisierten Kulturnation, raus aus der kommunistischen Gesinnungsdiktatur Polens, hinein in den freien, selbstkritischen Diskurs des Sechziger-Jahre-Deutschland, raus aus dem Elfenbeinturm des einsamen Literaten, hinein in das pralle Leben des Literaturbetriebs auf offener Bühne.

Bei allem Erfolg ist Reich-Ranicki ein misstrauischer Mensch geblieben. Immerzu wittert er die Verschwörung. Es dauert lange, bis er sich öffnet. Und ganz öffnet er sich nie. Rastlos sitzt er da, trippelt mit dem Fuß, rutscht vor und zurück, wiegt den Körper, wandert mit den Augen nervös hin und her oder himmelwärts und schürzt und kräuselt die herzförmig aufgeworfenen Lippen. Gelassen, in sich ruhend, wirkt nichts an diesem 80-Jährigen. Und das ist keine Schwäche, sondern sein Motor. Ein Leben auf der Flucht. Heimat ist ihm fremd.

Für Reich-Ranicki ist das Judentum allenfalls eine Schicksalsgemeinschaft, vor allem aber eine Kulturgemeinschaft. Auf die Errungenschaften und die Helden des deutschjüdischen Bildungsbürgertums ist Reich-Ranicki stolz: Mendelssohn, Mahler und Weill, Heine und Börne, Schnitzler und Döblin, Freud und Kafka, Kerr, Kraus, Polgar und Tucholsky – das ist seine Welt. In der Tradition der letzten vier vor allem steht seine Arbeit. Reich-Ranickis einziger Patriotismus gilt der deutschen Sprache. Sie ist seine größte Liebe und seine einzige Heimat. Weshalb er – trotz allem – auf Deutschland zurückgeworfen wurde und auf Deutschland zurückgeworfen bleibt.

Auf den Fluren der FAZ pflegte Reich-Ranicki in den achtziger Jahren mit dem Satz zu kokettieren: »Ich lebe gefährlich, weil ich verständlich schreibe.« Schon wahr, dass er dafür von verschrobenen Seminaristen und den Großmeistern des vorgetäuschten Tiefgangs verachtet wird. Zugleich ist es sein größtes Erfolgsgeheimnis. Marcel Reich-Ranicki hat große Literaturkritiken geschrieben. Meilensteine des Genres. Auf den ersten Blick kultiviert er einen mühelosen, schnörkellosen Geradeaus-Stil. Hauptsätze, Hauptsätze, Hauptsätze, kaum Fremdworte, wenig Metaphern und eine klare, an gesprochene Rede erinnernde Gedankenführung.

Bei genauer Betrachtung jedoch sind Reich-Ranickis Texte kunstvoll inszeniert, dramaturgisch bis ins Detail geplant und mit Doppelpunkten, Haltepunkten, Einwürfen und rhetorischen Fragen auf Wirkung, Verblüffung und Pointe angelegt. Der Autor strukturiert die Lektüre seiner Texte wie ein gutes Theaterstück. Und je natürlicher, leidenschaftlicher und spontaner es wirkt, desto kunstvoller ist es angelegt. Nicht der Leser, der Autor soll sich quälen. Reich-Ranicki tut das immer noch, wägt und verwirft Worte oder ganze Passagen.

Kritik ist kein Urteil, sondern ein Plädoyer. Und der Kritiker ist nicht Richter, sondern Anwalt des Publikums. Auch wenn Reich-Ranicki, wie jeder große Kritiker, manchmal am liebsten Anwalt und Richter zugleich wäre. Der Mut zum leidenschaftlichen Urteil, zur klug begründeten, aber manchmal überspitzten ästhetischen Wertung ist Voraussetzung einer vitalen Kritik. Sie soll und will ihr Publikum für den Kunstgegenstand interessieren, sie soll und will Literatur wichtig machen. Also darf Kritik alles, nur nicht langweilen. Reich-Ranicki hat das seinem Naturell entsprechend beherzigt und mit untrüglichem Sinn für Debatten intellektuellen Streit gesucht. Keine Frage: Marcel Reich-Ranicki verkörpert die gebildetste Form des Radaujournalismus.

Wenn seine Feinde die Köpfe zusammenstecken, versuchen sie ihn gerne als »Showmaster des deutschen Literaturbetriebs« zu diskreditieren. Was für ein Kompliment! Denn genau an diesen Showmastern fehlt es so sehr in Deutschland. Es herrscht gefährlicher Mangel an kompetenten Popularisierern, an leidenschaftlichen Übersetzern zwischen der hermetischen Welt der Literaten und dem oft verunsicherten, suchenden Publikum. Keiner in Deutschland hat in den letzten Jahrzehnten mehr für die Literatur getan als Marcel Reich-Ranicki. Und dass es der deutschen Literatur nicht so geht wie dem deutschen Theater oder der deutschen Avantgardemusik, die unter Ausschluss des Publikums dahinsiechen, ist auch sein Verdienst.

Ruhm, Macht, Liebe, Tragik, Flucht, Neid, Hass, Angst, Rausch – Marcel Reich-Ranicki hat alles gehabt. Und von allem mehr als die meisten. So sitzt er denn in seinem 80. Lebensjahr in seiner Neubauwohnung in Frankfurts Dichterviertel und beobachtet halb erfreut, halb verwundert die späte Phase der eigenen Geschichtswerdung. Das Temperament wird Monument. Reich-Ranicki gehört zu den wenigen, die diesen Prozess selbst erleben dürfen. Oder müssen. Denn dieser Triumph ist immer auch eine Art Anfang vom Abschied.

Die Angst vor der Hölle hat ihn dorthin gebracht, wo er immer hinwollte. Marcel Reich-Ranicki ist neben Alfred Kerr der größte Kritiker des 20. Jahrhunderts. Herzlichen Glückwunsch.

MATHIAS DÖPFNER
Die Welt, 2. Juni 2000

Auch in Zukunft auf der Überholspur

Dreihundert Gäste und ein vergnügter Jubilar: Eine Feier zum 80. Geburtstag von Marcel Reich-Ranicki

Marcel Reich-Ranicki zitierte nur einen. Nein, nicht Thomas Mann, obgleich der so sehr bewunderte Kaufmannssohn aus Lübeck irgendwie über allem schwebte. Der andere Thomas, der aus der medialen Jetztzeit, kam zu spät. Gottschalk entschuldigte sich auch dafür. Marcel Reich-Ranicki zitierte Walther von der Vogelweide, sprach die ersten Zeilen aus einem Verskunstwerk, das der Minnesänger wohl im hohen Alter geschrieben hat: »O weh, wohin entschwunden ist mir Jahr um Jahr?/ Hab' ich geträumt mein Leben, oder ist es wahr?/ Wovon ich wähnte, dass es wäre, war das nicht?«

Da war es nach Mitternacht, der eigentliche Geburtstag des Mannes war vorbei, dessen Ruhm ohnehin groß ist, aber durch seine Biographie ›Mein Leben‹ noch einmal einen ungeahnten Schub erfahren hat. Die Deutsche Verlags-Anstalt (DVA) und die ›Frankfurter Allgemeine Zeitung‹ hatten zum 80. Geburtstag des Kritikers zu einem festlichen Abendessen ins Hotel Inter-Continental geladen, ihm zu Ehren. Und alle kamen, dreihundert Gäste – Schriftsteller, Verleger, Politiker, Kollegen: Die Grande Dame der Literatur Hilde Domin, die Marcel Reich-Ranicki als Einzige namentlich begrüßte, Rolf Hochhuth, Klaus von Dohnanyi, Eva Demski, Erich Böhme, Peter Gauweiler, Robert Gernhardt, Jürgen Habermas, Siegfried Unseld, Klaus Bölling, Iring Fetscher, Peter Glotz, Gabriele Henkel, Otto Schily. Die Liste der illustren Namen war lang.

Thomas Gottschalk schlich sich kurz nach acht in den Saal. Zu diesem Zeitpunkt stellte FAZ-Herausgeber Frank Schirrmacher fest, was doch die Weltausstellung in Hannover läppisch sei gegen die Selbstdarstellung »dieses erstaunlichen Lebens«; gab er preis, was der einstige Literaturchef Reich-Ranicki als ein Gebot der Kritiker-Gesetzestafel vorgab: »Autoren über 80 werden in der FAZ nicht verrissen, sondern nur gelobt. Oder wollen Sie nach dem Verriss auch gleich noch den Nachruf schreiben?«

Reich-Ranicki, der zwischen den fünf Gängen sichtlich fröhlich von Tisch zu Tisch ging, bekam an diesem Abend natürlich nur Lob zu hören. DVA-Chef Jürgen Horbach, in dessen Verlag Reich-Ranickis Lebenserinnerungen erschienen sind, kleidete es in die Worte: Reich-Ranicki werde mittlerweile in Berlin auf der Straße selbst von einem Schalke-Fan mit Schal erkannt. ZDF-Intendant Dieter Stolte verwies auf den Erfolg des »Literarischen Quartetts«. Schließlich verstoße die Sendung gegen alle Regeln des Mediums Fernsehen, keine eingespielten Filmaufnahmen oder Musik, nur vier Leute, die miteinander reden.

Weit nachdenklicher lobte die Schriftstellerin Ruth Klüger den Sprachgewaltigen. Sie nannte ihn einen Geistesverwandten Arthur Schnitzlers und Heinrich Heines, aber nicht ohne den Jubilar tröstlich wissen zu lassen, dass in den Augen ihrer 97 Jahre alten Mutter ein Achtzigjähriger so etwas wie ein bartloser Jüngling sei: »Sie haben das Jahrhundert erlebt, überlebt, durchlebt und vor allem auch durchlesen.«

Und der bartlose Gottschalk? Der gestand, dass ihm sein Zuspätkommen peinlich sei, aber in diesem Kreise kenne ihn ja sowieso keiner. Gestand weiter, ein Heimatloser zu sein, weil ihn seine Konkurrenz in die intellektuelle Ecke stellen wolle. Und stapelte wieder tief: »Aber ihr wollt mich ja nicht haben.«

Der Entertainer Reich-Ranicki, der in »Wetten dass« schon gewettet hat, wollte den Entertainer Gottschalk jedoch an seinem Geburtstag »haben«. Und genoss, wie Gottschalk, ihn imitierend, ausplauderte, dass er Reich-Ranicki angedroht habe, im »Literarischen Quartett« aufzutreten, wenn er die Wette verliere, der aber geantwortet habe: »Das kommt nicht in Frage.«

»O weh, wohin entschwunden ist mir Jahr um Jahr? Hab' ich geträumt mein Leben, oder ist es wahr?« Sein Leben sei voller Überraschungen gewesen, sagte Reich-Ranicki. Dass er und seine Frau das Ghetto in Warschau und die Zeit danach überlebt hätten, sei eine Überraschung gewesen – auch dass er nicht Übersetzer, sondern gleich Kritiker geworden sei.

Und dann zitierte Reich-Ranicki doch noch jemanden. Sein Lebensmittelmann, ein »aufrichtiger Kolonialwarenhändler«, habe ihn mittags angerufen und ihn gefragt, warum er immer auf der Überholspur fahre. Da komme man zwar schneller voran, aber eben auch schneller zum Ziel. Ob er das wolle? »Das hat mir gefallen«, bekannte Reich-

Ranicki und fügte hinzu, er habe jetzt endgültig den Eindruck, den Kulminationspunkt erreicht zu haben.

Aber Reich-Ranicki wäre nicht Reich-Ranicki, wenn er nicht auch das gesagt hätte: Er wolle versuchen, weiter auf der Überholspur zu fahren – nur in einem langsameren Tempo.

Cornelia von Wrangel
Frankfurter Allgemeine Zeitung, 4. Juni 2000

Danksagung

Dieses Buch wäre ohne die großzügige Unterstützung seiner zahlreichen Beiträger nicht zustande gekommen. Deshalb dankt der Herausgeber an dieser Stelle allen, die zum Gelingen beigetragen haben: zunächst all jenen, die dem Abdruck ihrer Rezensionen, Geburtstagsartikel oder Interviews zugestimmt haben. Für die zum Teil erheblichen Kürzungen, die er ihnen zugemutet hat, bittet der Herausgeber um Vergebung. Sein besonderer Dank gilt den Verfassern der Originalbeiträge, nicht zuletzt für den Gleichmut, mit dem einige von ihnen seine Mahnungen erduldet haben – und ihnen nachgekommen sind. Zu Dank verpflichtet weiß sich der Herausgeber auch den Verfassern der Briefe, die nicht zögerten, zum Abdruck freizugeben, was ursprünglich nur für einen Adressaten bestimmt war, für Marcel Reich-Ranicki nämlich. Auch ihm möchte der Herausgeber danken: für Rat und Tat. Dass der Herausgeber einen Beitrag desto lieber aufnahm, je mehr er die Rolle Teofila Reich-Ranickis zu würdigen wußte, sei hier nicht verschwiegen. Herzlich gedankt sei Jürgen Horbach und Katharina von Scheven von der Deutschen Verlags-Anstalt für ihre tatkräftige Unterstützung und nicht zuletzt auch Andrea Wörle, für vieles, vor allem für ihren Humor und ihre Gelassenheit. Dass alle Beiträger dieses Bandes zugunsten der P.E.N.-Initiative »Writers-in-Prison« auf ein Honorar verzichtet haben, verpflichtet den Herausgeber zu besonderem Dank.

HUBERT SPIEGEL

Marcel Reich-Ranicki im dtv

Der Fall Heine
dtv 12774
Eine leidenschaftliche Annäherung an den Fall Heine – ein »Bekenntnis« in fünf Essays.

Mein Leben
dtv 12830
»Dieses Buch gehört zu den großen Geschichtserzählungen unseres Jahrhunderts.«
Peter von Becker im ›Tagesspiegel‹
»Es ergreift durch die tonlose Stille des Entsetzens, durch subtile Andeutungen, polemisches Verschweigen, durch Lakonik und Zärtlichkeit ... Nur herzlose Leser werden sich diesem Drama in Prosa entziehen können.«
Mathias Schreiber und Rainer Traub im ›Spiegel‹
»Reich-Ranicki hat eine der schönsten Liebesgeschichten dieses Jahrhunderts geschrieben.«
Frank Schirrmacher in der ›Frankfurter Allgemeinen Zeitung‹

Über Marcel Reich-Ranicki

Jens Jessen (Hrsg.)
Über Marcel Reich-Ranicki
Aufsätze und Kommentare
dtv 10415

Peter Wapnewski (Hrsg.)
Betrifft Literatur
Über Marcel Reich-Ranicki
dtv 12016

Volker Hage, Mathias Schreiber
Marcel Reich-Ranicki
Ein biographisches Porträt
dtv 12426

Hubert Spiegel (Hrsg.)
Was für ein Leben
Marcel Reich-Ranickis Erinnerungen
Kritiken, Stimmen, Dokumente
dtv 30807

Literaturwissenschaft im dtv

Heinz Ludwig Arnold
Heinrich Detering (Hg.)
Grundzüge der Literaturwissenschaft
dtv 30171

Bernd Balzer
Das literarische Werk Heinrich Bölls
Einführung und Kommentare
dtv 30650

Reinhard Baumgart
Deutsche Literatur der Gegenwart
Kritiken, Essays, Kommentare
dtv 4674

Umberto Eco
Zwischen Autor und Text
Interpretation und Überinterpretation · dtv 4682
Die Grenzen der Interpretation
dtv 30168
Lector in fabula
Die Mitarbeit der Interpretation in erzählenden Texten · dtv 30141
Die Suche nach der vollkommenen Sprache
dtv 30629

Georg Lukács
Die Theorie des Romans
dtv 4624

Peter von Matt
Liebesverrat
Über die Treulosen in der Literatur
dtv 30143
Verkommene Söhne, mißratene Töchter
Familiendesaster in der Literatur
dtv 30647

Jan Philipp Reemtsma
Das Buch vom Ich
Christoph Martin Wielands »Aristipp und einige seiner Zeitgenossen«
dtv 30760

Klaus Völker
Brecht-Chronik
Daten zu Leben und Werk
dtv 30651

Daniel W. Wilson
Das Goethe-Tabu
Protest und Menschenrechte im klassischen Weimar
dtv 30710

Die deutsche Literatur seit 1945

Herausgegeben von
Heinz Ludwig Arnold

»Draußen vor der Tür«
1945-1948
dtv 12081

»Doppelleben«
1949-1952
dtv 12082

Im Treibhaus
1953-1956
dtv 12083

Die Wunderkinder
1957-1960
dtv 12084

Geteilte Himmel
1961-1966
dtv 12369

Deutschstunden
1967-1971
dtv 12441

Unvollendete Geschichten
1972-1977
dtv 12442

Seelenarbeiten
1978-1983
dtv 12596

Letzte Welten
1984-1989
dtv 12636

Augenblicke des Glücks
1990-1995
dtv 12697

Heinz Ludwig Arnold
Die westdeutsche Literatur
1945 bis 1990
Ein kritischer Überblick
dtv 30485

dtv

Biographien bei dtv

Peter Brown
Augustinus von Hippo
dtv 30759

Patricia Clough
Helmut Kohl
Ein Porträt der Macht
dtv premium 24122

Alain Decaux
Eduard VIII. und Wallis Simpson
Triumph der Liebe über die Politik?
Eine Windsor-Biographie
dtv 30725

Françoise Giroud
Alma Mahler
oder die Kunst, geliebt zu werden
dtv 30749
Das Leben der Jenny Marx
Biographie
dtv 30632
Cosima Wagner
Mit Macht und mit Liebe
Eine Biographie
dtv premium 24133

Wolf Lepenies
Sainte-Beuve
Auf der Schwelle zur Moderne
dtv 30750

Maurice Lever
Marquis de Sade
Die Biographie
dtv 30645

Elsemarie Maletzke
Jane Austen
Eine Biographie
dtv 30740

Donald A. Prater
Thomas Mann
Deutscher und Weltbürger
dtv 30660

Andrew Roberts
Churchill und seine Zeit
dtv premium 24132

Werner Ross
Der ängstliche Adler
Friedrich Nietzsches Leben
dtv 30427